suhrkamp taschenbuch 2158

Thomas Bernhard, geboren am 9. Februar 1931 in Herleen (Niederlande), starb am 12. Februar 1989 in Gmunden/Oberösterreich. Sein Werk im Suhrkamp Verlag ist auf den Seiten 367 und 368 dieses Bandes verzeichnet.

Das umfangreiche Werk des großen österreichischen Dramatikers, Romanciers und Lyrikers läßt keinen seiner Leser unberührt: die einen loben oder fürchten dessen »Finsternis«, die anderen beruhigen sich mit der Vorstellung, bei Thomas Bernhard handele es sich um einen Übertreibungskünstler. Unbestritten scheint nur der weltliterarische Rang seines Werkes. Das vorliegende Lesebuch versteht sich als Vorschlag und Einladung zu einer Erkundung des Bernhardschen Schreibens, dessen begriffs- und geschichtenzerstörende Irritationskraft den Leser in seinen Sog zieht und ihn jene Haltung einnehmen läßt, die Thomas Bernhard als die seinem Werk angemessene beschrieben hat: »Man soll sich vorstellen, man ist *im Theater,* man macht mit der ersten Seite *einen Vorhang* auf, der Titel erscheint, totale Finsternis – langsam kommen aus dem Hintergrund, aus der Finsternis heraus, Wörter, die langsam zu *Vorgängen äußerer und innerer Natur,* gerade wegen ihrer Künstlichkeit besonders deutlich zu einer solchen werden.«

Thomas Bernhard
Ein Lesebuch

Herausgegeben von
Raimund Fellinger

Suhrkamp

Umschlagfoto: Sepp Dreissinger

suhrkamp taschenbuch 2158
Erste Auflage 1993

Drucknachweise am Ende dieses Bandes
Suhrkamp Taschenbuch Verlag

Druck: Druckhaus Nomos, Sinzheim
Printed in Germany
Umschlag: Göllner, Michels, Zegarzewski
ISBN 978-3-518-38658-3

4 5 6 7 8 9 – 12 11 10 09 08 07

Inhalt

Naturgemäß Grundsätzliches

Drei Tage

1. Tag

... die ersten Eindrücke, der Weg schon zum Einschreiben in die Volksschule, in die erste Klasse ... der hat bei mir an einem Fleischhauer vorbeigeführt, und an den offenen Türen Haken, Hammer, Messer reihenweise, sehr schön geordnet, einerseits blutig, andererseits blitzblank und sauber, Schlachtschußapparate ... dann das Geräusch der Pferde, die zusammensacken ganz plötzlich, diese riesigen Bäuche, die aufgehen, zusammenfallen, Knochen, Eiter, Blut ... dann vom Fleischhauer ein paar Treppen hinauf zum Friedhof, Aufbahrungshalle, eine Gruft ... ich kann mich noch erinnern, gleich am ersten Schultag, ein bleicher Jüngling in der Aufbahrungshalle, der Sohn von einem Käser ... und von dort herzklopfend auf die Schulbank ... eine junge Lehrerin ...
Meine Großmutter, die mich immer mitgenommen hat, außerdem noch – am Vormittag bin ich selber über die Friedhöfe gegangen, am Nachmittag ist sie mit mir in die Leichenhäuser hinein – hat mich hochgehoben, gesagt: »Schau, da liegt wieder eine Frau.« Lauter Tote ... Und das ist von ziemlicher Bedeutung für jeden Menschen, und man kann da auf alles Rückschlüsse ziehen ...
Die Kindheit, das sind immer wieder Musikstücke, allerdings keine klassischen. Zum Beispiel: 1944 in Traunstein hab ich einen längeren Schulweg gehabt. Die Großeltern haben außerhalb der Stadt gewohnt, so vier Kilometer weg. Und in der Mitte ein Gebüsch, ich weiß nicht mehr was. Und jedesmal, wenn ich vorbeigehe, springt eine Frau heraus und schreit: »Deinen Großvater bring ich schon noch nach Dachau.«
1945 eine andere Geschichte, ein anderes Musikstück, Zwölftonmusik vielleicht. Der Freund meines Bruders, der war damals sieben Jahre, ich war vierzehn, greift in eine Panzerfaust, und er wird vollkommen zerrissen. Der Ort heißt Vachendorf. Und ich fahr mit meinem Bruder zum Begräbnis dorthin auf dem Fahrrad. Also, ich kann nur notdürftig unter der Stange mit den Füßen durch, und er sitzt oben, vorn auf der Lenkstange. Wir pflücken Blumen unterwegs. Aber auf halbem Weg vor dem Begräbnisort springt plötzlich ein junger Mann aus dem Wald heraus, zerrt mei-

nen Bruder und mich vom Rad herunter, zerfetzt die Blumen und tritt das Fahrrad vollkommen zusammen - also zuerst die Speichen, dann zerhaut er die Lenkstange, dann ruiniert er die Kotflächen, dann ohrfeigt er mich, dann haut er meinen Bruder in den Bach hinein. Und mir ist vorgekommen, daß so - ich weiß halt nicht, ist es ein Pole gewesen oder Tscheche ... Es war ganz merkwürdig. Und wir sind dort am Bachrand gesessen und haben geheult und sind zu Fuß zurück, also vom Begräbnis war keine Rede mehr, und haben dann zu Hause diese ganz merkwürdige Geschichte erzählt. Und solche gibt's eine ganze Reihe.

Zwei brauchbare Schulen natürlich: das Alleinsein, das Abgeschnittensein, das Nichtdabeisein einerseits, dann das fortgesetzte Mißtrauen andererseits, aus dem Alleinsein, Abgeschnittensein, Nichtdabeisein heraus. Und das schon als Kind ...
Meine Mutter hat mich weggegeben. Ich bin in Holland, in Rotterdam, auf einem Fischkutter gelegen ein Jahr lang bei einer Frau. Meine Mutter hat mich alle drei, vier Wochen dort besucht. Ich glaub nicht, daß sie sehr viel für mich übriggehabt hat damals. Das hat sich allerdings dann geändert. Ich war ein Jahr alt, wir sind nach Wien, aber doch das Mißtrauen, das dann auch angehalten hat, wie ich zu meinem Großvater gekommen bin, der mich wirklich geliebt hat, umgekehrt. Dann die Spaziergänge mit ihm - das alles ist in den Büchern später, und diese Figuren, Männerfiguren, das ist immer wieder mein Großvater mütterlicherseits ... Aber neben dem Großvater immer wieder - man ist allein. Man kann sich nur allein entwickeln, man wird immer allein sein, das Bewußtsein, daß man aus sich nicht herauskann. Alles andere ist Täuschung, Zweifel. Es ändert sich nicht ...
In der Studienzeit völlig allein. Man hat einen Banknachbarn in der Schule und ist allein. Man redet mit Menschen, man ist allein. Man hat Ansichten, fremde, eigene, man ist immer allein. Und wenn man ein Buch schreibt, oder wie ich Bücher schreibt, dann ist man noch mehr allein ...
Verständlichmachen ist unmöglich, das gibt es nicht. Aus der Einsamkeit, aus dem Alleinsein wird ein noch verstärkteres Alleinsein, Abgeschnittensein. Schließlich wechselt man die Schauplätze in immer kürzeren Abständen. Man glaubt, immer größere Städte - es genügt einem nicht mehr die Kleinstadt, Wien genügt nicht mehr, London genügt auch nicht mehr. Man muß auf einen ande-

ren Erdteil, man versucht da und dort hineinzugehen, fremde Sprachen - ist es vielleicht Brüssel? ist es vielleicht Rom? Und dort fährt man überall hin und ist immer mit sich und seiner immer scheußlicheren Arbeit allein. Man geht zurück aufs Land, man zieht sich auf einen Hof zurück, man macht die Tore zu, wie ich - und das ist oft tagelang - bleibt abgeschlossen und die einzige Lust und das immer größere Vergnügen andererseits ist dann die Arbeit. Das sind die Sätze, Wörter, die man aufbaut. Im Grunde ist es wie ein Spielzeug, man setzt es übereinander, es ist ein musikalischer Vorgang. Ist eine bestimmte Stufe erreicht nach vier, fünf Stockwerken - man baut das auf - durchschaut man das Ganze und haut alles wie ein Kind wieder zusammen. Aber während man glaubt, daß man's los hat, wächst einem schon wieder so ein Geschwür, das man als neue Arbeit, als neuen Roman erkennt, irgendwo am Körper heraus und wird immer größer. Im Grunde ist so ein Buch nichts als ein bösartiges Geschwür, ein Krebsgeschwür? Man operiert das heraus und weiß natürlich ganz genau, daß die Metastasen den ganzen Körper schon verseucht haben und daß eine Rettung gar nicht mehr möglich ist. Und das wird *natürlich* immer ärger und stärker, und es gibt da keine Rettung und kein Zurück mehr.

Die Leute vor mir, meine Vorfahren, waren wunderbare Menschen. Es ist auch nicht zufällig, daß sie mir jetzt auf der *eiskalten* Bank einfallen. Es hat da alles gegeben: Sie waren steinreich, wirklich arm, Verbrecher, scheußlich, fast alle in irgendeiner Weise pervers, glücklich, sind herumgereist ... Die meisten haben sich irgendwann plötzlich einmal umgebracht und besonders die, von denen man geglaubt hat, daß sie überhaupt nicht einmal auf den Gedanken kämen, ihr Leben - oder was man so nennt - einfach abzuschließen durch einen Schuß oder durch einen Sprung. Einer ist einmal in einen Lichtschacht gesprungen, der andere hat sich eine Kugel in den Kopf gejagt, der dritte ist mit dem Auto einfach in den Fluß hineingefahren ... Und das Darandenken an alle diese Leute ist so grauenhaft wie angenehm. Es ist der Zustand, wenn man im Theater sitzt, und der Vorhang geht auf, und man sofort die Leute, die man oben auf der Bühne sieht, einteilt in gute, schlechte - und nicht nur in gute und schlechte *Charaktere* oder *Menschen* und *Personen*, sondern in gute und schlechte *Schauspieler*. Und ich muß sagen, es ist durchaus ein Vergnügen, diese Vorstellung von Zeit zu Zeit immer wieder anzuschauen.

2. *Tag*

Die Schwierigkeit ist, anzufangen. Für den Dummkopf ist das keine Schwierigkeit, der kennt ja keine Schwierigkeit. Der macht Kinder oder macht Bücher, er macht *ein* Kind, *ein* Buch - ununterbrochen Kinder und Bücher. Es ist ihm ganz gleichgültig, er denkt ja nicht nach. Der Dummkopf kennt keine Schwierigkeit, er steht auf, wäscht sich, geht auf die Straße, wird überfahren, ist ein Brei, es ist ihm egal. Es sind lauter Widerstände von Anfang an, wahrscheinlich schon immer gewesen. Widerstände, was ist Widerstand? Widerstand ist Material. Das Gehirn braucht Widerstände. Indem es Widerstände ansammelt, hat es Material, Widerstand? Widerstände. Widerstand, wenn man hinausschaut beim Fenster, Widerstand, wenn man einen Brief schreiben soll - man will das alles gar nicht, man *bekommt* einen Brief, wieder ein Widerstand. Man schmeißt das alles weg, trotzdem antwortet man irgendwann einmal. Man geht auf die Straße, man kauft was ein, man trinkt ein Bier, es ist einem alles lästig, das ist alles ein Widerstand. Man wird krank, man kommt in ein Spital, es wird schwierig - wieder Widerstand. Plötzlich tauchen Todeskrankheiten auf, verschwinden wieder, sie bleiben an einem hängen - Widerstände, natürlich. Man liest Bücher - Widerstände. Man will gar keine Bücher, man will auch keine Gedanken, man will weder Sprache noch Wörter, keine Sätze, man will keine Geschichte - man will überhaupt nichts. Trotzdem, man schläft ein, man wacht auf. Die Folge vom Einschlafen ist das Aufwachen, die Folge vom Aufwachen ist das Aufstehen. Man *muß* aufstehen gegen alle Widerstände. Man *muß* aus dem Zimmer hinaus, das Papier taucht auf, Sätze tauchen auf, eigentlich immer wieder die gleichen Sätze ... man weiß nicht woher ... Gleichförmigkeit, nicht? Daraus entstehen wieder neue Widerstände, indem man das alles bemerkt. Man will eigentlich nichts als einschlafen, davon nichts mehr wissen. Dann plötzlich wieder die Lust ...

Warum Finsternis? Warum die immer gleiche totale Finsternis in meinen Büchern? Das ist kurz erklärt:
In meinen Büchern ist alles *künstlich*, das heißt, alle Figuren, Ereignisse, Vorkommnisse spielen sich auf einer Bühne ab, und der *Bühnen*raum ist total finster. Auftretende Figuren auf einem *Bühnen*raum, in einem *Bühnen*viereck, sind durch ihre Konturen

deutlicher zu erkennen, als wenn sie *in der natürlichen* Beleuchtung erscheinen wie in der üblichen uns bekannten Prosa. In der Finsternis wird alles deutlich. Und so ist es nicht nur mit den Erscheinungen, mit dem Bildhaften - es ist auch mit der Sprache *so*. Man muß sich die Seiten in den Büchern *vollkommen finster* vorstellen: Das Wort leuchtet auf, dadurch bekommt es seine *Deutlichkeit* oder *Überdeutlichkeit*. Es ist ein Kunst*mittel*, das ich von Anfang an angewendet habe. Und wenn man meine Arbeiten aufmacht, ist es so: Man soll sich vorstellen, man ist *im Theater*, man macht mit der ersten Seite *einen Vorhang* auf, der Titel erscheint, totale Finsternis - langsam kommen aus dem Hintergrund, aus der Finsternis heraus, Wörter, die langsam zu *Vorgängen äußerer und innerer Natur*, gerade wegen ihrer Künstlichkeit besonders deutlich zu einer solchen werden.

Ich weiß nicht, was sich die Leute unter einem Schriftsteller vorstellen, aber jede Vorstellung in der Beziehung ist sicher falsch . . . Was mich betrifft, bin ich kein Schriftsteller, ich bin jemand, der schreibt . . . Andererseits bekommt man Briefe aus Deutschland oder irgendwoher, aus Provinzstädten, aus größeren oder von Sendern oder gewissen Veranstaltungsunternehmungen . . . Man tritt dort auf, man wird vorgestellt als ein tragischer, düsterer Dichter, und das geht so weit, daß man in Laudationen auch als solcher vorgestellt wird, in so pseudowissenschaftlichen Arbeiten. Es heißt dann, das ist ein Autor, ein Schriftsteller, der so und so einzuordnen ist und die Bücher sind düster, die Figuren sind düster und die Landschaft ist düster, also - der *Mensch ist auch düster*, der jetzt vor uns sitzt. Bei so einer Laudatio bleibt eigentlich gar nichts übrig als irgendein düsterer Klumpen in einem dunklen Anzug . . . Na, ich gelte ja als sogenannter *ernster Schriftsteller*, wie Béla Bartók als ernster Komponist, und der Ruf verbreitet sich . . . Im Grunde ist es ein sehr schlechter Ruf . . . Mir ist absolut *unbehaglich* dabei. Andererseits bin ich natürlich auch kein heiterer Autor, kein Geschichtenerzähler, Geschichten hasse ich im Grund. Ich bin ein *Geschichtenzerstörer, ich bin der typische Geschichtenzerstörer*. In meiner Arbeit, wenn sich irgendwo Anzeichen einer Geschichte bilden, oder wenn ich nur in der Ferne irgendwo hinter einem Prosahügel die Andeutung einer Geschichte auftauchen sehe, schieße ich sie ab. Es ist auch mit den Sätzen so, ich hätte fast die Lust, ganze Sätze, die sich *möglicher-*

weise bilden könnten, schon im vorhinein abzutöten. Andererseits ...

Ich bin am liebsten allein.
Im Grunde ist das ein Idealzustand.
Mein Haus ist auch eigentlich ein riesiger Kerker.
Ich habe das sehr gern; möglichst kahle Wände. Es ist kahl *und* kalt. Das wirkt sich auf meine Arbeit sehr gut aus. Die Bücher, oder was ich schreib', *sind wie das*, worin ich hause.
Manchmal kommt mir vor, daß die einzelnen Kapitel in einem Buch so wie einzelne Räume in diesem Haus sind. Die Wände leben, die Seiten sind wie Wände, und das genügt. Man muß sie nur intensiv *anschauen*. Wenn man eine weiße Wand *anschaut*, stellt man fest, daß sie ja nicht weiß, *nicht kahl* ist. Wenn man lang allein ist, sich an das Alleinsein gewöhnt hat, im Alleinsein *geschult* ist, entdeckt man überall dort, wo für den normalen Menschen *nichts* ist, immer mehr. An einer Wand entdeckt man Risse, kleine Sprünge, Unebenheiten, Ungeziefer. Es ist eine ungeheure Bewegung an den Wänden.
Tatsächlich gleichen Wand und Buchseite sich vollkommen.

Meine Lebensweise ist für den Außenstehenden eintönig. Jeder andere um mich herum lebt ein viel aufregenderes oder, wenn schon nicht aufregenderes, so interessanteres Leben ...
Für mich ist das Leben meiner Nachbarn, die ganz einfachen handwerklichen Berufen nach*gehen* – mein Nachbar ist ein Bauer, schräg gegenüber wohnt ein Papierarbeiter, gleich daneben ein Zimmermann, in der weiteren Umgebung nur Papierarbeiter, Handwerker, Bauern –, das ist für mich interessant ... eine Beschäftigung, wie mir vorkommt, die, obwohl sie hunderttausendmal immer wieder in der gleichen Weise ausgeführt wird, *vor sich geht,* immer wieder neu ist ... Mein eigenes Leben, meine eigene Beschäftigung, mein eigener Tag kommen mir monoton, eintönig, inhaltslos vor ...

Das Furchtbarste ist für mich Prosa schreiben ... Überhaupt das Schwierigste ... Und von dem Augenblick an, in dem ich das bemerkt habe und gewußt hab', *habe ich mir geschworen,* nur noch Prosa zu schreiben. Ich hätte ja etwas ganz anderes machen können. Ich hab' sehr viel andere Disziplinen gelernt, aber *keine*

furchtbare. Das heißt, ich hab' sehr früh Zeichenunterricht genommen, und ich wär' wahrscheinlich ein mittelmäßiger Zeichner geworden, es wär' mir sehr leicht gefallen. Ich hab' Musik studiert, und es ist mir sehr leicht gefallen, Instrumente zu spielen, Musik zu machen, das heißt, zu komponieren. Ich hab' eine Zeit gehabt, wo ich gedacht hab', ich werd' unbedingt ein Kapellmeister werden. Ich hab' Musikästhetik und ein Instrument nach dem anderen studiert, und weil es mir aber *zu leicht* gefallen ist, hab' ich das alles aufgegeben. Dann hätt' ich Schauspieler werden können oder Regisseur oder Dramaturg. Es hat bei mir eine Zeit gegeben, da hat mich das sehr gefesselt. Es war sehr spannend, ich hab' viel gespielt, vor allem komische Rollen, Regie geführt ... Ich bin auch auf eine kaufmännische Schule gegangen, und es hat ebenso eine Zeit gegeben, wo ich mir gedacht habe, na ja, ich könnt' auch ein Kaufmann sein, und es hat mich gereizt, mich in der Richtung zu entwickeln ...
Und ganz früh hab' ich - so bis siebzehn, achtzehn Jahre -, hab' ich nichts so gehaßt wie Bücher ... Ich hab' bei meinem Großvater gelebt, der hat geschrieben, und es war eine riesige Bibliothek da, und immer mit diesen Büchern zusammen zu sein, durch diese Bibliothek gehen zu müssen, jeden Tag, war für mich allein grauenhaft ... Und wahrscheinlich ... warum bin ich eigentlich zum Schreiben gekommen, warum schreibe ich Bücher? *Aus Opposition gegen mich selbst plötzlich,* und gegen diesen Zustand - weil mir Widerstände, wie ich schon einmal gesagt habe, *alles* bedeuten ... Ich wollte eben diesen ungeheuren Widerstand, und dadurch schreibe ich Prosa ...

Vielleicht ist es das, daß ich mit achtzehn Jahren einmal schon für ein Jahr in ein Spital gekommen bin, dort gelegen bin, und ich hab' dort die - wie man das, glaub' ich, auch heut noch bezeichnet - *Letzte Ölung* bekommen. Ich bin dann in ein Sanatorium - monatelang dort gelegen im Hochgebirge. Es war *immer der gleiche* Berg vor mir. Es war so eine Pritsche mit einer grauen Decke, mit einem Kotzen, und ich bin Herbst und Winter im Freien, Tag und Nacht, gelegen. Ich bin aus reiner Langeweile, weil man einfach nicht ununterbrochen *einem* Berg gegenüber liegen kann, ohne irgend etwas zu tun - ich mein' bewegen hab' ich mich ja nicht können - auf das Schreiben gekommen ... Das waren wahrscheinlich *der Anlaß und die Ursache.* Und aus dieser Langeweile heraus und mit dem Alleinsein mit diesem Berg, der das *Heukareck* heißt, und über Schwarzach St. Veit sich erhebt, so ein Zweitausender ... wenn man den Monate und Monate und immer gleich ... er verändert sich nicht, weil er an der Schattseite liegt, anschaut, dann wird man entweder verrückt oder man fängt zu schreiben an ... Und dort hab' ich einfach Papier und Bleistift genommen, mir Notizen gemacht und den Haß gegen Bücher und Schreiben und Bleistift und Feder durch Schreiben überwunden, und das ist sicher die Ursache allen Übels, mit dem ich jetzt fertig zu werden hab' ...

Im Grund' möchte ich auch nichts, als in Ruhe gelassen sein. Das ist sehr anspruchsvoll, und mit der Zeit interessieren mich auch die äußeren Veränderungen nicht mehr. Es sind ja immer wieder die gleichen. Damit fertig werden sollen andere. Mich interessieren *nur meine Vorgänge,* und ich kann sehr rücksichtslos sein. Und es ist mir, wenn ich auf meinem Hof bin oder in irgendeiner Stadt - sei es in Brüssel oder in Wien oder in Salzburg, egal wo, völlig gleichgültig - ob um mich alles zusammenbricht oder noch lächerlicher wird, als es eh' schon ist oder nicht ... Das hat für mich überhaupt keinen Sinn, und das bringt mich weder weiter, es bringt mich am allerwenigsten zu mir selbst ... Und darauf ...

3. Tag

Ja, der Umgang mit Philosophie, Geschriebenem ist der gefährlichste ... für mich besonders ... Ich gehe oft stundenlang, tage-, wochenlang um den Brei herum ... Ich will keinen Kontakt, ich will das Ganze nicht.
Andererseits ist es so, daß gerade die Autoren, die für mich die wichtigsten sind, meine größten Gegner oder Feinde sind. Es ist ein ununterbrochenes Zur-Wehr-Setzen, gerade gegen die, denen man einfach *restlos* verfallen ist. Und ich bin Musil verfallen, Pavese, Ezra Pound - es ist ja keine Lyrik, das ist *absolute Prosa.*
Es sind ganz einfach Sätze, eine Landschaft, die sich aufbaut in ein paar Wörtern im Tagebuch von Pavese, eine Skizze von Lermontov, natürlich Dostojewski, Turgenjew, im Grunde alle Russen ... Die Franzosen haben mich außer Valéry überhaupt nie interessiert ... Von Valéry der ›Herr Teste‹ - das ist auch ein Buch, das

völlig zerlesen ist, und ich muß mir's immer neu anschaffen, weil es immer wieder kaputt ist, ausgelesen, zerfranst ... Der Henry James - ein ständiges Zur-Wehr-Setzen. Es ist eine verbitterte Feindschaft ... und es schwankt immer ... Meistens kommt man sich lächerlich vor gegen diese Leute, dann darf man aber nicht arbeiten ... Aber nach und nach bekommt man Gewalt, auch über ganz Große ... und man kann sie niederdrücken ... Man kann sich über die Virginia Woolf oder über Forster erheben, und *dann muß ich schreiben*. Und *das Vergleichen ist überhaupt die Kunst, die man zu beherrschen versuchen muß. Es ist die einzige Schule, die einen Sinn hat und die einen weiter- und vorwärtsbringt.* Es darf nichts Ganzes geben, man muß es zerhauen. Etwas Gelungenes, Schönes wird immer mehr verdächtig. Man muß ja auch einen Weg möglichst an einer unvorhergesehenen Stelle abbrechen ... So ist es auch falsch, ein *sogenanntes Kapitel* in einem Buch wirklich zu Ende zu schreiben. Und so ist es falsch, überhaupt ein Buch zu Ende zu schreiben. Und *der größte Fehler* ist, wenn ein Autor ein Buch zu Ende schreibt. Und im Umgang mit Menschen ist es auch sehr gut, wenn man die Beziehung *plötzlich abreißt.*
Die Melancholie ist ein sehr schöner Zustand. Ich verfalle ihr sehr leicht und sehr gern. Weniger oder überhaupt nicht auf dem Land, wo ich arbeite, aber sofort in der Stadt ... Für mich gibt es keinen schöneren Ort als Wien und die Melancholie, die ich in der Stadt habe und immer gehabt hab' ... Es sind die Menschen, die ich dort seit zwei Jahrzehnten kenne, die Melancholie sind ... Es sind die Straßen von Wien. Es ist die Atmosphäre dieser Stadt, *der Studienstadt ganz natürlich.* Es sind die immer gleichen Sätze, die Menschen dort zu mir sprechen, wahrscheinlich die gleichen, die *ich* zu diesen Menschen spreche, eine wunderbare Voraussetzung für Melancholie. Man sitzt irgendwo in einem Park, stundenlang, in einem Café, stundenlang - Melancholie. Es sind die jungen Schriftsteller von damals, die nicht mehr jung sind. Plötzlich sieht man, das ist kein junger Mensch mehr, *er gibt sich* als junger Mensch - wahrscheinlich *wie ich* mich als junger Mensch gebe, *aber kein junger Mensch mehr bin.* Und das verstärkt sich mit der Zeit, aber es wird sehr schön.
Ich gehe sehr gern auf die Friedhöfe in Wien, ganz in meiner Nähe auf den Friedhof, und ich freue mich schon auf die Inschriften, die ich von früher her kenne, auf die Namen. Melancholie, wenn man

in ein Geschäft hineingeht: Die gleiche Verkäuferin, die vor zwanzig Jahren *so unglaublich rasche* Bewegungen gemacht hat, *ist jetzt sehr langsam.* Sie füllt den Zucker *langsam* in den Sack ein. Es ist eine ganz andere Bewegung, mit der sie das Geld nimmt, die Kassenlade zuschiebt ... Es ist derselbe Klingelton an der Tür, aber es ist Melancholie. Und dieser Zustand kann wochenlang anhalten. Und ich denke, vielleicht ist Melancholie das ideale oder das einzige nützliche Mittel, das fortgesetzte Einnehmen von Melancholie in Tablettenform für mich ...

Es ist immer das Gespräch mit meinem Bruder, das es nicht gibt, das Gespräch mit meiner Mutter, das es nicht gibt. Es ist das Gespräch mit dem Vater, das es auch nicht gibt. Es ist das Gespräch mit der Vergangenheit, das es nicht gibt und *die* es nicht mehr gibt, *die es nie geben wird.* Es ist das Gespräch mit großen Sätzen, die es nicht gibt. Es ist die Unterhaltung mit der *Natur,* die es nicht gibt, der Umgang mit den Begriffen, die keine Begriffe sind, *keine Begriffe sein können.* Der Umgang mit der Begriffslosigkeit, Begriffsstutzigkeit. Es ist der Umgang mit einem Material, das ununterbrochen unvollständig ist. Das Gespräch mit einer Materie, die nicht antwortet. Es ist die *absolute* Lautlosigkeit, die alles ruiniert, die *absolute* Verzweiflung, aus der man nicht mehr herauskann. Es ist das imaginäre Gegenüber, das man sich gebildet hat, um es sich nur noch *einbilden* zu können. Es ist der Versuch, anzutippen an Gegenstände, die sich auflösen in dem Moment, wo man glaubt, man hätte sie berührt. Es ist der Umgang mit Tatsachen, die sich als Irrtümer herausstellen. Es ist der Versuch, eine Zeit zu überbrücken, *die nie vorhanden war.* Es ist immer dieselbe Imagination in Richtung auf eine Vorstellung, die sich naturgemäß als falsch erweisen muß. Es ist die Identifikation mit Dingen, die aus Sätzen geworden sind, und man weiß weder über die Dinge etwas noch über die Sätze, und man weiß immer wieder überhaupt nichts. Das ist ja *das Tagtägliche, von dem man* Abstand nehmen muß. Man müßte *herausgehen aus allem,* die Tür hinter sich nicht zu*machen*, sondern *zuwerfen* und *weggehen.* Und alles müßte immer mehr von einem weg durch sich selbst lautlos *verschwinden.* Man müßte aus der *einen* Finsternis, die zu beherrschen einem zeitlebens unmöglich ist, schließlich total unmöglich geworden ist, hineingehen in die *andere, in die zweite, in die endgültige* Finsternis vor einem und sie möglichst rasch und ohne Umschweife, ohne philosophische Spitzfindigkeiten erreichen können, einfach hineingehen ... und möglicherweise die Finsternis durch das Schließen der Augen *verfrühen* und erst dann die Augen wieder aufmachen, wenn man die Gewißheit hat, absolut in der Finsternis, in der endgültigen, zu sein.

Über den Zorn*

Verum animo satis haec vestigia parva sagaci sunt, per quae possis cognoscere caetera tute.
Lukrez

Der Zorn verjagt seit Jahrtausenden Diktatoren und seit Jahrtausenden werden vom Zorn die Völker in den Abgrund gestürzt. Wir unterscheiden den Zorn des einzelnen und den Zorn der Masse, und den gemeinen Zorn des einzelnen und den gemeinen Zorn der Masse und den Heiligen Zorn in beiden. Immer hat der Zorn, aus was für einer Beispiellosigkeit immer, die Geschichte verändert, ganze Staaten als unreine Geistesgebilde weggewischt, überlebensgroße Gehirne auf der schwitzenden, darbenden Oberfläche der Erde zerquetscht. Der Zorn ist der Austritt des Vulkanischen unter uns, und wir gehen, solang wir leben, mit unseren müden Füßen darauf, bis wir alle verschlungen werden. Der Zorn ist Hebung und Senkung der ungeheueren Harmonien der Menschen, er ist die dauernde Inthronisation aller Ursprünge. Der Zorn ist Flamme und Licht und er ist die Dunkelheiten und die »ewigen« Finsternisse. Er ist der Verschwörer und Aufdecker und folglich auch der Bestrafer aller Menschen - und aller Naturverbrechen, und er ist die größte aller Natur*gewalten*, die allermächtigste, die uns immer wieder und die uns einmal für immer vernichten wird. Im Zorn ist die Selbstunterdrückung der sich fortwährend aus eigener Kraft verursachenden Materie am deutlichsten. Als wäre die ganze Natur aus dem Zorn und aus nichts als dem Zorn und als wäre der Zorn der Vater der Wissenschaften, die alle zusammen eine einzige Naturwissenschaft sind. Seit Millionen von Jahren hat der Zorn und haben die hohen und die niedrigen Instanzen des Zorns das Universum in Bewegung gesetzt, die aus vielen Milliarden von Welten bestehende Maschine, die von den Göttern und von den Übergöttern und von den Teufeln und von den Unterteufeln besessen ist. Der Zorn hat, und nichts sonst, die Altertümer und die Mittelalter und die Neueren Zeiten wie heruntergekommene Parlamente aufgelöst; riesige Reiche bis zur Unkenntlichkeit verstümmelt und die schönsten und mächtig-

* Der Titel stammt vom Herausgeber

sten Städte zu verlassenen Schweinekoben auf dem Erdball gemacht. Der Zorn verfinstert immer wieder alle Systeme um nichts als der Lüge willen, wie er sie zu gewissen Zeiten mit der ganzen Vehemenz der Gestirne aufklaren läßt für die Wahrheit. Er hat in den härtesten wie fürchterlichsten Augenblicken der Entwicklung die Gebirge flüssig gemacht und die Ströme erstarren lassen. Die größten Gedanken und die abscheulichsten Niedrigkeiten hat er uns strafweise vorgeführt und die besten und die entsetzlichsten Namen verdanken ihm ihre Denkmäler. Was für ein ungeheuerer Wahrheitsfinder er immer ist, erlernen wir aus dem Durchblättern der fürchterlich süß aber zum Großteil übelriechenden Akten, im Studieren der außerordentlichsten aller Personenbeschreibungen. Aus dem Zorn sind die Kontinente aufgetaucht, vom Zorn werden sie einmal zertrümmert werden, liquidiert werden, denn der Zorn bestimmt, wann die Materie ihm zu gehorchen, sich unter ihm zu verrücken hat. Nicht mehr zu zählen, wie oft er unter allen Bevölkerungen die Ruhe entruhigt hat und die krankhafte Lethargie zerrissen und die Langeweile vertrieben und die fade gewordnen Gesetze zertrümmert. Er hat millionenmal die in den Himmel gewachsenen Bäume entwurzelt und die Schlupfwinkel fauler Regierungen ausgeräuchert und die Baracken unserer Philosophien abgedeckt. Als Orkan hat er Hunderte Male vor unseren eigenen Augen die mit der Zeit Verblödeten und Ausgetrockneten von den staatlichen und von den wissenschaftlichen und von den musischen Sesseln gefaucht. Der Zorn ist der größte Lächerlichmacher der Geschichte. Unter ihm aber leiden wir seit Millionen Jahren auch unter den fürchterlichsten Verstümmelungen. Wie viele unserer Familien werden vom Zorn des Vaters oder vom Zorn der Mutter oder vom Zorn beider Eheleute beherrscht, und der Zorn ist es, der sie alle zerrüttet. Oder der Zorn der Kinder verfinstert die Eheleute. Millionen von wehrlosen Kindheiten sind vom Zorn ruiniert worden, Millionen Krankheiten, Millionen Todeskrankheiten durch ihn zum Ausbruch gekommen. Der Friede und die Ruhe und *die Ewige Ruhe der Christen* aber entsprechen menschlichen Zwangsvorstellungen aus der Trägheit des eingeschüchterten Menschentums, nicht der Menschennatur und nicht der Natur. Und so ist der Zorn für alles Lebendige und für alles nur *scheinbar* Lebendige, für das unzureichendste Lebendige, was für die Mühle das Wasser und der elektrische Strom und das Rad sind. Wir leiden und wir entstehen immer wieder unter dem natürlichen und unter dem künstlichen Zorn, unter dem natürlichen primitiven, durch welchen die Tiere und die einfachen Menschen *scheinbar* verbrecherisch handeln, umstoßen, und unter dem künstlichen, der immer wieder, *scheinbar* verbrecherisch, alle Kulturen zerreißt. Eine größere Studie müßte sich mit allen möglichen Formen des Zorns befassen: mit dem ökonomischen, mit dem philosophischen, mit dem politischen usw., die sämtliche (in erster Linie) psychische sowie (in zweiter Linie) physische sind. Der Zorn ist eine Folge der immer noch viel zu hohen Temperaturen der Schöpfung. Wie er unsere inneren und äußeren Architekturen nicht nur in allen Geographien zu erhabenen Beispielen unserer Größe und zur Größe der immer noch lautloser und infamer fibrierenden *ganzen Natur* macht, so vernichtet er auch in allen unseren Geographien unter dieser seiner dauernden infamen fibrierenden *ganzen Natur* unsere Schöpfungen. Wie er allein unsere Sprache immer wieder bis auf die totale und auf die *noch* kortikale Aphasie herunter vernichtet und durch die gewaltsame Transfusion seiner selbst gerettet hat! Wie er über die Schönen Künste immer wieder in allen Erdteilen, immer zur richtigen Zeit gekommen ist und sie lächerlich gemacht und vernichtet hat, und sie wieder und immer wieder in noch höheren und in den höchsten Verhältnissen hat entstehen lassen. Seine Plötzlichkeit verursacht uns dauernde *scheinbare* Katastrophen und das Wehgeschrei, das sein *plötzlicher Schmerz* verursacht, ist dann für alle und alles immer und in allen Ländern und Verfassungen und überall in allen einzelnen und in allen Einzelheiten zu (er-)hören. Er ist die Ursache aller Erschütterungen. Als der sogenannte Sinnlose (gemeine, höhere, heilige, allgemeine, vereinzelte) Zorn, den der weise Seneca vor annähernd zweitausend Jahren unter den Pythagoreern zu analysieren versucht hat, ist er genauso nützlich wie der sogenannte Nützliche (gemeine, höhere, heilige, allgemeine, vereinzelte) Zorn, als der, »welcher Ordnung und nichts als Ordnung« macht, und als der, der ausrottet. Denn der, der Ordnung und nichts als Ordnung macht, rottet auch aus und der ausrottet, macht Ordnung und nichts als Ordnung. Der Baumeister ist genauso der Zerstörer des Hauses (ohne ihn gäbe es ja kein Haus und also auch kein Haus zum Zerstören!) wie der Zerstörer des Hauses sein Baumeister. Der den Hund schlägt, tut ihm gut, der den Hund streichelt, schlägt ihn. Die Gesetze sind und die Gesetz*mäßigkeiten* sind auch Anarchie, weil sie keine Naturgesetze sind, keine natürlichen Gesetzmäßigkeiten. Der Zorn ist der Zuschläger, der die verstopften Ohren aufreißt. Er ist der Städtezertrümmerer, dem die Bürger ihre Städte verdanken. Die Welt verdankt ihr Licht der Finsternis und sie verdankt ihre Finsternisse dem Licht. In Zeiten ohne Zorn, in Zeiten, in welchen der Zorn unterdrückt werden *kann,* in welchen er nicht zu seinen natürlichen Rechten kommt, tritt immer eine verheerende Verwahrlosung ein und alles wird mit der Zeit, die zum Zorn nicht fähig ist, ekelerregend und überall ist es faul und die Fäulnis und die Faulheit breiten sich aus wie die älteste aller Seuchen. Eine unerträgliche Fäulnis zersetzt alles von den Staatsoberhäuptern und von den größten Köpfen von Wissenschaft und Kunst herunter bis in die kleinen und kleinsten, bis in die niedrigsten Individuen. Ohne Zorn und in der Unfähigkeit des Zorns ist die Welt voller Ekel und das Schicksal der Welt und das Schicksal der Menschen ein ekelhaftes, bodenlos abgewertet. Den Universitäten entströmt der Geruch von sitzengebliebenem Aas und die Zeitungen stinken vor Leblosigkeit und die Wissenschaften sind alle verkarstet und in den Staaten und ihren den menschlichen Gliedern nachgeformten Gebilden herrscht furchtbare Öde. Die Staaten und die Länder und die Städte und die Dörfer ohne Zorn sind so kalt und so tot wie die Wissenschaften und die Bücher ohne Zorn, wie die zahlreichen ohne Zorn vorübergegangenen Abschnitte, jetzt erbärmliche farblose Flecken auf der Geschichte. Der Zorn ist gefürchtet, die einzelnen fürchten ihn von der Masse und die Masse fürchtet ihn von den einzelnen. Er ist eine Finsternis für den Kliniker. Es ist eine Finsternis für den Wissenschaftler. Das Leben ist eine immer dichter werdende Folge von Finsternissen (von Widerständen), die aus dem Zorn sind. Als Finsternisse (Widerstände) des Zorns, verstehen sich, sind sie studiert und geprüft, unsere größten Merkmale, die glanzvollsten Höhepunkte unserer Erdverlassenheit. Selbst hinter Zucht und Weisheit ist es der Zorn, in welcher Form immer, welcher uns Kraft gibt. Seneca, sich verzweifelt gegen den Vorwurf wehrend, zornig zu sein, ist von der größten Wichtigkeit immer dort, wo ihn der Zorn und nichts als der Zorn korrigiert. Er sucht sich und setzt auf die »zum Zorn Befähigten«. So suchte er sich und so setzte er auf Pascal, Descartes, Novalis. Durch starke unerschütterliche Naturen geht er nicht. Der Zorn benützt ausnahmslos nur die »für seine Zwecke Geschwächten«, er kommt nur durch die in Wahrheit »für seine Zwecke Allerschwächsten« auf uns. Hitler war ein perverser, dem Zorn gehörender, dem Zorne höriger Schwächling, so Lee Harvey Oswald. Der Zorn kommt durch die Kennzeichen größter Schwäche, durch ein Geflecht von Todeskrankheiten. Schwache Völker, wie das germanische und das skythische, waren *durch ihren Zorn* am stärksten. Der Zorn ist zum *scheinbaren* Schaden der Menschen, obwohl er *alles für die Natur ist*, für die immer phantastischen Systeme der Natur. Oberflächlich betrachtet ist er eines der größten Menschheitsübel von jeher, in Wirklichkeit aber der große Verhinderer aller nur denkbaren Stagnationen, Stauungen unserer Wirtschaft, unserer Gedanken, unseres Blutes. Der Zorn ist nur eine christliche, aber *keine Todsünde in der Natur.* Das Leben aus der Natur, das wir führen müssen, ist nicht für eine solche pseudonatürliche Entwicklung geschaffen, wie wir sie uns dauernd wünschen und uns durch Jahrhunderte vorzustellen angewöhnt haben, sondern es hält sich auf seine ihm *von Natur aus,* nicht *von den Menschen aus* entsprechende Art in Gang. Wir hören und sehen und fühlen alles *von uns aus,* nicht *von Natur aus,* das macht unsere Philosophien zunichte, das hält unsere Wissenschaften auf dem Boden der lächerlichen Menschlichkeit nieder. Der Zorn, sei er Gottes, ist die Ursache aller Wirkungen, sei er plötzlich in Kraft gekommen oder erst im Lauf von Millionen Jahren, von Menschenjahrtausenden.

Unsterblichkeit ist unmöglich
Landschaft der Kindheit

Ein Zusammenhang meiner großen Familie, deren Spuren sich mühelos in die Finsternis der Geschichte verfolgen lassen, diese mit sämtlichen Kategorien der Menschenmöglichkeit ausgestattete und tatsächlich - nomen est omen - ununterbrochen aus allen Richtungen auf einen an die hundert Quadratkilometer großen Landstrich südlich des Wallersees zurückprojizierte Genetik, als deren schreibender Ableger ich mich empfinde, ist die Verachtung. Die auf den Grundstücken verachten die, die kein Grundstück brauchen, die Seßhaften verachten die Rastlosen, die Reichen die Armen, die Armen die Reichen, die Religiösen die Gottlosen, die auf dem Land verachten die in der Stadt und die in der Stadt verachten die auf dem Land usf. Als Charakterspezialität aber verachten sogar die einen auf dem Land, die andern auf dem Land und die einen in der Stadt, die andern in der Stadt; die Bauern verachten die Fleischhauer, die Fleischhauer die Bauern, die Bierbrauer die Gerber, die Gerber die Bierbrauer, die Gastwirte die Frächter, die Frächter die Gastwirte, die Schweinemäster die Schweinemäster, die Pfarrer die Pfarrer, die Professoren die Philosophen, die Philosophen die Professoren, die Professoren die Professoren, die Philosophen die Philosophen . . . Jeder verachtet jeden. In der Verachtung (zum Äußersten in der Selbstverachtung) haben sie ihren unverkennbaren Stil, ihr unverkennbares Reglement entwickelt. Ihr Verstand ist heute (so gescheit sind sie!) nur noch von ihnen selbst gefürchtet. Was ihnen fehlt, ist die Dummheit, die das Leben erträglich macht. Sie führen, bis sie es (wie in der Hälfte der Fälle) selber wegwerfen, abtöten oder durch die Fähigkeit praktizierten Genusses am erbärmlichen Dasein in einen natürlichen Tod hinein mit leidenschaftlicher Intelligenz beschleunigen, alles in allem jeder für sich ein mehr oder weniger bewundertes aber unerträgliches Leben. Nach dem Grundsatz:

Unerträglich ist alles durch den Tod,

dem einzigen, dem kein Mensch widersprechen kann, haben sie sich vernichtet, vernichten sie sich.

Meine Familie ist mir immer als eine unendliche Vorratskammer von allen nur denkbaren energischen Entwicklungsmöglichkeiten, jede auf ihre Weise in Anbetracht jeder andern so absurd als nur möglich, erschienen. Ihr Unerschöpfliches, das in alle Richtungen der Menschenzwecklosigkeit führt, ist mir schon früh zu einem mich weit über den horizontalen Gemeinschaftsstumpfsinn hinaus- und in die völlige Freiheit hineinhebenden Bewußtsein geworden. Ich hatte immer die Wahl, alles aus mir zu machen, woraus schließlich das geworden ist, was ich vorläufig bin. Die Überlegung der Überraschung, daß ich soviele Charaktere bin, als sich denken lassen, die ich mit fortschreitend immer raffinierteren Qualitäten der Zucht (und der Unzucht) zu beherrschen habe, ist auch heute für mich ein bewährtes Mittel zur Faszination, das Geschlecht, zum Zweiten das System der Natur betreffend. Ich hätte den Weg des Fleischhauers oder den Weg des Sägewerkers oder den Weg des Pfarrers oder den Weg des gemeinen Verbrechers gehen können, zum besten (oder gerade noch möglichen) Zeitpunkt heraustreten aus der Unentschlossenheit, aus dem Dickicht der Kindheit und Jugend in einen normalen Beruf oder in eine markant-allgemeinverständliche Berufsabwegigkeit (z. B. Grundstückespekulant), aber nichts davon, leider, ich bin alles zusammen, mehr oder weniger theoretisch die Spekulation selbst, daß ich alle und alles *bin.* So verbringe ich meine Zeit damit, alle und alles zu sein und verwende mein immer komplizierteres, weil in erster Linie überall in mir Ordnung machendes Denken auf die Erfahrung, daß auch ich erbärmlich bin. Die Verwandtschaft, die mich erzeugt hat, erkennt sich ohne in Wahrheit darüber tödlich *in sich* zu erschrecken, was ihre Zähigkeit unter Beweis stellt, von Zeit zu Zeit als die im Lauf von Jahrhunderten routiniert-gleichgültig gewordene Voralpenstatisterie gesünderen oder kränkeren Körper- oder Gehirnvermögens, heroisch-infam auf ein theatralisches Zentrum hin, das gar nicht mehr existiert. Aber gerade dieses *nicht mehr existierende Zentrum* der Widerstandsfähigkeit, der Schläue, der Brutalität und der Poesie des Besitzes und der Verschwendung (auf einer Bühne, die die gleiche und doch eine ganz andere ist) ist die Ursache für die in ihr nicht zur Ruhe kommende Krankheit, in welcher wachsame Perfidie und erkaltete Melancholie über sich selbst (wie in mir, so in den andern) abwechseln ohne Scham, ohne Ende.

Ab und zu gehe ich, in letzter Zeit nur in Gedanken und nicht in der Wirklichkeit, in einer Verstandesmischung aus naiver Verzweiflung und berechnender Neugierde hinein, woraus ich vor fünfunddreißig Jahren gekommen bin, in die Landschaft meines Geschlechts (und seiner Geschlechter), in das Geschlecht meiner Landschaft und ich rede mir ein, ich wahrte die ganze Zeit, während ich dort, wo das Zentrum meiner Erschütterung sein soll, wo ich suche, was ich nicht finde, nicht finden kann (Das »Niemehr« der Lächerlichkeit wird zum Wahnsinn!), mein Inkognito und ich entstellte mich in die verlorene Jugend, in die verlorene Kindheit hinein nur zu Studienzwecken - und *ich entdecke mich.* Daß ich, darüber besteht kein Zweifel, ein Opfer aller dieser Objekte bin, die ich da als die mir angeborenen wiedererkenne, ist mir klar. Du bist die Ursache, Landstrich, perverse Daseinsgrundlage! rufe ich aus und bin auch schon augenblicklich mit meinem Echo alleingelassen. Die Natur ist ernst *und* tödlich. Die persönliche Katastrophe jedes einzelnen läßt sich aus der Mystifizierung seiner späteren Jahre, seiner späteren Alterszustände, die Krankheitszustände sind, heraus über den Schwindel der Selbstschuld, durch welchen immer ein Grad der Zerstörung erreicht ist, der weniger unser Mitleid, mehr unsere Abscheu hervorrufen muß, in die Landschaft der Kindheit leicht und ohne besonders gründliche Kenntnis der inzwischen verbrauchten Materie als eine letzten Endes nur in uns selber spektakuläre, unverbindliche rekonstruieren. So treibe ich also Ursachenforschung, was meine Person betrifft (an Bächen und Flüssen, Hügeln und in Tälern), wenn ich die Fatalität berühre, d. h. die Vermutungen über ein Thema von verlorenem Sinn und Zweck überhaupt, insbesondere aber über momentan Erleuchtetes, worunter ich alles, was ich bin (und doch nicht bin) verstehe, mir also mein Vater- und Mutterland *in Präzision* zur ebenso momentanen Gewißheit mache: Ich gehe in Häuser hinein und in Zimmer, in Gaststuben und in Schlachtverließe, ich siniere an Schweinebarren, in Sakristeien. Ich suche den Ursprung meines Debakels. Ich perlustriere, interveniere. Aber die Heimat erweist sich naturgemäß dem, der sie überführen will, als eine zum Ekel gewordene Arroganz, Ignoranz. Irritiert von einer Substanz, die ich nicht begreife, wechsle ich mir, im Umgang mit Theaterprospekten zu erstaunlicher Geschicklichkeit in die Höhe geschult, die Jahreszeiten aus, die Menschen, die Methoden der Menschen. Ich berausche mich in Handwerk und in Gedankengut (aus dem Handwerk) und in Tradition und Gewissen. Ich sinniere in Überlieferung. Ich gehe umher und multipliziere und dividiere. Ich ziehe aus den ihrigen meine Schlüsse, ich errechne mir aus der ihrigen meine Potenz, Impotenz, Unzurechnungsfähigkeit. Sind es die in Kindheitsunschuld verschlafenen oder die in der frühreifen Perfidie mit Grausamkeit und Größenwahn ausgefüllten Nächte, die mich beschäftigen? Sind es die natürlichen oder die übernatürlichen Empfindungsaugenblicke, die mich fesseln? Protegiert mich jetzt nicht die Rührung vor *dieser* Kindheit in eine Empfindungshöhe, die mir eigentlich schon verloren (unstatthaft) schien? Wer *war* meine Mutter? Wer *war* mein Vater? Ich frage, weil ich das alles nicht weiß. Wie oft habe ich gefragt! Geliebt habe ich nur die Großeltern, die Eltern meiner Mutter. Mit ihnen hatte sich meine Kindheit vollzogen. Ins Unwahrscheinliche, sicher! Da, an dieser Stelle (unter *diesem* Baum!) und in diesem Augenblick entdeckte ich vor über fünfundzwanzig Jahren, daß Denken *die* Torheit ist. Immer liebte ich das Hügelland, hinter welchem das Hochgebirge *gerade noch* ist. Fast alles gilt es noch zu erforschen, wie z. B.: ein See, in den man hineinstürzen und ertrinken kann, ein Bach, in den man hineinstürzen und ertrinken kann, ein Mensch, der einen töten *könnte*, ein Wald, in dem man sich *unweigerlich* verirrt usf. Ich habe, wahrscheinlich habe ich noch nicht sprechen können, einen Philosophen entdeckt, der mich entdeckt hat, der mich aufklärt: meinen Großvater. Wir machen ein Spiel, das zwölf Jahre, bis zu seinem Tod, dauert, und in welchem ich (weil ich der Enkel gewesen bin) nie verloren habe. Ich werde eingeführt in die Naturwissenschaft, in die Geisteswissenschaften. Ich lerne Menschen kennen. Auf einmal habe ich ein Programm: ich will mehrere Leben gleichzeitig leben. Die Welt besteht über Nacht aus lauter philosophischen Elementen. Es gibt Gesetze. Naturgesetze. Und auf einmal gibt es *die* Illusion, Begriffe, nichts als Begriffe. Das Wort »Tragödie« ist eines Tages so hohl, daß ich plötzlich, sechsjährig, darüber lachen muß. »Es tut weh, es tut *nicht* weh«, in diesem Bankerottspiel erlerne ich das Seiltanzen auf der menschlichen Ebene. Ich habe Lehrer, die sich an den Stumpfsinn anklammern. »Wer *ist* der Lehrer?« frage ich penetrant. Mich unterrichtet kein Montaigne, kein Pascal, kein Schopenhauer, Namen, die ich oft höre. Ich zeichne (naturgetreu) eine Petroleumlampe und werde (in der Volksschule) öffentlich ausgezeichnet. Ich sehe: das Mißtrauen ist berechtigt. Aber meine Intelligenz ist mir im Weg, wie ich jetzt weiß. Ich bin gut in Geographie und in Geschichte und liebe die Mathematik, was meine Vorliebe für die Musik erklärt. Aber »das Symphonische« wird, wo ich aufgeklärt werden will, verabscheut. Ich habe einen Freund auf dem größten Hof, den ich jemals gesehen habe und ich beschließe, auf diesem Hof (Hipping), weil es ein fremder Hof ist, aufzuwachsen.

Die Großeltern (Mutter und Vater sind mir unbekannt) unterrichten mich, Großvater in den philosophischen Fächern, in den übrigen meine Großmutter, wenn ich nicht auf dem Hof bin. Ich wachse mit Pferden, mit Kühen und Schweinen und mit gespenstischer Philosophie auf. In der Nacht verfüge ich *über alles.* Ich habe mit den Arbeitern (Knechten, Mägden) einen Freundschaftspakt abgeschlossen, jetzt ist mein Verhältnis zu den Gestirnen, zu den »universalen Irrtümern« (Großvater), zu den Geistern und Übergeistern, *vollkommen.* Ich lese nicht, aber ich höre, *wie es ist.* Die Unvoreingenommenheit ist wie das Mißtrauen ein Instrumentarium, mit dem sich der Reichtum an »persönlichem Naturvermögen« am zweckvollsten vergrößern läßt. Wir, mein Großvater, der Philosoph, und ich, wir sind im Wald, wir sind da und dort, wir überbrücken die größten Entfernungen in der kürzesten Zeit, wir sind Meister in der Distanz und in der Distanzlosigkeit, wir sind, wenn er nicht arbeitet, wenn ich nicht auf dem Hof bin, zusammen. Ich gehe in die Schule des Schweigens. In die Schule der Ironie. In die Schule der Unabhängigkeit. Ich werde verhört und ich verhöre. Unser Zusammensein ist ein ununterbrochenes Untersuchungsgericht. Meine Kindheit ist, wie sein Alter, anstrengungsmächtig. Aber, sagen wir uns, nichts ist bedauerlich. Der Tod *ermöglicht* alles. Wir sind in der Unruhe. Wir sind in der Zweifelswelt. Wir genießen es, zu verachten, wie wir es genießen, zu lieben. Wir beobachten die Welt, als wäre sie nichts als durch uns. Wir haben zwei Leben, zwei *wirkliche* Welten für unsere Exkursionen, wir erleben zwei Vollzugsgewalten, *wahrscheinlich:* tristes Wort! Wir erleben zwei völlig verschiedene, völlig gleiche Jahrzehnte miteinander, nebeneinander, wir erleben zwei Kriege, ich erlebe meinen Krieg, mein Großvater erlebt seinen Krieg, denselben Krieg. Auf dem Schulweg höre ich plötzlich die ordinäre Nachbarsfrau: »Deinen Großvater bring' ich schon noch nach Dachau!« Was ist Dachau? Ich frage und ich verstehe die Auskunft nicht. Was ist das »Vaterland«? Bomben fallen in meine Mittelschulstadt. Was ist sie für mich? Was, wenn nicht ein Martyrium? Abwechselnd gehe ich aus der Hölle des Internats in die Hölle der

Stadt und aus der Hölle der Stadt in die Hölle des Internats. Ich bin für mich, ich bleibe für mich. Jede Nacht bin ich im Schlafsaal wie in einem trüben stinkenden faulen Menschheitswasser ertrunken. Salzburg: dieser Stumpfsinn ist kriminell! Die Philosophen meines Großvaters, die meine Philosophen geworden sind, kommen nicht mehr zu Wort. Die Stadt wird zur Angstpsychose für mich. Sie wird immer häßlicher, während ich widerwillig Englisch, Französisch lerne und wieder vergesse. Ich bin zum Violinspiel gezwungen. Plötzlich vernichtet ein amerikanisches Bombengeschwader alle Voraussetzungen für meine Studien, für meinen Aufenthalt in der gehaßten Stadt. Meine Haare sind verbrannt, mein Geigenkasten ist zertrümmert. Ich bin verstört, aber ich lebe. Zu Hause arbeite ich in den Ställen und auf den Feldern. Der Krieg wird zu einem immer lauteren, rücksichtsloseren Geräusch. Aber ich bin in der Obhut der Montaigne, Pascal, Goethe. Mein Großvater lehrt mich, während die Welt verblutet, die Tätigkeiten begreifen, zu begreifen in den Tätigkeiten. Es herrscht eine Düsternis, die ich nicht sehe. Politische Qual, was ist das? Fürchte dich! Was du nicht verschläfst, ist Schmerz. Beurteile nicht! Aber an der Epilepsie der Urteilslosigkeit krank sein, ist am verabscheuungswürdigsten. Die Kindheit ist in das größte politische Dilemma der Geschichte eingeschlossen. Alles, was du hörst, was du siehst, was du einatmest, ist tödlich. Du siehst viele, die dir lieb waren, jetzt als Tote. Du hörst von Erschossenen, du siehst die Erschossenen, du siehst die Erschießenden. Dein Großvater versucht durch Vorlesen von Cervantes - nein, nicht der Brüder Grimm! - von dem herrschenden Allgemeintod abzulenken. Du hörst, daß dein Vater erschossen worden ist. Aber du hast ihn ja nie gesehen. Am Ende, der Krieg ist aus, du bist vierzehn, begegnest du deiner Mutter, einer schönen Frau, das siehst du erst jetzt. Heute sind alle tot, die ich erwähnt habe. Aber auch die meisten, die ich nicht erwähnt habe, sind tot. Beinahe alle sind tot. Beinahe alles ist tot. Auch die Landschaft meiner Kindheit ist tot.

Nie und mit nichts fertig werden

Verehrte Anwesende, wovon wir reden, ist unerforscht, wir leben nicht, vermuten und existieren aber als Heuchler, vor den Kopf Gestoßene, in dem fatalen, letzten Endes letalen Mißverständnis der Natur, in welchem wir heute durch Wissenschaft verloren sind; die Erscheinungen sind uns tödliche und die Wörter, mit welchen wir aus Verlassenheit im Gehirn hantieren, mit Tausenden und Hunderttausenden von ausgeleierten, uns durch infame Wahrheit als infame Lüge, umgekehrt durch infame Lüge als infame Wahrheit erkennbare in allen Sprachen, in allen Verhältnissen, die Wörter, die wir uns zu reden und zu schreiben und die wir uns als Sprechen zu verschweigen getrauen, die Wörter, die aus nichts sind und die zu nichts sind und die für nichts sind, wie wir wissen und was wir verheimlichen, die Wörter, an die wir uns anklammern, weil wir aus Ohnmacht verrückt und aus Verrücktheit verzweifelt sind, die Wörter infizieren und ignorieren, verwischen und verschlimmern, beschämen und verfälschen und verkrüppeln und verdüstern und verfinstern nur; aus dem Mund und auf dem Papier mißbrauchen sie durch ihre Mißbraucher; das Charakterbild der Wörter und ihrer Mißbraucher ist das unverschämte; der Geisteszustand der Wörter und ihrer Mißbraucher ist der hilflose, glückliche, katastrophale ...
Wir sagen, wir geben eine Theatervorstellung, prolongiert ohne Zweifel in die Unendlichkeit ... aber das Theater, in welchem wir auf alles gefaßt und in nichts kompetent sind, ist, seit wir denken können, immer ein solches der sich vergrößernden Geschwindigkeit und der verpaßten Stichwörter ... es ist absolut ein Theater der Körper- in zweiter Linie der Geistesangst und also der Todesangst ... wir wissen nicht, handelt es sich um die Tragödie um der Komödie, oder um die Komödie um der Tragödie willen ... aber alles handelt von Fürchterlichkeit, von Erbärmlichkeit, von Unzurechnungsfähigkeit ... wir denken, verschweigen aber: wer denkt, löst auf, hebt auf, katastrophiert, demoliert, zersetzt, denn Denken ist folgerichtig die konsequente Auflösung aller Begriffe ... Wir sind (und das ist Geschichte und das ist der Geisteszustand der Geschichte): die Angst, die Körper- und die Geistesangst und die Todesangst als das Schöpferische ... Was wir veröffentlichen, ist nicht identisch mit dem, was ist, die Erschütterung ist eine an-

dere, die Existenz ist eine andere, wir sind anders, das Unerträgliche anders, es ist nicht die Krankheit, es ist nicht der Tod, es sind ganz andere Verhältnisse, es sind ganz andere Zustände ...
Wir haben, sagen wir, ein Recht auf das Recht, aber wir haben nur ein Recht auf das Unrecht ...
Das Problem ist, mit der Arbeit fertig zu werden, und das heißt, mit dem inneren Widerwillen und mit dem äußeren Stumpfsinn ... das heißt, über mich selbst und über Leichen von Philosophien geh'n, über die ganze Literatur, über die ganze Wissenschaft, über die ganze Geschichte, über alles ... es ist eine Frage der Geisteskonstitution und der Geisteskonzentration und der Isolation, der Distanz ... der Monotonie ... der Utopie ... der Idiotie ...
Das Problem ist immer, mit der Arbeit fertig zu werden, in dem Gedanken, nie und mit nichts fertig zu werden ... es ist die Frage: weiter, rücksichtslos weiter, oder aufhören, schlußmachen ... es ist die Frage des Zweifels, des Mißtrauens und der Ungeduld.
Ich danke der Akademie, ich danke für Ihre Aufmerksamkeit.

Erste Lese-Erlebnisse*

In frühester und in rücksichtsloser Beobachtung derer, die, denkende Charaktere, Hunderten und Tausenden von Schriften und Büchern verfallen und am Ende von diesen Schriften und Büchern vernichtet waren, hatte ich Angst vor dem Lesestoff. Aufgefordert zu lesen, weigerte ich mich bis zum zwölften Jahr, die Ungeheuerlichkeit der Schulbücher, die mich fast um meinen Verstand gebracht haben, ausgenommen. *Die Welt als Wille und Vorstellung* des Schopenhauer aus Frankfurt und die Gedichte des Christian Wagner aus Maulbronn waren, geistesentscheidend, die ersten Bücher, die ich (heimlich und freiwillig im Arbeitszimmer meines Großvaters mütterlicherseits) gelesen *und* studiert habe. Alle Bücher, die ich von da an bis heute gelesen und studiert habe, sind, so oder so, *wie diese zwei Bücher*: die Unmöglichkeit, die Wahrheit zu sagen und (oder) die Unfähigkeit, die menschliche Existenz zu überwinden.

* Der Titel stammt vom Herausgeber

Ein Brief*

GRAND HOTEL IMPERIAL 2. 3. 1971
DUBROVNIK

Liebe, verehrte Doktor Spiel,
ich habe Ihnen einen Beitrag für Ihr Ver Sacrum versprochen - Sie schreiben, ›etwas über Ludwig Wittgenstein‹, und ich habe diesen Gedanken seit zwei Wochen, also dem Tag meiner Rückkehr aus Bruxelles im Kopf -, jetzt bin ich wieder auf Reisen, Ragusa, Beograd, Roma etc., und die Schwierigkeit, über Wittgensteins Philosophie und vor allem Poesie, denn meiner Ansicht nach handelt es sich bei Wittgenstein um ein durch und durch poetisches Gehirn (HIRN), um ein philosophisches HIRN also, nicht um einen Philosophen, zu schreiben, ist die größte. Es ist, als würde ich über mich selbst etwas (Sätze!) schreiben müssen, und das geht nicht. Es ist ein Zustand von Kultur und Gehirn-Geschichte, der sich nicht beschreiben läßt. Die Frage ist nicht: schreibe ich über Wittgenstein. Die Frage ist: *bin* ich Wittgenstein *einen* Augenblick ohne ihn (W.) oder mich (B.) zu zerstören. Diese Frage kann ich nicht beantworten und also kann ich nicht über Wittgenstein schreiben. - In Österreich sind Philosophie und Poesie (mathematisch-musikalische) ein absolutes Mausoleum, schauen *wir* vertikal die Geschichte an. Es ist erschreckend einerseits, fortschrittlich andererseits, mit einem Wort: Philosophie und Kunst existieren zum Unterschied von anderen Völkern in Österreich nicht im Bewußtsein seines Volkes, sondern nur im Bewußtsein seiner Philosophie und Poesie(-Kultur) etc., was für den Philosophen und für den Dichter ein Vorteil ist, ist ihm dieser Vorteil bewußt.

Was Wittgenstein betrifft: er ist die Reinheit Stifters, Klarheit Kants in einem und seit (und mit ihm) Stifter der Größte. Was wir durch NOVALIS, den deutschen, nicht gehabt haben, ist uns jetzt Wittgenstein - und ein Satz noch: W. ist eine Frage, die nicht beantwortet werden kann - dadurch ist er eins mit jener Stufe, die Antworten (und Antwort) ausschließt.

Unsere heutige Kultur ist in allen ihren unerträglichen Erscheinungen eine solche, die leicht beantwortet wäre, ließe man sich darauf ein - allein mit Wittgenstein ist es anders.

* Der Titel stammt vom Herausgeber

Und die Welt ist immer die zu dumme, die nicht begreift, darum ist *sie* immer absolut ohne Begriffe – die Begriffe stehen für sich selbst als Begriffe. Das ist tödlich für die MASSE der Köpfe, aber auf die Masse der Köpfe ist keine Rücksicht zu nehmen. So schreibe ich nicht über Wittgenstein, *weil ich nicht kann,* sondern weil ich *ihn nicht beantworten kann,* woraus sich alles von selbst erklärt.
Mit besten Grüßen, allen Wünschen

Ihr Thomas Bernhard

Goethe schtirbt

Am Vormittag des zweiundzwanzigsten ermahnte mich Riemer, bei meinem für halbzwei angesetzten Besuch Goethes *einerseits leise, andererseits doch nicht zu leise* mit dem Manne zu sprechen, von welchem jetzt nurmehr noch gesagt wurde, daß er der Größte der Nation und gleichzeitig auch der allergrößte unter allen Deutschen bis heute sei, denn einerseits höre er jetzt *das eine geradezu erschreckend deutlich, das andere aber beinahe überhaupt nicht mehr* und man wisse nicht, was er höre und was nicht und obwohl es das Schwierigste sei in der Unterhaltung mit dem auf seinem Sterbebett liegenden, die ganze Zeit mehr oder weniger bewegungslos in die Richtung auf das Fenster schauenden Genius, die angemessene Lautstärke in der eigenen Rede zu finden, sei es doch möglich, vor allem durch die allerhöchste Aufmerksamkeit der Sinne, in dieser nun tatsächlich nurmehr noch traurig machenden Unterhaltung genau jene Mitte zu finden, die dem jetzt für alle sichtbar an seinem Endpunkt angekommenen Geist entspreche. Er, Riemer, habe die letzten drei Tage mehrere Male mit Goethe gesprochen, zweimal in Anwesenheit Kräuters, den Goethe beschworen haben solle, fortwährend und bis zum letzten Augenblick, bei ihm zu bleiben, aber doch einmal allein, weil Kräuter, angeblich infolge einer plötzlichen Übelkeit durch das Auftreten Riemers in Goethes Zimmer, dieses fluchtartig verlassen habe, wobei Goethe sofort, wie in alten Tagen, mit Riemer über *Das Zweifelnde und das Nichtzweifelnde* gesprochen habe, genau wie in den ersten Märztagen, in welchen, so Riemer, Goethe immer wieder auf dieses Thema gekommen sei, immer wieder und immer wieder mit größter Wachsamkeit, nachdem er sich, so Riemer, Ende Feber fast ausschließlich, gleichsam zur tagtäglichen Morgenübung, mit Riemer, ohne Kräuter also und also ohne den von Riemer immer wieder als *Ungeist* bezeichneten *Belauerer des goetheschen Absterbens*, mit dem Tractatus logico-philosophicus beschäftigt und überhaupt Wittgensteins Denken als das *dem seinigen aufeinmal zunächsstehende*, wie *das seinige ablösende*, bezeichnet hatte; daß dieses seinige gerade da, wo es in die Entscheidung gekommen sei zwischen dem, das Goethe zeitlebens als Hier und dem, das er zeitlebens als Dort einzusehen und anzuerkennen gezwungen gewesen sei, schließlich von dem wittgensteinschen Denken überdeckt, wenn nicht gar *vollkommen zugedeckt* hatte werden müssen. Goethe soll sich in diesem Gedanken mit der Zeit so aufgeregt haben, daß er Kräuter beschwor, Wittgenstein kommen zu lassen, diesen, gleich, was es koste, aus England nach Weimar zu holen, *unter allen Umständen und so bald als möglich* und tatsächlich *hätte* Kräuter Wittgenstein dazu bringen können, Goethe aufzusuchen, merkwürdigerweise gerade an diesem zweiundzwanzigsten; die Idee, Wittgenstein nach Weimar einzuladen, war Goethe schon Ende Feber gekommen, so Riemer jetzt, und nicht erst Anfang März, wie Kräuter behauptete, und Kräuter sei es gewesen, der von Eckermann in Erfahrung gebracht habe, daß Eckermann unter allen Umständen eine Reise Wittgensteins nach Weimar zu Goethe hatte verhindern wollen; Eckermann habe Goethe über Wittgenstein derartig *Unverschämtes*, so Kräuter, vorgetragen, daß Goethe, damals noch im Vollbesitz seiner Kräfte, naturgemäß auch der physischen und tagtäglich noch imstande, in die Stadt hineinzugehen, also durchaus den Frauenplan zu verlassen und über das schillersche Haus hinaus in die Gegend von Wieland, so Riemer, daß Goethe von Eckermann jedes weitere Wort über Wittgenstein, *den Verehrungswürdigsten,* wie sich Goethe wörtlich ausgedrückt haben solle, verbeten habe, Goethe soll zu Eckermann gesagt haben, daß seine Dienste, die er, Eckermann, ihm, Goethe, bisher geleistet habe und zwar allezeit, mit diesem Tage und mit dieser traurigsten aller Stunden der deutschen Philosophiergeschichte, null und nichtig seien, er, Eckermann, habe sich an Goethe durch die Niederträchtigkeit, Wittgenstein ihm gegenüber in Verruf zu bringen, unverzeihlich schuldig gemacht und habe augenblicklich das Zimmer zu verlassen, *Das Zimmer* soll Goethe gesagt haben, ganz gegen seine Gewohnheit, denn er hatte sein Schlafzimmer immer nur *Die Kammer* genannt, aufeinmal hatte er, so Riemer, Eckermann das Wort *Zimmer* an den Kopf geschleudert und Eckermann sei einen Augenblick völlig wortlos dagestanden, habe kein Wort herausgebracht, so Riemer, und habe Goethe verlassen. *Er wollte mir mein Heiligstes nehmen,* soll Goethe zu Riemer gesagt haben, *er, Eckermann, der mir alles verdankt, dem ich alles gegeben habe und der nichts wäre ohne mich, Riemer.* Goethe sei, nachdem Eckermann die Kammer verlassen hatte, selbst nicht befähigt gewesen, ein Wort zu sprechen, er soll immer nur das Wort *Eckermann* gesagt haben, tatsächlich so oft, daß es Riemer erschienen war, als sei Goethe nahe daran, wahnsinnig zu werden. Aber Goethe habe sich dann doch rasch fassen und mit Riemer sprechen können, kein Wort über Eckermann mehr, aber über Wittgenstein. Es bedeute ihm, Goethe, höchstes Glück, in Oxford seinen engsten Vertrauten zu wissen, nur getrennt durch den Kanal, so Riemer, der mir doch gerade in dieser Erzählung am glaubhaftesten schien, nicht wie sonst immer, schwärmerisch, unglaubwürdig; auf einmal hatte Riemers Bericht doch das Authentische, das ich sonst immer an seinen Berichten vermißte, Wittgenstein in Oxford, soll Goethe gesagt haben, Goethe in Weimar, ein glücklicher Gedanke, lieber Riemer, wer kann empfinden, was dieser Gedanke wert ist, außer ich selbst, der ich in diesem Gedanken der Glücklichste bin. Riemer unterstrich immer wieder, daß Goethe mehrere Male gesagt haben soll, *Der Glücklichste.* In bezug auf Wittgenstein in Oxford. Als Riemer sagte *In Cambridge,* soll Goethe gesagt haben *Oxford oder Cambridge, es ist der glücklichste Gedanke meines Lebens und dieses Leben war voll von den glücklichsten Gedanken.* Von allen diesen glücklichsten Gedanken ist der Gedanke, daß es Wittgenstein gibt, mein glücklichster. Riemer habe zuerst nicht gewußt, wie eine Verbindung zwischen Goethe und Wittgenstein herzustellen sei, und er habe mit Kräuter gesprochen, dieser habe aber, ebenso wie Eckermann, von einem Auftreten Wittgensteins in Weimar nichts wissen wollen. Während Goethe, wie ich selbst aus Äußerungen Goethes mir gegenüber weiß, Wittgenstein so bald als möglich sehen wollte, sprach Kräuter andauernd davon, daß Wittgenstein *nicht vor April* kommen solle, der März sei der unglücklichste Termin, Goethe selbst wisse das nicht, aber er, Kräuter, wisse das, Eckermann habe in vieler Hinsicht nicht unrecht gehabt, Wittgenstein Goethe überhaupt auszureden, was natürlich ein Unsinn war, so Kräuter zu mir, denn Goethe hatte sich niemals von Eckermann etwas ausreden lassen, aber Eckermann hatte immer einen guten Instinkt, so Kräuter zu mir, als wir gerade an dem wielandschen Hause vorbeigingen; Eckermann habe es an diesem fraglichen Tag, an dem Tag, an welchem Goethe unmißverständlich nach Wittgenstein verlangt habe, nach dem persönlichen Auftreten seines Nachfolgers, sozusagen, zu weit getrieben, er, Eckermann, habe ganz einfach an diesem Tage die Kräfte, die physischen und die psychischen Kräfte Goethes überschätzt, genauso wie seine Kompetenzen, und Goethe habe sich wegen Wittgenstein, wegen nichts sonst, von Eckermann getrennt. Ein Versuch der Frauen unten (die in der Halle standen!), Goethe umzustimmen aus dem Vorhaben, das ja schon zum endgültigen Entschluß geworden war, Eckermann tatsächlich zu verjagen und zwar wegen Wittgenstein für immer, was die Frauen natürlich nicht begreifen konnten, war fehlgeschlagen, für zwei Tage hatte Goethe sich ja, wie ich weiß, überhaupt den Frauenbesuch in der Kammer verbeten, gerade Goethe, sagte ich zu Riemer, der keinen Tag ohne die Frauen auszukommen imstande gewesen ist, solange er lebt; Eckermann soll bei den Frauen unten in der Halle gestanden sein, fassungslos, wie Kräuter später sagte, die Frauen sollen ihn sozusagen bestürmt haben, die Sache auf den schlechten Allgemeinzustand Goethes zurückzuführen und sie nicht im ganzen Umfange ernst zu nehmen, nicht so ernst jedenfalls, wie Eckermann sie im Augenblick nahm, und eine der Frauen, ich weiß nicht mehr, welche von den vielen in der Halle stehenden, sei zu Goethe hinauf, um für Eckermann einzutreten, aber Goethe war nicht mehr umzustimmen, er soll gesagt haben, daß er von keinem jemals gelebten Menschen in einer solchen verletzendsten Weise enttäuscht worden sei, wie von Eckermann, er wolle ihn niemehr sehen. Dieses *Niemehr* Goethes sei dann in der Halle noch oft zu hören gewesen, auch dann noch, als Eckermann längst aus dem goetheschen Hause gewesen und dann tatsächlich auch nicht mehr gesehen worden war. Niemand weiß, wo Eckermann heute ist. Kräuter hat nachforschen lassen, aber alle diese Nachforschungen sind ohne Ergebnis geblieben. Selbst die Gendarmerie in Halle und Leipzig ist eingeschaltet worden und, so Riemer, auch nach Berlin und Wien hat Kräuter Nachricht vom Verschwinden Eckermanns gegeben, so Riemer. Tatsächlich habe Kräuter, so Riemer, noch mehrere Male versucht, Goethe von dem Gedanken abzubringen, Wittgenstein nach Weimar kommen zu lassen, und es war ja auch nicht sicher gewesen, so Kräuter, ob Wittgenstein tatsächlich nach Weimar kommt, selbst wenn er von Goethe eingeladen ist, von dem größten Deutschen, denn Wittgensteins Denken machte diese Sicherheit auf alle Fälle schwankend, so Kräuter wörtlich, er, Kräuter, so Riemer, habe aber Goethe in ungemein vorsichtiger Weise vor einem Auftreten Wittgensteins in Weimar gewarnt, sei nicht so plump und tatsächlich vertraulich vorgegangen dabei wie Eckermann, der in diesem wittgensteinschen Falle einfach zu weit gegangen sei, weil er sich dieser Sache sicher gewesen war, weil er nicht wußte, daß man in bezug auf die goetheschen Vorstellungen und Gedanken ja niemals und in keinem Falle hatte sicher sein können, was beweise, daß Eckermann bis zuletzt *seine Geistesbeschränkung, die wir von Eckermann kennen,* nicht ablegen hatte können, so Riemer, aber selbst Kräuter war es nicht gelungen, Goethe davon abzubringen, Wittgenstein nach Weimar kommen zu lassen. Einem solchen Geist ist kein Telegramm zu schicken, soll Goethe gesagt haben, einen solchen Geist könne man nicht einfach auf telegraphische Weise einladen, man müsse einen lebendigen Boten nach England schicken, soll Goethe Kräuter gegenüber gesagt haben. Kräuter soll nichts darauf gesagt haben, und da Goethe entschlossen war, Wittgenstein *von Angesicht zu Angesicht* zu sehen, wie Riemer jetzt pathetisch sagte, weil Kräuter es genau in dieser pathetischen Weise gesagt haben soll, mußte sich Kräuter schließlich, so schwer es ihm fiel, dem Wunsch Goethes beugen. Goethe soll gesagt haben, daß, wenn er bei besserer Gesundheit sei, er selbst nach Oxford oder Cambridge reisen würde, um mit Wittgenstein über *Das Zweifelnde und das Nichtzweifelnde* zu sprechen, ihm machte es nichts aus, *Wittgenstein entgegenzugehen,* auch, wenn die Deutschen einen solchen Gedanken allein nicht verstehen, darüber setze er, Goethe, sich vollkommen hinweg, wie er selbst sich immer über alle Gedanken der Deutschen hinweggesetzt habe, gerade weil er *der* Deutsche sei, was auszusprechen ihm völlig natürlich wäre, *ich führe gern nach England an meinem Lebensende,* soll Goethe zu Kräuter gesagt haben, aber meine Kräfte reichen dazu nicht mehr aus, so bin ich gezwungen, Wittgenstein den Vorschlag zu machen, zu mir zu kommen. *Selbstverständlich,* soll Goethe zu Kräuter gesagt haben, *wohnt Wittgenstein, mein philosophischer Sohn sozusagen,* so Kräuter, der sich über die Wörtlichkeit dieser Aussage Goethes verbürgt, *in meinem Hause. Und zwar in dem allergemütlichsten Zimmer, das wir haben. Ich lasse dieses Zimmer genauso ausstatten, wie ich glaube, daß es Wittgenstein gefällt. Und wenn er zwei Tage bleibt, was Schöneres kann ich wünschen!* soll Goethe ausgerufen haben. Kräuter, so Riemer, soll über diese ganz konkreten Wunschvorstellungen Goethes entsetzt gewesen sein. Er habe sich entschuldigt und für Augenblicke wenigstens Goethes Zimmer verlassen, um den Frauen in der Halle und selbst in der Küche unten, so Riemer, von dem Plan Goethes, Wittgenstein in sein Haus einzuladen, Mitteilung zu machen. Natürlich hatten die Weiber nicht einmal gewußt, wer Wittgenstein ist, soll Kräuter zu Riemer gesagt haben, so Riemer. Sie dachten, Kräuter sei verrückt geworden. Dieser Wittgenstein ist aufeinmal der wichtigste Mensch für Goethe, soll Kräuter zu den Küchenweibern gesagt haben, worauf die ihn für verrückt gehalten hatten. Immer wieder sei Kräuter durch das goethesche Haus gegangen und habe gesagt, *Wittgenstein ist der Wichtigste für Goethe* und alle, die das hörten, sollen sich an den Kopf gegriffen haben. *Ein österreichischer Denker!* soll Kräuter auch dem Arzt gegenüber ausgerufen haben, der Goethe behandelte und täglich zweimal erschien, worauf dieser Arzt (ich nenne seinen Namen nicht, damit er mich nicht verklagen kann!) zu Kräuter gesagt haben soll, er, Kräuter, sei wahnsinnig geworden, worauf Kräuter zu dem Arzt gesagt haben soll, er, der Arzt, sei verrückt, worauf der Arzt zurückgesagt haben soll, Kräuter gehöre nach Bethel, worauf Kräuter dem Arzt gesagt haben soll, daß *er* nach Bethel gehöre undsofort. Schließlich hatte Kräuter geglaubt, Goethe habe in der Zwischenzeit sich in dem Gedanken, Wittgenstein nach Weimar und sogar in sein Haus einzuladen, beruhigt und er sei nach einiger Zeit wieder in Goethes Zimmer getreten. Der Genius, so Riemer, soll Kräuter gesagt haben, stand jetzt am Fenster und betrachtete eine vereiste Dahlie im Garten. *Sehen Sie, Kräuter, diese vereiste Dahlie!* soll Goethe ausgerufen haben und seine Stimme soll stark gewesen sein wie eh und je, *Das ist das Zweifelnde und das Nichtzweifelnde!* Goethe soll darauf lange Zeit am Fenster stehengeblieben sein und Kräuter beauftragt haben, Wittgenstein in Oxford oder Cambridge (es sei vollkommen gleichgültig, wo wirklich!) aufzusuchen und einzuladen. Wie ich glaube, ist der Kanal zugefroren und das heißt, daß Sie sich in einen ordentlichen Pelz einzuwickeln haben! soll Goethe zu Kräuter gesagt haben. Wickeln Sie sich in einen ordentlichen Pelz ein und suchen Sie Wittgenstein auf und laden Sie ihn für den zweiundzwanzigsten März nach Weimar ein. Es ist mein Lebenswunsch, Kräuter, gerade an dem zweiundzwanzigsten März Wittgenstein zu sehen. Ich habe keinen anderen Wunsch mehr. Wenn Schopenhauer und Stifter noch lebten, würde ich diese beiden mit Wittgenstein einladen, aber Schopenhauer und Stifter leben nicht mehr, so lade ich allein Wittgenstein ein. Und wenn ich es genau überlege, so Goethe am Fenster, die rechte Hand auf den Stock gestützt, ist Wittgenstein von allen der größte. Kräuter soll, so Riemer, Goethe auf die Schwierigkeit aufmerksam gemacht haben, *in dieser kalten und unfreundlichen Jahreszeit nach England zu reisen, durch halb Deutschland durch über den Kanal und bis nach London und weiter. Entsetzlich Goethe!* soll Kräuter ausgerufen haben, so Riemer, darauf Goethe mit ebensolcher Wucht: *Fahr Kräuter, fahr!* Worauf Kräuter, so Riemer in seiner bekannten Schadenfreude, nichts anderes übrig blieb, als zu verschwinden und die Reise anzutreten. Die Frauen machten fürchterliche Umstände mit ihm. Sie schafften eine ganze Reihe von Pelzen aus dem goetheschen Besitz herbei, an die zwei Dutzend, darunter auch den Reisepelz, den Goethe noch von Cornelia Schellhorn aufbewahrt und *aus heiligem Grund* niemals getragen hatte, darunter, so Riemer, auch einen Pelz der Katharina Elisabeth Schultheiss, schließlich auch noch einen, den Ernst August einmal bei Goethe vergessen hatte, und gerade für den hatte sich schließlich Kräuter entschieden, weil er, so Kräuter, so Riemer, gerade recht war, bei dieser Reise nach England getragen zu werden. Schließlich war Kräuter binnen zweier Stunden auf dem Bahnhof und reiste ab. Jetzt hatte Riemer Zeit bei Goethe, wie er sagte, und Goethe vertraute ihm, Riemer, vieles über Kräuter, aber auch über Eckermann und die andern an, das diese in kein gutes Licht brachte. So beschwerte sich Goethe, laut Riemer, über Kräuter gleich nach dessen Abreise nach England, daß dieser, Kräuter, Goethe immer vernachlässigt habe. Goethe erklärte sich nicht näher, auch Riemer mir gegenüber nicht, aber fortwährend habe Goethe zu Riemer in bezug auf Kräuter das Wort *vernachlässigt* gesagt. Selbst daß Kräuter ein dummer Mensch sei, soll Goethe oft zu Riemer gesagt haben. Eckermann sei *noch dümmer* gewesen. Ernst August sei nicht der große Ernst August gewesen, für den man ihn jetzt halte. *Er war dümmer,* soll Goethe gesagt haben, *gemeiner, als man annimmt.* Ulrike soll er auch als *dumm* bezeichnet haben. Auch die Frau von Stein und ihre Kreise. Kleist habe er vernichtet, was ihm nicht leid täte. Damit konnte Riemer nichts anfangen, während ich doch zu wissen glaube, was Goethe meinte. Wieland, Herder, habe er immer höher geschätzt, als er sie behandelt habe. *Im Winde klirren die Fahnen,* soll Goethe gesagt haben, *woher ist das?* Riemer hatte keine Ahnung, ich sagte, von Hölderlin, Riemer schüttelte nur den Kopf. Das Nationaltheater habe er, Goethe, ruiniert, so Riemer, soll Goethe gesagt haben, überhaupt habe er, Goethe, das deutsche Theater zugrunde gerichtet, aber darauf kommen die Leute erst in frühestens zweihundert Jahren. *Was ich dichtete, ist das Größte gewesen zweifellos, aber auch das, mit welchem ich die deutsche Literatur für ein paar Jahrhunderte gelähmt habe. Ich war, mein Lieber,* soll Goethe zu Riemer gesagt haben, *ein Lähmer der deutschen Literatur.* Meinem *Faust* sind sie alle auf den Leim gegangen. Am Ende ist alles, so groß es ist, nur *eine Auslassung* meiner innersten Gefühle gewesen, von allem ein Theil, so Riemer berichtend, aber in keinem war ich das Allerhöchste. Riemer habe geglaubt, Goethe spreche über einen ganz anderen, nur nicht über sich selbst, als er zu Riemer sagte: *so habe ich die Deutschen, die dafür wie keine andern geeignet sind, hinters Licht geführt. Aber auf was für einem Niveau!* soll er ausgerufen haben, der Genius. Ernst und mit gesenktem Haupt soll Goethe, dabei das schillersche Portrait auf seinem Nachttisch betrachtet und gesagt haben: *ihn habe ich vernichtet, mit aller Gewalt, ich habe ihn ganz bewußt zerstört, zuerst siech gemacht und dann vernichtet. Er wollte ein Gleiches tun. Der Arme! Ein Haus auf der Esplanade, wie ich eins auf dem Frauenplan! Was für ein Irrtum! Der tut mir leid,* soll Goethe gesagt und darauf längere Zeit geschwiegen haben. Wie gut, sagte Riemer, daß das Schiller selbst nicht mehr gehört hat. Goethe soll das Bildnis Schillers sich vor Augen geführt und dazu gesagt haben: *es tut mir leid um alle die Schwachen, die der Größe nicht entsprechen können, weil sie den Atem nicht haben!* Darauf soll er das Bildnis Schillers, das eine Freundin Wielands für Goethe gemacht haben soll, wieder auf den Nachttisch zurückgelegt haben. *Was nach mir kommt, hat es schwer,* soll Goethe dann gesagt haben. In diesen Momenten war Kräuter schon weit unterwegs gewesen. Wir hörten von ihm nichts, nur noch, daß er in Magdeburg sich eine Reliquie von Bach angeschafft habe, eine Locke des Thomaskantors, die er bei seiner Rückkehr Goethe hatte bringen wollen. Kräuter tut es gut, daß er eine Zeit aus dem Umkreis Goethes verschwunden ist, sagte Riemer. So können wir uns ganz ungestört unterhalten, und Goethe ist einmal ohne diesen Ungeist und Nichtmenschen. Er hat sich von Eckermann getrennt, so Riemer, er wird sich auch von Kräuter trennen. Und die Frauen, so Riemer, spielen jetzt gar keine Rolle mehr in seinem Leben. Die Philosophie ist es, die Dichtkunst nicht mehr. Man sieht ihn jetzt öfter auf dem Friedhof, es ist, als suchte er sich einen Platz aus, immer treffe ich ihn auf dem Platze, der meinem Geschmack nach der beste ist. Windgeschützt, völlig abgesondert von allen andern. Ich hatte keine Ahnung, so Riemer jetzt auf der Esplanade, auf welcher aufeinmal die Vormittagsunruhe eingesetzt hatte, daß Goethe in seine letzten Tage eingetreten war. Wenn ich heute abend wieder bei ihm bin, so Riemer über Goethe, werde ich mit ihm weiter über *Das Zweifelnde und das Nichtzweifelnde* sprechen. *Wir werden das Thema organisieren*, so Goethe immer, *und es angehen und zerstören*. Alles, was er bis jetzt gelesen und durchdacht habe, sei gegenüber dem Wittgensteinschen nichts oder *wenigstens beinahe nichts*. Er wisse nicht mehr, *was oder wer ihn auf oder zu Wittgenstein gebracht habe. Ein kleines Büchlein mit rotem Umschlag, aus der Bibliothek Suhrkamp*, sagte Goethe zu Riemer einmal, *vielleicht, ich kann es nicht mehr sagen. Aber es war meine Rettung*. Hoffentlich, so Goethe zu Riemer, so Riemer, setzt sich Kräuter in Oxford oder Cambridge durch und Wittgenstein kommt bald. Ich habe nicht mehr lange Zeit. Goethe soll tagelang in der Kammer gesessen sein und, wie Riemer meint, nurmehr noch auf Wittgenstein gewartet haben. Es ist so, er wartet nurmehr noch auf Wittgenstein, welcher für ihn der und das Höchste ist, so Riemer. Den *Tractatus* hat er unter dem Kopfpolster liegen. *Die Tautologie hat keine Wahrheitsbedingungen, denn sie ist bedingungslos wahr; und die Kontradiktion ist unter keiner Bedingung wahr*, soll er, Goethe, Wittgenstein zitierend, oft in diesen Tagen gesagt haben. Aus Karlsbad sollen Wünsche für seine Genesung gekommen sein von der Kurverwaltung, auch aus Marienbad und aus dem schönen Elenbogen schickte man Goethe ein Glas, auf welchem er zusammen mit Wittgenstein abgebildet ist. Kein Mensch weiß, woher die in Elenbogen wissen, daß Goethe und Wittgenstein eins sind, so Riemer, auf dem Glas sind sie eins. Ein schönes Glas. Aus Sizilien meldete sich ein Professor, der in Agrigent zuhause ist, mit einer Einladung an Goethe, seine Sammlung goethescher Handschriften zu besichtigen. Goethe schrieb dem Professor, er sei nicht mehr in der Lage, über die Alpen zu gehen, obwohl er *ihr Glühen mehr liebe, als das Meeresrauschen.* Goethe hatte sich ganz in die Korrespondenz zurückgezogen, so Riemer, in eine Art philosophierender Abschiedskorrespondenz. Nach Paris schrieb er einer gewissen Edith Lafontaine, die ihm Gedichte zur Beurteilung geschickt hatte, sie solle sich an Voltaire wenden, dieser habe sein Amt, literarische Bettelbriefe zu beantworten, übernommen. Der Besitzer des Hotels Pupp in Karlsbad wandte sich an Goethe, ob er, Goethe, nicht sein Hotel kaufen wolle, für achthunderttausend Thaler, wie es heißt, ohne Personal. Im übrigen kam tagaus, tagein nur die übliche geschmacklose und gemeine Post auf den Frauenplan, die von den Sekretärinnen geordnet und dann von Goethe weggeworfen wurde, nicht eigenhändig natürlich, von Kräuter oder mir, so Riemer, das beste war ja, daß wir so viele große Öfen hatten, in die wir diese wertlose, aufdringliche, vollkommen asensible Post werfen konnten. Ganz Deutschland glaubte auf einmal, sich brieflich an Goethe wenden zu können, ausnahmslos. Eckermann trug jeden Tag riesige Körbe voller Post zu den diversen Öfen. So heizte Goethe die meiste Zeit mit der Post ein, die er bekam in den letzten Jahren. Aber zurück zu Wittgenstein. Kräuter war, wie mir jetzt Riemer berichtete, tatsächlich bis zu Wittgenstein gekommen. Dieser aber war einen Tag, bevor Kräuter ihn aufsuchte, an Krebs gestorben. Er, Kräuter, so Riemer, habe Wittgenstein nurmehr noch aufgebahrt gesehen. Einen hageren Menschen mit eingefallenem Gesicht. In der Umgebung von Wittgenstein, so habe Kräuter berichtet, habe niemand etwas von Goethe gewußt. So sei Kräuter deprimiert wieder abgereist. Es war jetzt die große Frage, so Riemer, sollte Goethe Wittgensteins Tod mitgeteilt werden oder nicht. Gerade in diesen Minuten, sagte ich zu Riemer, wir gingen jetzt an dem schillerschen Haus vorbei, waren auf dem Rückweg zu dem sterbenden Goethe, welcher jetzt wieder ganz unter der Obhut der ihn umhegenden Frauen gestanden war, gerade in diesen Minuten hätte ich Wittgenstein vom Bahnhof abgeholt. Riemer schaute auf die Uhr, während ich folgendes sagen wollte: keiner, außer Goethe, verlangte tatsächlich so sehr nach dem Besuch Wittgensteins in Weimar, wie ich. Es wäre auch für mich ein Höhepunkt meiner Existenz gewesen, ich sagte *Existenz,* wo Goethe gesagt hätte *Leben.* Immerda, wo Goethe *Leben* gesagt hatte, hatte ich *Existenz* gesagt, das war in Karlsbad so gewesen, in Rostock, in Frankfurt, auf Rügen, in Elenbogen. Selbst wenn Wittgenstein und Goethe nur, sich gegenüberstehend oder -sitzend, geschwiegen hätten die ganze Zeit und wenn auch nur die kürzeste, es wäre der schönste Augenblick gewesen, der sich von mir aus denken läßt, wäre ich Zeuge gewesen. Riemer sagte, Goethe habe den *Tractatus über seinen Faust und über alles gestellt, das er geschrieben und gedacht* habe. Auch das ist Goethe, sagte Riemer. Auch ein solcher. Als Riemer den letzten Morgen, also den einundzwanzigsten, in Goethes Zimmer getreten sei, sagte er jetzt, in welchem, zu seiner, Riemers Überraschung, Kräuter gestanden war, der dem in seinem Bette auf vier von Ulrike bestickten Polstern unter seinem Kopf schon wie nurmehr noch auf die öffentliche Repräsentation hin aufgebahrten Goethe gerade mit hocherhobener rechter, ein wenig verkrüppelter Hand und drei geradezu fanatisch ausgestreckten Fingern mit erschreckender Rücksichtslosigkeit zu bedeuten schien, daß ihm, Goethe, nurmehr noch *drei* Tage blieben, kein einziger mehr (worin er, Kräuter, sich schließlich getäuscht hat!), habe Goethe zuerst nur gesagt, daß der Gikkelhahn schuld sei, mehrere Male soll Goethe gesagt haben: *der Gickelhahn ist schuld.* Kräuter soll, noch ganz von seinem Englandauftrag hergenommen, so Riemer, ein Leinentuch in kaltes Wasser getaucht haben, welches in einem Lavoir auf einem kleinen weißgestrichenen Küchensessel am Fenster gestanden sei und das Leinentuch solange über dem Lavoir ausgedrückt haben, daß es Riemer wie eine Ewigkeit vorgekommen sei, eine von Kräuter, so Riemer, tatsächlich ungeheuerlich in die Länge gezogene Zeit. Während Kräuter das Leinentuch über dem Lavoir ausdrückte, soll Goethe, schon ganz schwach, so Riemer, durch das offene Fenster in den Garten hinausgeschaut haben, während er, Riemer, die ganze Zeit unter der Tür der goetheschen Kammer gestanden sei. Goethe zu sagen, daß Wittgenstein nicht komme, habe er nicht die Kraft gehabt, so Riemer, und auch Kräuter hütete sich davor, Goethe diese entsetzliche Mitteilung zu machen, nie hätten sie beide gesagt, Wittgenstein sei längst *tot.* Und obwohl den Leuten um Wittgenstein Goethe unbekannt war, hatte Kräuter, um Goethe zu schonen, mehrere Male, weil er danach gefragt worden war, Goethe geantwortet: *alle kennen Goethe, alle.* Darauf sei Goethe immer recht angenehm berührt gewesen. Goethe habe Riemers Eintreten in die Kammer zuerst nicht bemerkt gehabt und ganz ruhig zu Kräuter gesagt, daß, wenn er jetzt bestimmen könne, wen von allen, die ihm *in seinem Leben* (nicht: *in seiner Existenz!*) begegnet seien, tatsächlich von allen, er sich jetzt an seinem Bett wünschte, er nur den Namen *Eckermann* aussprechen könne, was uns, Kräuter und mich, so Riemer, naturgemäß überraschte. Bei dem Namen Eckermann, den Goethe aufeinmal wieder ganz ruhig ausgesprochen habe, sei Kräuter erschrocken und habe Goethe den Rücken gekehrt. Mir war diese Bemerkung als solche wie die eines Umnachteten vorgekommen, so Riemer jetzt.

Kräuter, ist nicht Riemer da? hat dann Goethe plötzlich gesagt, worauf Goethe einen Blick auf mich geworfen hat, so Riemer, aber anders als sonst. Mir war klar, daß dieser zweiundzwanzigste der letzte Tag Goethes sei. Acht Tage waren seitdem vergangen, daß Wittgenstein gestorben war. Nun auch er, habe ich gedacht. Kräuter gestand mir später, auch er habe diesen Gedanken in diesem Augenblick gehabt. Kräuter hat darauf Goethe wieder sofort das naßkühle Leinentuch auf die Stirn gedrückt, *auf diese abstoßende theatralische Art,* so Riemer, *die wir von Kräuter kennen. Und auch von Eckermann.* Darauf, so Riemer, habe Goethe gesagt, daß er, indem er sich so groß gemacht habe, wie er jetzt sei, alles andere neben sich und um sich vollkommen vernichtet habe. Er habe Deutschland in Wahrheit nicht erhöht, sondern vernichtet. Aber die Augen der Welt seien für diesen Gedanken blind. Er, Goethe, habe alle an sich gezogen, um sie zu zerstören, im tiefsten Sinne unglücklich zu machen. Systematisch. *Die Deutschen verehren mich, obwohl ich ihnen wie kein zweiter so schädlich bin auf Jahrhunderte.* Kräuter verbürgt sich, daß Goethe diesen Ausspruch *ganz ruhig* getan hat. Ich hatte, so Riemer, die ganze Zeit den Eindruck, Goethe habe sich einen Schauspieler des Nationaltheaters zu seinem letzten Pfleger bestellt, indem er sich letztendes an Kräuter gebunden hat und ich dachte, während er Kräuter so an der Seite Goethes agieren sah, wie er das Tuch auf Goethes Stirn drückte, wie Kräuter dastand, als Goethe sagte: *ich bin der Vernichter des Deutschen!* und gleich darauf: *ich habe aber kein schlechtes Gewissen!*, wie er Goethes Hand, weil dieser selbst nicht mehr die Kraft dazu gehabt hatte, etwas höher auf die Bettdecke legte, seinem, Kräuters Ästhetizismus entsprechend, so Riemer, aber doch nicht so, daß beide goetheschen Hände zusammengelegt wurden wie bei einem Toten, was selbst Kräuter als geschmacklos empfunden haben mußte, wie Kräuter schließlich mit einem Taschentuch eine Schweißperle aus Goethes Gesicht wischte und überhaupt eine solche widerwärtige Betulichkeit an den Tag legte, die ihn, Riemer, wenigstens treffen, wenn nicht tödlich verletzen sollte; daß möglicherweise gerade zu einem Geist wie Goethe, den wir als groß, ja wahrscheinlich sogar als den größten begreifen müssen am Ende, ein solcher verkommener Kräuter paßte, der die Niedertracht und die Scharlatanerie seiner selbst gerade an einer solchen Geistesgröße wie Goethe, wenn sie an ihrem Ende angekommen ist, auf das Entschiedenste zu steigern noch befähigt sei. Bis zum äußersten Grade des Verrats, so Riemer. *Nicht im Elefanten wohnt Wittgenstein*, soll Goethe immer noch gesagt haben, auch wie er selbst schon auf dem Totenbett gelegen war, *sondern in meinem Haus, gleich neben meiner Kammer. Es gibt keinen andern, der dafür geeignet ist. Ich will Wittgenstein neben mir!* soll Goethe zu Riemer selbst gesagt haben. Als Goethe dann starb, eben am zweiundzwanzigsten, dachte ich sofort, was für eine Schicksalsfügung, daß Goethe genau für diesen Tag Wittgenstein zu sich nach Weimar eingeladen hatte. Was für ein Himmelszeichen. *Das Zweifelnde und das Nichtzweifelnde*, soll Goethe als *Vor*letztes gesagt haben. Also einen wittgensteinschen Satz. Und kurz darauf jene zwei Wörter, die seine berühmtesten sind: *mehr Licht!* Aber tatsächlich hat Goethe als Letztes nicht *Mehr Licht*, sondern *Mehr nicht!* gesagt. Nur Riemer und ich - und Kräuter - waren dabei anwesend. Wir, Riemer, Kräuter und ich einigten uns darauf, der Welt mitzuteilen, Goethe habe *Mehr Licht* gesagt als Letztes und nicht *Mehr nicht!* An dieser Lüge als Verfälschung leide ich, nachdem Riemer und Kräuter längst daran gestorben sind, noch heute.

Ein junger Schriftsteller

Ein junger Schriftsteller

Heute war ich durch die hiesige Polizei gehindert, mit meiner Wissenschaft weiterzukommen und im Augenblick scheint mir auch alles in ihr durch den Eingriff zerstört; ganze Gebirgszüge sind durch die Grobheit, mit welcher ich aus den Büchern und Schriften herausgerissen und auf die Wachstube eskortiert worden bin, vom Erdboden meines Denkens verschwunden, ganze Landstriche sind einfach ausgelöscht. Jetzt bin ich wie vor einem halben Jahr wieder ein nur in der Finsternis Tappender. Mein Verstand ist ein Lohndiener der Verrücktheit. In diesen paar mir von unserer melodramatischen Polizei aufdiktierten Stunden ist eine ungeheure Deterioration meiner Forschungen und meiner Physik eingetreten. – Es handelt sich um den jungen Schriftsteller, der seit Wochen verschwunden ist und den die Öffentlichkeit (die Polizei) mit dem Attentat auf den Außenminister in Zusammenhang bringt. Es ist gut, daß der Mann endlich tot ist, aber lächerlich, den Schriftsteller, gerade den, der durch ein paar Bücher unmittelbar um uns herum Aufsehen erregt hat, den Verfasser von »Sthenie« und »Asthenie«, mit dem Politikum, überhaupt mit einem Politikum in Verbindung zu bringen; den Außenminister, den sozialdemokratischen Popanz, mit dem Dreißigjährigen, der »Märzwald« geschrieben hat! Die Polizei hat mich über zwei Stunden verhört. Die Polizei hat ein ungeheueres Mißtrauen gegen Leute, die sich Gedanken machen, ein noch viel ungeheuerlicheres Mißtrauen gegen Leute, die Gedanken aufschreiben und ein geradezu entsetzliches Mißtrauen gegen Leute, die aufgeschriebene Gedanken veröffentlichen, der Öffentlichkeit bekannt machen. Die Polizei hat das größte Mißtrauen gegen Schriftsteller. Das Geschriebene wird gefürchtet. Ich sagte über W., daß sein Rock schwarz sei, sein Kopf groß, sein Gehör schlecht, dann sagte ich nichts mehr, zwei Stunden bis zu meiner Entlassung nicht und ich dachte: in der Vorzüglichkeit seines Stils ist er einer unserer größten; seine Titel sind, weil so kurz, die besten. Im Grunde ist er ein philosophischer Mathematiker. Vorlesen machte ihm kein Vergnügen, er verachtete seine Zuhörer. Es war zu viel schreibendes Gesindel um ihn. Er hatte die schönsten Briefe geschrieben, die fürchterlichste Kindheit gehabt. Er war krank, ich weiß nicht, woran krank. Es hatte ihm Schwierigkeiten bereitet, bis hundert zu zählen und völlig unmöglich sei ihm gewesen, jemandem weh zu tun; und ein solcher soll den Außenminister umgebracht haben ... Mit Vorliebe hatte er alles analysiert; wochenlang nichts geredet. Da sein Rock schwarz war, habe man immer annehmen müssen, er käme gerade von einem Begräbnis, oder er ginge auf ein Begräbnis, denn auch seine Hose war schwarz gewesen. Er haßte Hüte. Zeitungen liebte er, Frauen von der gänzlich ungeschützten Natur, Kinder, barfuß laufende Kinder. Er fürchtete sich vor Hunden und hatte zeitlebens Angst vor Erkältungen. In Gesellschaft fiel seine dauernde Schweigsamkeit auf. Er konnte, wie niemand, eine Beschreibung der verschiedenen Vögel geben und kannte sich in der Physik und in der kirchlichen Liturgie aus. Immer wieder sprach er von Ruderbooten; nie von materiellen Bedürfnissen. Seine Einfälle habe er in der Nacht; er schreibe, aber er lese nichts. Freundschaften bedrückten ihn. Als Sohn eines Orgelbauers habe er vor allem Kenntnisse in der Verarbeitung von seltenen Hölzern und Leichtmetallen. Er hätte sich oft für sein Leben der reinen Zufriedenheit engagieren können, doch sei es seiner Natur nicht erlaubt, eine, gleich welche, ihm angebotene Zuflucht auch aufzusuchen. Niemand wisse, wie weit er gereist sei, fast alle europäischen Städte und Landschaften kenne er; die verschiedensten, die entgegengesetztesten Sorten von Menschen seien ihm alle bekannt und er sei immer weniger Irrtümern verfallen. Er habe jetzt nur mehr noch sogenannte innere Rätsel zu lösen; die Außenwelt ist ihm ein Körper, auf welchem man immerfort die Krätze der ganzen Natur studieren könne; auf ungeheure Modifikationen für ihre Ekzeme komme man auf der Oberfläche. Ihn interessiere »ein Magisches unter der Erde«. Ursachen, nicht Wirkungen wolle er schließlich und endlich analysieren. Wo die Welt phantastisch sei, empfinde er sie, eindringlich, approximativ, überall sonst aber werde er von ihr abgestoßen. Der Eine sei nichts und dem Andern sei alles ein Exerzitium. Von der Ausdauer, in welcher er ohne die Kenntnis seines Verstandes so lange »wie im Kerker eines Oberflächengeschwürs« in seiner Kindheit und Jugend zurückgeblieben sei, sprach er, von der »schönen, triumphierenden Geistlosigkeit«. Es sei für ihn der ergreifendste Augenblick gewesen, aus den ihn »seit Jahrtausenden«, wie ihm schien, umgebenden Bildern, auf einmal Gedanken zu machen, zu produzieren, worin die größte aller Menschenanstrengung besteht. Die Jugend ist nur in Bildern; der durchschnittliche Mensch ist auch nur in Bildern, nicht in Gedanken, der Durchschnittliche hat nie einen Gedanken gehabt, auch der sogenannte intellektuelle Durchschnittliche in seiner minderwertigen, niedrigen Welt; anders der Außergewöhnliche, der Gedanken entstehen lassen und machen und produzieren kann in der außergewöhnlichen Welt. Er habe keine Erfahrung, denn kein Mensch habe Erfahrung; nicht einmal Anschauung von Erfahrung; Anschauung habe er von den Zwischenräumen des Lebens, von den Zwischenräumen in der Natur des Lebens. Er habe bestimmte Spaziergänge und auf diesen bestimmte Menschen geliebt, mit welchen er sich auf bestimmte Weise hat ausdrücken können. Gespräche vermittelte er, er führte sie nicht. Aus Hinweisen auf alles bestand im Grunde seine Teilnahme an der Welt. Unfähig, zu erzählen, schrieb er so gut, wie kein anderer seiner Generation, seiner Zeit, in ganz Deutschland nicht. Seine Genügsamkeit überraschte, ebenso wie anspruchsvoll er von Natur aus zu sein hatte. Er war auch zu stolz. Einen Zug zur Mißhandlungsfähigkeit seiner eigenen Person konnte jeder, der ihm begegnete, feststellen. Immer wieder behauptete er, keine Verwendung für sich zu haben. Armut bedrückte ihn so wie Reichtum. Er bezweifelte immer das Vorhandensein auch des geringsten Glücks, das er als ein Scheinglück bezeichnete, Mittel, sich fortzubringen, weiter fort, sich selbst und die andern von Zeit zu Zeit zu betrügen. Er kleidete sich nicht nur außen schwarz, auch sein Inneres schien mit einem von ihm zu diesem Zweck erfundenen Schwarz ausgeschlagen. Man durfte nicht glauben, auch nur in einem Punkte ihm gegenüber sicher zu sein; er konnte einen in jedem Gedanken töten. In jeder Unterhaltung war er zugänglich bis zur Unzugänglichkeit. Als überschaute er alles von einem Hochstand der Finsternis aus, an die er allein sich im Laufe seiner Entwicklung gewöhnt hatte; obwohl sie, die Finsternis, ihn langsam erdrückte, diesen Vorgang, diesen Prozeß sah man deutlich, man konnte diesen Prozeß beobachten, durchschaute er sie, aber nur bis zu den Entfernungen hinein, die ihm sämtliche Spannungsmöglichkeiten seines Gehirns offen ließen. Von Zeit zu Zeit verkroch er sich in die finstersten Täler des Landes, in die finstersten Zivilisationen. Das Mißvergnügen, mit Menschen, vor welchen ihn eigentlich ekelte, immer wieder zusammenzusein, und vor den meisten ekelte ihn, ersetzte ihm hunderte und aberhunderte Bücher. Eigenwillige Flußläufe liebte er, besonders irritierende, besonders exakte Redewendungen. Das Wünschenswerte habe er nirgends gefunden, nur Mittelmäßigkeit. Seine Traurigkeit war eine Willensstärke. Manchmal schien er erschrocken vor Theorien, die sich ihm plötzlich als Irrtümer seiner Gegner, der Umweltsmenschen, der Umwelt, erwiesen hatten. Er machte der Welt den Vorwurf, er habe sie niemals sehen wollen, wäre er niemals geboren worden, sagte er, hätte er niemals die Augen öffnen brauchen! Die tägliche Anstrengung, »über die Glieder und ihre Schmiere, über den Stumpfsinn« herauszukommen, habe ihn früh schon verbittert. Hund oder Katze sein, hatte er oft gedacht. Er sei eine zwecklose Kreatur, hörte ich von ihm, wie ich einmal, das letztemal, mit ihm durch die Stadt ging, die Menschen aber machten, vor allem die Massen, einen ebenso zwecklosen Eindruck. Auch auf mich macht die ganze physikalische Geographie von Zeit zu Zeit einen fürchterlichen Eindruck der Zwecklosigkeit; an den Straßenkreuzungen kann man tagtäglich die Zwecklosigkeit der Menschen beobachten, die Zwecklosigkeit der Natur. Der einzige Zweck ist, die Zwecklosigkeit (der Natur) zu beobachten; so altern die Philosophen und ihre Philosophien und so altert mit ungeheurer Zwecklosigkeit auch die Wissenschaft! Die Zwecklosigkeit faucht und dröhnt und sie stinkt und heult und ist hungrig. Die Zwecklosigkeit ist in Europa sowie in allen andern Erdteilen; das Wasser ist zwecklos und die Luft ist zwecklos, die ganze Materie ist zwecklos. Diese Zwecklosigkeit überzeugt. Zwecklos ist, daß etwas existiert, die Gedanken können es nicht aus der Zwecklosigkeit herausdenken. Ich ging auch einmal, vor Jahren, mit ihm durch den Wald, da hatte er genauso davon gesprochen, wie zwecklos er sei. Wenn *er* zwecklos sei, dann sei *alles* zwecklos. Ich verstand sofort: die Gehirnfähigkeit der *Un*fähigkeit der Natur ... Die Grobheit derer, die sich mit ihrer Zwecklosigkeit zufrieden geben, der ganze Haufen normaler Menschen, habe ihn schon in der frühesten Kindheit abgestoßen und eingeschüchtert. Lange Zeit, fast drei Jahrzehnte, »drei tödliche Jahrzehnte«, hatte er sich die Welt und die Atmosphäre um sie herum als eine höchst sinnvolle vorsetzen lassen; so qualvoll ihm das auch immer gewesen sei, er habe sie widerspruchslos ausgelöffelt. Plötzlich hat er sie angeschaut und sich geweigert, sie sich weiterhin einzuverleiben. Der Erfolg, den er hatte, erschien ihm lächerlich. Das Ganze war für ihn nur »ein Affentheater«. Er bewunderte nichts. Es schmerzte ihn schon seit langem, *da* sein zu müssen. Jetzt ist ihm, dachte ich (das Verhör war zu Ende, erfolglos), was er sich immer gewünscht hat, geglückt. Ich fragte mich, wo er sich aufhalten, ich konnte mir aber nicht vorstellen, wo er sein könnte. Es existierten so viele Orte in meinem Gedächtnis, aber kein einziger mehr für ihn. Er paßte in keine Ortschaft mehr hinein, in keine Stadt, auf kein Land, in kein System mehr. Ich bemühte mich, ihn wenigstens in eine Vorstellung von Vertrautheit, von Festigkeit, zu versetzen, aber auch das mißglückte. Er hat sich umgebracht; auch *angeblich* hat er sich umgebracht. Aber sie fanden die Leiche nicht.

Großer, unbegreiflicher Hunger

Damals, in jener verlorenen und doch so unverlorenen Zeit, ging ich die Straße entlang. Die Vögel auf den Dächern sah ich und die Menschen unter dem Himmel. Ich roch an den Türen und an den Fenstern, und ich dachte, wie ähnlich die Bäume hier wachsen – wie in der fernen goldenen Stadt hinter den blauen Bergen. Langsam wandte ich mich der grauen Häuserfront zu, die in Musik gehüllt war, in die ferne heimliche Musik meiner Kindheit, in die Tage und Stunden unter den Bäumen meines Großvaters und in die Gärten nahe dem grünen Fluß.

Die Toten sind gute Menschen, dachte ich. Dann suchte ich zwischen den abertausend Steinchen hier, auf dem feuchten Boden der Geisterstadt, einen rötlich-braunen, wie es sie zu Millionen und Abermillionen in meiner Vaterstadt gibt.

Die schöne Stadt!

Es gibt Dichter, die sie besingen, ihren Glanz und ihre Sanftmut, ihren Windhauch und ihre Türme, die in den Sommernächten die goldene Sichel des Mondes berühren.

Die Geisterstadt!

Ich dachte an die Menschen, die ich am Tage gesehen hatte. Ich war nach Osten gewandert, nach Westen, nach Norden und nach Süden; immer waren ihre Gesichter aus den Schluchten der Einsamkeit aufgetaucht, vor meine Augen getreten mit dem Duft der Kastanienbäume, die Schmerz und tausendfache Trauer des Lebens verbreiteten ohne Ende.

Auf der Bank im Park kam mir die Einsamkeit meines Herzens zu Bewußtsein, die Einsamkeit meines Fleisches und meines Blutes, meiner Knochen, die Einsamkeit meines jungen Gemüts, das umherirrte Tag und Nacht und nicht Ruhe finden konnte.

Ich wußte nicht, ob ich die schöne Stadt hinter den blauen Bergen jemals wiedersehen würde. Mein Vater war in ihr aufgewachsen und in ihr gestorben, öfter als einmal, hundertmal und tausendmal. Mein Vater hatte dort geredet wie meine Mutter; der Pfirsichbaum vor unserem Haus war übers Jahr um zwei oder drei Äste gewachsen – es war eine glückliche Zeit. Das, dachte ich, möchte ich alles noch einmal erleben: die Stimme meines Vaters und die Stimme meiner Mutter. Ich möchte erleben den Sonnenaufgang und den Sonnenuntergang, den freien Himmel über dem grünen

Land, das immer mit dem Fluß im Westen endet, aber jeden Tag mit der Sonne im Osten beginnt.
Ich kramte den letzten Brief aus der schönen Stadt hervor und las darin. Immer wieder begann ich von neuem. Die großen Buchstaben meines Vetters Michael hämmerten sich mir ins Gehirn, aber bald drückte mich wieder die große Sehnsucht nach meiner Wirklichkeit, nach den blauen Bergen und dem, was dahinter liegt.
»Wir haben jetzt Obsternte«, las ich im Brief meines Vetters. »Die Äpfel sind schöner als voriges Jahr. Wir haben so große Freude. Sie sind rotbackig und groß wie nie zuvor. Heute morgen waren wir in der Kirche und haben gebetet . . .«
Ich hielt inne, schaute den Baum an.
Später las ich weiter: ». . . ich will dir etwas Schweineschmalz schicken. Du weißt ja, es geht uns auch nicht gut, aber Schweineschmalz, das haben wir noch, ja, Schweineschmalz . . . ich bete für dich . . . Dein Vetter Michael.«
Ganz unten: »Nimm deinen Schal um in der Nacht. Du weißt, das ist wichtig. Die Mutter hat das immer gesagt.«
Nachdem ich von der Bank aufgestanden war, nahm ich den Schilling, den ich am frühen Morgen gefunden hatte, aus der Rocktasche. Ich hielt ihn gegen das Sonnenlicht. Ich nahm mein Taschentuch heraus und polierte ihn. Ich sah den Sämann und den Acker und ich sah bis zu den blauen Bergen hin.
Langsam ging ich den Kiesweg entlang und schaute dem Parkwächter zu, der die Tauben fütterte, der immer mehr Brosamen ins Taubenvolk warf, das sich darum stritt, wie die Menschen sich streiten um jeden Atemzug von Anfang an.
Ich dachte, als ich auf der langen Straße mit den gelben und roten Lichtern angekommen war, an Daheim. Aber dieses Denken in eine andere Welt, die unerreichbar schien, verschaffte mir nicht die nötige Kraft, den Augenblick zu bestehen. Nichts hatte ich – nur den langen Weg, Stufen und Gemäuer, Wind und Einsamkeit, Bahnen, Frauen, Mädchen und Hunger, wie ihn ein Mensch haben kann, wenn er aus dem Schlaf aufschrickt und einen Namen ruft, von dem er weiß, daß er gestrichen ist von der großen Tafel, die sein Glück bedeutet, aufschrickt wie ein wildes Tier.
Ich hatte lange Zeit überlegt; dann endlich betrat ich ein »Feinkost«-Geschäft. Ich ging auf einen Mann zu, dessen Oberlippe leicht zitterte. Der ganze Mann war, so schien es, eine einzige, unheilbare Krankheit.

»Haben Sie nichts für mich zu tun?« fragte ich. »Ich habe keine Arbeit, aber ich muß leben. Ich bin nicht anspruchsvoll. Haben Sie wirklich nichts zu tun?«
Und dann dachte ich, daß es Augenblicke gibt, in denen man Schluß macht mit allem, auch mit den blauen Bergen, mit den Türmen der schönen Stadt, und nur eine Sehnsucht hat: fortgehen, möglichst rasch.
»Drüben füttert einer mit Weißbrot die Tauben«, sagte ich zu dem Mann.
Ich blickte in das wässerige Gesicht, das sich auseinanderschob und wieder zusammen, stumpfsinnig, rund und weich, und in dem zwei Augen steckten, wie aus einer Augenfabrik.
Später, vor einem Gemüsestand, fragte ich wieder: »Haben Sie nichts zu tun? Ich bin nicht anspruchsvoll.«
Der Mann am Gemüsestand rollte die Augen. Er sagte: »Putzen Sie mir das Zeug da weg! Eine Menge fauler Blätter! Ich gebe Ihnen was von den Tomaten. Sind nicht mehr ganz gut, aber auch nicht ganz schlecht. Wenn man Hunger hat, kann man sie essen - sonst schmeiße ich sie weg.« Er wandte sich einen Augenblick ab, um fortzufahren: »Ich habe immer was für einen armen Teufel übrig. Ich bin ein christlicher Mensch, verstehen Sie? Also gehen Sie schon und putzen Sie mir das Zeug da weg.«
Mit den schwammigen Fingern wühlte er in einer Tomatenkiste herum.
Jetzt wandte ich mich den angefaulten Tomaten zu, den braunen glitschigen Blättern. Ich sah das herausquellende Fruchtfleisch, das die stechenden Fliegen umkreisten. Einmal warf ich einen Blick auf den Menschen hinter der Tomatenkiste - dann auf die rundlichen beweglichen Füße wohlbeleibter lachender Frauen. Ich sah wandernde Einkaufstaschen, wanderndes Brot, wandernden Schinken, wandernde Würste, Käse, Butter, Milchflaschen - alles wanderte an mir vorüber, verschwand, ehe ich es in mir aufgenommen hatte. Der trostlose Mittag lag über der großen Stadt und drückte auf die Häuser, aus denen Eßbesteck klirrte in die dicke Luft.
»Da haben Sie«, sagte der Dicke. Er schneuzte sich, rieb sich die Nase, verachtete mich, wie ich war, als Ganzes. »Verschwinden Sie jetzt«, sagte er, »wenn Sie meine Frau sieht, kriegen Sie eine auf den Kopf.«
Bald ging ich und aß Tomaten, Früchte des irdischen Paradieses,

Früchte aus Tausend und einer Nacht, mit einem leichten Geruch der Fäulnis, mit dem Hauch des Südens, berührt von den wässerigen Händen des Mannes, gepflückt vielleicht von jungen, gesunden, kräftigen Mädchen Italiens. Ich stopfte meinen Bauch mit Früchten voll, eine nach der anderen verschluckte ich, überwürgte mich beinahe bis zum Schmerz. Bald hatte ich nur mehr ein paar der roten Halbkugeln in meinem Sack, der an vielen Stellen schon naß und brüchig war und fast auseinanderfiel.
Meine Knie schmerzten. In dem großen, augenblicklichen Glück der Tomaten fühlte ich mich plötzlich krank wie ein Mann, der den Krieg mitgemacht hat bis zum Ende und nun heimkehrt und nicht weiß, wohin, wie die Männer in den Uniformfetzen einer geschlagenen Armee, auf Stelzen kriechend, mit aufgedunsenen Bäuchen, mageren Brüsten, zerschundenen Armen, aufgebrochenen Herzen.
Es fiel mir ein, daß ich ja noch den Schilling in der Tasche hatte. Um einen Schilling kann ich mir zwei Semmeln kaufen oder ein Glas Milch, dachte ich. - Milch? Um einen Schilling? - Aber ich wollte in der Großstadt keine Milch trinken. Ich wollte nicht, weil sie nach Metall roch, nach Maschinerien und Zentrifugen. Ich wünschte mir Milch von den Eutern der heimatlichen Kühe, den Duft des Grases dazu und die Gesänge der Mägde. Und während ich die Tomaten in meinem Bauch spürte und das Leben, wie es die jungen Männer dieser Zeit alle trugen, sah ich meine Mutter, die gute, verstorbene, über den hohen Bäumen gehen, mit einem gütigen Lächeln auf ihrem Antlitz.
»Nimm dir den Schal um«, hatte sie immer gesagt.
Ich kam vorwärts.
Ich drückte den Klingelknopf einer städtischen »Mission« in die Mauer. Ich sah ein straffes Frauengesicht, zwei stechende Augen, hörte eine Stimme. Ich trat ein. Bald saß ich in einem weiten Fauteuil vor einem großen Schreibtisch. Irgendwo ging der Zeiger einer Uhr seinen Weg. Ich hörte Schreibmaschinengeklimper. Die Frau sagte immerfort in die Muschel eines Telephonhörers: »Ja . . . nein . . . ja . . . nein . . . ja . . . nein . . . ja . . . aber . . . nein . . .«
So ging es lange Zeit, und sie veränderte kaum ihr Millionengesicht.
Es war spät geworden, als sie mich fragte: »Was wollen Sie?«
Es war meine alltägliche Geschichte, die ich ihr erzählte. Ich

wußte sie auswendig, brauchte nicht mehr nachzudenken dabei. Ich schämte mich nicht – nein, ich sprach ruhig, aber in meiner Stimme war auch eine große Furcht.
Die ältere Frau schien sehr mißtrauisch.
Sie fuhr mit dem Bleistift über das weiße Papier: »Wann? Wie? Was? Warum? Das? Nein! Sie? Ach ... Sind Sie verrückt? Sie verstehen mich doch ... Verstehen Sie mich? Vielleicht ... Nun passen Sie einmal auf ... Ich meine ... Verstehen Sie mich nicht? Können Sie mich nicht verstehen? ...« – In dieser Wörterflut versank ich.
Niemand bemerkte in der großen Stadt, daß ich Hunger hatte und jung war. Wie oft habe ich es gesagt, aber sie hörten nicht. Wie oft habe ich an ihre Türen geklopft, aber sie haben nicht aufgemacht.
Es hungerte mich nach allem; nach Äpfeln und Birnen, nach Butter und Honig, nach Bergen und Kornfeldern, nach der Musik der Vögel, nach den Wassern des Flusses und nach dem Himmel über der Einsamkeit, nach mütterlichen Frauen und nach reifen Vätern, nach Gärten, Wegen, Weissagungen, nach allen Früchten der Erde.
Als ich in meinem Zimmer angekommen war, steckte ich die restlichen Tomaten in die Tischlade. Ich konnte sie nicht mehr essen, ich konnte nur den Blick durch das Fenster werfen, auf das steinerne Viereck, an dem sich meine Gedanken wundstießen, an dem meine Seele langsam verblutete.
»Wo ist die schöne Stadt?« fragte ich mich.
»Wo ist der grüne Fluß?«
Und niemand brachte mir Antwort.
Der Abend kam, die Nacht.
»Warum?« fragte ich mich. »Wozu?«
Ich warf mich auf das Bett. Ich versuchte einzuschlafen. Aber immer wieder sah ich die vier Wände, ein Handtuch, einen alten Tisch, eine Schreibmaschine, ein paar alte Schuhe. Ich sah eine Tür und ein Fenster und dahinter das Nichts.
Ich schloß die Augen. Niemand auf der Welt hatte einen solchen Schlaf wie ich, in dieser Stunde. Ich sah die Heimat der Heimatlosen, die Unendlichkeit der Endlichen, den Himmel der Irdischen und die ewig reifenden Ackerfelder der scheinbar fruchtlosen Menschen.

Aus: Auf der Erde und in der Hölle

Die ausgebrannten Städte

Die Städte hinter den Tümpeln

Wir haben die Städte hinter den Tümpeln
nie gesehn und nie die mürbe Trauer
der Verlassenheiten dieser kranken Menschen,
nie den Schmerz gespürt unter den Flügeln
schwarzer Vögel, die vorüberzogen
nach dem Spiel des qualvollen Oktober,
der sein Lied aus fernen Schloten schickt.

Wir haben die Städte hinter den Tümpeln
nie gesehn und nie das einsame Sterben
vieler Menschen, die noch neunzehnhundertvier
auf dem Tanzboden zu Hause waren
und in engen Zimmern einen Tag verblühen
und die Nacht aus finstern Gängen stürzen sahen
so, als wäre diese Erde traurig.

Wir haben die Städte hinter den Tümpeln
nie gesehn und nie das Klagen der Frauen
gehört, die in den Zimmern ihre Kleider
und ihre Bücher reinigten vom Staub der langen Jahre.
Nie hat einer von uns diesen Ruhm gesehn,
der auf weißen Mittagsplätzen stirbt unter den Klängen
einer hungrigen Konzertkapelle.

Bruchstücke aus einer sterbenden Stadt

I

Wenn ich müde bin, roll ich mein Hirn auf den Platz
und lasse die Füße trampeln und die Gemeinheit der Metzger
psalmieren.

Aus dem Loch eines Straßenbahnzuges schaue ich in den Himmel,
vom Zittern der Blätter verwirrt und vom Lippenstülpen der Mädchen.
Ich flüchte in ein Milchgeschäft, wo sie traurig ihr Frühstück trinken
und an die Sonne denken, die nicht mehr kommt.
In grauen Mänteln schlafen sie und ahnen den Tod
vieler grüner Hügel.

II

Ich höre die Stimmen der Vögel unter dem Himmel
und das Geplätscher des Baches.
Ich schleppe unser verlassenes Dorf herein
und lasse die Milch aus Millionen Eutern jubeln!
Ich werfe tausend Münzen in die Hochzeitskapelle,
die den besoffenen Bauern Ruhm bringt . . .

III

Die Lichter tönen wie rotes Fleisch in den Mitternachtsgassen,
und doch ist meine Sprache die Sprache des Winds,
der über den Anger bläst wie am ältesten Tag,
der die Greuel der Wüsten bringt und die Sehnsucht der trunkenen Palmbäume
nach dem Acker meines Vaters.

IV

Ich esse mein Brot auf einem Fensterplatz und
schaue in ihr Gesicht, das dem Fleisch der Löwen gleicht
und der Vernichtung.
Ich sehe ihr Hirn abtropfen auf den verkommenen Teppich der Bauerndörfer,
die soviel Schmerz nie getrunken haben wie in diesen Tagen,
da ich sie aufgab und von schwärzlichem Mitternachtshonig lebe
hinter meinen flüssiggewordenen Augen.

V

Ich habe sie nicht gerufen, aber sie verfinstern meine Stimme.
Doch jeder soll wissen, daß ich verlernt habe zu beten,
denn ich bin verkommen an einem Augusttag des Jahres 1952,
jeder soll wissen, daß ich erstickt bin in meinem Fleisch.

VI

Niemand hört meine Stimme, die mich vernichten wird.
Sie werden mein Haus umzingeln und meine Tür eintreten und
den Namen rufen,
auf den ich höre.
Sie werden vergessen, daß auch ich der Schöpfer des Grases
und der Erhalter der Milch und des Honigs bin. –
In einem Winkel der Traurigkeit werden sie mich erschlagen,
wenn Schnee und Wind und Frühling zu spät kommen ...

Ein Abend

Ein Abend, an dem die Balken heruntergelassen sind,
hinter denen sich Berge von Fleisch und Früchten,
die Kontinente zu Staub zerfallener Seelen türmen,
ein Abend zwischen den schwarzen Bäumen des Parks
und den müden Stößen der Magistratskapellen
auf dem gefrorenen Asphalt zerschundener Sommer, die
keinen Atemzug
deiner Herrlichkeit wiederholen,
ein Abend schwirrender Vögel und schweigsamer Bettler
auf der Seite des weißen Parlaments, wo sie dich einmal
ermorden wollten,
weil du »Vaterland« schriest und ihre Gesichter zu wenig
verachtetest,
ein Abend, der so kalt ist wie die Nacht vor dem Dorf
zwischen den Baumstämmen, die den Schnee im Genick haben,
ein Abend verschlossener Milchtrinkstuben, deren glatte
Tischplatten
einen verzweifelten Kampf gegen den Gitarrenwirbel unserer
Landsleute führen,

geschlossene Kirchen, geschlossene Bordelle, geschlossene
Herzen,
ein Abend unter den Kolporteuren, die unsre traurige Welt in die
Senkgruben schleudern:
»Weiße! Neger! Bankherren! Totgeborgene Bergleute!
Maschinerien! Die verstümmelten Glocken der
Kriegsschauplätze . . .«,
die unser Hirn betäuben,
ein Abend, der aus der Nacht tropft und von grünen, scheiternden
Hängen schwärmt,
von Kartoffelfuhrwerken,
ein Abend, der dich hineintreibt in die Verlassenheit,
unter die schwachen Glieder,
in die blinden Spiele des Schmerzes,
wo zu den Lastern der Hunger den Takt schlägt . . .

Unter dem klagenden Mond

Ihr sagt nichts, weil ihr zu krank seid, zu sagen, wie stark
die Erde ist, die ich erschaffen habe in meinen Nächten,
die Erde des Fleisches und die Erde
der Sonnenlandschaften,
die Erde, die keinen Tropfen Bluts vergeudet,
die Erde, die meinen Vätern noch nicht geläufig war und die
mit neuen Instrumenten zu meiner Botschaft wird,
wenn der Sommer kommt mit dem heißen August
und der Winter mit dem Röhren der Baumstämme
zwischen den Bergen dieses Landstriches,
der keines zweiten Gottes würdig ist und von Brot und Eitelkeit
lebt
seit dem Tage, an dem die Kriege erfunden wurden
in einem zerstörten Gehirn der Hauptstadt.

Ihr sagt nichts, weil ihr zu krank seid, zu sagen, wie groß
die Qual ist, die meine Seele durchfurchen mußte
vom Abend zum Morgen und durch die Mitternächte, die keinen
Grashalm mehr spüren,
weil ihre Musik zu eitel ist
für die Buttertröge und die Truhen der Toten, die heraufsteigen

aus ihren Kerkern mit dem Quacken der Frösche
zwischen den Zeiten der Zeugungen.

Ihr sagt nichts, weil ihr zu krank seid, zu sagen, wie tief
das Meer ist, das mein Schiff befuhr, wie schwarz die Rücken
der Delphine glänzen an den Riffen des Traums,
der von tausend Gesichtern des Nordens
zu tausend Gesichtern des Südens reicht,
der größer ist als diese Erde und gewaltiger
als der Novembersturm, der meinen Vätern das Leben kostete
und Abermillionen Fuhrwerke von Tagen!
Ihr sagt nichts, weil euer Gebot mißverstanden ist
und weil euer Fleisch vor süßer Fäulnis glänzt in der Nacht
und eure Seele durch bläuliche Wälder huscht
in der Zeit der Kartoffeltriebe und Maiprozessionen!
Ihr sagt nichts, weil ihr zu krank seid, zu sagen, wer
eure Verdammnis erträumt hat in den von Gott erschaffenen
Kerkern,
in den Gebirgshütten und Vorstadtgasthäusern, in den
Kellergewölben,
deren Ratten wie Sterne funkeln,
weil Tag und Nacht die Musik des Gerölls sind,
das euren Schlaf trinkt
und die Eroberung der Kriege,
die ihr erfunden habt in den Frühjahrsräuschen!

Ihr sagt nichts, weil ihr zu krank seid, zu sagen, was
gesagt werden muß, was diese Hügel so traurig macht
und diesen Sonnenaufgang und diese Mühsal der Bauern
und diese Mühsal der Vögel
und diese Mühsal, die in jedem Halm Zerstörung züchtet,
in jedem Flußbett,
überall, wo die Hände über der Erde sind.

In meiner Hauptstadt

I

Im meiner Hauptstadt war ich ein Tagedieb, ein Pferdeknecht
des Ministerpräsidenten und ich sah durch die Fenster
der Hofburg und dachte, daß ich niemals residieren werde
an einem dieser Schreibtische und niemals
eine Zigarre rauchen hinter dem blauen Samtvorhang, der schon
Metternich die Aussicht auf die grünen Bäume verdarb.

II

Ich war getrieben von seltsamen Peitschen, von Büchern und Bibelwörtern,
und der Novemberwind entblößte meine Schenkel
und sprach zornige Psalmen in mein zerquältes Ländlergehirn.
Ich stolperte über die Vornehmheiten
dieser leblosen Kreaturen, die über den GRABEN krochen
in schwarzen und blauen Anzügen, Zigarren wippend
und ein Geschäft abschließend mit Zement- und Essigfabriken.
Ich stolperte über die Instrumente, die einen kränklichen Mozart
lebendig zu machen versuchten,
und über den Schmerz, der in den Gesichtern saß,
die in die Stadtbahn geschleudert waren
wie traurige Aschenpakete, Morast erstickter Seelen,
die von Honigbroten und Schwalbenzügen,
von fetten Wiesen und prasselnden Osterlämmern
in gärenden Tälern träumten.
Ich stolperte über die Kirchen, deren Knabengesang
keinen Hungrigen fütterte, deren Messen dem Treiben dieses Jahrhunderts
glichen . . . dieselben Stimmen, dieselben Trompetenstöße, dieselben
widerwärtigen Orgelpfeifen . . .

III

In meiner Hauptstadt ging ich schlafen, wenn der Tag aufstand
mit seinem zerfurchten Gesicht und die Milchmänner
schweigsam ihr Tagwerk begannen, wenn die Kinder
aufschreckten
in ihren verweinten schmutzigen Bettgestellen
und wieder zurückfielen in die Nacht,
die ihr junges Fleisch liegen ließ.
Ich hörte die neuen Mütter stöhnen und goldene Lampen
sah ich im duftenden Parkwind schaukeln,
durch den mein Gehirn manchmal schwankte, wenn es zerschellt
war
in dieser Verstorbenen an der Donau.

IV

Ich war gekommen, um ihre Kerker zu sehen und ihre Arbeit,
ihre Gesichter und ihre Einsamkeit,
ich war gekommen, weil mich vor Milch und Honig ekelte,
vor diesen viehischen Getränken des Himmels!
Ich habe von Hochzeiten gehört, deren Tafeln
zusammenbrechen unter der Last der Früchte und unter
dem Fest der Musik ... Von Galaempfängen und Philosophien,
von Bibliotheken und den Marksteinen der Römer und
Griechen ...

V

Aber was fand ich in meiner Hauptstadt?
Den Tod mit seinem Aschenmaul, vernichtend, Durst und
Hunger,
der meinem eignen Hunger doch zuwider war, denn es war
ein Hunger nach Fleisch und Brot, nach Gesichtern und
Toiletten,
ein Hunger, der die Schande dieser Stadt lallt,
ein Hunger nach Erbärmlichkeit,
von Fenster zu Fenster schimmernd, Frühling und faulen Ruhm
erzeugend
unter den Treppen des Himmels.

Ich war gefangen und von Fäulnis müd,
fern der Wälder und fern der Todessüchte zerfallener Jahre.
Die grauen, zerbröckelnden Steine dieses Gebälks klagten wild,
doch ich selbst war Gelächter, Gelächter der Hölle,
das mich die Menschenfalle, in die ich gelaufen war,
vergessen ließ, eine schwärzliche Stunde der Welt
im Novemberwind meines Daseins . . .

Paris

Dein Weinen dem, der es nicht will.
Paul Eluard

I

Ich kann nicht schlafen, denn der Zirkus ist aufgefahren
vor meinem Fenster und die Menschen jubeln! Wie durch das Gras
der Hölle sehe ich ihre Gesichter, die dieser Stadt die Vernichtung
und die unerschöpflichen Poesien bringen, von denen ich
schlafend zwischen Nancy und Versailles gehört habe,
von den Kerkerzellen unter den Sternen des Flusses,
der seine Bitternis in den Himmel schickt,
an den Ufern und in den Wäldern, die von den Leichen der Deutschen stinken.
Ich habe geschlafen, als ich Hirte war und meine Bibel las
und nicht an die Untergrundbahn dachte, die meinen Schlaf zerschnitt,
als wäre ich schuldig, als hätte ich Mädchen zerstört
und junge Männer zu einem Schlaf durch zehn Stunden verleitet,
als wäre ich einer der Bettler, die ihr Gesicht nicht zeigen,
wenn die Sonne über die Kathedrale spazieren geht,
als wäre ich der Mann mit den Augen, die euch erstechen, denn
ich möchte nicht verhungern, »à la fin tu es las de ce monde ancien . . .«
O, ich kenne meinen Pascal und meine Dichter der Pavillons,
das Gestöhn aus den Krankenhäusern über der Seine,
das der stinkende Morgen durch dein Fenster treibt, mitten

in dein Herz, das du tragen mußt, auch wenn du es verzehren möchtest
dieses Herz, auf einem grünen sonnigen Platz, dieses Herz,
das einmal im süßen Heu kroch und von raunenden Milchkübeln träumte,
dieses Herz, das auf den Landstraßen erstickte, das in Fabriken war
und den Schweiß der stumpfsinnigen Käsereiarbeiter einatmen mußte,
dieses Herz, das den Tag aufgehen sah, bevor die Sonne kam,
das mit Dieben auf kalten Pritschen schlummerte
am Ende der Eisenbahnzüge,
an den Ufern der Räusche,
an den Ufern des Grases,
an den Ufern des Ruhms,
an den Ufern der Wissenschaft,
dieses Herz, das hinausgehen möchte aus dem Gefängnis, um frei zu sein wie die Vögel
und wie die Märzwolken über dem Eiffelturm, mit dem ich allein bin,
um die größten Gespräche des Jahres zu führen,
dieses Jahres der Trauer.

II

Ich kann nicht schlafen, denn drei Millionen machen viel Lärm!
Drei Millionen, die von den Errungenschaften der Technik träumen,
die ihren Kampf beten unter den Stößen der Lokomotiven,
die aus den gläsernen Sarkophagen zum Morgen dampfen,
ich kann nicht schlafen, denn ich weiß, sie verachten mein Gesicht,
dieses Gesicht, das einmal Fleisch und Blut war
und das sich in dieser Nacht zusammenzieht zur Fratze des Teufels,
zum Abgrund, zum Untergang,
das keines Friedens würdig ist,
dieses mein Gesicht, das mehr sah, als alle Gesichter dieser Stadt zusammen,
dieser Stadt, die in den Bäumen weint und unter der Seidenrobe
der Chansonette auf dem Place de la Concorde . . .

III

Wenn ich sagen könnte, wie oft ich in dieser Nacht sterben wollte,
ohne Psalm sterben und ohne Mutter und Vater, sterben wie das
Vieh,
das zusammengetrieben zwischen den Mauern erstickt,
sterben wie ein zertretener Wurm, ohne Beistand,
sterben wie die Amsel, die vom Rad der Hochbahn zerquetscht
wird,
sterben wie die Seelen der Bäume, die ihre Geheimnisse
mit dem Wind zu den Weltmeeren schicken, wenn der Frühling
kommt, denn
»à la fin tu es las de ce monde ancien . . .«,
soviel Schmerz, soviel Körpergeruch der Menschen habe ich
niemals vorher geatmet.

IV

Ich ertrage es nicht mehr, niedriger zu sein als der
Spargelverkäufer,
niedriger zu sein als die Wahrsagerin und niedriger
als der Pfarrer, der seinen Fuß an den Weihwasserkessel von
Notre Dame stößt.
Ich ertrage es nicht mehr, ärmer zu sein als der Bettler,
der meine letzten zehn Francs eingesteckt hat,
ohne mir »bon jour« zu sagen,
ärmer als die Dirnen und die Kinder, die unter den
Kastanienbäumen
Eis schlecken mit den Zungen des Teufels,
die aussehen wie die Zungen dieser warmen, flimmernden,
zufälligen Welt.
Sie haben alle keinen Namen, sie heißen nicht Frühling, nicht
Sommer,
nicht Winter, sie tragen den schönen Gemeinschaftsnamen PARIS
und sind in der Nacht zu sehen mit offenen Mündern
und eingefallenen Wangen, schweigsam und röchelnd vor
irdischen Schmerzen,
die ihnen die Wissenschaft beigebracht hat,
damit sie Gott anklagen können!

Du siehst sie auf Stöckelschuhen heimwärts rudern und die Luft
des brüderlichen Ozeans einsaugen, Weichen stellen
und in Trillerpfeifen blasen,
ihre Beine auf wackeligen Samtsesseln strecken, ihr Geschwür
verbergen
und kleinen Mädchen ein überliefertes Wort aus der Bibel
vorlesen
am Bettrand, wenn die letzten Schimmer des Tages genug haben
von der Sonne.

V

Und wo ist dein Freund, der dir diese Poesien erklären sollte,
der dir den Braten aufspießt über deinem Teller, während er ein
Gedicht von Baudelaire rezitiert?
Wo ist dein Freund, der dich ans Ufer begleitet in einem
frischen Hemd,
mit duftenden Manschetten, sich bewegend wie die jungen
Herren der Loireschlösser,
aus deren Mündern nur Worte fallen wie »Valéry, Eluard,
Coty,
Ile de France« oder »Notre nature est dans le mouvement . . .«?
Wo ist dein Freund, der dir zehnmal am Tage sagt, wie reich du
bist,
und der seine Gedanken spielen läßt am Rande des Teichs,
in dem die Franzosen ihrer ruhmreichen Geschichte ins Gesicht
schlagen,
wo sie sich benehmen, als wäre die Revolution erst gestern
geschlossen worden.
Wo ist dein Freund, der deine Armut preist,
die in einem Dorf des verzweifelten, zerstückelten Österreich
erschaffen worden ist
von einer Mutter, die nur drei Klassen Volksschule besuchte
und von einem Vater, den der Nordsturm wie ein Vieh durch die
Gedärme
der skandinavischen Kälte trieb,
flüchtend vor seiner scheiternden Seele?

VI

Paris: ein Meer, das dich zugrunde richtet, ein Hauch
von Dächern, Leichenhallen, von Fabriken und Seidenröcken,
ein Hauch von schillernden Bäumen und zarten, wirbelnden
Tänzen,
der Geruch von offenen Urinquartieren, wo verlassene Männer
mit ihrem goldenen Wasser
Geschicke, die, längst vergessen, kein Herz mehr trösten,
auf kristallene
Teerwände schreiben, vom Staub gefangen und vom Hunger der
Frühe,
der aufsteht mit dem Tag, der sich unter dem Brückenbogen
die Augen auswischt.
Dies ist das Laster meines Gehirns, das von Millionen Vokabeln
zerstört ist
und von Abermillionen Tröstungen, die von den Griechen
bis zu den grünen und roten Lichtern der Kreuzung reichen,
dies ist die Stelle, wo die Erde für mich am kältesten war ...
Ich kann nicht schlafen, niemals werde ich schlafen,
denn immer sehe ich diesen Fluß und immer
treibt mich der Ekel dieser Bordelle, diese Schönheit, die
zwischen den Baumstämmen
der Avenue de Ternes hinunterstirbt ...
Ich kann nicht schlafen, denn der Zirkus ist aufgefahren
vor meinem Fenster und die Menschen jubeln! Ich möchte sie
alle
vergessen, denn mein Hunger ist groß ... er stößt mich zurück in
ein Land,
das noch niemand gesehn hat, in ein Land grüner,
schluchzender Frühe,
in ein Land, das meinen Namen trägt,
ein Morgen ohne Zerstörung ...

Venedig

Aus den faulen Fischen,
aus den faulen Katzen,
unter den zerquetschten Sommerfrüchten
wächst dein Ruhm:

Maria della Salute, Ca d'Oro,
Colleoni, Palazzo Ducale . . .

Ich zähl meine Münzen auf der Treppe,
leg mir Schinken auf das trockne Brot
und erinnre mich an den Giorgione
mit den angefressenen Wolkenfetzen,
der dcn Titel
»la tempesta« trägt.

Chioggia

Aus viertausend Jahren
kehrten wir heim,
in unseren Augen vertrocknete
der Lagunenwein.
Wir sahen die Schiffe verenden
im rostigen Abendlicht,
doch hinter den Schiffen die Kinder
sahen uns nicht.

Sie haben die Erde nie geliebt
und das Brot,
ihre Betten umtrauert schweigsam
der viertausendjährige Kot.

Wir sahen die Fische nicht sterben
und sahen soviel Qual,
wir hörten kein Stöhnen und Klagen
aus dem Hospital,
wir fanden die Fenster offen
gegen das Meer,
von den Inseln trug der Wind
die Schatten der Toten her . . .

Die Welt aber wartete draußen
hinter dem weißen Tor,
über die Zypressenarme
stieg ihr milchiger Rauch empor.

Nur die Rippen der Schiffe glänzten
unter dem Mond zurück,
vor den nassen Netzen bückten
die Frauen sich um das Glück.

Dort wissen sie noch zu leben
an einem Tag im April,
und wenn sie am Vormittag sterben,
sterben sie still
und der Markt in dem ruhmvollen Fischernest
ist auch heute
für alle ein Fest:
sie tragen Olivenbüsche ins Haus
und stellen den Aal
auf weißen Tischen aus.

Honig schleppen sie in schwarzen Krügen
und erzählen von den Thunfischzügen,
hinterm Mauerwerk
am schmalen Spalt –
mit den Katzen
und mit den Fischen werden sie alt,
und sie sticken ihre Schmerzen
am Ufer in die Tücher hinein,

und ihr Abend riecht nach Fischen,
und ihr Grabmal ist aus Stein.
Sie heben den Sand aus den Kähnen
und liegen nachts im Boot,
und leben von der Arbeit,
und viele sind schon tot . . .

Aus viertausend Jahren
kehrten wir heim,
in unseren Augen vertrocknete
der Lagunenwein,
wir sahen die Schiffe verenden
im rostigen Abendlicht,
doch hinter den Schiffen die Kinder
sahen uns nicht.

Unten liegt die Stadt

Unten liegt die Stadt,
du brauchst nicht wiederkommen,
denn ihr Leichnam ist von Blüten übersät.

Morgen spricht der Fluß.
Die Berge sind verschwommen,
doch der Frühling kommt zu spät.

Unten liegt die Stadt.
Du merkst dir nicht die Namen.
Aus den Wäldern fließt der schwarze Wein.

Und die Nacht verstummt.
Die kranken Vögel kamen.
Und du kehrst nur mehr in Trauer ein.

Die Welt
ist eine Strafanstalt

Der Kulterer

Je näher er dem Tag seiner Entlassung aus der Strafanstalt war, desto mehr fürchtete sich der Kulterer, zu seiner Frau zurückzukehren. Er führte ein in sich selbst eingeschlossenes und von seinen Mithäftlingen völlig unbeachtetes Dasein und vertrieb sich die freie Zeit, die in der Strafanstalt oft viel zu lang war, denn sie arbeiteten vorschriftsmäßig nur fünf bis sechs Stunden im Tag an den Druckmaschinen, mit dem Aufschreiben von Einfällen oder, wie er dachte, ›geringfügigen Gedanken‹, die ihn beinahe ununterbrochen beschäftigten. Aus Langeweile, und weil er sonst hätte verzweifeln müssen, las er sich oft von ihm selber erdachte und aufgeschriebene kürzere Geschichten und Erzählungen vor, ›Die Katze‹ zum Beispiel oder ›Das Trockendock‹ oder ›Die Schwimmvögel‹, ›Die Hyäne‹, ›Die Verwalterin der Gutshofbesitzerin‹, ›Das Totenbett‹. Meistens fielen ihm diese Geschichten in der Nacht ein, und er mußte, um sie nicht zu verlieren, in der Finsternis aufstehen und sich, während seine Zellengenossen schliefen, an den Tisch setzen und in eben dieser ›furchtbaren Finsternis‹ das, was ihm eingefallen war, notieren. Es kam auch vor, daß er sofort ohne größere Vorbereitung eine ganze Geschichte bis zum Ende niederschreiben konnte, und er war froh darüber, denn seine Geschichten vertrugen es nicht, durch irgendeinen Zwischenfall abgebrochen zu werden; mußte er mitten in einer Geschichte aufhören, weil einer der drei Mithäftlinge, die mit ihm in der Zelle lebten, auf ihn aufmerksam geworden war und ihn brutal wegzischte vom Tisch, war die Geschichte verloren. Mit der Zeit aber hatte er eine so lautlose Methode entwickelt, von seiner Pritsche aufzustehen und sich an den Tisch zu setzen, daß sie ihn, selbst wenn sie nicht allzu tief schliefen, nicht mehr bemerkten. Es gab kaum eine Nacht und in den letzten anderthalb Jahren überhaupt keine einzige mehr, in welcher er nicht von einem Einfall oder auch nur von einem Gedanken, von einem Hinweis auf einen Gedanken, aufgeweckt worden wäre. Er nannte sein Schreiben ›Mein Zeitvertreib‹, und es kam ihm, wie andern die Träume kommen, und es war ihm auch so zerbrechlich wie Träume.

Seine Gespräche fing er meistens mit »Jaja, ich weiß – « an, und er sagte zum Beispiel »Jaja, ich weiß, es ist schwer . . .« oder »Jaja, ich weiß, das kann bös ausgehen . . .« oder »Jaja, ich weiß, Herr Aufseher ...« Aber eigentlich redete er nie, wenn er nicht gefragt wurde, und er nahm sofort Haltung an, als der Aufseher erschien, zuerst nur angedeutet durch das Geräusch des Knüppels, der durch die Gänge zu poltern schien, dann durch die Stiefelschritte, immer bedeutungsvoller und größer und schließlich großmächtig über den Druckmaschinen. Dem Kulterer, der die aus der Druckmaschine herausfallenden Drucksorten abzuzählen, einzupacken und zuzuschnüren hatte, war der Aufseher sehr gewogen, denn zum Unterschied von den anderen, größtenteils renitenten Mithäftlingen war er ein ruhiger Mensch, der, wie es schien, überhaupt keine Ansprüche stellte und sich strikt an alle Verordnungen und Befehle hielt und auch in Wahrheit wirklich mit allem zufrieden war, außer mit sich selbst. Und als der Aufseher zu ihm sagte, er solle sich nach Arbeitsschluß bei ihm melden, weil ein Brief und ein Paket für ihn eingelangt seien – »auch ein Brief«, wurde ihm angekündigt –, sagte der Kulterer, die Hände an die Schenkel anlegend: »Jaja, ich weiß, Herr Aufseher!« – »Schon gut!« meinte der Aufseher, dem nichts entging und der von allen gefürchtet war, von hoch oben herunter und schaute über den Kopf des Kulterer weg in den großen Druckereisaal hinein, in welchem die Maschinen und die Häftlinge längst verstummt waren, nur ab und zu muckte im Hintergrund, kaum wahrnehmbar, einer der Jüngeren, einer der Neueingewiesenen, auf. Der Kulterer hatte Angst, einer dieser Unvorsichtigen könnte ausfällig werden, und er wünschte, daß das nicht der Fall sei. Eine solche Ausfälligkeit, etwa in dem Wort ›Schweinerei‹ gipfelnd, zog immer unmittelbare Strafverschärfung nicht nur für den, der sich einen solchen Ausdruck erlaubt hatte, sondern für die ganze Belegschaft nach sich. Sofort wurde dann die Arbeitszeit um mindestens eine Stunde verlängert, und es gab eine Reihe anderer sogenannter ›Zwangsverbote‹. Es wurden die Rundgänge außerhalb der Strafanstaltsmauern gestrichen und das Licht schon um halb acht ausgedreht anstatt erst um neun Uhr.

»Wer ist zum Latrinendienst eingeteilt?« fragte der Aufseher. Es meldeten sich die drei dafür Bestimmten, darunter zwei von den Neuen. »Wir fangen heute eine Stunde früher an«, sagte der Aufseher. Er kontrollierte die Arbeit, ging von einem Mann zum andern, hatte aber an diesem Tage nichts auszusetzen. Sie könnten weiterarbeiten, meinte er, und die Maschinen, die in dem Augenblick, in welchem der Aufseher hereingekommen war, sofort abgeschaltet worden waren, begannen wieder zu laufen, und das Geratter und Gestampfe, das so gedämpft wie nur möglich alles zum Beben brachte, erfüllte den absichtlich streng verdunkelten, ja in dieser Jahreszeit beinahe finsteren Raum. Zum Kulterer gewandt, meinte der Aufseher, daß dessen Haftzeit nun bald vorbei sei. Er, der Aufseher, habe die Entlassung des Kulterer ›hartnäckig‹ befürwortet. Er sagte das deutlich und so laut, daß es alle hörten. Sie reagierten aber nicht darauf, waren in ihre Maschinen vertieft, in das pausenlos fließende Papier, und ein Lachen, das am anderen Ende des Saales aufflackerte, um gleich wieder zu verstummen, hatte wohl eine ganz andere Sache, nicht den Kulterer betroffen. »Jaja, ich weiß, Herr Aufseher«, sagte der Kulterer.

Es war das eine großzügig eingerichtete Druckerei, in welcher sie alle möglichen Drucksorten herstellten, ausschließlich für staatliche Zwecke, für die Ministerien. Sämtliche Schulzeugnisformate wurden hier gedruckt. Die Arbeit in der Druckerei, die direkt an das Anstaltsgebäude anschloß, ein absichtlich verfinsterter Neubau, bedeutete für die in ihr Beschäftigten einen Vorzug. Es gab in der Strafanstalt eine Menge primitiver, vielmehr schwer erträglicher Arbeiten. Es war nicht ganz durchschaubar, nach welchen Gesichtspunkten man für die eine oder andere Arbeit eingeteilt wurde. Man konnte aus einer Arbeitsgruppe in die andere versetzt werden. Man konnte zu schwerer *oder* dreckigerer oder schwererer *und* zugleich dreckigerer Arbeit abkommandiert werden, wenn man sich etwas zuschulden kommen ließ, wenn man die Erwartungen, die von seiten der Aufsicht in einen gesetzt worden sind, nicht erfüllte. Man konnte zu leichterer und zu angenehmerer, nicht so übelriechender (wie in der Gerberei zum Beispiel) Arbeit eingeteilt werden, wenn man die in einen gesetzten Erwartungen erfüllte und sich in die Ordnung der Strafanstalt fügte. Zuerst aber, am Tag der Aufnahme in die Strafanstalt, wurden alle immer zu den angenehmeren Arbeiten eingeteilt. Man kann sogar sagen, daß die Aufsicht in jeden Neueingewiesenen ein gewisses über einer bestimmten Grenze liegendes Vertrauen setzte. Dieses Vertrauen wurde von den meisten allerdings auf die gröblichste Weise verletzt und ausgenutzt. Den Vorzug, in der Druckerei zu bleiben oder in der Küche oder in der Schuhmacherei, in der Schneiderei, in der Kanzlei, konnten sich die allerwenigsten länger als nur eine ganz kurze Zeit erhalten. Dem Kulterer war es, weniger durch sein Geschick als einfach durch seine Unfähigkeit, sich aufzulehnen oder sich an irgendeinem Komplott zu beteiligen, an einer Verschwörung, die sämtliche letzten Endes immer gegen die Aufsicht gerichtet waren, gelungen, von Anfang an in der Druckerei zu bleiben. Wäre er auf die Idee gekommen, darüber nachzudenken, hätte er feststellen können, daß er der einzige war, der einen so großen Zeitraum von eineinhalb Jahren in der Anstaltsdruckerei überlebt hatte. Die ganze Zeit hatte es nie eine ihn betreffende Beschwerde gegeben, niemand in der Strafanstalt hatte sich jemals über ihn beklagt, weder von seiten der Aufsicht noch von seiten der Häftlinge. Niemand war ihm jemals bös oder auch nur in Ansätzen schlecht gesinnt gewesen. Ohne daß er selbst wußte, wie das möglich gewesen ist, war er oft derjenige, welcher große Spannungen zwischen den Häftlingen und der Aufsicht, ja selbst offen zwischen den beiden Machtgruppen auftretende Feindseligkeiten schlichten konnte. Er selbst konnte sich einen solchen Einfluß seinerseits auf derartige, oft fürchterliche, ihn entsetzlich peinigende und bis an die äußerste Grenze des ihm Erträglichen getriebene Zustände am allerwenigsten erklären. Aber auch den andern war er bei solchen hie und da plötzlich auftretenden ›Ungeheuerlichkeiten‹, wie er diese gegenseitigen Drohungen zwischen Aufsicht und Häftlingen bezeichnete, ein Rätsel; niemand fand an ihm auch nur das geringste Besondere, wenn man davon absieht, daß sie in ihm einfach einen bemerkenswert bescheidenen Menschen sahen. Unscheinbar, war er ihnen niemals lächerlich. So teilnahmslos sie ihm begegneten, sie hatten oft das Gefühl, ihm helfen zu müssen, wenn sie auch niemals wußten, *wie* helfen. Aber in diesem Gefühl enttäuschte er sie, denn er war ihnen allen, wie sie nach und nach, weil sie sich an ihn gewöhnt hatten, feststellen mußten, in beinahe jeder Beziehung, vor allem im Einfachsten, wo es um gar nichts ging und das deshalb die größte Bedeutung hatte, weit überlegen. Es war merkwürdig: sie behandelten ihn, als wäre er nicht ganz ernst zu nehmen, und fühlten zugleich Hochachtung, wenn sie mit ihm in Berührung kamen. Aus der Lächerlichkeit, in der sie sich tummelten und die ihnen oft reichlich Gelegenheit gab, sich anzuschnauzen und gegenseitig herunterzusetzen, wo gar nichts mehr herunterzusetzen war, in der Verzweiflung, die manchmal über sie alle die Oberhand bekam und sie rasend machte, erwachten sie oft durch ihn, der in der Dunkelheit des beinahe völlig verfinsterten Raumes stand und, zu ihnen gewandt, sagte: »Jaja, ich weiß –.« Wie sich in solchen Augenblicken selbst

Männer schämten, die vor Kaltblütigkeit und Körperkraft strotzten und denen man kein wie immer geartetes Gefühl zugetraut hätte! Man könnte diese Gedanken auf die Spitze treiben und behaupten, der Kulterer habe oft und oft eine schwere Körperverletzung, ja einen Mord verhindert. So inmitten von Schmutz und versauertem Idealismus, inmitten von Schweinerei, Verleumdung und Habsucht, bildete er ein Gegengewicht. Wenn sie sich prügelten - oft konnte er, dem ein solcher Anblick entsetzlichen Schmerz verursachte, es nicht verhindern -, schien es, als wäre nur das Viehische lebensfähig und alles andere krankhaft und unzüchtig. Da sah er tief ins Verpfuschte hinein, das ausweglos, auf barbarische Weise unfähig war, mit sich fertig zu werden. Wie sie impulsiv in ihrer geistesgestörten Bewußtlosigkeit an eine Zertrümmerung der Elemente dachten in ihrer von vornherein feststehenden Niederlage, fühlte er, abseits stehend, qualvoll.
Es war ihm immer der Umstand zugute gekommen, anspruchslos zu sein. Er hatte wohl, wie jeder Mensch, in sich selbst oft das Bedürfnis gehabt, seine Existenz zu verbessern, sich aus gewissen, auch ihm beengt vorkommenden Zuständen zu befreien; aber um den Preis selbst der geringsten Gewalttätigkeit wollte er sich nicht auch nur die leiseste Spur aus sich heraus und irgendwohinein drängen, in eine Errungenschaft, die ihm, wie er instinktiv fühlte und also glaubte, einfach nicht zustand. Er hatte zeitlebens einen kleinen, ja, von außen gesehen, völlig unbedeutenden, verschwindenden, lächerlichen Raum zur Verfügung gehabt, diesen Raum aber versuchte er immer sorgfältig auszufüllen, und waren es mit der Zeit schließlich auch nur mehr seine einsam da und dort am Himmel hängenden Träume gewesen, mit welchen er Raum und Zeit seiner Person auszufüllen, ja inständig auszuschmücken befähigt war. Wie hold das zur Vernunft gewordene Schicksal einem einfältigen Menschen ist, hätte man an ihm studieren können. Er verlangte so wenig, daß es jeden andern erschreckt hätte. Und so sparsam sein Haushalt war, so reichlich Gelegenheit fand er, davon der Umwelt, die ihm manchmal wie jedem Menschen ungeheuerliche Ausmaße annehmen konnte, durchaus fühlbares, glaubhaftes, zweckmäßiges, ja überzweckmäßiges Material zu verschenken. Sein Verstand war nicht groß und auch nicht tiefer als der Verstand seiner Umgebung, ja ganz im Gegenteil, sein Verstand reichte nicht einmal an die Außenbezirke der anderen heran; aber zum Unterschied von diesen, die ihn oft

überwältigten, war sein Verstand der gründlichste. Das ist, abgesehen von Größe und Willenskraft jedes Verstandesvolumens, entscheidend.
Auf das Rechnen mit Gedanken, vergleichbar der Addition und der Subtraktion, war er eigentlich zuerst im Gefängnis gekommen. Auf das zerlegbare, unendlich dem Geist und dem Gefühl und der reinen Vernunft entziehbare Spiel mit ganz klar bezeichneten ›Unbekannten‹. Der Gedanke, der ihm plötzlich über Nacht zum Begriff, zur einzigen Existenz und wahren Freiheit geworden war, ermöglichte ihm, mit sich fertig zu werden nach dem großen Unglück, das über ihn gekommen war im Zuge eines Verbrechens, das er wie in radikaler selbstmörderischer Bewußtlosigkeit begangen hatte. Auf einmal war er, der sich längst verloren geglaubt hatte, nicht mehr ›tödlich‹ gewesen. Die Erfindung des Gedankens im Menschen erschien ihm als das kostbarste Geschenk, das es gibt. Die Welt war ihm da, von diesem entscheidenden Augenblick an, eine von Konzentration und genau abgegrenztem Bewußtsein einfach durchforschbare reinigende Unendlichkeit. Erst jetzt, von da an, hatte es für ihn einen Boden unter den Füßen gegeben, einen Himmel über der Erde, eine Hölle, die Umdrehung einer Weltachse ohne Beispiel. Auf Vermutungen hinter Wahrnehmungen waren plötzlich Ansätze eigener Zielsetzung gefolgt; Wirkungen beruhten plötzlich tatsächlich auf Ursachen. Auf einmal hatte es das, was auch er ›Hierarchie‹ nannte, gegeben. Anarchie schaltete sich, wie er dachte, von selbst, links und rechts seines Weges, aus. Und er entdeckte auf den Stützpfeilern der Mathematik die Poesie, die Musik, die alles zusammenhält.
In den letzten Tagen vor seiner Entlassung, die sich qualvoll auf sein Herz und auf seinen Verstand legte, ohne ihn aber erdrücken zu können, und die auf seinem Gesicht ihren menschenunwürdigen Ausdruck fand, versuchte er den Kontakt mit den Mithäftlingen, und oft auf rührende Weise, wie er sich wünschte, ein für allemal und für immer, zu festigen. Alle Handlungen und Versuche seinerseits waren von dem Wort ›Abschied‹ veranlaßt. Er redete jetzt Männer an, die er nie angeredet hatte, die sich niemals um ihn auch nur im geringsten gekümmert hatten, ja, für die er überhaupt nichts bedeutete, für die er gar nicht da war. Von wo er Feindseligkeit zu verspüren meinte, in diese Richtung ging er mit Freundlichkeiten hinein, etwas gutzumachen, das ihm selbst völlig unklar war. Es ging ihm darum, keinen Zweifel über seine ›guten

Gedankengänge‹, seine Mithäftlinge betreffend, eigentlich alles betreffend, offenzulassen. »Jaja, ich weiß . . .«, sagte er, und sie hörten ihm zu.
Am Abend in der Zelle versuchte er sie nachdenklich zu machen, um ihnen seine Geschichten vorlesen zu können. Sie taten ihm nach und nach den Gefallen und hörten ihn an; es war selbstverständlich, daß ihnen seine Geschichten, seine ›Fabeln‹, seine Gedanken zuerst nicht gefallen konnten; sie konnten sich nichts darunter vorstellen, auch keinen Bruchteil seiner Vorstellung. Manchmal erhaschten sie aber jetzt schon ein Bild, und es gefiel ihnen, aber meistens zwangen sie sich, aufmerksam zu sein, sich nicht merken zu lassen, wie sehr er sie langweilte. »Komisch«, sagte einer von ihnen, »wie du das siehst.« Und er antwortete: »Jaja, ich weiß . . .«, und ein anderer sagte: »Das gefällt mir, das mit dem Bierkrug.« Und der dritte, der Stumpfsinnige, meinte: »Ich verstehs nicht, aber es ist gut.« – »Gut?« fragte ihn der Kulterer. »Du meinst gut?« – »Der Affe, was hat er denn gemacht, nachdem sie ihn betrogen hatten?« wurde der Kulterer gefragt. »Er ist tot heruntergefallen vom Baum«, sagte der Kulterer. Er schrieb nur traurige Geschichten. Manchmal fielen ihm äußerst lustige ein, über die er selbst lachen mußte, aber aufschreiben konnte er sie nicht. Nie war ihm auch nur eine einzige lustige Geschichte gelungen. Warum gelingt mir keine lustige Geschichte? hatte er sich oft und oft gefragt. Eine Geschichte mit einem Luftballon zum Beispiel, mit einem hemdsärmeligen Matrosen, mit einem Trampolin, mit einem Karussell? Jetzt, weil es ja nur noch ein paar Tage bis zu seiner Entlassung waren, sagten sie, daß er ruhig auch in der Nacht schreiben könne, es störe sie nicht. Das freute ihn, daß er sie von jetzt an nicht mehr zu hintergehen brauchte. »Es ist furchtbar, wenn ich nicht schreiben kann«, sagte er. Sie meinten, er könne, wenn er wolle, die Kerze anzünden zum Schreiben. Er aber antwortete ihnen, daß er sich im Laufe der Zeit daran gewöhnt habe, in der Dunkelheit zu schreiben. »Mir fallen auch nur, wenn es finster ist, meine Geschichten ein«, sagte er. Sie wunderten sich, wieviel er im Laufe der Haftzeit geschrieben hatte. Einer kramte den großen Pack Papier, den der Kulterer unter seiner Pritsche aufbewahrt hatte, hervor und begann mehrere Geschichten, die alle sorgfältig numeriert und zugeschnürt waren, unter ihnen zu verteilen. Sie sollten sie lesen, meinte er. Warum sie nicht schon früher auf die Idee gekommen seien, die Geschichten des Kulterer

zu lesen, es sei vielleicht doch eine Abwechslung, die eine oder andere Geschichte würden sie sicher verstehen. Der Kulterer sagte, daß er sich freue, daß sie sich jetzt für seine Geschichten interessierten, wo sie doch niemals dafür auch nur das geringste Interesse gezeigt hätten, im Gegenteil. »Es war euch immer lästig«, sagte er, »wenn ich geschrieben habe oder wenn ich euch nur etwas von meinen Geschichten erwähnt habe . . .« Er sagte das in einem sie alle rührenden Ton. »Wenn es nur *eine* Geschichte ist, die euch *allen* gefällt!« sagte er.
Aber auch, nachdem sie es ihm erlaubt hatten, sich in der Nacht an den Tisch zu setzen, um zu schreiben, tat er das so lautlos, daß sie gar nichts davon merkten. Oft war es nur der Wunsch ›Es soll von einem Haus handeln‹, der ihn aufstehen und sich hinsetzen ließ, oft auch nicht einmal ein solcher Gedanke, sondern nur ein einziges Wort, das Wort ›Rübe‹ zum Beispiel, das Wort ›Altar‹, das Wort ›Huf‹. Alle Wörter hatten für ihn dieselbe Bedeutung, etliche aber versenkten ihn von allem Anfang an tief in eine geheimnisvolle Finsternis, in das Paradies einer Grundfarbe und in Zahlen und Ziffern, in Voraussetzung für Geschriebenes. Nicht zuletzt kamen ihm die Zucht und die Unzucht der Zucht der Strafanstalt für seine Gedanken, ja für alles, zugute. Er fürchtete, in Freiheit, der Sträflingskleider entledigt, nichts mehr schreiben zu können, nichts mehr denken zu können; er fürchtete, dann, im wilden Ausgesetztsein des Entlassenseins, nichts mehr zu sein. Er fühlte förmlich, wie das Phantastische dieser Wunder, das er sich in seiner Ohnmacht erfunden hatte, von einem Augenblick auf den andern zerstört sein würde, plötzlich, mit dem ersten Schritt aus der Strafanstalt hinaus. Wie klar waren hier, in der Finsternis, mitten im niedergehaltenen Menschentum, das durch seine Maßregeln kaum zu atmen wagte, die Konturen aller Begriffe! Wie klar war hier selbst das Entfernteste, Widerwilligste, Eigenwilligste, Ungreifbarste! Wie unverkennbar das sonst so Trübe der unvollendeten Ahnung, das vom Gehirn fallengelassen wird, weil es als unendlich unentdeckt gilt, immer dafür gegolten hat. Wie leicht erschloß sich hier das sonst von Mühsal und Instinktlosigkeit gemein Erdrosselte! Wie zaghaft konnte man hier, in der Abgeschiedenheit der ebenen Finsterlandschaft, die völlig ohne naturfremde Geräusche und Gerüche war, *denken!* Wie hier alles zusammen vertrauensvoll fühlen! Wie etwas wahr sagen, was sonst nur als Lüge gilt! Wie die Verzweiflung besiegen! Er dachte:

Ich kann hier etwas vorbringen, das in der Außenwelt menschenunwürdig ist! Und mit welcher tollkühnen Verschwiegenheit! Es ist ein Verhältnis zum Licht und zur Finsternis hier, zu meiner Gotteswelt, das nur hier Wahrheit beanspruchen kann. Gehe ich fort, ist es tot. Und er hätte, wäre er nicht der verschlossenste Mensch gewesen, eben der schweigsamste aller Häftlinge, fortwährend vor sich hinsagen können, deutlich genug, um sich selbst und alles zutiefst zu verletzen: »Ich gehe fort und töte mich, ich gehe hinaus und töte mich . . .« Aber es ist sinnlos, sagte er sich.
Er nahm jetzt Abschied von den Gebäuden. Wie schön und vollendet gehorsam empfand er auf einmal, viel stärker als die ganzen Jahre, die Linienführung der Mauern. Man sieht deutlich, daß es sich um ein Kloster handelt, sagte er sich. Tatsächlich war die Strafanstalt jahrhundertelang ein Mönchskloster gewesen. Es ist ja kein Unterschied zwischen einem Kloster und einer Strafanstalt, dachte er; der Unterschied vielleicht, daß das Kloster ein freiwilliges, die Strafanstalt aber ein unfreiwilliges Gefängnis ist; das eine erlegt man sich auf und kann es jederzeit, wann man will, wieder verlassen, in das andere wird man zwangsweise eingesperrt, und man kann es nicht, wann man will, verlassen. Er entdeckte die Harmonie der Unebenheiten des Mauerwerks, das charaktervolle Altertum der Giebel und Simse, die noble Großzügigkeit der Treppen. Das alles war ihm vorher niemals so ins Bewußtsein gekommen und fiel sicher keinem außer ihm auf. Die sanften Schwünge der Fensterabschlüsse! In der Kapelle, die er die ganzen anderthalb Jahre tagtäglich in der Frühe zur Messe aufgesucht hatte, schaute er plötzlich mit seinen ›neuen Augen‹. Und erst das Arbeitsgerät, das im Hof an den Wänden hing, im Schuppen auf dem Boden lag, die vielen altertümlichen Rechen und Gabeln und Sensen! Er hatte es immer geliebt, im Sommer auf die Wiesen und Felder zu gehen. Doch empfand er die wärmere Jahreszeit hier immer schmerzlicher als Herbst und Winter. Man ist zu gemein unter der Knute des Aufsehers unter der Sonne! sagte er sich. Und das Lachen der Bauersfrauen, das man von den Höfen herüber hört, ist ein furchtbarer Abgrund. Im Winter bleiben ja auch die Tore geschlossen, und nur die Holzarbeitergruppe verläßt die Strafanstalt durch den rückwärtigen Ausgang in den nahen Wald. In der Holzarbeitergruppe hatte er nie gearbeitet, dafür war er zu schwach. Die jungen Leute drängten sich natürlich immer in die Holzarbeitergruppe hinein, sie dachten an Flucht. Aber es ist noch

keinem gelungen, zu fliehen, dachte er. Selbst wenn man entkommt, wird man erwischt, gefaßt, und alles ist noch viel schlimmer. Auflehnung ist Größenwahn, dachte er. Auflehnung führt unweigerlich in doppelten Schmerz. Auf dem mittäglichen Rundgang entdeckte er ein Tellereisen, das im Schuppen lag, eine große Seltsamkeit! Mit solchen Tellereisen fangen sie seit Jahrhunderten das Raubtier, dachte er. Wie kommt dieses Tellereisen hierher? Wahrscheinlich, sagte er sich, legen sie es zeitweise aus, denn es gibt Wölfe in dieser Gegend. Man hörte sie in der kalten Jahreszeit in der Nacht, der Sturm schlägt ihnen aufs Maul. Man hört sie immer wieder. Der Kulterer dachte, der Aufseher läßt uns immer ein paar Minuten länger auf dem Hof, als die Vorschrift es will. Er ist groß und breit gewachsen und schlägt blitzartig zu. Sie nennen ihn alle ›die Gummiwurst‹, weil er oft den Knüppel benützt, um sich Gehör zu verschaffen, Rechtmäßigkeit. Er liebt es, in angespannten Hosen zu patrouillieren, hat nie gebrüllt. Nie hat auch nur einer unter ihnen den Aufseher brüllen hören. Kurze, halblaute Wörter, das ist er. Er kann seine Kappe nicht leiden, aber er muß sie aufhaben, die Vorschrift sagt, daß er die Kappe aufhaben muß. Er sagt oft: »Infame Bestien!«, und er liebt die Wortzusammenstellung: »Das ist ja ein fatales Mißverständnis, Schweinehunde!«
An dem Abend, an welchem er das Paket ausgepackt hatte, das von seiner Frau geschickt war, das letzte in einer Reihe von Paketen, die alle immer das gleiche enthielten – Fleisch, Butter, Zeitungen, Socken –, und das er mehrere Tage nicht angeschaut hatte, er fürchtete sich nämlich vor dem Auspacken, genauso wie vor dem Lesen des Briefes, er hatte immer Angst davor gehabt, vor dieser Mißstimmung, in die ihn das Auspacken solcher Pakete und das Lesen solcher Briefe immer hinuntergestürzt hatte, vor dieser Schambildung in ihm, die sich fürchterlich auf seine Gedankenwelt auswirken konnte, seine Vorwurfswelt entzünden, tagelange verzweifelte Einfallslosigkeit in ihm hervorrufen konnte, hatte er überraschenderweise eine Geschichte mit dem Titel ›Logik‹ geschrieben, eine Meditation, die er dann am Morgen, nachdem er noch ein paar Stunden geschlafen hatte, von ihr angenehm überrascht, seinen Zellengenossen vorgelesen hatte. »Was ist denn das Wort ›Logik‹ für ein Wort?« hatte er die Mithäftlinge, bevor er noch mit dem Vorlesen seiner Geschichte begonnen hatte, gefragt. Keiner konnte ihm antworten. »Was bedeutet das Hauptwort ›Logik‹?« Sie schwiegen. »Gestern«, sagte er, »hätte auch ich

auf diese verwirrende Frage keine Antwort gewußt, aber heute weiß ich sie; hört zu, das, was ich jetzt vorlese, ist die Antwort auf meine Frage, was das Wort, was das Hauptwort ›Logik‹ ist, was für eine Bedeutung es hat.« Er las seine Geschichte vor, und er war erstaunt, wie ruhig seine Zuhörer waren. Er durfte sich nicht verleiten lassen, zu glauben, sie seien ergriffen gewesen, aber er war sehr glücklich.

Anfänglich hatte er gebebt, wenn man die Zellentür hinter ihm verriegelt hatte; wenn auch keine Auflehnung in ihm gewesen war, so hatte er sich doch jedesmal in einer ungeheuer getretenen Verfassung befunden. Das Wort ›Widerrede‹ stand ihm früher bei solcher Gelegenheit naturgemäß im Gesicht, aber er sprach es nicht aus. Ich habe ja gar kein Recht zu einer Widerrede, hatte er gedacht, nein, ich habe kein Recht, nicht nur zu einer Widerrede habe ich kein Recht, ich habe überhaupt kein Recht, ich habe kein Recht zu beanspruchen! Es war ihm trotz des Verstandesmäßigen, das augenblicklich mit seiner Verurteilung in ihm wie eine elementare Umwandlung seines Gehirngefüges eingesetzt hatte, zu arbeiten, radikal zu trennen und zusammenzusetzen begonnen hatte, einfach Recht zu sprechen begonnen hatte, fürchterlich gewesen, sich unterzuordnen unter die neuen Machthaber, unter die Tatsache, ein Häftling, ein Verbrecher, eine auf beinahe unabsehbare Zeit kriminelle verfügungsbereite Existenz zu sein. Jede Überlegung über seinen ›Fall‹ führte ihn unweigerlich zu der Einsicht, daß ihm kein Unrecht geschehen war. »Es gibt überhaupt kein Unrecht!« Dieser Satz hatte ihn beinahe verführt, an diesem Satz hingen Tausende Überlegungen, bis er sich schließlich als falsch und korrupt erweisen mußte ... In seinem Falle war kein ihm geschehenes Unrecht festzustellen. Er hatte getan, was man nicht tun darf, und er wurde dafür bestraft, ja, nicht übermäßig dafür bestraft, wie er jetzt sah, nein, er empfand seine Strafe von unten heraufschauend gerade noch angemessen. Aber es war der Anfang, sich mit der neuen Möglichkeit abzufinden, bitter gewesen. Mit der Zeit hatte sich, nach seinen Überlegungen, mitten in der Auseinandersetzung mit seinem Verbrechen, das Gefühl, unterdrückt zu sein, in das gegenteilige, frei zu sein, umgewandelt. Es beruhte auf dem einfachen Gedankengang, daß der Freie nicht frei, daß der Unfreie nicht unfrei ist. »Wo ist die Grenze der Freiheit und von wo aus wird sie bestimmt?« fragte er sich. Es war ein so klarer Gedankengang, daß ihn selber fröstelte, als er ihn zum

erstenmal denken durfte. »*Jetzt* bin ich frei!« konnte er sich sagen. »Niemals *vorher* habe ich Freiheit gehabt!« Es war ein ungeheuerer Aufschwung für ihn. Aber es wäre, dachte er, ein sinnloses Unternehmen, es den Menschen der Außenwelt wie den Innenweltmenschen, den freien wie den unfreien, die beide beides zugleich sind, erklären zu wollen, was er ›ein Urgefühl‹ nannte. Vereinfacht und nur für sich sagte er sich jetzt: »Meine Entlassung aus der Anstalt bedeutet, daß ich meine Freiheit aufgeben muß.« Allerdings hing dieser Gedanke nicht unmittelbar mit seinen ihn erwartenden äußeren Umständen, wie Frau und Broterwerb, zusammen, er war vielmehr im Überdurchschnittlichen des immer Unbegreifbaren, in einer hochgelagerten allgemeinen unausschöpflichen Gedankenexekution verankert. Es kam ihm vor, als machte er, völlig unbegreiflich, den ersten Schritt aus der Strafanstalt hinaus in den Tod. In einen unüberwindlichen, unausbleiblichen, scharfsinnigen, konsequenten Tod.
Am Tag seiner Entlassung wurde er schon früh zum Direktor gerufen. Er habe sich für den Aufenthalt in der Strafanstalt beim Direktor zu bedanken, sagte ihm der Aufseher, der ihn führte. »Jaja, ich weiß . . .«, sagte der Kulterer. Ihm, dem Aufseher, werde der Kulterer abgehen. Ob er sich bei ihm zu beklagen habe, fragte ihn der Aufseher, er selbst glaube das nicht, manchmal sei er auch gegen ihn barsch vorgegangen, aber das sei unumgänglich gewesen. Der Kulterer wußte sich in der Finsternis, die noch herrschte, unglaublich gut zurechtzufinden. Vorschriftsmäßig ging der Aufseher einen Schritt hinter ihm, er hatte den Gummiknüppel in der Hand, nicht an seinem Rock hängen. Wahrscheinlich, weil zwei Neue da sind, dachte der Kulterer. Er könne, wenn er wolle, außerhalb der Zelle sein Frühstück bekommen, sagte der Aufseher. Aber der Kulterer wollte nicht. Vor der Tür des Direktors, der immer schon um fünf Uhr an seinem Schreibtisch zu sitzen pflegte, blieb der Aufseher zurück. Pflichtgemäß hatte er da so lange zu warten, bis der Häftling wieder aus dem Direktorzimmer entlassen ist, ihn dann in die Zelle zurückzuführen. »Soso«, sagte der Direktor, der kleine Mann im dicken Überzieher, in einem solchen Kleidungsstück, das weder dem Tag noch der Nacht vollständig gehörte, in einer Art militärischem Morgenrock, »soso, jetzt sind *Sie* also dran!« Der Kulterer war weit vom Direktor entfernt stehengeblieben, dieser winkte ihn mit einer raschen, harten Bewegung seines Kopfes zu sich an den Schreibtisch heran. »Wo

habe ich nur Ihren Akt?« sagte er. »Da ist er ja!« sagte der Direktor. Er sagte: »Franz Kulterer, geboren 1911 in Aschbach, stimmt das?« - »Jaja.« - »Sie sind verheiratet, *kein* Kind«, sagte der Direktor. - »Jaja.« - »Gegen Sie liegt nichts vor«, sagte der Direktor, plötzlich: »Was werden Sie denn machen, wenn Sie entlassen sind?« Der Kulterer konnte nicht sofort antworten. »Na schön«, sagte der Direktor, »Sie wissen ja sicher, wie Sie sich draußen zu verhalten haben. Die Formalitäten sind ja erledigt. Aber weil Sie jetzt entlassen werden, das soll nicht heißen . . .« - »Jaja, ich weiß«, sagte der Kulterer, dem der Direktor jetzt große Vorhaltungen gemacht hatte. »Die Formalitäten sind also erledigt. Von mir aus ja. Warten Sie«, sagte der Direktor, »sind Sie nicht der Mann mit der Schreiberlaubnis?« - »Ja«, sagte der Kulterer. »Na, na«, sagte der Direktor, »das war schon eine ganz besondere Begünstigung, die Sie da genossen haben. Einem Häftling die Schreiberlaubnis zu erteilen! Aber Sie haben sich ja, wie ich sehe, nichts zuschulden kommen lassen. Was haben Sie denn da die ganze Zeit geschrieben?« wollte der Direktor wissen. »Ach«, sagte der Kulterer, »es ist nicht der Rede wert.« - »Geschichten wahrscheinlich«, sagte der Direktor. »Jaja, Geschichten«, antwortete der Kulterer. »Sie wissen ja«, sagte der Direktor, »daß Ihnen von Ihrer Arbeitszeitvergütung die Haftkosten abgezogen werden, das wissen Sie ja!« - »Jaja, ich weiß«, antwortete der Kulterer. »Der Staat verlangt auch von Ihnen Lohnsteuer, das wissen Sie ja! Wollen Sie das Geld gleich haben, oder soll es Ihnen nachgeschickt werden? Wo sind Sie denn zu Hause? Gehn Sie jetzt wieder zu Ihrer Frau?« - »Jaja«, sagte der Kulterer. »Naja«, meinte der Direktor, »Sie haben ja sicher schon unser Firmenadressenmaterial bekommen. Es wird sich schon ein Posten für Sie finden. Versuchen Sie es doch in einer Druckerei, da haben Sie doch wirkliche Chancen! Es ist erstaunlich, wieviel manche Leute bei uns lernen! Es ist wirklich erstaunlich«, sagte der Direktor. »Sie werden uns fehlen in der Drucksortenabteilung«, sagte er. »Also, wenn Sie entlassen sind, Sie sind ja noch nicht entlassen«, witzelte er, »bekommen Sie Ihr Geld. Naja«, sagte er und stand auf und gab dem Kulterer ein großes graues Kuvert. »Dieses Kuvert«, sagte er, »übergeben Sie Ihrem zuständigen Polizeikommissariat. Alles Weitere läuft dann von selbst. Daß Sie sich jede Woche auf dem Kommissariat zu melden haben, wissen Sie ja.« - »Jaja, ich weiß -«, sagte der Kulterer. Der Direktor gab ihm die Hand. Er wäre zu Dank verpflichtet,

sagte der Kulterer, er sage das nicht, weil es Vorschrift sei, das zu sagen, sondern aus einem wirklichen ehrlichen Gefühl heraus. »... zu großem Dank verpflichtet«, sagte er. Er schämte sich, keine besseren Worte gefunden zu haben. Er hatte sich einen guten Abschiedssatz für den Direktor vorbereitet gehabt, in dem Augenblick aber, in welchem er ihn hätte sprechen sollen, war dieser Satz unauffindbar gewesen. »Schon gut«, sagte der Direktor und entließ den Kulterer. Auf dem Gang hatte der Kulterer das Gefühl, daß ihm der Aufseher, der hinter ihm ging, gut gesinnt sei. Seltsamerweise hatte er sich nie vor dem Aufseher gefürchtet, zum Unterschied von den Mithäftlingen, die eine panische Angst davor hatten, dem Mann in der Finsternis der Gänge ausgeliefert zu sein. »Hast du dich bedankt?« fragte ihn der Aufseher, der ihn mit dem Knüppel um die Ecke lenkte. »Jaja«, sagte der Kulterer, »aber ich war ungeschickt.« - »Was heißt das?« wollte der Aufseher wissen. - »Zu dumm«, sagte der Kulterer. »Hat er dir das Kuvert gegeben?« Der Kulterer zog das große graue Kuvert, das er selbst mit der Aufschrift ›Strafanstalt Suben im Gerichtsbezirk IX des Bundesministeriums für Justiz‹ bedruckt hatte, heraus. »Du mußt es mir geben«, sagte der Aufseher. Und er sagte: »Du hast wohl keine so schlechte Erfahrung mit mir gemacht?« - »Nein, nein«, sagte der Kulterer. Jetzt war plötzlich das elektrische Licht eingeschaltet, der Aufwaschtrupp war schon an der Arbeit. Einer leerte den Kübel mit der Lauge aus, ein anderer schrubbte sofort mit einer Bürste den Boden, ein dritter trocknete mit einem Fetzen hinter beiden auf. »Na, na«, sagte der Aufseher, weil sie ihm die heiße Lauge vor die Füße geschüttet hatten. Sie standen sofort stramm und in Erwartung einer Züchtigung, aber der Aufseher überging den Zwischenfall; er folgte dem Kulterer, der schnelle, kurze Schritte machte. Sie fuhren jetzt schon mit dem Frühstück zu den Zellen.
»Das Kuvert bekommst du, wenn du fortgehst, zurück«, sagte der Aufseher. Er wollte die Zelle absperren, aber da kamen die Frühstücksträger, und er blieb so lange, bis sie das Frühstück ausgeteilt hatten, an der Zellentür stehen, die Frühstücksträger antreibend. Es solle das keine Begünstigung sein, Frühstück austragen, sagte er. »Los, los!« Sie schöpften das lauwarme Getränk aus einem riesigen Zinkkübel, den sie an zwei großen Henkeln zu tragen und vor der Zellentür abgestellt hatten. Aus einem Karton verteilten sie Brotscheiben. Jeder Häftling bekam vier Stück, das war die Brotration für den ganzen Tag. »Morgen wird unser Kulterer schon in

einem sauberen Bett schlafen«, sagte der Aufseher. Der Betroffene stand abseits, er hatte, in Anwesenheit des Aufsehers, die Hände angelegt. Er war überzeugt, daß ihm der Aufseher keine Niederträchtigkeit habe sagen wollen, sondern ihm gut gesinnt sei. Eine Niedertracht gegen mich kommt nicht in Frage, hatte er gedacht. Er war ja immer korrekt gewesen, immer tadellos, niemals auch nur andeutungsweise duckmäuserisch, wie man jetzt vielleicht meinen könnte. Im Gegenteil! Er durfte sich freilich nicht selbst solches Lob aussprechen, aber er hatte das Gefühl, daß der Aufseher immer mit ihm zufrieden gewesen war. Der Aufseher hatte keine Ursache, gegen ihn ausfällig zu sein, wie er das oft zu anderen, zu Recht und zu Unrecht, war. Der schlug ihnen gleich auf den Kopf. Es gab oft furchtbare Zustände, wenn hinter ihm jemand ›Gummiwurst‹ sagte. »Jaja, ich weiß«, sagte der Kulterer, als ihm der Aufseher gesagt hatte, er solle sich nun ernstlich auf die Entlassung vorbereiten. Er müsse ja, vorschriftsmäßig, in ein paar Stunden die Anstalt verlassen. »Meine Schriften ...«, sagte der Kulterer. Er würde ihm einen Strick bringen, meinte der Aufseher, damit er seine Schriften zusammenbinden könne.
Die Häftlinge waren der Meinung, dieser Tag wäre für ihn ein Freudentag; sie konnten nicht wissen und nicht begreifen, daß gerade dieser Tag der furchtbarste im Leben des Kulterer war. »Warum sagst du denn nichts? Erzähl uns doch noch was, bevor du abhaust!« sagten sie. Jetzt, wo es sich nur noch um Stunden des Zusammenseins handelte, schlösse er sich auf einmal von ihnen ab. Warum? Sie hätten ja nichts gegen ihn, nie etwas gegen ihn gehabt; vieles an ihm sei ihnen, zugegeben, in der ersten Zeit lästig gewesen, aber auch nur in dem Grade, in dem einem jeder Mensch lästig ist, auch der einem am nächsten stehende; in letzter Zeit hätten sie an ihm sogar Gefallen gefunden. Selbst an seinen Geschichten. »Laß uns doch ein paar von deinen Geschichten da!« sagten sie. Er wäre bereit gewesen, ihnen seine Geschichten zu überlassen, aber er glaubte ihnen nicht; es hatte, was sie sagten, für ihn den Anschein, als hätten sie eine gute Verabschiedung seiner Person, die sie im Grunde weghaben wollten, untereinander abgesprochen. ›Es freut mich, daß ich euch nicht widerwärtig bin‹, hätte er am liebsten gesagt, aber er brachte kein Wort hervor. Sie rollten sich noch einmal, entgegen aller Vorschrift, wie sie das immer nach dem Frühstück getan hatten, auf ihren Pritschen zusammen. Der Kulterer setzte sich hin. Als der Aufseher an der Tür war

und durch die Luke einen Strick hereinreichte, waren sie schon wieder in der Höhe. »Das ist ein fester Strick«, sagte der Aufseher. Der Kulterer legte seine Toilettesachen auf dem Tisch zusammen, und die Mithäftlinge halfen ihm, und er holte seinen Pack Schriften hervor, und ohne daß er sie darum bitten mußte, packten sie mit an, der Stärkste zog den Strick fest zu, es war ein ordentlich schweres Paket. Als der Kulterer es probeweise aufhob, sie lachten dazu, denn es hatte das möglicherweise einen komischen Eindruck auf sie gemacht, fühlte er eine große Unsinnigkeit, eine große Unsinnigkeit, die er selber war, die er sich nicht erklären konnte, denn er konnte sich selbst nicht erklären. »Zu dumm«, sagte er. »Was machst du mit den Geschichten?« fragten sie. Er zuckte mit den Achseln. »Verkauf sie doch. Es heißt, die Zeitungen reißen sie einem aus der Hand. Ob sie natürlich *deine* Geschichten drucken, ist eine andere Frage«, sagten sie. »Jaja«, sagte der Kulterer, »ich weiß.« Es täte ihnen leid, meinten sie, von jetzt an auf ihn verzichten zu müssen. Er wäre ihnen unentbehrlich geworden. »Ja, wirklich.« Es käme nichts Besseres nach, wie man ja wisse. »Mir gehst du jedenfalls ab«, sagte der Älteste. Es hätten sich für sie alle durch ihn vorteilhafte Gespräche ergeben; abgesehen davon, daß sie jetzt bezüglich des Kartenspiels einen Partner weniger hätten. »Und ›Mühle‹ und ›Dame‹«, sagte der Kulterer. »Die Druckerei wird sich anschauen«, meinten sie. Er würde aber sicher noch einen Sprung in die Druckerei hineinmachen, um sich zu verabschieden. »Jaja«, sagte er. Das wäre selbstverständlich. Ob sie es glaubten oder nicht, es fiele ihm schwer, fortzugehen. Er würde am liebsten bleiben. Es sei ihm ›unvorstellbar‹. »Aber man kann nicht länger bleiben, als man gezwungen ist«, sagte er. »Selbst wenn man ein Gesuch an die Justiz richten würde, müßte ein solches Gesuch naturgemäß abgelehnt werden.« Sie lachten und glaubten ihm nicht. Er sah verstört aus. Er würde ihnen ein Geschenk machen, sagte er, damit sie sich an ihn erinnerten. Er wisse natürlich nicht, ob sie auch nur die geringste Freude an dem, was er ihnen zu schenken beschlossen habe, hätten, aber er könne sich vorstellen, daß es, wenn es ihnen vielleicht auch anfänglich lächerlich erscheint, später einmal von Nutzen sein könnte. »Ich habe jedem von euch etwas aufgeschrieben«, sagte er, »für jeden einzelnen etwas nur für ihn, etwas, das nur ihn allein betrifft.« Und er gab jedem ein zusammengefaltetes Papier. Auch wenn sie ihn auslachten, er schämte sich nicht, aber er wünschte sich natürlich,

daß sie ihn nicht auslachten. Bevor er noch das Papier entfaltet hatte, fragte der, welcher dem Kulterer immer als der Bedauernswerteste unter ihnen vorgekommen war, als der Gemeinste auch, was das sei, was der Kulterer ihnen aufgeschrieben habe. »Ein Aphorismus«, sagte der Kulterer. Er getraute sich nicht, mehr zu sagen als: »Ein Aphorismus.«
Die drei, deren Haftzeit noch immer unabsehbar war, hatten die Erlaubnis, eine halbe Stunde später die Arbeit anzutreten, um sich von dem Entlassenen verabschieden zu können. Der Aufseher hatte sie aus einer Schnapsflasche trinken lassen, die er ihnen gleich wieder wegnahm; er müsse zum Direktor, um eine vorgeschriebene, den Kulterer betreffende Formalität zu erledigen, sagte er, sperrte die Zelle ab und verschwand. Er kam aber sofort noch einmal zurück, sperrte auf und sagte, der Kulterer müsse sich augenblicklich umziehen. »Los!« sagte er und warf einen Haufen Kleider, offensichtlich die Zivilkleider Kulterers, auf die Pritsche des Entlassenen. »Zieh dich um!« herrschte er den Kulterer an, nicht bösartig, im Gegenteil. Er sperrte ab und polterte davon. Der Kulterer duckte sich und entledigte sich der Anstaltskleider, und als er nackt vor den Zellengenossen stand - die die ganze Zeit versucht hatten, ihm Ratschläge zu geben: »Da gehst du hin!« - »Nein, du sagst einfach, du kennst dich nicht aus, verstehst du!« oder »Blödsinn, einfach hingehen, anklopfen und hineingehen!« hatten sie zu ihm gesagt, sie hatten ihm einzutrichtern versucht, wie er sich draußen zu verhalten habe, »weil wir wissen, wie es ist, wenn man entlassen ist!« sagten sie -, als er also vollkommen nackt vor ihnen stand, gaben sie ihm fort und fort Verhaltungsmaßregeln, die er aber, weil sie wie irr durcheinanderredeten, nicht verstehen konnte. Er fühlte eine plötzliche entsetzliche Verlassenheit, die ihm, weil sie von allen Seiten furchtbar angestarrt war, unerträglich wurde. »Du verkühlst dich«, sagte der Älteste, der an der Zellentür lehnte, und der unter dem Fenster sagte: »Der hat eine weiße Haut wie ein Kind.« Und der dritte lachte kurz. Dann schwiegen sie, und der Älteste warf dem Kulterer seine Unterhose an den Bauch, dann sein Hemd, seine Hose, seinen Rock, seine Schuhe. Der Kulterer zog alles an; es ekelte ihn vor dem fremden Geruch, den diese Kleidungsstücke ausströmten, es war ein Geruch von Hunderten und Tausenden fremden, abgelegten, zusammengepferchten Kleidungsstücken. Er zitterte am ganzen Körper; wie wenn er geschlagen würde, stand er da. »Trink dich

an, wenn du hinauskommst!« sagte der Jüngste an der Tür. »Wie haben sie dich eigentlich erwischt? So?« – »Jaja –«, sagte der Kulterer. »Und sie haben dich geschlagen, was? Sie haben dich so festgenommen, wie du es uns erzählt hast, was?« – »Ja, wie ich es euch erzählt habe.« – »Und sie haben dir nicht einmal auf den Kopf geschlagen? Du hast gar nicht geblutet, was? Du weißt doch, die Polizei schlägt unsereinen immer auf den Kopf. Die kennen kein Pardon! Die kennen da nichts!« Der Kulterer schüttelte den Kopf. »Mir haben sie nichts getan«, sagte er. »Und deine Frau?« fragten sie. »Wie war die? Wie hat *sie* darauf reagiert?« Der Kulterer antwortete nicht. »Weiß sie, daß du heimkommst? Hast du es ihr geschrieben? Du hast es ihr gar nicht mitgeteilt?« Er habe einen guten Zug zu Mittag, sagten sie. Wieviel Geld ihm verblieben sei? Ob ihm überhaupt etwas geblieben sei? »Jaja«, sagte der Kulterer. Er schrieb sich noch rasch ihre Adressen auf und bat sie, ihn in guter Erinnerung zu behalten. »Du weißt ja«, sagten sie. Es sei nicht einfach, hinauszugehen, die Welt sei kalt und verzeihe nicht. Er hatte Lust gehabt, sie alle drei zu umarmen, aber in diesem Moment wurde die Tür aufgerissen, und der Aufseher führte die Häftlinge ab. Die Zelle war offengeblieben. Da stand er und hörte die Druckmaschinen über den Hof herüber. Er beugte sich über seine noch warmen Anstaltskleider und weinte.

Der Aufseher hatte ihn in die Küche geschickt, wo sie ihm etwas zum Essen eingewickelt hatten. Aber er kannte dort niemand. Es waren lauter neue Gesichter. Er ging in die Druckerei und in die Gerberei und überall, wo er eine offene Tür fand, hinein und verabschiedete sich. In der Kapelle schaute er noch einmal die schönen Bilder an. Vom Pfarrer hatte er sich schon am Vortag verabschiedet. Schließlich kehrte er noch einmal in die Zelle zurück, um seine Sachen zu holen. Er vergewisserte sich, nichts vergessen zu haben, hob seinen Papierpack auf und ging fort. Über den Hof hörte er, wie der Aufseher einen Häftling niederschlug. Er entfernte sich, so rasch er konnte, von der Strafanstalt in die Landschaft hinein, die, hügelig, braun und grau, vor Hoffnungslosigkeit dampfte.

Aus: Frost

Dreizehnter Tag

»Man braucht nur einen bestimmten Namen zu hören, und man zieht sich bereits zurück. Es wird einem ein Mensch vorgestellt, und man hat über diesen Menschen bereits die Akten geschlossen. Der Mensch kann dann sagen, was er will, er kann sich nicht mehr aus der Versenkung, in die wir ihn haben hineinfallen lassen, erheben, er kann nicht mehr heraus. Alles, was dieser Mensch uns dann vorführt, empfinden wir als freches Sich-in-Szene-Setzen eines Unerwünschten, eines uns ganz einfach unappetitlich Erscheinenden. So habe ich«, sagte der Maler, »als mir der Ingenieur vorgestellt wurde, sofort Abscheu vor ihm empfunden, und ich habe ihn durch die Falltür hinunterstürzen lassen in die Versenkung. Schon als ich seinen Namen zum ersten Mal gehört habe, wurde mir beinahe übel. Mit der Vorstellung seines Namens verband ich augenblicklich eine fürchterliche Vorstellung seiner Person. Und ich wurde, als ich ihn von Gesicht zu Gesicht sah, nicht enttäuscht. Man wird nie enttäuscht, wenn zu einem Namen, den man verdaut hat, ausgespuckt hat, der dazugehörige Mensch tritt.« Sehe man Menschen, bevor man ihren Namen wisse, so passe der Name, wenn man ihn höre, immer dazu. »Von den meisten Menschen braucht man auch nichts anderes zu kennen als ihren Namen, um sie zu kennen, wissen Sie.« In den Namen sei alles, was man wissen müsse, enthalten. Die Namen seien es meistens, die einen reizten, eine Verbindung mit einem Menschen aufzunehmen. »Der Mensch, der zu einem Namen gehört, enttäuscht diesen Namen nie. Es gibt Namen, die, wenn man sie hört, einem mehr Übelkeit verursachen als die größte Unappetitlichkeit, die man sich vorstellen kann. So, wenn einem ein Freund den Namen eines seiner Freunde nennt, den man noch nicht kennengelernt hat. Haben Sie diese Beobachtung noch nicht gemacht? Die Namen formen die Menschen.«

Ich vergesse ganz, wozu ich da bin. Daß ich meine Beobachtungen zu machen habe. Es fällt mir ein, vielleicht im Lärchenwald, plötzlich, wenn mir am Maler etwas besonders Merkwürdiges auffällt, mitten auf der Straße, im Gastzimmer, wenn er auf einmal einen festen Zug aus dem Milchglas tut, wie ein gesunder Mensch, den er dann aber gleich wieder bereut. Das fällt mir ein, wenn ich mich tief in Gedankengänge verrannt habe, die ihren Ursprung im Maler haben, wenn ich weit weg von mir bin, über Bergen von fremder Vorstellung. Und daß ich auf nichts komme als auf das, was ich sehe, das weiß ich. Ich habe so etwas auch dem Assistenten in meinem heutigen Brief angedeutet. Und daß es so düster ist hier, immer düster, auch an klaren Tagen düster. Wie weh mir manchmal ein Wort tut, das ich sage. Das mir gesagt wird. Das kann auch sein. Ich gehe allein durch das Dorf und halte mich an Meinungen von Menschen an, das ist es. Und am Himmel, der an nichts grenzt, also nicht ist. So bin ich in der Hölle und muß eigentlich schweigen. Der Maler sagt, es ist alles unverständlich, weil menschlich, und die Welt unmenschlich, also verständlich alles und tieftraurig. Er zerreißt das Wort nicht. Tieftraurig heißt es bei ihm, und so, wie er es mir sagt, muß es allen Menschen ins Herz gehen. Das Schöne sei eine Gefahr für sich, so wie Finsternis »Unabhängigkeit der Lüste«. Oder ich gehe zum Heustadel hinüber und stelle mir vor, daß er dasitzt und mich auslöscht, nur mit einem Blick. Und da denke ich dann an meinen Auftrag. Eigentlich müßte ich ein Schema haben, so etwas wie eine Tabelle, auf der ich alles, wie es sich in dieser Sache gehört, in Ordnung bringe, jeden Abend die einen Zahlen von hoch oben herunterschiebe, die anderen von tief unten hinauf, daß, was zuhöchst ist, zuunterst kommt und umgekehrt. Das sind aber vielleicht nur Erscheinungen, alles nur Erscheinungen, die man ja nicht ordnen kann. Warum kann Ordnung nicht sein? In bezug auf meine Beobachtung des Malers. Beobachte ich ihn denn? Schaue ich ihn nicht nur an? Beobachte ich ihn, indem ich ihn anschaue? Ihn anschaue, indem ich ihn beobachte? Was geschieht dann? Ich werde ziemlich hilflos dem Assistenten gegenübersitzen und nichts sagen können. Er stellt sich vor, daß ich nach einiger Zeit nach Schwarzach komme und alles, was ich beobachtet habe, vor ihm ausbreite: sehen Sie, so ist es! So hat er es gesagt! So und nicht anders habe ich diese Beobachtung gemacht! Irrtum ausgeschlossen! Daß die Traurigkeit so ist, wie ich sie mir nicht vorgestellt habe, aber sie ist so! Verstehen Sie das? Nein. Ich bin sicher nicht fähig, zwei, drei zusammenhängende Wörter zu sagen. Obwohl ja Klarheit herrscht. Und wie herrscht! Und dann ist alles stumm, nichts geschieht, was zuträfe. Und wie anders wird sich alles darstellen, wenn ich es mir aus dem, was ich da aufschreibe, herauslese. Alles ganz anders. Denn das Aufgeschriebene stimmt nicht. Kein Aufgeschriebenes stimmt. Kann nichts für sich beanspruchen. Nicht einmal Genauigkeit, wenn auch alles so, in bestem Wissen, in der Meinung, etwas zu wissen über eine ganz klare Sache, fixiert ist. Immer höchstens weniger falsch. Aber falsch. Anders. Unwahr also.

Ich öffnete seine Zimmertür und sah ihn in seine Zeitungen vertieft. Ich sah - denn er saß ja hinter seinem Bett, vor dem Bild, dessen Landschaft ich bis jetzt noch nicht enträtselt habe: ein braunes Bild mit großen schwarzen Flecken, die Häuser, aber auch Bäume sein können - nur die Zeitung, aber hinter der Zeitung war er. Ohne daß er die Zeitung weggelegt hätte, als ich hereinkam - er schaute auch nicht hervor -, ließ er mich, wo ich gerade stand, auf den Sessel niedersetzen. »Ich lese da einen interessanten Artikel über den kaiserlichen Palast in Persien«, sagte er. »Wissen Sie, diese Leute müssen so viel Geld haben, daß man es sich gar nicht vorstellen kann. Übrigens habe ich einen Bericht über die Zusammenkunft zwischen dem russischen und dem französischen Außenminister gelesen. Das ist ja eine mehr als merkwürdige Sache. Interessieren Sie sich eigentlich für Politik?« - »Ja«, sagte ich, die natürlichste Antwort für einen jungen Menschen. »Ich habe ja gar kein Interesse mehr, im Grund genommen, an politischen Machenschaften. Aber es gab eine Zeit, und sie ist noch nicht lange vorbei, da hungerte ich nach jeder Nachricht aus dem Politischen. Das Politische ist ja doch das einzig Interessante an der Menschengeschichte. Es gibt allem für den Geist einen Inhalt. Natürlich! Jetzt habe ich mich zurückgezogen, wie Sie wissen, und verfolge alles nur noch beiläufig. Aber den Bericht über die Außenministerkonferenz müssen Sie lesen. Auch, wenn Sie Lust haben, und ich rate es Ihnen, da Sie doch noch so jung sind und eigentlich noch alles in sich aufzunehmen haben, den Artikel über den kaiserlichen Palast in Persien. Sie kennen ja die Geschichte des Pfauenthrons?« - »Ja«, sagte ich. »Sie kommt hier kurz zur Sprache.« Die Zeitungen seien das größte Wunder auf der Welt, sie wüßten alles, und nur durch sie sei die Welt und sei das Universum für die Menschen tatsächlich lebendig, die Vorstellung von allem sei durch die Zeitung in Gang gehalten. »Sie haben sich noch immer nicht die letzten Nummern geholt. Wollen Sie sie jetzt mitnehmen?« Es war beinahe finster im Zimmer und die Luft so, daß man kaum atmen konnte. Ich beschloß, gleich wieder zu gehen. »Freilich, man muß es verstehen, sie zu lesen, die Zeitungen«, sagte der Maler. »Man darf sie nicht verschlingen, und man darf sie nicht allzu ernst nehmen, doch als ein Wunder.« Bis jetzt hatte ich ihn noch nicht gesehen. »Daß man über alle Welt auf einem so kleinen Blatt informiert wird«, sagte er, »und an dem allen teilhaben kann, ohne, wenn man will, einen Schritt zu machen, womöglich im Bett liegend! Ein Wunder!« sagte er. »Der Schmutz, den man den Zeitungen vorhält, ist ja der Schmutz der Menschen und nicht der Schmutz der Zeitungen, verstehen Sie! Die Zeitungen tun gut daran, den Menschen so in ihren Spiegel zu setzen, wie er ist - nämlich abstoßend.« Manchmal, das heißt immer und überall, seien auch »Schönheit und Größe des Menschen« aus der Zeitung herauszulesen. »Wie gesagt, das Zeitungslesen ist eine Kunst, die zu beherrschen vielleicht die schönste von allen Künsten ist, wissen Sie.« Jetzt legte er das Blatt auf seine Knie nieder, aber ich sah ihn trotzdem nicht, denn es war plötzlich vollkommen finster.

Wie er einmal an einer Hand vier Monate lang herumgemalt habe, sagte er mir heute. Dann, nach vier Monaten, hat er das Bild verheizt. »Kein schlechtes Bild. Aber die Hand ist mir nicht gelungen. Übrigens malte ich später ganz anders.« Im Gegensatz zu anderen Malern, die in hellen Räumen arbeiten müssen, konnte er nur in völlig abgedunkelten Räumen malen. »Es muß finster sein, dann kann ich malen. Nur in völliger Finsternis. Nicht das geringste Licht darf herein. Aber jetzt male ich ja nicht mehr.« Bevor er angefangen hat, an einem Bild zu malen, ist er tagelang durch die Stadt herum, von einem Kaffeehaus ins andere, von einem Bezirk in den andern, ist oft stundenlang mit der Schnellbahn oder mit der Straßenbahn gefahren, mit Autobussen, von einer Endstation bis zur andern, hat weite Fußmärsche gemacht in Hose und Hemd, sich unter Arbeiter und Marktleute gemischt, irgendwo dann und wann ein Brot mit einem Stück Fleisch gegessen, sich wieder in ein Kaffeehaus gesetzt, ist wieder weitergezogen, lange graue Schrottplatzeinzäunungen entlang, durch Viadukte, durch Kinderspielplätze, in Milchhandlungen hinein und in Parkanlagen. »Ich rastete oft in irgendeiner Toilette aus«, sagte er, »zog mich dort um. Ich zog mich drei-, viermal am Tag um, trug immer dreierlei Kleidung in meiner Aktentasche mit mir herum, um mich jederzeit umziehen zu können.« Ganze Nachmittage hockte er sich auf Bahnhöfe und schaute die Menschen an, die Züge. »Für mich sind Bahnhöfe, und zwar alte, häßliche Bahnhöfe, immer ein großes Erlebnis gewesen, schon von Kind an.« Dann stieg er in den Aufzug und fuhr in sein Atelier hinauf, direkt in die Finsternis hinein. Nur er sah, während er malte, sein Bild, denn es war ja finster. Bevor er anfing, stellte er die Wohnungsglocke ab, sperrte überall, wo etwas zuzusperren war, zu, zog sich bis aufs Hemd aus. »Das Bild entstand von selbst durch meine Kunst«, sagte er. Tagelang ging er nicht mehr ins Bett, lungerte nur auf seinen beiden großen Fauteuils herum. Wußte nie, ist es draußen finster oder nicht, schon lange nicht mehr, der Wievielte ist. Nicht ob Herbst oder Frühling oder Sommer oder Winter. Glaubte er, sein Bild sei fertig, zog er die Vorhänge zurück, so scharf, daß ihn das Licht blendete und er nichts sehen konnte. »Nur nach und nach sah ich, daß es nichts geworden ist«, sagte er. »Daß es wieder nur ein Ansatz zu etwas war, das mit mir wie mit einem Hund verfahren ist, daß es nichts war, nichts, nichts, nichts!« Alle diese Bilder schob er dann hinter eine Wand, wo Freunde von ihm – »Freunde?« – hin und wieder das eine oder das andere hervorholten, um es zu einem Kunsthändler zu transportieren, photographieren zu lassen, kritisieren zu lassen. »Meine Bilder wurden immer gut kritisiert, nur von mir selbst nicht«, sagte er. »Im Grunde ist niemand kritisch, und heute sind die Leute, die sich mit Kunst beschäftigen, so kritiklos wie zu keiner Zeit. Vielleicht irritierte mich die Kritiklosigkeit der Kritiker, und ich wurde deshalb kein guter Maler?«

»Wissen Sie«, sagte der Maler, »das Kunstgegeifer, dieser Künstlergeschlechtsverkehr, diese allgemeine Kunst- und Künstlerekelerregung, wissen Sie, das hat mich immer schon abgestoßen; diese Wolkendrohungen niedrigsten Selbstunterhaltungstriebes und dann der Neid ... Der Neid hält die Künstler zusammen, der Neid, nichts als der Neid, jeder ist jedem um alles und jedes neidig ... Ich habe schon einmal darüber gesprochen, ich möchte sagen: die Künstler, das sind die Söhne und Töchter der Widerwärtigkeit, der paradiesischen Schamlosigkeit, das sind die Erztöchter und die Erzsöhne der Unzucht, die Künstler, die Maler, die Schriftsteller, die Musiker, das sind die Onanierpflichtigen auf dem Erdball, seine unappetitlichen Verkrampfungszentren, seine Geschwürperipherien, seine Eiterprozeßordnungen ... Ich möchte sagen: die Künstler, das sind die großen Erbrechenerreger unserer Zeit, das waren immer schon die großen, die allergrößten Erbrechenerreger ... Die Künstler, sind sie nicht eine verheerende Armee des Lächerlichen, des Abschaum? Das Infernalische der Gewissenlosigkeit entdecke ich immer in Zusammenhang mit Künstlergedanken ... Aber ich will ja keine Künstlergedanken mehr haben, keine solchen widernatürlichen Gedanken mehr haben, ich will mit den Künstlern und mit der Kunst, ja, auch mit der Kunst, dieser großen Totgeburt, mit dieser größten aller Totgeburten, nichts mehr zu tun haben ... Verstehen Sie: ich will aus dem Weg dieses üblen Geruchs. Aus dem Weg diesem Gestank, sage ich mir immer und habe mir, insgeheim, immer gedacht, aus dem Weg, aus dem Weg dieser alles zersetzenden, alles zerfleischenden nutzlosen Lüge, aus dem Weg dieser schamlosen Pfründnerei ...« Er sagte: »Die Künstler, das sind die Eineizwillinge der Heuchelei, die Eineizwillinge der Niedertracht, die Eineizwillinge des protektorierten Ausnützens, des größten protektorierten Ausnützens aller Zeiten. Die Künstler, wie ich sie kennengelernt habe«, sagte er, »sind alle fad und großsprecherisch, nichts als fad und großsprecherisch, nichts ...«

Im Laden wußte ich plötzlich, daß die Schule wieder angefangen hat. Das ganze düstere Geschäft war voll Schulkinder, die alle Hefte und Bücher und Bleistifte kauften, und Erwachsene suchten für die Erstkläßler Federn aus und Tinten und Zeichenpapiere und drohten und machten Witze, lachten und warfen ganze Haufen Geldmünzen auf den Ladentisch. Das kleine Mädchen in dem schwarzen Kleid, die Tochter der Geschäftsinhaberin, kam gar nicht nach mit dem Zählen der vielen Münzen, die die Kinder wahrscheinlich schon das ganze halbe Jahr über zusammengespart haben. »Und noch einen Bleistift!« - »Und noch eine Feder!« - »Und noch ein solches Heft!« - »Nein, nicht mit Linien!« - »Nein, kein blaues, ein rotes!« Ich wollte einen Bleistift und drängte mich vor, aber dann machte es mir gar nichts aus, so lange zu warten, bis ich an der Reihe war. Wie sich die süße und die ekelerregende Ausdünstung der Kinder und der Erwachsenen in diesem engen, kleinen, beinahe finsteren Raum mischte! Ganz hinten ist ein Guckloch, durch das man auf den Schnee hinausschauen kann. Ich nahm meinen Bleistift und ging wieder ins Freie. Da traf ich den Wasenmeister, der eine große Kuhhaut hinter sich her schleifte. Die Kuhhaut habe ihm der Metzger geschenkt, sagte er, er bringe sie nach Hause und lasse sie gerben und lege sie sich dann vor sein Bett. »Eine Kuhhaut ist ein besonders warmer Bettvorleger«, sagte er. Er sei in der Frühe auf der Baustelle unten gewesen; eine Verabredung mit dem Ingenieur habe er gehabt, der habe ihn auf der Baustelle herumgeführt. Sie seien zusammen in der Kantine eingekehrt und hätten dort gut gegessen. »Es ist dort auch viel billiger als im Gasthaus.« Er wollte von mir wissen, ob mir der Maler nicht seltsam vorkomme. »Nein«, sagte ich, »er ist ein Mensch wie andere auch.« Ich möge recht haben. Ihm käme der Maler verrückt vor. Irgend etwas stimme mit ihm nicht, seit er wieder da sei. »Als ob ihm in Wien ein Unglück passiert wäre«, sagte der Wasenmeister. »Ja«, sagte ich, »merkwürdig ist er schon, aber nicht außergewöhnlich merkwürdig.« Er habe den Maler gestern in der Kirche sitzen sehen, »in der vordersten Bank«, kopfschüttelnd. Der Wasenmeister habe sich nicht bemerkbar gemacht, um den Maler weiter beobachten zu können. Mit ein paar raschen Schritten sei der Maler zum Altar hin und habe gegen die Monstranz die Faust erhoben. »Dann ist er aus der Kirche hinaus und zum Teich hinunter.« Der Wasenmeister sagte: »Und das im Hohlweg war ja auch verrückt.« Ich ließ ihn gehen mit seiner Kuhhaut, die auf dem Schnee Blutflecke hinterließ, ungleich große, und ging zum Bäcker, wo ich mir eine Hundertschillingnote wechselte, mit der ich das Bier, das ich in den letzten Tagen getrunken hatte, bezahlte. Draußen traf ich den Maler, er hatte seinen roten Künstlerrock an. »Ich will mich heute noch einmal erschrecken«, sagte er. »Mich selbst und die Welt erschrecken. Habe ich diesen roten Rock an, komme ich mir vor wie der größte Narr aller Zeiten. Und die Leute glauben mir, daß ich der größte Narr aller Zeiten bin. Kommen Sie, gehen wir rasch zum Nachtmahl.«

Am Abend sang der Wasenmeister mit der Wirtin zusammen Lieder, nachdem der Maler gegangen war. Mit einem viehischen Unterton sang der Wasenmeister:

»Durch Maul und After
zieht die Höll den Strick,
dadurch wird der Durchzogene
blöd und dick.«

Und er sang:

»Morgen, Mittag, Abend . . .
Was sagt die Nacht,
die finstere Nacht dazu?«

Während des Nachtmahls hatte der Maler plötzlich gesagt: »Hören Sie. Hören Sie.« In dem entsetzlichen Wurstesser- und Biertrinkerlärm sagte er: »Hören Sie, die Hunde.« Ich hörte sie nicht. Er ließ aber nicht locker, und ohne daß es die anderen, der Ingenieur, der Wasenmeister, die Wirtin, die an unserem Tisch saßen, merkten, auch der Gendarm war dabei, sagte der Maler: »Hören Sie, die Hunde! Hören Sie nur: das Hundegekläff.« Und er stand auf und ging hinaus und in sein Zimmer. Als ich ihm folgte, in das Vorhaus hinaus, wo ich stehenblieb, hörte ich durch die offene, halb eingefrorene Gasthaustür das langgezogene Heulen der Hunde. Und das Gebell. Das unendlich langgezogene Heulen, in das das Gebell hineinbiß. Vor mir hörte ich das Bellen und Heulen und hinter mir das Lachen und Erbrechen und Kartenschlagen. Vor mir die Hunde, hinter mir die Gäste. Ich werde heute nicht einschlafen können.

Aus: Amras

Das Augsburger Messer oder das Messer der Philippine Welser

Ich schnitt das Rauchfleisch wie auch das Brot mit dem Messer, das die Philippine Welser 1557 für den Erzherzog Ferdinand aus Augsburg nach Tirol mitgebracht hatte und das in der Schwarzen Küche, zwei Meter von unseren Strohsäcken weg, an der Wand hing. Walter getraute sich nicht mit ihm umzugehen, er fürchtete sich sogar, es *nur in die Hand zu nehmen*, doch entzückte es ihn, wenn ich, in Handarbeit viel geschickter, damit in das Rauchfleisch hineinschnitt ... die ungemein feine, die ›philosophische Ziselierung‹ (Walter) auf beiden Seiten der scharfen Klinge, die Türme der Lechstadt Augsburg darstellend, interessierte uns, gefiel uns ... Walter phantasierte oft in der Nacht um das Messer herum ... er fürchtete, daß es in seiner Hand nur zur ›Zufügung sonst nicht geschehenden Schmerzes‹ gebraucht werde, in solcher Vorstellung lebte er, was das Messer betrifft, er fürchtete, mit dem ›unserem Onkel gehörenden Kunstwerk aus Augsburg‹, sobald es in seiner Hand wäre, zuzustechen ... und so berührte er es die ganze Zeit, die er im Turm war, bis zu seinem Tod, nicht ... ein krankhafter Zug war um seinen Mund, wenn ich das Augsburger Messer mit raschem Griff von der Wand nahm ... jeden meiner Schnitte verfolgte Walter mit großer, mich nachdenklich machender Aufmerksamkeit: wie er ›Das Messer ist frisch geschliffen‹ sich mir gegenüber zu sagen getraute, war aufschlußreich, gab mir zu denken; wie er es immer umging, wie er sich fürchtete, es länger als ihm, wie er sagte, ›zuträglich‹ anzuschauen; er schaute es nicht so an, wie ein Mensch ein Messer anschaut ... was auch immer er in bezug auf das Augsburger Messer sagte, gab mir zu denken, aber alles von Walter im Turm Gesagte hat mir zu denken gegeben ... es brachte mich auf die finstersten Geschwistergedanken ... Schon als Kind hatte ich das Augsburger Messer auf seinem Platz in der Schwarzen Küche gesehen; immer war es zum Rauchfleisch- und Brotschneiden da gewesen: merkwürdig, Walter, bin ich erinnert, hat sich schon als Kind geweigert, es anzurühren, wenn wir in den Turm gekommen waren, zu Ostern, Pfingsten, Dreikönig ... an Spätsommertagen, von Millionen von honigsuchenden Bienen gejagt, im Turm Schutz suchend vor den Mücken ... auf denselben Strohsäcken, auf welchen wir jetzt unser Lager hatten, versunken ... Zuflucht suchend und Zuflucht findend vor der mit uns Unzucht treibenden erbosten Natur ... Das Augsburger Messer oder das Messer der Philippine Welser: mein Onkel verstand nicht, warum sich mein Bruder vor ihm, das das schärfste war, fortwährend fürchtete; er wollte es ihm einmal aufzwingen, es ihm mit Erwachsenenschnelle in die Hand pressen, doch war mein Walter davor zurückgesprungen ... das Messer zu Boden geschnellt, ich erinnere mich genau: ich war in dem Augenblick, in welchem es auf dem Boden lag, von seinem Glitzern und Funkeln ergriffen gewesen ... Dieses Vorfalls erinnerte ich mich sogleich bei dem neuerlichen Anblick des Messers ... ich machte Walter schon gleich am ersten Tag im Turm von mir aus den Vorschlag, es ihm zu *ersparen*, es von der Wand herunterzunehmen ... ich wollte es unserem Onkel geben, damit er es mitnehme ... aber das wollte mein Bruder nicht ... Bei geschlossenen Fensterläden täuschte er uns einen ›türkischen‹ Mond vor ... In Walter muß der Anblick des Augsburger Messers, des Messers der Philippine Welser, zum Unterschied von mir, in welchem es nichts als den Genuß einer ungewöhnlichen Schärfe und hohen Kunst hervorrief, der Schönheit der Elemente entsteigende Phantasien, doch nur Irritierendes, ihn Erschreckendes, unglaublich Erschreckendes ausgelöst haben, ein fürchterliches Entsetzen ...

Vor allem beschäftigte uns im Turm unsere Kindheit, die wir mit der Katastrophe verloren hatten ... sie lag für uns hinter einem finsteren Wald von Enttäuschungen, durch den es keinen Rückweg mehr gab ... in unseren Träumen atmeten wir ihre Luft ein, hörten wir ihre Bachgerinnsel ... da waren sie, die naiven Gedankenschwünge, Arabesken an der furchteinflößenden Außenfassade des Lebens ... uns selbst überlassen, war unsere Kindheit von unseren Eltern durch ihr Wissen und Fühlen *unscheinbar folgerichtig* für uns gelenkt worden ... später von ärztlichen Vorschreibekünsten, väterlichen wie mütterlichen Verzweiflungen ... eine traurige Verwahrlosung alles dessen, worin wir uns zaghaft entwickeln durften, verdunkelte unser letztes gemeinsames Familienjahrzehnt ... um uns und in uns und mit uns zerbröckelte alles, wir konnten es an den Menschen, an den Häusern wie in Gedanken sehen ... anschauen an den von ihren Besitzern schon abgewandten Gebäuden . . . Das Gras war bald nicht mehr so frisch, das Getreide nicht mehr so hoch, die Bücher waren auf einmal nicht mehr ganz so unüberwindlich gewesen . . . immer weniger oft waren wir aufs Land, immer weniger oft nach Italien, nach München gefahren, kaum mehr zu Verwandten . . . nicht mehr an den See . . . alles mußte verfallen . . . Viele Monate nacheinander waren wir in der Herrengasse verurteilt zu einem mehr und mehr grauen Gemütsleben, das unsere Studien verbitterte . . . die Epilepsie verfinsterte uns.

An Hollhof

Geehrter Herr, unsere nur fünfeinhalb Monate dauernden Hochschulstudien waren ein unser Gemüt gleicherweise willkürlich wie radikal unterdrückendes Durchqueren der Leopold-Franzens-Universität und ihrer Institute am Botanischen Garten gewesen, der tägliche Gang durch ein rundes Jahrtausend unserer faulen Wissenschaftswelt . . . schon das Aufwachen in unserem Elternhaus war uns nichts als Qual gewesen, denn es war in Wirklichkeit ein Aufwachen schon in den hohen und grauen und antwortlosen Gerichtssälen dumpfer Lehrpläne, Weltanschauungen, staubiger Theorien und Philosophien, ein Aufwachen in den stinkenden Laboratorien und Hörsälen unserer düsteren Landeshauptstadt . . . In diesen Monaten hatten wir uns rasch im Auswendiglernen deprimierender Umgangsformen des Pseudogeistes erschöpft, in den ekelerregenden Unterdelirien des Hochschulwesens . . . Wir konnten die Quellen für unsere Musik und für unsere Naturwissenschaft nicht auf dem staatlichen Boden finden, sondern nur in uns selbst . . . Das sogenannte *Schulische* wie auch das sogenannte *Höhere Schulische* war uns ja immer verhaßt gewesen, auch unserem Vater verhaßt gewesen . . . Mit dem uns vom Staat anbefohlenen, alles Feinere in unseren zur Grobheit ja gar nicht befähigten jungen Gehirnen zerstörenden tagtäglichen Hinuntertrinken des die ganze Welt verseuchenden dicken Gelehrtengiftes, hatten wir unsere Anlagen bald überfordert . . . Unsere Universitätszeit war wahrscheinlich unsere schlimmste Zeit, kaum eine Lebenszeit . . . denken Sie nur an das wochenlange Durchpflügen und Durcheggen riesiger, von unseren eigenen Professoren verfaßten Schriften und Bücher, in deren üblem Geruch uns das Hören wie Sehen verging . . . aus dem uns anbefohlenen Unterstreichen von die ganze erbänderungs-philosophische Maschinerie zerstörenden Sätzen bestand diese Schulzeit für mich ... doch waren wir beide immer an unsere von uns selber erfundenen Wissenschaftsbrückenträger geklammert ... Mit Walter war es, was das Schulische, Höhere Schulische betrifft, nicht anders gewesen ... einen ganzen Winter lang hatte ich nur mit dem ›Primärvorgang‹, mit der ›akzessorischen Substanz, die, in Transportform des Chromosoms, in erster Linie als sogenannte Hüllsubstanz (Matrix) erscheint‹, zubringen müssen ... und so existieren müssen ... unerhört exakt existieren müssen ... Walter in seiner Zwölftontechnik ... sobald wir uns aber, einer glorreichen Eingebung Folge leistend, ganz unbekümmert von Hoher Schule und Hohem Schulzwang, allein mit dem uns angeborenen Scharfsinn, auf einmal in Urgestein und in Familie, mit der Vorliebe für das Ausleuchten aller Ritzen unseres finsteren Denkgebäudes mit der Natur gemeinsam in unseren beiden uns verführenden Wissenschaften verändern ließen, ja, auf und davon flogen in hohe, ja höchste Regionen, waren wir über die Berge ... Die Wochentage unserer Universitätszeit waren ein trauriges Beispiel für die den Lähmungsgesetzen der Unterrichtswelt unterworfenen Hochschulmartyrien, denen wir nicht ein einziges Mal entschlüpfen konnten ... Unsere Universitätszeit war so eintönig gewesen wie ihre Methoden, die uns, die wir in allem und jedem das Schöpferische zu lieben und zu erhalten gewohnt waren, zerstören, vernichten mußten ... Aber auch der Sonntage unserer Universitätszeit erinnere ich mich nicht gern, auch in ihnen herrschten, vergeblich von uns zurückgedrängt, ihre Wochentage ... wie eine Todeskrankheit beherrschte sie uns ... In der Unfähigkeit, unser Wochentagsmartyrium an den Sonntagen auszuschalten, unterschieden wir uns in nichts von den andern ... anstatt die falschen, die dikken falschen Schriften zu fliehen, *vertieften* wir uns am Sonntag in sie ... nur kurz vor dem Einschlafen, das uns, je älter wir wurden, immer seltener automatisch gelang, auch schon in unserer frühen Kindheit nicht mehr immer automatisch gelungen war, hatten wir beide manchmal die Kraft für einen Spaziergang im Garten, den Inn entlang, durch die Stadt ... Wir kannten nie das athletische Luftschöpfen der meisten Studenten, Hochschüler, jungen Menschen ... wir liebten die scharfe Luft an den Ufern des Inn, die nächtlichen langen Friedhofsbesuche ... auf dem Friedhof beim Anatomischen Institut, auf dem Friedhof in Mühlau ... immer waren wir, mit der Zeit, weil von Tag zu Tag, wegen Walters Erkrankung, noch enger zusammen, oft schon auf unerträgliche Weise Körper an Körper gefesselt ... Walters Epilepsie beherrschte uns ... Kein Schritt ohne Walter ... kein Gedanke mehr ohne Walter ... ich bin sein Bruder gewesen, sehr konsequent gewesen, wenn ein Mensch weiß, was das heißt, bis in die finstersten Winkel seines ihn tötenden Kopfes hinein ... Jahrelang war ich nicht mehr allein ... die Universitätszeit eine furchtbare Strafe ... Ende Februar, einen Tag vor den Anfällen unserer Mutter *und* Walters, die beide mehrere Stunden dauerten, betraten wir das Gebäude in der Angerergasse für immer zum letzten Male ...

Zwischen Walter und mir herrschte nur noch ein Dämmerzustand, in diesem Dämmerzustand existierten wir nebeneinander wie in und wie gegen die mißbrauchte Vernunft unserer Einverständnisse: *wir gehorchten nur noch* ... Unser beider Verhältnis war nicht ohne Feindschaft ... ja in Wahrheit war die durch uns von Natur aus uns angeborene Abneigung zueinander der Quell unserer Zuneigung, unserer Geschwisterverpflichtung, unserer Versteinerung ... Wir lebten im größten Schwierigkeitsgrad, in welchem zwei Menschen, die schmerzhaft zusammen sind, zu existieren ertragen können ... wir waren uns beide an vielen Tagen so schmerzstillend als nur möglich ... das entkräftete uns mit der Zeit ... die hohe Kunst, uns zu Hilfe zu kommen, hatten wir schon früh wie niemand beherrscht und sie nach der Katastrophe auch noch entwickeln können ... Im Turm waren wir uns plötzlich des Finstersten voll bewußt geworden, in Augenblicken ... des Schwachsinns der Möglichkeiten ... *im Turm* waren wir uns selbst bewußt geworden, da schauten wir uns, zum ersten Male, von außen *und* innen an ... Rhythmisch, zu wenn auch qualvoller Zelebration, verbanden wir uns nach dem Tod unserer Eltern in ständiger Scheu vor uns selbst, vor den eigenen Divinationen ... die von uns zusammen verbrachte Zeit war für uns eine Zeit ohne Schonzeit ... wir setzten sie immer ohne Lust fort und, als wären wir selbst unsere eigene Beobachtungsgabe gewesen, apathisch ... Nur der Physik unterworfen, nicht selbst Harmonie, waren wir unser Unglück ... In Walter ging dieser Prozeß noch tiefer vor sich ... Wir waren in Gegensätzen, zum Beispiel: war *ich* mit meiner Naturwissenschaft beschäftigt, war Walter von seiner

Musik *beherrscht, unterkühlt, überhitzt* ... für Walter war alles *aus ihm*, für mich aber war *nicht das allergeringste aus mir* ... Das allein wäre Grund genug für die Abhandlung ›Über uns‹ ... Aber auch nach der Abhandlung wird, was wir waren, sind, sein werden, in Finsternis bleiben, alles bleibt immer in Finsternis ... alles ist immer, *ist nicht* ... unsere Gleichzeitigkeit, Charaktere, Geometrie ... von unten nach oben, um höher *unten* zu sein ... Wir lebten ständig, oft inständig, das ist wahr, in gegenseitiger Körperabneigung ... das Körperliche, exzentrische Körperliche Walters war das exzentrische Körperliche unserer Mutter gewesen, *mir fremd* ... *Mein* Körperliches, das unseres Vaters ... Wir haben zeitlebens zwischen uns beiden *vermittelt* ... Durch Walters Krankheit war unsere Abneigung (zueinander) Zuneigung (gegeneinander) geworden ...

In den letzten drei Wochen getrauten wir uns hinaus ... wagten es aber nicht, uns weiter als nur ein paar Schritte vom Turm zu entfernen ... Wir unterhielten uns mit dem Gärtner und mit den Gartenarbeitern, die, weil die Zeit dafür günstig war, die Apfelbäume beschnitten ... sie gruben ein Stück der unteren Wiese um, besserten die beiden Böschungen aus ... alle machten ihre Arbeiten gründlich ... die Älteren kannten wir, Neue waren uns vorgestellt worden ... um vier, wenn ich wach war, sah ich auch schon das Licht ihrer Unterkunft auf der Zirkusseite ... Ihre Unterhaltungen betrafen die Arbeit, an welcher sie, wie ich sah, Freude hatten (sie waren alle von unserem Onkel gut ausgesucht worden, gut kommandiert), ihre Verwandtschaften, Liebschaften, Lohnverhältnisse, unerfüllbaren Wünsche ... Da unser Onkel mehr von der Landwirtschaft als sie alle zusammen verstand, vertrauten sie sich ihm von selbst ohne inneren Widerspruch an, gehorchten sie ihm ... mit unserem Onkel kam jeder gut aus ... die Leute wußten natürlich von der Katastrophe, das hemmte unseren Umgang mit ihnen ... Die sich noch immer beherrschende, schon Farben ansetzende Natur war unser Gesprächsstoff mit ihnen ... sie liebten es, wenn wir sie mit ihren Vornamen ansprachen, wenn wir uns mit ihren Familien und Sorgen vertraut zeigten ... Die Wirtschaft unseres Onkels war eine der besten im ganzen Inntal und ist es noch heute, er hat sie, in den beiden letzten Jahrzehnten, nicht nur erhalten, sogar vergrößern können: wie wir hörten, bauten die Handwerker für ihn in Aldrans, dem Ort unserer frühesten Kind-

heit, dem Geburtsort unserer Mutter, ein Forsthaus ... die Wälder um Aldrans gehören ihm ... für den Sommer plante er einen eigenen Fahrweg nach Rans ... Er hat viele Freunde und ist ein geschickter Tiroler Landespolitiker ... in dem Zeitraum, in welchem er sein Besitztum verdoppeln konnte, hat unser Vater alles verloren ... Worüber wir nachdachten, es machte uns traurig ...
Zweimal haben wir im unteren Schuppen mit den Gartenarbeitern zu Mittag gegessen, ihnen ein ganzes Schinkenbein, zwei Flaschen Wein spendiert ... Walter verlangte danach tagtäglich, daß ich ihn zum Schuppen hinunterführte, aber die Gartenarbeiter waren nur vier, fünf Tage im Garten, dann wurden sie nach Aldrans abkommandiert ... Der Alte, der uns in der Frühe die Milch und das Brot vor die Turmtür stellte, war, außer unserem Onkel, ›der einzige Mensch‹ ... er war über Sechzig, sah aus wie Achtzig ... Wir getrauten es uns aber unserem Onkel nicht einzugestehen, wie einsam wir beide im Turm waren, wie groß schließlich nach fünf, sechs Wochen unser Bedürfnis nach Menschen geworden war ... Unser Onkel hatte uns ja verboten, den Turm zu verlassen, auch daß wir uns mit den Arbeitern unterhielten, was wir ja hinter seinem Rücken, in einer Zeit, in welcher wir sicher waren, nicht von ihm überrascht zu werden, taten ... Da wurde uns auf einmal von ihm eröffnet, daß wir die Mittel, die der zu uns nach Amras herauskommende Internist beanspruchte, nicht mehr aufbringen könnten, und wir mußten zu dem Internisten in dessen Ordination in der Stadt Innsbruck ... Wir lehnten den uns von unserem Onkel für die Internistenbesuche zur Verfügung gestellten Wagen ab und gingen, so qualvoll das auch für uns war, immer zu Fuß in die Stadt ... kein Mensch kann sich vorstellen, was diese Internistenbesuche für uns bedeuteten ...

An Hollhof

Geehrter Herr, drei Tage vor Walters Tod, der mir alles verfinstert hat, alles zerstört hat, machten wir unseren letzten Internistenbesuch ... schon früh mit dem Anziehen fertig, waren wir, weil es vorher vier Tage ununterbrochen geregnet hatte, in unseren Stiefeln, kurz nach drei Uhr aus dem Haus gegangen, und weil wir fürchteten, an dem überhitzten, weil Markt gewesen war, übervölkerten Nachmittag von allen angestarrt zu werden, nicht sofort am

Ufer der Sill auf die Straße ... wir waren aus unserem Garten in den an ihn angrenzenden Garten gegangen und so, qualvoll von einem Garten zum andern, wieder und wieder durch Gärten, durch alle die uns in Wahrheit verbotenen Apfelgärten, durch die endlosen Apfelgärten Wildfremder, nicht ohne Gewaltanwendung, unter Püffen und Flüchen ... direkt, ohne Umschweife dann in die Innenstadt ... durch die Dreiheiligengasse, in welcher wir uns, uns immerfort Rügen und Lügen zufügend, ganze Schübe von Irritationen und Depressionen ... bis zum Marktgraben durchtraktierten, bis in das Internistenhaus ...
In der Finsternis, die dort herrschte, zwischen den Wänden und auf den Treppen, Türschwellen, Sockeln, Fensterbänken, auf den Geländevorsprüngen und -verzierungen, versuchten wir uns zu beruhigen, dadurch zu kräftigen; es spielten sich aber vor allem *da* noch entsetzliche Szenen zwischen uns ab ... es war unser fürchterlichster gemeinsamer Tag ... auf der obersten Treppenstufe mußte ich mir, und zwar völlig erschöpft, Walters Speichel von meinen Kleider abwischen, denn in der krankhaften Einstellung zu mir und gegen mich, hatte er mich angespuckt ... hatte er versucht, mir einen Schlag ins Gesicht zu versetzen ... auf dem Ihnen schon einmal beschriebenen Epileptikersessel im Wartezimmer des Internisten war es Walter, durch seine angegriffenen Hirnmassen, durch das schwüle Nachmittagswetter, in einem mich geradezu füsilierenden Grade unmöglich, mit der Anstrengung des Stiegensteigens fertig zu werden ... Jeder unserer Internistenbesuche war mit diesem entsetzlichen Stiegensteigen verbunden ... auf dem hohen, wie für ihn und seine zuletzt erschütternde Hinfälligkeit konstruierten Epileptikersessel mit den vielen Gurten und Ketten, auf dem auch an den Fußboden angeschraubten, für alle Innsbrucker Epileptischen unter Anweisung des Internisten, wie ich weiß, von einem Höttinger Schlosser zusammengeschweißten Sessel sitzend, an welchem, vornehmlich an den Seiten, die Spuren vieler Verzweifelter deutlich erkennbar waren, erschreckte es ihn, wenn ganz plötzlich die Ordinationstür von innen geöffnet wurde und einem auf den Sesseln Wartenden, nicht immer dem am allerlängsten Wartenden, der Befehl zum Betreten der Ordination erteilt wurde ... Walter wartete immer geduldig, bis ihn das Fräulein aufrief ... Allein der Gedanke, ob ich, durch Schlaflosigkeit schon verunstaltet, mich nun, wie ich glaubte, mit meinem armen Walter im vierten oder doch nur im dritten Stockwerk des

Internistenhauses befinde, beschäftigte mich; diese Frage hatte mich jedesmal, wenn ich hier, in den ersten Augenblicken, in dem ersten von mir ja schon wissenschaftlich betriebenen Durchstudieren der Wartezimmerpatienten begriffen war, meinen mehr und mehr hilflosen Bruder schützend, schützend *und stützend*, neben ihm, vielmehr *unter ihm*, erhitzt von dem unerlaubt Philosophischen unserer Verschwisterung, beschäftigt ... und ich errechnete mir mit der Strenge eines solchen Gedankenverfahrens die Anzahl der im Internistenhaus vorhandenen, von mir aus jetzt entweder, je nachdem, aufwärts oder abwärts führenden Treppen, diesen kunstvoll mit ihrer Zeit in Widerspruch stehenden Eisenkonstruktionen, wieder und wieder und ohne die sich im Wartezimmer befindliche, immer von der ›Tiroler Epilepsie‹ in Anspruch genommene, zuerst ja noch wortlose Krankengesellschaft, diese uns dauernd Fallen stellende Menschenansammlung, auch nur einen Augenblick aus den Augen zu lassen ... in schließlich mich irritierender, meinen Körper von innen nach außen erhitzender Weise schrieb ich, wie Zahlen, in meinem Gehirn die Treppen des Internistenhauses untereinander, um sie zusammenzuzählen ... ich multiplizierte und dividierte, währenddessen durch einen ihn beruhigenden, ihn besänftigenden Ausspruch (›Wir gehen dann *ruhig* über die Sillhöfe heim ...‹) mit Walter verbunden ... ich errechnete mir die Treppenanzahl vom Erdgeschoß in die Höhe, dann wieder von dieser Höhe (von welcher, wie hoher Höhe?) hinunter ins Erdgeschoß, ohne zu einem Abschluß zu kommen ... zuletzt, in der nervenzerstörenden Fahrlässigkeit meines Gehirns, glaubte ich, daß sich die Ordination des Internisten und, wie sich mir nachträglich noch herausstellte, Okkultisten, der sich sogar im Ausland einen Namen gemacht hat, im vierten, wenn nicht gar im fünften, im sechsten Stockwerk des Internistenhauses befinde ... gehörig nahm ich mir vor, mein immer nur mit dem Seltsamsten, mit dem Verrücktesten kämpfendes Denken anherrschend, bei Verlassen des Internistenhauses einen Blick in die Höhe zu werfen, um festzustellen, in welchem Stockwerk sich der Internist nun wirklich befindet, oder, besser, sagte ich mir, ich zähle beim Hinuntergehen die Treppen, zähle sie *aufmerksam*, noch aufmerksamer, dachte ich, als das letzte Mal, wo ich mich, wie immer, wie nach jedem Internistenbesuch, verzählt hatte ...

An Hollhof

Geehrter Herr, sobald mein Bruder auf dem Epileptikersessel saß, ich, wie zur Strafe, neben ihm, sehr oft in *Hundestellung*, beruhigte er sich ... ich berührte ihn an den Knien und an den Schenkeln ... ab und zu schaute ich, ohne daß er es merkte, in sein von der Welt, ja, wie ich wußte, *auch von mir* sträflich bitter allein gelassenes, sich nur noch ins Böse hinein veränderndes Kindergesicht ... jedesmal, ohne Ausnahme, fing ich an, an die Treppen des Internistenhauses, an die verrückte Lage der Ordination des Internisten zu denken ... es war immer für mich das gleiche, überhaupt der Epileptikersessel: Walter seufzte, wenn er darauf saß: ›Da, ja, mein Platz ...!‹ Das sich bei jedem unserer Internistenbesuche wiederholende ›Da, ja, mein Platz!‹ erleichterte ihn ... Wenn wir nach der stundenlangen Tortur des Weges von Amras nach Innsbruck hinein, durch die uns ja schon entfremdete, elternlose Stadt, auf einmal im Wartezimmer waren, das, finster und fensterlos, ohne Lüftungsmöglichkeit, niemandes Furcht beschwichtigte, niemandes Schmerz verringerte, war Walters Platz, der Epileptikersessel, jedesmal frei ... Ich mußte auf Walter *aufpassen* ... Viele sind schon von dem Epileptikersessel heruntergestürzt ...
Walter hatte sich von vornherein gegen das Anbinden, Anketten, Fesseln seines Körpers auf dem Epileptikersessel gewehrt ... als ich einmal den Versuch machte, ihn, weil ich einen plötzlichen Anfall befürchtete, an den Epileptikersessel zu binden, schlug er mir mit dem Knie ins Gesicht ... Jede Hilfestellung für Walter schwächte mich ... Ich glaube, daß durch unseren, durch meinen und Walters auf dem beschwerlichen, von Amras zum Internisten führenden Weg mitten durch das brutale Innsbrucker Volk sich immer schon ein paar hundert Meter vom Internistenhaus entfernt mit energischer Gewalttätigkeit durchsetzenden Suggestivwillen: *mein Walter*, und von Walter aus, *ich, ich muß, so wie immer, auf meinem Epileptikersessel sitzen*, sich tatsächlich niemand auf den einzigen im Wartezimmer befindlichen Epileptikersessel zu setzen getraute ... sobald ich und mein Bruder, sobald wir beide auf dem Weg durch die Gärten hinunter sind, gleich wo, ja selbst noch im Turm, *vor* der Sill, dachte ich, und den Wunsch haben, daß der Epileptikersessel frei ist, für uns ist, für Walter ist ... und unsere ganze Kraft, nicht nur Körperkraft, auch meine

Geisteskraft, alle mir verfügbaren Kräfte zusammen, auch Walters Kräfte, sobald wir beide unsere sämtlichen Kräfte in diesen Wunsch investieren und diesen Wunsch, in dem Maße, in welchem wir uns, uns oft *unausdenkbare Schmerzen* zufügend, nähern, steigern, ja *über*steigern, sagte ich mir, wird Walters Epileptikersessel frei sein, er wird *für ihn da sein* ... Wenn wir eintraten, waren die Patienten im Wartezimmer immer schweigsam erschrocken ... danach immer wilder gesprächiger, in der Unkenntnis, wie mir schien, ihrer Todeskrankheiten versunken ... Warum das Haus, eins der sezessionistischen, daher so trostlos ausschauenden Innsbrucker Innenstadthäuser, keinen Aufzug hatte wie alle anderen seiner Höhe und seines Alters, wie diese vielen anderen eng zusammengepferchten, die Bergstadt auf die denkbar gründlichste aller Verzweiflungsgrundlagen herunterdrückenden, von Erkervorsprüngen lächerlich, ja unerträglich gemachten, jeden in Kürze zu Verbrechen und Unzucht verleitenden und verführenden Häuser, war mir an diesem Nachmittag unklar ... unklar auch, wie ein Arzt auf die Idee kommen kann, in einem dritten, vierten, fünften, gar sechsten Stockwerk, in welches kein Aufzug hinaufführt, zu ordinieren, ein *Epileptikerarzt* ... das zu jeder Tageszeit übervölkerte Wartezimmer machte alles noch rätselhafter ... an den vier Wänden hingen (hängen), jeweils zwei übereinander, die von uns so genannten ›Epileptikerbilder‹, Männer, Frauen, Kinder, Füchse, Katzen, Hunde während furchtbarer epileptischer Anfälle darstellend ... alle möglichen Formen der Epilepsie ... eine ganze Reihe der berühmt-berüchtigten ›Inntaler Tier- und Kinderepilepsie‹, gemalt von Schlorhaufer ... Wichtig ist, sagte ich mir, das sagte ich mir ja immer, daß der Internist ein guter Internist ist ...

An Hollhof

Geehrter Herr, als sich mein Walter im Wartezimmer beruhigt hatte, dachte ich an den von mir an demselben Mittag, zwei Stunden vor unserem Internistenbesuch unternommenen Spaziergang zum Zirkus hinunter, zu den Sillhöfen, Tantegert usf. ... Ich war mit mehreren von mir am Vormittag geschriebenen Briefen fortgegangen, den ersten Briefen nach langer Zeit ... in ihnen bedankte ich mich für die zahllosen Zuschriften, die wir bekommen hatten ... Mich vor der Zutraulichkeit der mir bekannten Internistenbesucher schützend, deren Aufmerksamkeit wir fast ständig erregten, beobachtete ich, wie die Fliegen die süße Patientenausdünstung von den Wänden schleckten ... Mir eine vor uns eingetretene Person, ein, das machte den Anblick so traurig, noch nicht einmal schulentlassenes, aber schon vom Trübsinn der Fraulichkeit angefallenes Mädchen, stumm vor sich hingrübelnd, mit einem vier oder fünf Quadratzentimeter großen Parkettbodenausschnitt beschäftigt, wahrscheinlich aber weit fort in einer Verlassenheit, mit einer Verlassenschaft ratlos beschäftigt, einprägend, ging ich, dem in der letzten Zeit (die überall, wo sich nur denken läßt, nur auf Zerstörung und Tod aus gewesen ist – unsere ängstliche, furchtsame Welt ist nicht mehr imstande gewesen, die Zeit und ihr Räderwerk zu hintergehen ... wo wir hinschauten, scheiterte sie, überall und in allem und jedem, in den Städten wie auf dem Land, in dieser Zeit, die die Menschen am liebsten, wäre das möglich, über so lange Strecken von Trostlosigkeit hätten verschlafen wollen), ging ich, dem in den Wochen nach unserer Katastrophe, *vor* Walters Tod, nichts verdrießlicher und nichts schwerer geworden war als zu atmen, der wochenlang, wenn schlaflos, immer gezwungen war, jeden Atemzug seiner Lungen zu registrieren, und dem seine Atemzüge geräuschvoller vorgekommen, unerlaubter gewesen sind als die Atemzüge der andern, als alle unbewußten, alle unbewußten Atemzüge der Jugend und der Gesundheit ... an die nur mir eigene, von mir geradezu mit wunderbarer Erschütterung vorgenommene Rekonstruktion des sich mir *nur noch entziehenden Nachmittags* ... ich ging, während ich die Patienten durchschaute, in einer Entfernung von fünfzehn, von zwanzig Metern, durch mich klug abgesondert von allen andern, mit Schritten und mit Gedanken haushaltend, so, wie ich es immer geliebt habe, allein mit mir selbst auf der von mir nun schon ein halbes Jahr nicht mehr begangenen Straße, die aus den Gärten von Amras nach Wilten führt ... gelenkt von Geräuschen und Farben ... ein plötzlich nur noch auf Abschied und Tod eingestellter Mensch, noch nicht zwanzig, nach vorwärts zögernd, nach rückwärts staunend, mit dem sich gegen die Erschütterungen und Enttäuschungen erfolglos wehrenden Hang zur Fürsorglichkeit, in der Gewißheit, mit Walter zugrunde gehen zu müssen ... Ich gehe, sagte ich mir, *auf das Postamt* ... ich gehe, während mich Walter, von dem bevorstehenden Arztbesuch angegriffen, vom Turmfenster aus beobachtet, so lange beobachtet, bis er mich nur noch durch die *Kraft seiner Phantasie* beobachten kann ... Ich gehe unter der Glasglocke unserer Empfindungen ... sinnloser Versuch, aus der Hoffnungslosigkeit rasch herauszukommen ... mit meinem an der Finsternis geschulten, an die Finsternis geschweißten Kopf, aus einem Extrem in das andere ... Konflikte ... immerfort in *die Tiefe durch Tiefe*, gelenkt von Einbildungs*kraft* ... In diesem Gedanken verfolgte ich mich eine Zeit ... Um nicht ersticken zu müssen, kehrte ich plötzlich in diesem Gedanken um ... wie um mein Leben war ich *in diesem* Gedanken *in mich* zurückgelaufen ...

An Hollhof

Geehrter Herr, ich schicke Ihnen heute die von Ihnen verlangte Auswahl der von Walter im Turm verfaßten, von ihm mir verheimlichten, von mir unter unseren Strohsäcken aufgefundenen Schriften.

Zirkus

Seiltänzerin
In ihrer Mitte könnte ich meine Welt aufhalten, wäre ich nicht von den Wissenschaften verdorben. Ich hätte sie schon, bevor sie *in Frage* gekommen ist, für meine Theorien gebrauchen, mißbrauchen können, zu Ende führen. Wozu ihr wie mir der Verstand fehlt ...

Direktor
Der Augenblick sagt, daß der Mensch ein kunstvoller Mensch ist. Jeder Peitschenhieb des Direktors gegen das Tier (den Leoparden) erniedrigt die Vorstellung von zwei Verstandes*hälften*. Die siegreiche - da die Natur ein Gesetz ist - weigert sich, der Wahrheit zu Willen zu sein. Wir nehmen *den* Standpunkt ein, den Leopardenstandpunkt.

Ein Buch über alle Wahrnehmungen, die ich im Turm gemacht habe
Ein Buch über alle Wahrnehmungen, die ich im Turm gemacht habe, müßte natürlich ein Buch über *Alles* sein, über das *ganze*

Mögliche. Aus diesem Grund ist es unmöglich, ein Buch über alle Wahrnehmungen, die ich im Turm gemacht habe, zu verfassen.

Die Tragödie, die Tragödie der Tragödie, die immer nur ein Versuch zur Tragödie gewesen ist.

Die Vorstellung des brennenden Zirkuszeltes im Menschen
Die Vorstellung des brennenden Zirkuszeltes im Menschen läßt in den meisten das Geheul der Löwen und das Reißen der Tigernägel *erheiternd* erscheinen, die Fähigkeit, die Höhepunkte eines Zirkusprogramms in dem menschlichen Gehirn einfach auszuwechseln, Balanceakte gegen Zauberkunststücke auszutauschen, den Dressurakt gegen die Spaßmacherei ...
(Der Tod des Dompteurs ist peinlich, weil der Dompteur nicht unsterblich ist.)

Der Spaßmacher und sein Geselle
Der Augenblick, in welchem der Spaßmacher mit seinem Gesellen auftritt, ist für den Augenblick, nicht für den Spaßmacher und seinen Gesellen, tödlich; aber alle Augenblicke sind für den Spaßmacher und seinen Gesellen tödlich, deshalb kann ich *in diesem Augenblick* Alles *hören*. Zwischen dem Spaßmacher in dem silbrigen und seinem Gesellen in dem roten Kleid zielt alles darauf, die Zuschauer (für ihr Geld und *für ihren Verstand*) in Erstaunen zu *versetzen*; Kunststück nur für das menschliche Auge, für das naive Menschengemüt; alles jahrtausendealte *tödliche Tradition*.

Jedes Erstaunliche hat seine Methode, bis wir feststellen, daß das Erstaunliche nicht erstaunlich ist, keine Methode hat. Die besten Plätze, auf welchen die Phantasie spielt. (Es gibt nur Hauptdarsteller der Nebenrollen.)

Der Seiltänzer
Der Seiltänzer ist berühmt, weil er auf dem Seil einen Sprung machen kann, der berühmt ist; wir sehen seinen Sprung schon zum vierten Male, denn ein einziger Sprung wäre allen zu wenig, für die Neugierde *aller* Menschen – auf Wunsch des Direktors macht der Seiltänzer *immer vier Sprünge*, auf den fünften verzichtet er, denn der wäre *schon fehlerhaft*; die Zeit zwischen zwei Vorstellungen reicht gerade *noch* aus, in dem von allen bejubelten Seiltänzer ge-

nau so viel Kräfte zu sammeln, als notwendig sind, vier Sprünge ›von solcher verblüffender Präzision‹ zu springen.

An Hollhof

Geehrter Herr, ... auf dem Sessel neben dem Epileptikersessel, auf dem Sessel *neben*, war sie geöffnet, *hinter* der Tür, hatten, wie ich bemerkte, die Gesichter gewechselt: war dort die ganze Zeit, scheinbar bewegungsunfähig, ein altes dickes gewesen, so konstatierte ich jetzt, registrierte ich jetzt, wie auch Walter (der aus so viel feineren Wahrnehmungszentren gebildet war) dort, wo es, unmerklich zwar, aber ununterbrochen durch den Türspalt hereinzog, ein junges dünnes ... Von Interesse war mir im Augenblick folgendes: gleichzeitig, also während ich das für mich vollkommen neue junge dünne Gesicht, ein Landgesicht, ein von Generationen von *Beurteilern von Gesichtern* geschaffenes Landgesicht, ein von Millionen von Dienstgeberinnen geschaffenes Hausgehilfinnengesicht, beobachtete, *sah ich mich* ... und zwar immer wieder (jetzt Walters Hand drückend) auf der Straße nach Wilten, mich unter den Apfelbäumen am Rand des Friedhofs, mich an der Mauer des Friedhofs, mich unter der Tür des essenden, trinkenden, mit seiner Frau debattierenden Friedhofswärters ... ich sah mich die Ausfahrt des Sägewerks, das einmal uns gehörte, studieren, das Lärmen der Sägen, den Geruch morschen Holzes ... Während ich das Landgesicht sah, sah ich mich auf dem Hügel, von welchem aus man mit einem einzigen Blick die Stadt Innsbruck, die lähmende, überblickt ... ich sah mich im Wald, ich sah mich auf dem Kartoffelacker ... das junge dünne Gesicht war für mich (während ich mich sah) alle jungen dicken und folglich auch alle jungen dicken und alle alten dünnen und alten dicken Gesichter zusammen, alle Gesichter auf der sich ständig vergrößernden und ständig verkleinernden Welt: alle immerfort gleichzeitig existierenden, immerfort gleichzeitig wechselnden Menschengesichter ... auf meinem Spaziergang ... mit seinen kurzen, alles, nur mich nicht, erfrischenden Regengüssen ... sah mich, mit den Ideen und mit den Ideen von Ideen, den Organen von faulen und konzentrierten Gedanken, Theorien, Prozeduren beschäftigt, mich konfrontierend ... in diesem dampfenden Nachmittag, diesem schwülen, dampfenden, immerfort strömenden Nachmittag ... ein unglaubliches Desertieren meinerseits, was meinen

Bruder betrifft; aus allem und jedem desertierte ich ständig ... ich sah mich in den verrohten Innsbrucker Gassen, immerfort vor den Fleischhauerhäusern, vor den Schriftstellerhäusern, vor den Schauspielerhäusern, vor den Gerichtsanwaltsmenschenhäusern *umkehren* ... immerfort kehrte ich um ... ich sah mich der Handlungsarmut der Stadt, der Handlungsarmut der Welt, der Handlungsarmut meines Gehirns entfliehen ... und immer und immer wieder, hinter dem Landgesicht, dem Hausgehilfinnen-, dem dünnen jungen Gesicht ... den *Hinter*grund dessen, worauf ich spazierte ... den *Vorder*grund ... ich spazierte und täuschte mir einen Spaziergang *vor* ... ich war nicht mehr fähig zu einem Spaziergang, ich hatte mir meinen Spaziergang nach Wilten vorgetäuscht, den ganzen Nachmittag vorgetäuscht, mein ganzes Elend, *unser ganzes Elend nur vorgetäuscht* ... ich war in mir selbst mit mir *wie mit mir* wie in einem schlechten Roman vorgegangen ... denn ein vorgetäuschter Spaziergang ist kein Spaziergang, während er doch ein Spaziergang ist ... erscheint nur *als* ein Spaziergang, als der *Spaziergang eines Spaziergangs* ... ich spielte mir also diesen meinen Spaziergang, und zwar den vorgetäuschten Spaziergang eines Spaziergangs, der kein Spaziergang *war*, neben Walter, im Wartezimmer des Internisten, vor ... neben Walter, der eine Stunde lang warten mußte, bis ihn das Fräulein dann endlich aufrief, widerwillig aufrief ... Und aus einer Entfernung, die für mich die beste war, jede Einzelheit an mir beobachtend, mit rücksichtsloser Verstandesschärfe mich kritisierend, mich lächerlich machend ... ich machte mich lächerlich, ich machte da alles lächerlich, alles (Walters Morgenerschöpfung sogar, Walters Mittagsschlaf, Walters Durchdenturmtappen) ... während ich also neben Walter im Wartezimmer durch die Allee bis nach Wilten lief, manchmal schritt, nicht lief, kroch und schritt, lief und kroch, schritt und lief, machte ich alles nur lächerlich ... am meisten machte ich aber *mich* lächerlich, mich durch mich lächerlich ... verrückt, gemein, künstlich ... in dem verhexten Versuch, die Natur mit der Lächerlichkeit meiner selbst für mich selbst in Einklang zu bringen ... mit meiner auf einmal auch dort wieder ganz philosophischen Vorgangsweise, in der Apfelallee, im Wartezimmer, in meinem Gehirn, im Gehirn des Gehirns ... durch mein Unglück, durch unser aller Unglück war ich für solche Gehirnmöglichkeiten in der Natur trainiert ... die Lächerlichkeit, aus welcher ich mich da laufend und springend, hüpfend und blitzartig stillstehend, recht oft in einer mich augenblicklich von oben bis unten beschmutzenden Pfütze, in meinem verrückten Gefühlszustand ... durch den Hintergrund wie auch Vordergrund kaum geschützt, aus dem Hinterhalt meines Gehirns beobachtete, war ja auch die Lächerlichkeit meiner Darstellung (während welcher ich dauernd mit dem Hintergrund, mit dem Übergrund wie auch Untergrund meiner Darstellung korrespondierte ...) wie auch die Beobachtung meiner Darstellung zu beobachten ... Ich war eine ungeheuere Anzahl von Existenzen, eine ungeheuere Anzahl verheerender, alles bedeutender Existenz*möglichkeiten* ... die gehende und die anscheinend gehende, hüpfende, springende, blitzartig stehenbleibende, halb verrückte ... ich bin alle existierenden Existenzen zusammen gewesen, *ich bin* gewesen ... ich hatte mich aber, an diesem letzten mit Walter zusammen verbrachten Nachmittag als einen dauernden, mich dauernd unterbrechenden, meine Leiden unterbrechenden Affekt, schließlich Effekt beherrscht ... alle diese Existenzen, die Sie sich vorstellen können: mir höchstmögliche Symmetriespannung ... das Zerbröckeln dann meiner Begriffswelt, als ich, nachdem ich die Briefe aufgegeben hatte, das Postamt verlassen, die Überlegungen über meine zahllosen Briefe (Bittbriefe, Bettelbriefe, gemeine Briefe, intelligente Briefe) abgeschlossen hatte, nach Amras zurückgegangen war, den kürzesten, den allerkürzesten Weg, durch das Schwarze des Lemmenwaldes. Ich sah mich noch (im Wartezimmer des Internisten) Papierfetzen, Gummi, Zeitungsblätter (ein Stück der TIMES!), Holzprügel aus dem Weg schlagen ... ich verfinsterte mich in der konfusen Strömung der Luft, in den Strömungen aus der Unendlichkeit in das Inntal herein. Das fühlte ich: lauter Frühlingsluftzüge ungeheueren Weltverstandes ... die Logarithmen flüchtiger Himmelskörper ... die Makrologie der Altersbegriffe ... ich sah zugleich mit dem jungen dünnen Patientengesicht alle Patientengesichter zusammen: alle Patientengesichter, Assistentengesichter, Internistengesichter ... alle Erfindungen und Empfindungen, Begeisterungen, Enttäuschungen ... wie in einem Umspannwerk aller Verzweiflungen sah ich alles ... Mein ganzes Leben lang habe ich mich aus mir selbst und aus Walter, aus unserer Familie, aus den vielen Generationen unserer Familie zu befreien versucht, mich durch Körperschliche, Verstandesschliche daraus zu befreien versucht, erfolglos ... aus immer dem einen Chaotischen in ein anderes ... immer habe ich mit den Todeskrankheiten Tirols, mit den Todeskrankheiten unserer Familie absterben müssen ... so ist auch Walter an den vielen Todeskrankheiten Tirols, an den Todeskrankheiten unserer Familien abgestorben ... für Walter war immer alles doppelte Qual gewesen, doppelte Energie, doppelte Überlieferung, Ausschweifung, Todesursache ... wir zwei haben uns beide zeitlebens ungeheuer im Nachteil befunden ... der Natur in uns immer gehorchen müssen ... An diesem Nachmittag hatten sich die Wände des Wartezimmers so eingeschränkt, daß ich Angst bekam ... auf *mich* eingeschränkt, *auf uns zwei* eingeschränkt, *auf uns zwei in uns* ... In Walters Gesicht waren immer nur Traurigkeiten gewesen, das IMMER von seiner *zu hohen* Intelligenz hervorgerufen, die ja alles nur flüssig zu machen brauchte ... Wir beherrschten beide die Kunst der Andeutung wie keine andere ... wir haßten, verachteten alles Ausgesprochene, Zuendegeredete ... Wir waren ja, wie Sie wissen, *Feinde der Prosa*, uns ekelte vor der geschwätzigen Literatur, vor dem dummen Erzählerischen, vor allem vor dem Geschichtsroman, vor dem Wiederkäuen der Daten, historischen Zufälligkeiten, beispielsweise selbst vor Salammbô ... An Geschichten hatten wir nie Gefallen gefunden ... wie in einem Sterbehaus, Leichenhaus hatten sich in Walters Gesicht, und an diesem Nachmittag überdeutlich, die Verstörungen abgelöst, diese Verstörungen der Menschengesichter ... eine von den Wissenschaften ja gar nicht mehr wahrnehmbare Nekromantie war an diesem Nachmittag, der schon vom ersten Augenblick an *sein letzter Nachmittag* gewesen war, in seinem Gesicht gewesen, in seinem Kindergesicht ... ich hatte die ganze Zeit, unter den vielen Patienten, Stunden, nur an meinen Spaziergang gedacht: Wilten, Sill, Zirkus ... Hunde, Katzen, Tauben, Enten, Fasane, an die emsigen subalternen Vorstadtgeschichtemacher ... dann die Patientenunterhaltung dahinter, gleichzeitig *vor mir*: die religiöse Gleichgewichtsstörung im fünften (oder im sechsten?) Stock ... ich sah die Schwibbögen unserer Väter ... *Da* warte ich und *dort* gehe ich ... den Gesetzen des Lebens mich fügend, gehorchend, wohl oder übel der Anziehungskraft der Natur ausgeliefert, durch den Nachmittag, den ich liebe ...

›Sätze‹ Walters

Amras, März

Mit mir sind ganz neue Flächen, ganz neue Kreise, ganz neue Rechtecke, mit mir ist eine ganz neue Architektur *geworden*.

Die Lautlosigkeit des Gehirns . . .

Die Luft dringt ein und löst auf . . .

Das, woraus der Tod *wäre* . . .

Alles Rhythmus: denkende Berge, denkende Flüsse . . .

Das ganze Leben: ich will nicht ich sein, *Ich* will sein, nicht *ich* sein . . .

In der antiken Darstellung stört *das Menschliche*.

. . . daß ich aufmerksam mache . . .

Die Wirklichkeit in den Zwischenräumen der Wahrheit.

Krankheitserreger: philosophische Spitzfindigkeiten des Todes.

Die Toten behandeln wie das Leben. Das Leben wie den Tod.

Ich bin die Grenze, fortlaufend, *der Tod*.

Der Tod ist letzten Endes nur etwas für die höheren Mathematiker.

. . . *so einfach* ist der Tod.

Ich stehe in einem idealen Verhältnis zu meinem Tod.

Der ideale König. Der Ideale *ist* König.

Die Generation, die nichts mehr bewundert.

Der Kopf, der alles versteht ... *und dann* stirbt.

Ein großer Plan aus Furcht ...

Die Übergänge sind rätselhaft ...

Tägliche Frage: warum bin *ich aus mir?*

In der Logik führen (gerade) die Zusammenhänge zu n(N)ichts.

Geburten: Introduktionen des Aberglaubens.

Die nachweisbar *außermenschlichen* Krankheiten mitten im Menschen ...

Die Gefühllosigkeit der Natur ... (Fahrenheit, Celsius usf. ...)

Ein Schauspieler

Ein Schauspieler tritt in einem Märchenspiel auf, in dem er die Rolle des bösen Zauberers spielt ... er wird in einen Schafspelz gesteckt und in ein Paar viel zu kurze Schuhe, die ihm die Füße zusammenpressen ... *das sieht niemand* ... er spielt vor Kindern *so* gern, denn sie sind *das dankbarste Publikum* ... Die Kinder, dreihundert, erschrecken *natürlich* bei seinem Auftritt, denn sie sind ganz für das junge Paar eingenommen, das der Zauberer in zwei Tiere *(Kriechsäugetiere)* verwandelt, verzaubert ... Am liebsten würden sie nur das junge Paar, sonst nichts, sehen, aber dann wäre das Spiel kein gutes Spiel, und um ein gutes Spiel, um ein gutes Märchenspiel, handelt es sich ... zu einem richtigen guten Märchenspiel (Spiel) gehört eine böse (bös*artige*), undurchschaubare Gestalt, die das Gute, Durchschaubare zu zerstören oder wenigstens lächerlich zu machen hat (trachtet). Da nun der Vorhang zum zweitenmal aufgeht (und das Spiel seinen Lauf nimmt), sind die Kinder nicht mehr zu halten, sie stürzen aus ihren Sesseln und auf die Bühne, und es ist, als wären es nicht nur dreihundert, sondern dreitausend, als wäre es eine Million ... und obwohl der Schauspieler als Zauberer unter der Maske des Zauberers weint und sie anfleht, sie möchten doch mit ihren Schlägen und Fußtritten aufhören, lassen sie sich nicht beeinflussen und schlagen (mit harten, spitzen Gegenständen, Scheren und Messern) so lange auf ihn ein und trampeln so lange auf ihm herum, bis er sich nicht mehr rührt, bis er *tot ist* . . . als die anderen Schauspieler, die hinter der Bühne standen, auf ihren Auftritt wartend, ohne von der Tragödie in diesem Märchenspiel etwas bemerkt zu haben, plötzlich herbeigeeilt kommen und feststellen, daß ihr Mitspieler, ihr bester, der Zauberer, der Schauspieler als Zauberer ist, brechen die Kinder, die ihn getötet haben, in ein ungeheures Gelächter aus, das so groß ist, daß *alle darin* den Verstand verlieren . . .

In der Natur stellt die Natur den *Tod in der Zukunft* dar.

Das Natürliche, das Mechanische in der Natur.

Kunst: Leben als Infamie.

Religion *durch* Unendlichkeit, aber . . . sowie die Zeitalter erloschen sind, sind die Religionen erloschen . . .

Die Distanz ist die kürzeste.

Öde im Menschen, Öde in der Umwelt des Menschen, Öde . . .

Wo soviel von der Welt in uns zerstört ist.

Die poetischen, die widernatürlichen Tage.

Notizbuch

13. Der Regen macht alles trübsinnig . . . Über Tausend liegt Schnee, es ist kalt, nicht geheizt, aber es ist besser, im Turm zu sein . . . der Hund hat geheult, immer wieder hat seine Kette gerasselt, ich habe mich nicht an seine hartnäckige Warnung gewöhnen können; als ob jemand über die Mauer gestiegen und schon unten bei den Äpfeln wäre. 14. Die Gartenarbeiter werfen eine Grube aus, zwei Meter tief, zwei Meter lang, achtzig Zentimeter breit . . . 15. Der Hund hat das Kind gebissen . . . 17. Unser Onkel hat das Elternbegräbnis durchsetzen können. Lesen, *Nicht*lesen

unserer Bücher ... Der Hund gehorcht nicht. 18. Beide, weder unseren Onkel noch den Internisten, verstehe ich ... 19. *Ich, Walter?* Ein Bruder beobachtet seinen Bruder ständig ... 21. Bei geschlossenem Fenster ist Vorlesen unmöglich. Ein paar Schritte zum Fenster: *nichts* ... aber die Eltern haben gerufen ... Das Geistliche an unseren Eltern ... 23. Mein mißglücktes Frühjahr ... Die Zirkusleute besucht, mich mit ihnen unterhalten, über ihre unehelichen Kinder gesprochen, Kukuruzzubereitung am offenen Feuer ... den *eingegangenen Leoparden* ... Unsere Äpfel für die Kinder, das Schweineschmalz für die Wunde des Dompteurs ... zehn in einem Wohnwagen in tiefem Schlaf versunken ... ZIRKUSWINTERQUARTIERE, Novellentitel. 24. Jemand fragt nach mir, ob ich auf der Universität inskribiert sei, wahrscheinlich der Mann aus der Kanzlei, und mein Bruder sagt ›Selbstverständlich ...‹. 26. Die Angst vor dem Messer der Philippine Welser ... 27. Ein Schwein hat ihm Weinen beigebracht ... (Unserm Onkel). 28. Ein Mensch träumt tatsächlich von einer *Lebensstellung* in der Ziegelfabrik, wie ich jetzt weiß ... Am Nachmittag plötzlich das Bild vor mir, wie mein Bruder und ich im Schlitten zur Kirche gefahren werden, dem Kutscher zurufen, er solle *doppelt so schnell wie das letztemal* fahren. 29. Ich: ein abgeschnittener Schwanz als Symbol für die Treue? Er: wessen Schwanz nicht ... Es interessiert mich nichts mehr, denn ich weiß, was Interesse ist, ich *habe kein Interesse* mehr ... Ist mit neunzehn möglich, was nur mit achtzig? Wenn jeder Tag, wenn auch verschieden, doch gleich, gleich lang ist ... 30. Unser in der Herrengasse 6 abgeschlossenes Leben, unsere zwei in der Herrengasse 6 abgeschlossenen, abgebrochenen Existenzen. 4. Warum Eltern? Kinder ... Gestern gleich zwei Anfälle hintereinander. Wahrscheinlich sagen den Eltern die Kinder nichts, die Kinder den Eltern nichts. 5. Die primitive Unsterblichkeit, was für eine Unsterblichkeit sonst ...? Oder: in einem Eisklumpen durch die Welt ... 6. Sie haben den Hund vergiftet. Ein Eisenbahnschaffner mit dem Gehirn Montaignes? 7. *Dein* Scharfsinn, der *dort* triumphiert. 12. Der Hund ist in was für einer Beziehung *der Hund unseres Onkels?* Dark night, that from the eye his function takes ... 13. Ein Bruder ist ein dauernder Spielverderber. 17. Der Tod beißt ganz einfach in *meine Seele* und läßt *mich* liegen. Auf dem Heimweg vom Internisten, im Wald unten, warte ich immer darauf, angerufen zu werden, ich weiß, daß es etwas Böses ist, das mich anruft. Nicht fragen.

An Hollhof

Geehrter Herr, Ihrer Anfrage kann ich mich nicht entziehen: *ich sah* die Unordnung in unserm uns von unserem Onkel zur Verfügung gestellten Turm, ich schaute hinein in die Schwarze Küche, während ich doch auf die halbgeöffnete Ordinationstür des Internisten schaute ... in den Turm, in welchem die chaotischen Verhältnisse eines *bis in den Tod* aneinandergeketteten, von Wissenschaften und Träumen verzogenen, von den Eltern verlassenen Brüderpaares zwischen Bergen von Büchern und Hoffnungslosigkeit herrschten ... Ich hatte an *diesem* unserem letzten gemeinsamen Nachmittag das Gefühl, daß mir mein Walter mißtraute ... Am Vortag war er von seinem Sessel am Turmfenster kopfüber heruntergestürzt und zwei Stunden bewußtlos geblieben ... Wir hatten dann, in der Nacht, beschlossen, nicht erst an dem vorgesehenen Dienstag, sondern schon am Freitag, also gleich am nächsten Tag, zum Internisten zu gehen ... Zeitweise stellte ich eine tatsächliche *tödliche Ruhe um Walter fest* ... Ich war von dieser tödlichen Ruhe (um Walter) erschrocken ... bis dann dem Internisten hinter der Ordinationstür wahrscheinlich das Hörrohr hinunterfiel ... Die Untersuchung hatte wie die vorhergegangenen siebenundzwanzig (während unserer Turmzeit) ›nichts Beunruhigendes‹ (laut Internist) ergeben ... An *diesem* Nachmittag brachte uns unser Onkel in seinem Wagen in den Turm zurück ... nachdem er fort war, legte sich Walter nieder, ich ging, weil ich es nicht mehr aushielt im Turm, in den Garten, sofort zu den Zirkusleuten ... Nach einer Stunde kam ich (um uns das Nachtmahl zu richten) zurück und fand Walter, nachdem ich ihn längere Zeit nicht gefunden hatte, mit zerschmettertem Kopf *unter mir*, gerade *unter dem offenen Turmfenster liegend*; ich lief erst um zwei Uhr früh in die Wirtschaft hinüber, um mitzuteilen, was plötzlich geschehen war ...

Der Wetterfleck

Von dem Innsbrucker Anwalt Enderer, unserem Vormund, erfuhren wir (wörtlich) folgendes: ... zwanzig Jahre bin ich, vornehmlich in der Saggengasse und vornehmlich in der Mittagszeit, an dem Menschen vorbeigegangen, ohne zu wissen, wer der Mensch ist, umgekehrt ist dieser Mensch zwanzig Jahre vornehmlich in der Saggengasse und vornehmlich in der Mittagszeit, an mir vorbeigegangen, ohne zu wissen, wer ich bin ... dabei ist der Mensch aus der Saggengasse!, wenn auch aus der *Oberen* Saggengasse, während ich aus der *Unteren* Saggengasse bin, beide sind wir in der Saggengasse aufgewachsen und tatsächlich, denke ich, habe ich den Menschen schon immer gesehen, ohne zu wissen, wer er ist, umgekehrt hat der Mensch von mir nichts gewußt ... jetzt denke ich, daß mir seit Jahren etwas auffallen hätte müssen an dem Menschen, sein Wetterfleck hätte mir auffallen müssen ... vorwurfsvoll sage ich mir, wir gehen jahrelang, jahrzehntelang an einem Menschen vorbei, ohne zu wissen, wer der Mensch ist und wenn uns etwas auffallen sollte an dem Menschen, uns fällt an dem Menschen nichts auf und wir könnten ein ganzes Leben an einem solchen Menschen vorbeigehen und es fiele uns an dem Menschen nichts auf ... plötzlich fällt uns an dem Menschen, an welchem wir zwei Jahrzehnte vorbeigegangen sind, etwas auf, sei es der Wetterfleck, sei es etwas ganz anderes, plötzlich fiel mir an dem Menschen der Wetterfleck auf und in Zusammenhang damit, daß der Mensch in der Saggengasse wohnt und daß er mit Vorliebe an der Sill spazieren geht ... vor einer Woche hat mich dieser Mensch in der Herrengasse angesprochen und der Mann ist mit mir in die Kanzlei herauf, während des Stiegensteigens war mir klar, den Menschen siehst du schon zwei Jahrzehnte, immer den gleichen Menschen, immer den gleichen alternden Menschen in der Saggengasse, in der Mittagszeit in diesem Wetterfleck, in diesem ganz gewöhnlichen aber ganz bestimmten abgetragenen Wetterfleck, noch während des Stiegensteigens war mir nicht klar, warum gerade der Wetterfleck des Menschen meine Aufmerksamkeit ... es ist aber ein ganz gewöhnlicher Wetterfleck, dachte ich, Zehntausende solcher Wetterflecke in den Gebirgen, Zehntausende solcher von den Tirolern getragener Wetterflecke ... gleichgültig, was die Leute sind, was sie tun, wo sie herkommen, sie tragen alle diese Wetterflecke, die einen die grauen, die andern die grünen, weil sie alle diese Wetterflecke anhaben, florieren auch noch immer die vielen Lodenfabriken in den Tälern, diese Wetterflecke werden in die ganze Welt exportiert, aber mit dem Wetterfleck meines neuen Klienten hatte es etwas auf sich: er hatte mit Chevreauleder besetzte Knopflöcher! Diese mit Chevreauleder besetzten Knopflöcher habe ich nur einmal in meinem Leben gesehen, nämlich am Wetterfleck meines Onkels, der vor acht Jahren in der unteren Sill ertrunken ist ... daß dieser Mensch genau den gleichen Wetterfleck anhat wie mein ertrunkener Onkel, denke ich, wie ich mit dem Mann in die Kanzlei hinauf gehe ... plötzlich denke ich, wie sie meinen Onkel Worringer aus der Sill herausgezogen haben, eine Verzweiflungstat war die eine, ein Unglücksfall die andere Meinung gewesen, mit Sicherheit aber glaube ich, daß sich Worringer in sogenannter *selbstmörderischer Absicht* in die Sill gestürzt hat, darüber besteht für mich kein Zweifel, Worringer hat sich umgebracht, alles in seinem Leben und schließlich alles in seinem *Geschäfts*leben deutet auf Selbstmord ... während man den Ertrunkenen oberhalb der Glasfabrik gesucht hat, war er unterhalb Pradl angeschwemmt worden, die Zeitungen brachten ganze Seiten über den Vorfall, unsere ganze Familie war von ihnen in die Öffentlichkeit gezerrt worden, die Wörter *Geschäfts*ruin, *Holz*ruin, *Sägewerks*sterben, schließlich *Wirtschafts-* und *Gesellschafts*ruin geisterten durch die Kolportageköpfe ... das Begräbnis in Wilten ist eines der größten gewesen, ich erinnere mich, Tausende Menschen, schreibt Enderer ... merkwürdig, sage ich zu dem Mann, mit dem ich die Treppe zur Kanzlei hinaufstieg, Ihr Wetterfleck geht mir nicht aus dem Kopf, mehrere Male, Ihr Wetterfleck geht mir nicht aus dem Kopf ... ob Sie es wahrhaben wollen oder nicht, Ihr Wetterfleck ... habe ich denken müssen, aber gesagt habe ich nicht, zwischen Ihrem Wetterfleck und meinem Onkel besteht der engste Zusammenhang, wer weiß, ob der Mann weiß, wovon ich spreche, habe ich gedacht und ich fordere den Mann auf, in die Kanzlei hinein zu gehen, gehn Sie herein! sage ich, weil der Mann zögert, dann bin ich in der Kanzlei und ziehe meinen Mantel aus und der Mann kommt herein ... es sieht ganz so aus, als habe der Mann unten vor der Haustür auf mich gewartet, heute bin ich zwanzig Minuten zu spät, denke ich, dann: was will der Mann? Abwechselnd irritierten mich seine Schweigsamkeit und sein Wetterfleck, beim Eintreten in die Kanzlei sah ich noch deutlicher, noch besser, nachdem ich Licht gemacht habe, daß die Knopflöcher des Wetterflecks des Mannes mit Chevreauleder besetzt sind, mit schwarzem Chevreauleder und ich entdeckte, daß der Wetterfleck meines neuen Klienten genau geschnitten ist, wie der Wetterfleck meines Onkels Worringer, *auf die einfachste Art geschnitten.* Er solle sich setzen, sage ich zu dem Mann, zuerst müsse ich einheizen, ich sei allein, meine Sekretärin krank, Influenza, sage ich, Grippe, ich muß Feuer machen, aber ich habe am Abend schon alles vorbereitet, sage ich, dadurch macht das Einheizen jetzt keinerlei Schwierigkeiten, der Mann solle sich setzen, sage ich, er setzt sich, diese trübe Nebelstimmung, sage ich, alles ist verfinstert, äußerste Disziplin erfordere diese Jahreszeit, man müsse sich *beherrschen und durchkommen,* der Satz war rasch gesagt, wie schwerwiegend er auch gewesen war, gleichzeitig dachte ich, was für ein unsinniger Satz, diese überflüssigen unsinnigen Morgensätze, dachte ich, alles ist einer ungeheuerlichen Belastungsprobe ausgesetzt, sage ich, Körper, Verstand, Kopf, Verstand, Körper. Ganz natürlich behalten die Leute, wenn sie hereinkommen, ihre Mäntel an, auch der neue Klient seinen Wetterfleck, jetzt in der Kanzlei schien ihn noch mehr zu frieren als unten vor der Tür, es dauere nicht lange und die Wärme komme, sage ich, sei einmal eingeheizt, breite sich die Wärme rasch aus, auf die Vorzüglichkeit der amerikanischen Gußeisenöfen wies ich hin, machte eine Bemerkung über die Schädlichkeit von Zentralheizungen, immer wieder sagte ich, es sei viel zu finster für eine Büroarbeit, man könne die Vorhänge aufziehen, es nütze nichts, mehr Lampen anzünden, es nütze nichts, eine gewisse Unheimlichkeit, dachte ich, ist diese Situation, in der düsteren Kanzlei in der Frühe mit einem fremden Menschen zusammen zu sein, der ganz in seinen Wetterfleck eingewickelt ist, aber wenn man bedenkt, sage ich, daß in vier Wochen schon der kürzeste Tag ist, sage ich, wirkungslos, ich redete von allem Möglichen, während ich am Ofen stand, war aber ausschließlich mit dem Wetterfleck des neuen Klienten beschäftigt. Wilten hat so etwas nie erlebt, sage ich, Tausende Menschen, mir machte der Neue den Eindruck, als sei er Realitätenvermittler, Liegenschaftsaufkäufer, diese Leute tragen solche Wetterflecke in solcher Körperhaltung und haben derartige Gesichter, dachte ich, oder der Mann ist Viehhändler, denke ich, sofort dachte ich, er ist Realitätenvermittler, einer von diesen Männern, die in ihren Wetterflecken herumgehen und wie die Ärmsten der Armen ausschauen und doch den ganzen Liegenschaftsmarkt der inneren Alpen beherrschen, andererseits, der Mann kann Viehhändler sein, weil er ja auch seinen Hut aufgelassen hat, denke ich, das spricht dafür, daß er Viehhändler ist, die Hände sah ich nicht, der Kopf war von großer Magerkeit, daran erkennt man die Viehhändler, daß sie ihren Hut aufbehalten, auch wenn sie in eine Kanzlei hineingehen, sich sofort hinsetzen und ihren Hut aufbehalten, im Stiegenhaus hatte sich der Mann vorgestellt, dachte ich, aber ich hatte seinen Namen vergessen, aber jetzt dachte ich: ein bekannter Name, ein für Tirol charakteristischer Name. Plötzlich fiel mir ein, der Mann heißt Humer. Humer? frage ich, Humer, sagte der Mann. Ich wollte wissen, was er will, ich sagte aber nicht: *was führt Sie zu mir?*, ich dachte auch nicht, *was führt Sie zu mir,* ich sagte einfach: diese Kanzlei ist die älteste Kanzlei in ganz Innsbruck. Schon mein Vater hat diese Kanzlei geführt, mehr in Notariatssachen, sagte ich, dann, einerseits ist es ein Vorteil, wenn eine Kanzlei schon so alt ist, andererseits ein Nachteil, ich fragte mich, warum sagst du das?, die Unsinnigkeit dieser Äußerung war mir, noch während ich sie machte, zu Bewußtsein gekommen, das hinderte mich aber nicht, gleich darauf noch eine Unsinnigkeit zu äußern, ich sagte: die Lage der Kanzlei ist die beste. Diese Äußerung, wie auch die vorausgegangene hatte aber auf den neuen Klienten, und um einen solchen handelt es sich zweifellos, dachte ich, keine sichtbare Wirkung. Da der Mann weiter beharrlich schwieg, andererseits meine Zeit zu kurz gewesen war, um ihn noch länger schweigen zu lassen, ganze Berge von unerledigten Akten hatten sich in den letzten Wochen vor mir aufgetürmt, sagte ich: die Leute kommen zu mir, wenn es sich *um etwas Einheimisches* handelt. In solchen Fällen muß man mit der Stadtmaterie vertraut sein, sagte ich und ich versuchte, Ordnung zu machen auf dem Schreibtisch, *Akten, nichts als Akten,* sagte ich, die Gedankenlosigkeit und die Gleichgültigkeit lassen einen fortwährend Sätze aussprechen, Sätze und Überbleibsel von Sätzen, solche leblosen Sätze und solche leblosen Überbleibsel von Sätzen, aber zu Humer hatte ich *Akten, nichts als Akten* zum erstenmal gesagt, dachte ich, gleichzeitig: der Mann hat bemerkt, daß du *Akten, nichts als Akten* schon Hunderte und Tausende Male gesagt hast. Plötzlich war ich über den ganzen Zustand verärgert und ich sagte, auf die Uhr schauend: wir müssen zur Sache kommen. Wir kamen aber noch lang nicht zur Sache. Anstatt daß mir der Mann nämlich jetzt den Grund seiner Anwesenheit in meiner Kanzlei eröffnete, machte er ein paar, wie mir schien, vollkommen bedeutungslose, dazu auch noch unzusammenhängende Bemerkungen über seine Herkunft, Vorstadt, abgeschlossenes, in nichts konsequentes Aufwachsen, bedauernswerte Kindheit und so fort, etwas über seine Geschäftsverhältnisse sagte er, daß er sich keine Eisenbahnfahrkarte zu seiner Schwester nach Linz leisten könne, er redete von Spitalaufenthalten, schwierigen Operationen in seinem Körperinnern, wobei er immer wieder die Wörter *Niere* (in Beziehung zu Verkühlungen) und *Leber* (infolge Alkoholismus) aussprach, daß er zeitlebens ein Vergnügen daran gehabt habe, an der Sill auf und ab zu gehen, *nicht den Inn auf und ab,* betonte er ausdrücklich, *an der Sill auf und ab,* schließlich, das Leben sei nichts anderes als Wiederholung der Wiederholung, erschöpfe sich sehr rasch in Monotonie. Ich hatte plötzlich den Eindruck, ich habe es mit einem Verrückten zu tun, mit einem jener Tausenden von Verrückten, die in den tirolischen Tälern und Schluchten herumlaufen mit ihrer Verrücktheit und keinen Ausweg aus ihrer Verrücktheit (aus Tirol) finden. Jetzt sagte ich, mir wäre doch recht, wenn er, Humer, sagte, aus was für einem Grund er bei mir sei. Darauf Humer: ich bin Besitzer des Bestattungswäschegeschäftes in der Saggengasse. Er wäre schon zweimal an meiner Kanzleitür gewesen, aber das sei bekannt, Anwälte hätten viel bei Gericht zu tun, in ihren Kanzleien seien sie kaum anzutreffen, so habe er unten vor der Haustür auf mich gewartet . . . Während sich die Kanzlei rasch erwärmte, hatte ich das Gefühl, den Mann fror mehr und mehr, er zog sich mehr und mehr in den Wetterfleck zurück . . . die alten, dicken Mauern, sagte ich, ich wollte sagen, die alten, dicken Mauern erwärmen sich nicht, sagte das aber nicht, weil mir unsinnig vorgekommen war, das zu sagen, so sagte ich nur: die alten, dikken Mauern. Ich denke, der Wetterfleck meines Onkels hat sechs Knopflöcher gehabt, sofort zähle ich die Knopflöcher an Humers Wetterfleck und zähle sie nocheinmal, ein drittes Mal, immer von oben nach unten und von unten nach oben und denke, auch der Wetterfleck Humers hat sechs Knopflöcher, sechs mit schwarzem Chevreauleder besetzte Knopflöcher, darauf der Gedanke, daß es sich bei dem Wetterfleck Humers um den Wetterfleck meines Onkels Worringer handeln *müsse* . . . das sagte ich aber nicht, weil mir unsinnig vorkam, das zu sagen, dann aber gleich, ich sage doch etwas über den Wetterfleck, während ich etwas über die

Obere Saggengasse sagte, *bei Hochwasser andauernde Überschwemmungen in der Oberen Saggengasse,* sagte ich, Humer nickte, ich sagte: es gibt kein nützlicheres Kleidungsstück als einen solchen Wetterfleck, verständlich, daß alle diese Wetterflecke anhaben, sagte ich, Ihr Wetterfleck ist aber ein besonderer Wetterfleck, er hat mit Chevreauleder besetzte Knopflöcher. Aber Humer reagierte nicht darauf oder besser, er reagierte nicht in der Weise darauf, wie ich es erwartet hatte. Er sagte, er habe noch nie einen Anwalt aufgesucht, ich sei der erste, er gebe zu, *der erstbeste,* keine Rekommandation, sagte er, nein, keine Rekommandation. Zwanzig Jahre bin ich an Ihnen vorbeigegangen, sagte er, aber ich habe nicht gewußt, daß Sie der Anwalt sind ... du gehst einfach in diese Kanzlei, habe er gedacht, in diese alte Kanzlei ... Besitzer des Bestattungswäschegeschäftes in der Saggengasse, weder ist der Mann Realitätenvermittler, noch Viehhändler ... Selbstverständlich kenne ich Ihr Geschäft, sagte ich, was hatte ich von der Lüge, daß mir das Bestattungswäschegeschäft *selbstverständlich* bekannt sei, immer wieder sagst du die Unwahrheit, dachte ich, dann, es ist mir gleichgültig, was der Mann denkt ... man wehre sich längere Zeit gegen das Aufsuchen eines Rechtsanwalts, dann komme aber doch der Augenblick, in welchem man einen Rechtsanwalt aufsuche, plötzlich könne man nicht mehr anders, man kann nicht mehr weiter und geht zu einem Anwalt ... das Deprimierendste sind Menschen, die in Ausweglosigkeit einen Anwalt aufsuchen und zweifellos handelt es sich bei Humer um einen solchen Menschen, dachte ich ... man habe die Wahl, sich umzubringen, oder zu einem Anwalt zu gehn, sagte Humer, schreibt Enderer, wie Humer das sagte, interessierte mich seine Lage ... jetzt, schreibt Enderer, interessierte mich alles an dem sich aufeinmal zu einem erschütternden zusammenziehenden Fall ... der Mann sprach jetzt sehr ruhig, ohne die geringste Erregung und ich notierte, keine Abschweifung, Beschränkung auf das Faktische, schreibt Enderer, die schmucklose Monotonie des Verzweifelten ... mich berühren die Menschen, die mich aufsuchen, nicht, schreibt Enderer, aber dieser Mann war eine Ausnahme ... plötzlich sagt Humer, schreibt Enderer: Vorbeigehende erkenne ich an ihrer Kleidung, ich sehe die Kleidung, nicht das Gesicht. Die Füße, *ja,* das Gesicht, *nein.* Zuerst schaue er auf die Schuhe. Darin unterscheiden wir uns, ich sagte, ich sehe sofort das Gesicht. Das Gesicht nicht, sagte er. So habe er zwanzig Jahre mein

Gesicht nicht gesehen, nur meine Kleidung, während ich zwanzig Jahre sein Gesicht gesehen habe, nicht seine Kleidung, daher kommt es, schreibt Enderer, daß ich seinen Wetterfleck nie gesehen habe ... Wielange haben Sie denn Ihren Wetterfleck schon? sagte ich aufeinmal und Humer antwortete *Viele Jahre,* er sagte nicht *vier* oder *fünf* oder *drei* oder *acht* oder *zehn* oder *zwölf* Jahre, wie ich mir das erhofft hatte, er sagte *Viele Jahre,* es handelt sich zweifellos um einen vollkommen abgetragenen, aber doch *noch warmen* Wetterfleck, dachte ich, vor genau acht Jahren hat sich mein Onkel Worringer in die Sill gestürzt, meiner Ansicht nach ist der Wetterfleck des Humer schon älter, an die zehn Jahre, der Wetterfleck meines Onkels ist neu gewesen, höchstens ein Jahr alt ... aber ich fragte Humer nicht, woher er den Wetterfleck habe, obwohl das Naheliegendste gewesen wäre, zu fragen: *woher haben Sie denn den Wetterfleck? Wo haben Sie denn den Wetterfleck gekauft?,* ich fragte nicht, ich hörte noch längere Zeit, wie er sagte: *Viele Jahre.* Das ließ mir keine Ruhe, der Mann konnte sagen, was er wollte, ich hörte nur immer das *Viele Jahre,* und die Knopflöcher sind mit schwarzem Chevreauleder besetzt, dachte ich ... zuerst schaue er auf die Schuhe, dann, naturgemäß, auf die Hosenfüße, sagte Humer, schreibt Enderer, auf diese Weise sehe ich nie das Gesicht, auf diese Weise habe ich Ihr (mein) Gesicht, schreibt Enderer, nie gesehen, das kommt auch von seiner gebückten Körperhaltung, dachte ich, Humers Oberkörper war gekrümmt, die Wirbelsäule des Mannes war so stark gekrümmt, sah ich, während ich ihn, der noch mehr in dem Wetterfleck zusammengesunken war, beobachtete, wie ich noch keine gesehen habe ... die Qualität der Schuhe und die Qualität der Hosen interessiere ihn an einem Menschen, was für einen Anzug, was für einen Rock er anhabe, was Stoffe betrifft, habe er ein genauso ausgeprägtes Qualitätsempfinden, wie was Leder betrifft ... ist es *echtes* Leder? frage er sich, Kalbsleder, Rindsleder? *Chevreau*leder? oder: ist es vielleicht *ein englischer Stoff?* Nie das Gesicht, sagte er und er hob die Schultern und war dadurch noch kümmerlicher, mehrere Male wiederholte er *nie das Gesicht, nie das Gesicht* ... aber *ich* kenne *Ihr* Gesicht ganz genau, sagte ich, schreibt Enderer, augenblicklich hatte ich die Notwendigkeit, selbst etwas zu sagen, eingesehen, daß *ich* rede, *etwas von mir,* daß Humer, der aufeinmal *sehr viel* gesprochen hatte, schweigt und ich sagte: ich kenne Sie schon lange Zeit auf das Genaueste, dazu sagte ich überflüssigerweise auch noch *Ihr Gesicht ist ganz und gar außergewöhnlich,* sofort war ich mir der Peinlichkeit dieser Äußerung bewußt gewesen, die Infamie solcher Aussprüche wie *Ihr Gesicht ist ganz und gar außergewöhnlich* empfindet mein Gegenüber, habe ich denken müssen und ich sagte: zum Unterschied von Ihnen, der Sie immer gleich auf die Schuhe und auf die Hosenfüße schauen, schaue ich immer gleich auf das Gesicht, *in* das Gesicht. Immer zuerst das Gesicht, sagte ich. Nach einer Pause: die Kleidung der Leute interessiert mich nicht, mich interessiert nur das Gesicht und ich wiederholte das mehrere Male, mich interessiert nicht, was die Leute anhaben, mich interessiert nur ihr Gesicht . . . indem ich in ihr Gesicht schaue, weiß ich sehr viel über diese Leute, sagte ich, schreibt Enderer, ich dachte, diese Menschen, die in ihren grauen und grünen Wetterflecken herumrennen und sich gegenseitig auf die Nerven gehen in ihren Wetterflecken und ich sagte zu meinem Gegenüber plötzlich laut: *mit einem solchen Wetterfleck kann einem kein Unwetter etwas anhaben!,* während ich mir innerlich sagte, du haßt alles, was mit diesen Wetterflecken zusammenhängt, trotzdem sagte ich nocheinmal: es gibt nichts Nützlicheres, als einen solchen Wetterfleck, und je länger man einen solchen Wetterfleck trägt, sagte ich, tatsächlich sagte ich *trägt,* was unstatthaft ist, es ist absolut unstatthaft, *trägt* zu sagen, und je länger man einen solchen Wetterfleck *trägt,* sagte ich, desto besser, man gewöhnt sich an das Tragen eines solchen Kleidungsstücks, sagte ich, der Gedanke, daß es sich bei dem Wetterfleck Humers um den Wetterfleck meines vor acht Jahren in der Sill ertrunkenen Onkels handeln könne, *handelt,* ließ mir keine Ruhe, einerseits interessierte mich Humers *Schicksal,* andererseits interessierte mich sein Wetterfleck, mir war nicht klar, was interessiert dich mehr, Humers Wetterfleck oder Humers *Schicksal,* aber doch, zugegeben, doch immer mehr der Wetterfleck Humers als sein *Schicksal,* die Katastrophe Humers, wie längst herausgekommen war, die Katastrophe dieses Menschen also immer weniger als sein Wetterfleck, ich fragte aber nicht: *wo haben Sie denn den Wetterfleck her?,* möglicherweise muß man einen solchen Menschen wie Humer, habe ich gedacht, *direkt* fragen, *das Indirekte nützt nichts,* ich fragte ihn aber nicht, ich überlegte die ganze Zeit, ob ich ihn frage, fragte ihn aber nicht, einerseits war ich neugierig, was Humer antwortet, wenn ich frage: *wo haben Sie denn Ihren Wetterfleck her* (gekauft, gefunden etcetera)?, andererseits *fürch-*

tete ich die Antwort, tatsächlich hatte ich vor gleich was für einer Antwort Angst. Ich dachte, schreibt Enderer, du sagst jetzt nichts mehr von dem Wetterfleck, den Wetterfleck vergessen, dachte ich, nichts mehr mit dem Wetterfleck, aber kaum hatte ich mir vorgenommen, nicht mehr vom Wetterfleck Humers zu reden, seinen Wetterfleck zu vergessen, den Wetterfleck *auszuschalten,* beschäftigte mich doch wieder nichts mehr als der Wetterfleck. Ich getraute mich aber nicht zu fragen, woher Humer den Wetterfleck hat. Ich rechnete und sagte mir: acht Jahre, natürlich, vor acht Jahren hat sich mein Onkel Worringer mit dem Wetterfleck in die Sill gestürzt und ist ohne Wetterfleck unterhalb Pradl angeschwemmt worden, *ohne* Wetterfleck, *ohne* Wetterfleck, dachte ich, während ich anstatt *Zur Sache* zu sagen oder zu fragen, woher haben Sie denn den Wetterfleck? vor allem aus der Tatsache, daß der Wetterfleck Humers wie der Wetterfleck meines Onkels Worringer sechs mit Chevreauleder besetzte Knopflöcher hat, darauf schloß, daß es sich bei dem Wetterfleck Humers einwandfrei um den Wetterfleck meines Onkels handeln müsse, sagte ich, ich beurteile die Menschen nach ihrem Gesicht, keine andere Urteilsbildung, sagte ich, über Menschen keine andere Urteilsbildung als die über das Gesicht, während *Sie* die Menschen nach ihrer Kleidung beurteilen . . . tatsächlich sei ja auch meine Kleidung von minderwertiger Qualität, sagte ich, erstaunlich bei einem Anwalt . . . daß seine, Humers Kleidung von minderwertiger Qualität sei, hänge mit seiner sich nach und nach durch die letzten zwei Jahrzehnte vor allem auf das schmerzlichste verfinsternden Existenz zusammen, tatsächlich habe seine Verfinsterung, wie er selbst sagte, nicht erst mit der Verheiratung seines Sohnes, sondern schon viel früher, zehn oder noch mehr Jahre vorher, sagte er, eingesetzt, mit der plötzlichen Zollsenkung und der radikalen Verbilligung von Krepp- und Seidenpapier, Rohstoffe für die Bestattungswäscheerzeugung. Vor Gericht hat man selbstverständlich in vorzüglicher Kleidung zu erscheinen, sagte ich, schreibt Enderer, die Unsinnigkeit auch dieser Äußerung war mir bewußt, noch ehe ich sie gemacht habe, aber ich bin auch vor Gericht nicht vorzüglich gekleidet, gut angezogen, ja, sagte ich, nicht vorzüglich gekleidet, ein Unterschied, sagte ich, schreibt Enderer. Ich hätte auf vorzügliche, wie überhaupt auf Kleidung nie Wert gelegt. Was ist Kleidung? sagte ich und der Satz war mir beinahe unerträglich, aber ich hatte den Satz schon gesagt. Ich frage mich nicht, bin ich ordentlich gekleidet? sagte ich, ist meine Kleidung von minderwertiger Qualität? diese Fragen stellen sich mir nicht . . . daß ich nicht vorzüglich gekleidet bin, heißt ja nicht, daß ich auf abstoßende Art und Weise angezogen bin, sagte ich und: die meiste Zeit bin ich gut angezogen, weiter, mir sind Schneider verhaßt, hoffentlich verletze ich Sie nicht, sagte ich, schreibt Enderer, wenn ich sage, daß mir Schneider verhaßt sind, *Herrenschneider vor allem*, sagte ich und ich wußte nicht, warum ich sagte *Herrenschneider vor allem* und ich sagte: *ich gehe in die großen Kaufhäuser*. Es kommt auf die Figur an, sagte ich . . . es fragt sich, sagte ich, ob ich es weiter gebracht hätte, wenn ich auf Kleidung größeren, also überhaupt Wert gelegt hätte . . . es fragt sich, ist die Chance des gutgekleideten Mannes größer als die des schlechtgekleideten? . . . aber Fragen dieser Art interessieren mich nicht, sagte ich, schreibt Enderer, dann plötzlich: Wetterflecke bekommt man überall zu kaufen, wenn man auch noch weiß, wo man Prozente bekommt . . . es kommt auf die Profession an, die man hat, sagte Humer dann, schreibt Enderer, ob man sich eine die Kleidung betreffende Nachlässigkeit erlauben könne oder nicht, hänge von dem Beruf ab, den man aus*übe* . . . oft ist gute Kleidung ganz einfach die Voraussetzung, sagte ich . . . jetzt forderte ich Humer plötzlich auf, seine Sache nocheinmal vorzubringen, mir sei klar, was er gesagt habe, aus allen seinen Andeutungen, angefangenen langen oder ganz einfach kurzen Sätzen, hätte ich mir von seinem Fall und das heißt um das, um was es geht, wozu er hier in meiner Kanzlei sei, ein Bild machen können, meine Gewohnheit sei es aber, den Klienten seine Sache unmittelbar auf das erstemal ein zweitesmal vorbringen zu lassen, in der Wiederholung des Sachverhalts kommt das, worauf es ankomme, zum Vorschein, sagte ich, alles erscheint in einem anderen Licht, in einem *unbestechlichen* Licht, sagte ich, wenn man die erste Vorbringung des Sachverhalts mit der zweiten Vorbringung des Sachverhalts decke, das heißt, den Versuch mache, erste und zweite Vorbringung *oder Schilderung* des Sachverhalts, zu decken, oft zeige sich dann: das vorher Unbedeutende ist im Grunde bedeutend, das zuerst Bedeutende, aufeinmal unbedeutend und alles in allem gehe es plötzlich um etwas ganz anderes . . . so notierte ich jetzt zu meinen Notizen von vorher, was Humer *jetzt* sagte und dachte, ich werde mir von dem Manne *mehrere Male* seine Sache vorbringen lassen, nicht nur zweimal, wie üblich, vielleicht dreimal, vielleicht viermal . . . das bedeutet Sicherheit im Zusammenhang ... daß er jetzt nocheinmal alles vorbringe, sagte ich zu Humer, schreibt Enderer, sei notwendig, denn sein Fall sei mir, wenn auch schon klar, doch noch nicht vollkommen klar ... jetzt brachte Humer, schreibt Enderer, nicht nur Stichwörter, sondern er entwickelte seine Sache folgerichtig und war in der Lage, Wichtiges und Unwichtiges, zum Sachverhalt gehörendes und zum Sachverhalt nicht gehörendes, den Sachverhalt stützendes oder den Sachverhalt nur verwirrendes auseinanderzuhalten, was mich betrifft, so bin ich in meiner Praxis *an diesen Leuten für diese Leute* geschult, mir ist ihr Denken und mir ist ihre Redeweise vertraut ... einerseits sei seine Angelegenheit die komplizierteste, andererseits wieder nicht, sagte Humer, schreibt Enderer, mit größter Eindringlichkeit schilderte Humer die Vorgänge in seinem Haus in der Oberen Saggengasse, während ich, weil ich wieder nachlegen habe müssen, vom Ofen aus beobachtete, wie er jetzt auch noch seine Knie mehr und mehr in den Wetterfleck einwickelte, daß ich ihn auf das unstatthafteste vom Ofen aus beobachtete, mit jener Schärfe, die anzuwenden keinem Menschen keinem Menschen gegenüber erlaubt ist, bemerkte er nicht, weil er zu Boden schaute, bei diesen Leuten weiß man nie, schauen sie zu Boden, weil sie unsicher sind in der Menschenbegegnung, also was Humer betrifft, weil er sich in meiner Kanzlei absolut unsicher fühlte, aus was für einem Grund immer, diese Leute schauen zu Boden, aus Furcht, oder aus Gemeinheit, aus Unsicherheit oder aus verbrecherischer Absicht, die unglaubliche Größe des Wetterflecks fiel mir, wie ich Humer vom Ofen aus beobachtete, auf; dann auch noch seine derben Schuhe, diese ungewöhnlich derben und ungewöhnlich großen Schuhe aus Juchtenleder, seine Hose war von der altmodischen Art, breite Stulpe etcetera, mir kam vor, ausgefranst, eine Struxhose, dachte ich ... die Umständlichkeit dieser Leute ist immer die gleiche, dachte ich, während ich Humer beobachtete, wie er, wie das Frierende tun, in dieser charakteristischen Kälteverkrampfung frierender Hilfloser in fremder Umgebung, den zugeknöpften Wetterfleck mit beiden Händen fest an den Brustkorb drückte ... jetzt wußte ich schon, um was es sich handelte und ich sagte, ich weiß, um was es sich handelt, aber wenn Sie mir nocheinmal alles genau beschreiben, genau aufzählen, nichts auslassen, nichts auslassen, sagte ich, kann ich die Sache besser verstehen und um die Sache auf die nützlichste Weise angehen zu können, brauche ich eine nochmalige Schilderung aller Umstände, *aller* Umstände, wiederholte ich ... oberflächlich, wie gesagt, habe ich den Humer noch im Stiegenhaus, noch in der Kanzlei für einen Realitätenvermittler oder für einen Viehhändler gehalten, dieser Irrtum ärgerte mich wieder, daß Sie der Inhaber des Bestattungswäschegeschäfts sind, sagte ich plötzlich, ich habe das gar nicht sagen wollen, ich sagte das aber plötzlich, *weiß ich selbstverständlich,* wieder ließ ich mich auf diese Lüge ein, Humer meinte, in diesen Häusern in der Saggengasse und vor allem in den Häusern der Oberen Saggengasse, in diesen viel älteren Häusern, verkomme man, wenn man nicht fortwährende Überaufmerksamkeit walten ließe, man gehe unter, sagte er pathetisch, plötzlich hatte er sich aufgerichtet und pathetisch gesagt: *man geht unter* ... zuerst werden sie mit ihrer Umständlichkeit nicht fertig, aber dann gehen sie aus sich heraus und reden viel mehr als man hören will, schreibt Enderer, aber Humer beschränkte sich nur auf Brauchbares und selbst die Bemerkungen, die ich anfänglich für lauter überflüssige Bemerkungen seinerseits gehalten hatte, über seine Kindheit, über die Zellwollezuschneidekunst etcetera, stellten sich jetzt als wichtig heraus ... auch daß er gleich am Anfang gesagt hatte, seine Schwiegertochter sei aus Matrei gebürtig ... daß diese Leute dann, einmal warm geworden, aus sich herausgehen und im Besitze ihrer einfachen aber zuverlässigen Mittel vertrauenerweckend und schließlich vertrauensvoll sind, schreibt Enderer, zuerst zögernd, dann ganz bestimmt, furchtlos, und mir fiel jetzt am Ofen auf, wie nützlich es ist, einen solchen Menschen wie Humer längere Zeit warm werden zu lassen, nicht gleich abzufertigen, nicht gleich mundtot zu machen, nicht durch überfallartiges Fragen zu irritieren, was ich früher immer auf so unglückliche Weise getan habe, dadurch habe ich immer alles ruiniert ... so unansehnlich Humer war, schreibt Enderer, so alt, denn zweifellos handelte es sich um einen fünfundsechzigjährigen, beinahe siebzigjährigen Menschen, in seiner ganzen Armseligkeit, ich hatte den Eindruck, er sei ein Geschöpf, mit Sicherheit habe ich plötzlich das Gefühl gehabt, ein Geschöpf ist in meiner Kanzlei ... und mit diesem Geschöpf habe ich ganz behutsam umzugehen ... doch dann irritierte mich der Gedanke, den ich noch nie gehabt habe, und ich beschäftigte mich wieder mit Humers Wetterfleck ... wenn der Mann eine Struxhose anhat, dachte ich, hat er auch eine Struxjacke an, einen Struxrock, dachte ich, die wegen ihrer Wärme einerseits, wegen ihrer Billigkeit andererseits bei den Leuten sehr beliebt sind, tatsächlich glaubte ich an dem Geruch der Kleidung Humers auf eine solche komplette Struxkleidung, Struxhose, Struxrock, Struxjacke, schließen zu können, denn zweifellos war die Hose Humers eine Struxhose, wie ich auch in dem Halbdunkel der Kanzlei, das elektrische Licht ist an den Novembervormittagen das schwächste, Ursache sind die einerseits fast versiegenden Hochgebirgsquellen, andererseits die unglaublich entwickelten Industrien, feststellen habe können; eine Struxhose und eine Struxjacke und einen Struxrock, das paßt ganz zu seiner Person dachte ich ... und darüber der Wetterfleck ... und der schwarze Hut auf dem Kopf und die grauen Schladmingersocken ... einerseits ist meine Angelegenheit die komplizierteste, andererseits nicht, sagte er wieder, schreibt Enderer und wie zur Bekräftigung dessen, was er bisher gesagt hatte, wiederholte er in bestimmten Abständen immer wieder den Ausgangspunkt seiner *Tragödie,* (sein Wort), schreibt Enderer, er sagte: wie mein Sohn zweiundzwanzig Jahre alt geworden ist, immer wieder, *wie mein Sohn zweiundzwanzig Jahre alt geworden ist* und dann: *wie mein Sohn geheiratet hat* und *wie meine Schwiegertochter ins Haus gekommen ist aus Matrei* ... nach fünf oder sechs oder acht Sätzen sagte er immer wieder *wie mein Sohn einundzwanzig Jahre alt geworden ist* oder *wie meine Schwiegertochter ins Haus gekommen ist aus Matrei,* der Eindruck, alles, was Humer sagte, sei düster, wenn nicht gänzlich verfinstert, war naturgemäß durch die schwache elektrische Beleuchtung und überhaupt durch die Jahreszeit, noch verstärkt. Aufeinmal sagte er: weil Sie überhaupt nichts von mir wissen und weil wir zwei Jahrzehnte aneinander vorbeigegangen sind ... der Satz hing längere Zeit in der Luft, bis er sagte: wenn Sie aber mein Geschäft kennen ... darauf ich, schreibt Enderer: ich bin nie in Ihrem Geschäft gewesen, tatsächlich kenne ich das Bestattungswäschegeschäft in der Saggengasse, aber ich bin nie in dem Geschäft gewesen, ich wollte Humer darüber nicht in Zweifel lassen. Mein Vater hat mir vor vierzig Jahren das Geschäft hinterlassen, sagte Humer, schreibt Enderer, dann: mit dem Geschäft ist es aufwärts gegangen, mit mir abwärts. Auch diesen Satz, schreibt Enderer, hat Humer schon mehrere Male gesagt. Was das Geschäft betrifft, so Humer, schreibt Enderer, Verbesserung, was mich betrifft, Verschlechterung. Die Sache fing damit an, daß er seinen Sohn die Bestattungswäscheerzeugung erlernen habe lassen, eine Art von höherem Schneiderhandwerk, schreibt Enderer, wie ich jetzt weiß, schreibt Enderer, tatsächlich ein überaus subtiles Kunsthandwerk, er, Humer, seinen Sohn, wie Humers Vater ihn, Humers Großvater, Humers Vater und so fort. Mit siebzehn waren sie, war auch sein Sohn ausgelernt, und zwar im Vatergeschäft, dem einzigen Bestattungswäschegeschäft Tirols. Man kann fragen, kein Mensch weiß davon, schreibt Enderer, tatsächlich gibt es aber das Bestattungsgeschäft Humer schon an die achtzig Jahre in der Oberen Saggengasse. Und wenn man weiß, wie groß der Aufbahrungsaufwand ist und vor allem hier in Tirol ist der Aufbahrungsaufwand der allergrößte, muß man annehmen, daß ein solches Geschäft ein gutes Geschäft ist. Das verschweigt Humer auch nicht, während er spricht, in allem, was er sagt, denkt man fortwährend, was für ein gutes Geschäft! und vor allem das spielt in dem Geschehen um Humer, das er plötzlich auf seinem Höhepunkt nicht mehr auszuhalten imstande gewesen war, die Hauptrolle. Aber, so Humer, schreibt Enderer: wir arbeiten sogar für den Export. Bei dem Wort *Export* ist seine Stimme unsicher. Wie gesagt, so Humer, schreibt Enderer, ich suche Sie wegen der Unerträglichkeit auf, in welcher ich existieren muß. Allein daß ich, Besitzer eines so gut gehenden Geschäfts, mit einer Struxhose herumlaufe und mit einem Struxrock, sollte Ihnen zu denken geben, sagt Humer, schreibt Enderer, als Geschäftsinhaber in einer Struxhose und in einem Struxrock und in solchen derben Schuhen . . . das soll mir zu denken geben, schreibt Enderer und er schreibt: Sie kennen meinen Sohn nicht, sagt Humer, aber gesehen haben Sie meinen Sohn schon oft, wahrscheinlich haben Sie meinen Sohn schon öfter gesehen als mich, alle Augenblicke läuft er durch die Obere Saggengasse, dieser große Mensch in dieser auffallenden Kleidung, sagt Humer und dann: seit Jahren geht mein Sohn in den *Grauen Bären*, wissen Sie, was das heißt! Dazu hat ihn meine Schwiegertochter aus Matrei gebracht, daß er tagtäglich in den *Grauen Bären* geht, während ich selbst mit dem allereinfachsten vorliebnehmen muß, und mein Sohn, sagt Humer, schreibt Enderer, gibt viel aus! Und außerdem und immer wieder auch noch in ein anderes Restaurant und sehr oft in das Stadttheater. Man fragt sich, sagt Humer, schreibt Enderer, was geht in so einem Menschen vor! Das ganze Problem ist aber, daß sich mein Sohn auf die unglücklichste Weise verheiratet hat und zu dem ungünstigsten Zeitpunkt, nur gibt er das nicht zu, ich weiß genau, diese Ehe ist unglücklich, nur gibt er das nicht zu. Mein Sohn ist unglücklich, diese Frau hat sein Leben verpfuscht, sagt Humer, schreibt Enderer. Im übrigen gehe Humers Sohn jetzt schon längere Zeit nicht mehr in den *Grauen Bären,* sondern in die *Kaiserkrone,* stellen Sie sich vor, sagt Humer, schreibt Enderer, *er geht in die Kaiserkrone!* Da Sie selber, sagt Humer zu mir, schreibt Enderer, wie ich weiß, sehr oft in den *Grauen Bären* gehen, müssen Sie ja meinen Sohn kennen, wie gesagt, auffallend groß und auffallend angezogen, eine auffallend große Erscheinung, sagt Humer und ich frage mich, schreibt Enderer, woher Humer weiß, daß ich tatsächlich sehr oft in den *Grauen Bären* gehe, wie Sie wissen, schreibt uns Enderer, gehe ich jeden Samstag und Sonntag in den *Grauen Bären,* das ist noch das beste. Aber natürlich kann es einem auch im *Grauen Bären* passieren, daß man etwas vorgesetzt bekommt, das nicht zu essen ist, schreibt Enderer und: Humer sagt, seine Schwiegertochter habe überdurchschnittlich lange Haare, und fortwährend, schreibt Enderer, sagt Humer *ungekämmt, ungekämmt, meine Schwiegertochter ist immer ungekämmt,* dabei hasse ich nichts tiefer als einen ungekämmten Menschen, sagt Humer, aber allein, daß sie ungekämmt ist, ist nicht Ursache meiner Abneigung, sagt Humer, durch diese Frau, die *aus der untersten Kategorie* kommt, ihr Vater ist noch heute als Zimmeranstreicher in Matrei tätig, sagt Humer, ihre Mutter bessert sich den Unterhalt als Zugehfrau auf, *wie* er das sagt, darin ist alle nur mögliche Verachtung, schreibt Enderer, wie gesagt, seit längerer Zeit gehen die beiden schon in die Kaiserkrone, schreibt Enderer, in der Kaiserkrone bezahlen sie für alles doppelt so viel wie im *Grauen Bären,* sagt Humer und ich denke, mit meinem Geld, sagt Humer, in wie kurzer Zeit, sagt Humer jetzt, werden sie, weil sie mehr dem Vergnügen als dem Geschäft leben, alles verwirtschaftet haben, und ein solches Geschäft wie mein Geschäft zu verwirtschaften, *noch gehört es ja mir!* ruft Humer aus, *noch gehört es mir!,* dazu gehöre eine große Portion Dummheit und Vaterhaß. Ich hätte richtig gehört, *Vaterhaß,* sagt Humer und dann: sechzehn Nähmaschinen, Herr Doktor, wenn Sie sich vorstellen, heute schon sechzehn Nähmaschinen und ich dachte, schreibt Enderer, sechzehn Menschen an sechzehn Nähmaschinen, wir liefern auf Vertragsbasis, sagt Humer, schreibt Enderer, auch nach Vorarlberg und nach Salzburg und in neuerer Zeit auch nach Bayern, in Bayern ist die Bestattungswäsche doppelt so teuer als bei uns, sagt Humer, da kann man schon einen höheren Zoll zahlen, an die vierzig Bestattungsunternehmen bezögen Bestattungswäsche aus der Humerschen Werkstatt in der Oberen Saggengasse, schreibt Enderer. Und alles das, was ich in Jahrzehnten aufgebaut habe, wirtschaftet mein Sohn in Gemeinschaft seiner ordinären Frau in der kürzesten Zeit herunter, und geht in die *Kaiserkrone!* sagt Humer, dann weiter Humer: was mich betrifft, ist der Tatbestand folgender: solche Rede beweist, daß Humer in der kurzen Zeit, in welcher er jetzt bei mir in der Kanzlei ist und wenn es wahr ist, daß ich der erste Anwalt in seinem Leben bin, schreibt Enderer und ich zweifle nicht an seinen Angaben, der Mensch sagt die Wahrheit, und ist von größter Aufmerksamkeit im Zuhören, diese Ohren, habe ich immer den Eindruck, hören alles, auch das, was ich *nicht* sage, daß Humer jetzt schon die Juristensprache vertraut ist und daß er jetzt schon in der Juristensprache spricht, wenn er sagt, mein Tatbestand ist folgender: während ich, wie Sie wissen, und wie ich das tatsächlich schon weiß, denn Humer hat es schon mehrere Male gesagt, während ich, sagt Humer also, dreißig Jahre in Ruhe und Frieden ebenerdig und das heißt, neben dem Geschäft in der Saggengasse meine Wohnung gehabt habe, von den ersten Atemzügen an, sagt er leidenschaftlich, habe ich in dieser ebenerdigen Wohnung gewohnt, noch ein paarmal mit Nachdruck, von den ersten Augenblicken an, dabei zum erstenmal mit den auf einmal nicht mehr an seinem Wetterfleck festgeklammerten Händen gestikulierend, immer heftiger sprechend und auch seine verhältnismäßig langen Beine ausstreckend, langsam streckte Humer seine verhältnismäßig langen Beine aus, schreibt Enderer, der ganze lange magere Körper löste sich, während der Mann jetzt von seiner ebenerdigen Wohnung in der Saggengasse zu sprechen angefangen hatte, aus einer mindestens einstündigen Verkrampfung, tatsächlich sitzt Humer jetzt schon über eine Stunde in meiner Kanzlei und das, daß er überhaupt hier sitzt, denke ich plötzlich, ist auch nur möglich gewesen, weil ich den Mann ohne zu denken, daß ich ja an diesem Vormittag überhaupt keine Kanzleistunde habe, in die Kanzlei heraufgelassen habe, ohne daran zu denken, heute keine Kanzleistunde!, habe ich den Mann einfach aufgefordert, mit mir herauf in die Kanzlei zu gehn, durch die Art und Weise wie der Mann unten vor der Tür gestanden war, zweifellos auf mich wartend, in etwas Wichtigem, habe ich gedacht, der Mann kommt in einer Wichtigkeit, ohne mich zu fragen, ob es

Sinn hat, ob es nützlich ist, den Mann heraufzulassen, habe ich ihn aufgefordert heraufzugehn, schreibt Enderer, Montag ist ja gar keine Kanzleistunde dachte ich, schreibt Enderer und ich sagte plötzlich zu Humer *Montag ist ja gar keine Kanzleistunde!*, darauf reagierte er aber nicht, er saß da, jetzt hoch aufgerichtet, schreibt Enderer, plötzlich mit gerader Wirbelsäule und redete von seiner ebenerdigen Wohnung, eine sehr schöne Wohnung, Herr Doktor, sagte er. Wenn man in einer solchen geräumigen ebenerdigen Wohnung aufgewachsen ist, und jetzt war er wieder beim *Eigentlichen*, schreibt Enderer, kann man nicht von heute auf morgen aus der einem vollkommen angemessenen Wohnung ausziehen. An alles in dieser Wohnung habe er sich von frühester Kindheit an gewöhnt gehabt, schreibt Enderer, alles in dieser Wohnung ist ihm das Vertrauteste und einen Menschen, der gewohnt ist, in einer ebenerdigen Wohnung zu wohnen, kann man nicht nach Jahrzehnten auf einmal und noch dazu unter den fadenscheinigsten Gründen, aus seiner ebenerdigen Wohnung hinauswerfen, glauben Sie mir, sagte Humer, schreibt Enderer, es gibt nichts Fürchterlicheres. Man hat mich aus meiner ebenerdigen Wohnung hinausgeworfen. Über Nacht. Er, Humer, solle in den ersten Stock hinaufziehen, habe man ihm gesagt, schreibt Enderer und Humer sagt: hinter allem steckt meine Schwiegertochter aus Matrei, denn mein Sohn, Herr Doktor, hätte mich nicht hinausgeworfen, dazu ist er zu schwach, so etwas tut mein Sohn nicht. Aber, schreibt Enderer: die Söhne heiraten, so Humer, und sind bald von der gleichen Rücksichtslosigkeit wie ihre Frauen und das Einheiraten einer solchen wie meine Schwiegertochter bedeutet die Auflösung des Geschäfts, *seine Vernichtung*. Unter dem Vorwand einer Geschäftsvergrößerung (Anschaffung eines doppelt so großen Zellstofflagers!), hat mich mein Sohn gezwungen, aus der ebenerdigen Wohnung aus- und in den ersten Stock hinaufzuziehen. Er hat aber gar kein größeres Zellstofflager angelegt, sagt Humer, dann, nach und nach, sah ich, er legt sich ja gar kein größeres Zellstofflager an und ich machte ihn darauf aufmerksam, daß ich nur, weil er sich ein größeres Zellstofflager anlegen hat wollen, aus der ebenerdigen Wohnung ausgezogen bin, darauf redete er von einer Sargabteilung, die er zu dem Bestattungswäschegeschäft aufmachen wolle, er habe schon um die Konzession angesucht, aber die Landesregierung lasse sich Zeit, schließlich habe ich herausbekommen, daß mein Sohn gar nicht um eine Konzession für eine

Sargabteilung angesucht hat. Wie er lügt! sagt Humer, schreibt Enderer. Zuerst, ein größeres Zellstofflager, dann, eine Sargabteilung, dann: Platz für sechs neue Näherinnen!, was aber auch gelogen war, denn bis heute habe ich keine von den sechs neuen Näherinnen gesehen, im Gegenteil, anstatt achtzehn Näherinnen *noch vor zwei Jahren,* beschäftigen wir heute nur sechzehn. Und plötzlich, sagt Humer, schreibt Enderer, daß wir vom Bestattungswäschegeschäft allein nicht mehr leben könnten, solches sagt ein Mensch, der in die *Kaiserkrone* essen geht und nicht allein, sondern zu zweit, und dort Tausende ausgibt! Von dem Augenblick an, in welchem er seine Schwiegertochter ins Haus nehmen habe müssen, sei alles an seinem Sohn nurmehr noch Lüge *und nichts als Lüge* gewesen. Gegen einen Menschen wie meine Schwiegertochter kommt man aber nicht auf, sagt Humer, schreibt Enderer, alles wird nur noch schlimmer. Nun hätte Humer sich aber tatsächlich weigern können, aus seiner ebenerdigen Wohnung auszuziehen, schreibt Enderer, aber eine solche Weigerung geht meistens über die Kräfte eines Mannes wie Humer, wie überhaupt über die Kräfte eines jeden Mannes. Schließlich gehört das Geschäft ja noch mir! sagt Humer. Aber verheiratet sich der Sohn, kann der Vater in seinem Haus nicht mehr tun, was er will. Noch wußte er nicht *das ganze Ausmaß der Katastrophe,* so Humers Worte, die dadurch, daß ich aus meiner ebenerdigen Wohnung ausgezogen und in den ersten Stock hinauf gezogen bin, erst recht sich entwickeln konnte. Erschöpft sagt Humer, schreibt Enderer: und ich bin in den ersten Stock hinauf. Tagelang habe ich mir gesagt, ich gehe nicht hinauf und bin dann doch hinauf gegangen. Und wie ich oben gewesen bin, habe ich gesehen, alles Lüge, nichts als nur Lüge, daß ich einer plumpen Lüge hereingefallen bin. Man hat mir ja nicht vorgeschlagen, auszuziehen, man hat mich hinausgeworfen, regelrecht hinausgeworfen, wiederholte Humer mehrere Male. Schwer, aber doch nach und nach, habe er sich an den ersten Stock gewöhnen können, sagte er, schreibt Enderer und Humer begann den Wetterfleck aufzuknöpfen. Während er den Wetterfleck aufknöpfte, es war jetzt nicht warm, es war heiß, bemerkte ich auf der Innenseite des Wetterflecks ein größeres Schneidersiegel, das gleiche Schneidersiegel, das mir vom Wetterfleck meines Onkels in Erinnerung ist. Oder habe ich mich getäuscht? schreibt Enderer, ist es vielleicht doch nicht das gleiche Schneidersiegel?, dachte ich und schon war das Schneidersiegel nicht mehr zu sehen, denn Humer hatte aufeinmal den Wetterfleck so gefaltet, von der linken und von der rechten Schulter herunter so gefaltet, daß das Schneidersiegel nicht mehr zu sehen gewesen war. Tatsächlich entdeckte er, Humer, schreibt Enderer weiter, sogenannte Ersterstockvorteile. Wie Sie wissen, sagt Humer, ist es in allen diesen Häusern und vor allem in den Saggengassenhäusern ebenerdig feucht, im ersten Stock aber ist es trocken. Sofort habe er eine Linderung seiner rheumatischen (er sagte, eine Besserung meiner rheumatistischen, er sagte nicht rheumatisch, sondern rheumatistisch), also eine Linderung seiner rheumatischen Zustände konstatieren können, schreibt Enderer. Er war zur Überzeugung gekommen, daß es ein Vorteil ist, aus der ebenerdigen Wohnung aus- und in den ersten Stock hinauf gezogen zu sein. Gleich in den ersten Tagen eine Besserung meiner Rückenschmerzen, sagt Humer. Davon sagte ich aber nichts, damit sie (meine Kinder) das nicht ausnützen konnten, denn hätte ich auch nur den geringsten Vorteil zugegeben, sie hätten das sofort ausgenützt. Ich bin aufeinmal imstande gewesen, schneller zu gehen, mich zu bücken und zwar bis auf den Fußboden zu bücken, wozu ich schon Jahrzehnte nicht mehr imstande gewesen war, er erfreute sich ganz allgemein einer größeren und *beinahe schmerzfreien* Beweglichkeit im ersten Stock. Davon sagte ich aber nichts, sagt Humer, im Gegenteil. Auch machte er die Beobachtung, im ersten Stock ist es heller. Man kann Licht sparen, die Luft ist besser, mehr Sauerstoff, geringerer Lärm. Aber daß er den Geschäftsgang und also die Machenschaften, die unten im Geschäft vor sich gingen, nicht mehr so leicht kontrollieren konnte wie von seiner ebenerdigen Wohnung aus, verbitterte ihn. In der Ersterstockwohnung war ich vollkommen abgeschlossen vom Geschäft, damit rechneten sie, sein Sohn und seine Schwiegertochter, daß ich nicht alle Augenblicke vom ersten Stock hinunter kann ins Geschäft, um eine Kontrolle zu machen, das kalkulierten sie alles ein, meine Unbeweglichkeit, die Schwierigkeit, diese steile Treppe auf- und abzusteigen. Alles Berechnung, sagte er. Betrug und Berechnung. Ich war abgeschlossen im ersten Stock, ja ich hörte von dort oben aus nicht einmal das Klingeln an der Geschäftstür, sagt Humer, das vergrößerte meinen Verdacht. Ungestört konnte sich der Betrug unter mir, der ich im ersten Stock oben saß, ausbreiten, und *wie* sich der Betrug unter mir ausbreiten konnte, das sehen Sie ja an den Papieren, die ich mitgebracht habe. Durch den verheerenden Einfluß seiner Frau war mein Sohn aufeinmal *zu allem* fähig. Hinter Lügen verschanzt alles, sagt Humer, schreibt Enderer. Eine ungeheure Verheimlichungstaktik, sagt Humer. Abgesehen davon, hatte er sich aber *über Anfangsschwierigkeiten weg* rasch an den neuen Zustand, wohnen im ersten Stock, gewöhnt. Aber, was er mir vorher schon gesagt und was ich schon längst notiert hatte, schreibt Enderer, nach drei Monaten ist mir nahegelegt worden, ich solle aus dem ersten Stock aus- und in den zweiten Stock hinauf ziehen, auf einmal sollte ich auch aus dem ersten Stock ausziehen und in den zweiten hinauf, sagt Humer, schreibt Enderer. Überall Haß gegen mich, meines Sohnes Haß, meiner Schwiegertochter Haß. Einzig und allein mein Aufundabgehen an der Sill, sagte Humer, schreibt Enderer, sonst nichts als Haß gegen mich, *der ich noch da bin.* Ein Kind komme, hieß es. Gerade davor hatte ich wie vor nichts Angst, Herr Doktor, so Humer, schreibt Enderer, daß der Augenblick kommt, in welchem von einem Kind die Rede ist, ist ein Kind da, trennen sich die Eheleute nicht mehr so leicht, aber auch ohne Kind hätten sie sich nicht mehr getrennt, denn meine Schwiegertochter ist die Berechnendste, sagte Humer. Ein Kind also und man komme mit dem vorhandenen Wohnraum, ist das Kind da, nicht mehr aus, jetzt war es das bevorstehende Kind, zuerst war es ein anzulegendes Zellstofflager, dann ein Sarglager gewesen, aber während Zellstoff- und Sarglager Lüge gewesen waren, sagt Humer, glaubte ich doch an das Kind. Keine Nacht Schlaf, sagt Humer, schreibt Enderer, ein Kind, ein Kind. Ich wehrte mich aber nicht lange und zog noch den gleichen Tag in den zweiten Stock, so Humer, die Schwierigkeit war gewesen, mit den Möbelstücken über die doch recht schmale Treppe vom ersten in den zweiten Stock hinauf zu kommen, tatsächlich brachten sie aber alle Möbelstücke in den zweiten Stock hinauf, ich zweifelte nicht einen Augenblick an dem Kind, sagt Humer, ich mußte ja daran glauben, das Kind war ja schon da, wie ich aufeinmal gesehen habe, *ist* das Kind ja schon da, es sei *so vieles auf so schmerzhafte Weise absurd,* sagte ich, schreibt Enderer, darauf Humer: das Enkelkind kam, aber ich habe natürlich nicht eingesehen, warum ich wegen des Enkelkinds in den zweiten Stock ziehen habe müssen, aber ich hatte mich mit der Tatsache abgefunden, endgültig im zweiten Stock zu sein, das war mein Opfer, Herr Doktor, sagt Humer, schreibt Enderer, wenn mir auch nicht klar werden wollte, warum. Im zweiten Stock ist es noch trockener als im ersten und die Luft ist im zweiten noch besser als im ersten und der Lärm kaum mehr zu hören. Aber das mich noch immer und das heißt jetzt, nachdem ich auf die Machenschaften meines Sohnes und meiner Schwiegertochter gekommen bin, mit noch viel größerer Intensität als vorher interessierende Geschäft unten, und alles mit dem Geschäft unten zusammenhängende war mir jetzt oben noch weiter entglitten, zu mühselig, um alle Augenblicke hinunter zu gehen, sagt Humer, schreibt Enderer, auch zu auffällig, andauernd hinunter und wieder herauf und wieder hinunter und wieder herauf zu gehn, vor allem, was das heißt, sagt Humer, unter ihren haßerfüllten Blikken! so kam ich also kaum mehr in das Geschäft, und wenn, dann doch nur für einen Augenblick, um meine Indizien, meinen Verdacht ihren Betrug betreffend zu vermehren, Gefälschtes, sagt Humer, schreibt Enderer, an mich zu nehmen, Abschriften zu machen in aller Eile und mit großer Vorsicht unbemerkt, was das schwierigste gewesen ist, denn mein Sohn und meine Schwiegertochter hatten ja längst umgekehrt Verdacht geschöpft, daß *ich* Verdacht habe . . . in der Nacht beschäftigten mich dann ausschließlich diese Papiere, sagt Humer, weil man mich im zweiten Stock in Ruhe ließ, vollkommen ungestört, sagt Humer, das sicher ein Vorteil, sagt Humer, schreibt Enderer, der plötzlich ausruft: *alles gefälscht! Einfach alles gefälscht! Die ganze Buchhaltung gefälscht! Und nicht, wie man annehmen möchte, Fälschungen gegen die Finanzbehörde, nein Fälschungen gegen mich!* Es ist mir nichts anderes übrig geblieben, als mich an Sie zu wenden, sagt Humer zu mir, schreibt Enderer. Das ganze muß vor Gericht, sagt er, alles vor Gericht, wer denkt da noch an Rücksicht, wo es sich um ein Komplott gegen den eigenen Vater handelt! Natürlich, der zweite Stock ist der idealste, habe ich *gedacht,* aber nichts davon *gesagt.* Im Gegenteil. Er schwieg und spielte, was er in der Zwischenzeit mit Könnerschaft erlernt gehabt hatte, Opfer. Die Beschwerlichkeit, die unmenschliche Anstrengung, in den zweiten Stock hinauf und wieder vom zweiten Stock herunter zu steigen, er nahm sie in Kauf. Keine Lifte, wie Sie wissen, in der Saggengasse keine Lifte, sagt Humer. In den zweiten Stock lud ich mir meine alten Freunde ein, sagt er, schreibt Enderer, die bestärkten ihn nicht nur in dem Verdacht, daß man ihn betrügt, was ja offensichtlich gewesen ist an Hand unzähliger, jetzt auf meinem Schreibtisch liegender Beweise, sondern in der Absicht, mit der ganzen

Sache zu einem Anwalt und das heißt, vor Gericht zu gehn. Ich habe ja schon jahrelang nicht mehr nur von Verdacht sprechen können, sagt Humer, das halte ich meiner Aufmerksamkeit zugute, meiner Liebe zum Geschäft in der Saggengasse, plötzlich rief er aus: *die Liebe zu meinem Geschäft hat mir kein Mensch nehmen können!* schreibt Enderer, dann, schreibt Enderer, setzt Humer sich in den Sessel und wickelt sich, so gut es geht, in den Wetterfleck ein. Jetzt wirst du das Schneidersiegel nicht mehr sehen, dachte ich, schreibt Enderer, alles deutet darauf hin, daß er den Wetterfleck nicht mehr auszieht, im Gegenteil, er wird sich von jetzt an nur noch mehr in den Wetterfleck einwickeln, mehr und mehr einwickeln in den Wetterfleck, während Humer noch ein mit Haushaltsspagat zusammengeschnürtes Paket aus dem Wetterfleck hervorholte und auf meinen Schreibtisch legte. Alles weitere Beweise, als weitere Indizien, sagte er, schreibt Enderer. Und jetzt notieren Sie, sagt Humer, schreibt Enderer und Humer eröffnete mir zum erstenmal: vor einer Woche ist mir plötzlich gesagt worden, ich solle *auch aus dem zweiten* Stock ausziehen und *in den dritten* Stock. Mein Sohn machte mir den sonderbaren Vorschlag, wie ich gerade mit der Lektüre von Zellstoff- und Preßpapierprospekten beschäftigt bin. Nicht einen Augenblick zweifelte ich daran, daß, während mein Sohn mich aufforderte, aus dem zweiten Stock auszuziehen, mich in Wirklichkeit, durch seinen unverschämten Mund allerdings, sagt Humer, mich meine Schwiegertochter dazu aufforderte. Ja, habe ich gesagt, sagt Humer und er habe sich dabei bemüht, ruhig zu bleiben, nicht in Erregung zu kommen, ja, also auch aus dem zweiten Stock heraus und in den dritten! Und er habe mehrere Male wiederholt: und in den dritten, und in den dritten, weil, inzwischen waren noch zwei geboren, ein viertes Kind kommt ... ein viertes Kind, sagt Humer zu mir, schreibt Enderer, ist das nicht unsinnig? Ist das nicht unsinnig und stumpfsinnig zugleich? Mehrere Male sagt Humer zu mir: ist das nicht vollkommener Stumpfsinn? Ein Verbrechen, ein viertes Kind! sagt Humer, schreibt Enderer. In diesen Zeiten, habe ich gesagt, so Humer, schreibt Enderer, in welchen um Hunderte Millionen Menschen zuviel sind, ein viertes Kind? Dann soll er, seiner Angabe nach, mehrere Male ausgerufen haben: ein viertes Kind! Ein viertes Kind! Ein viertes Kind! Und ein fünftes Kind! Und ein sechstes Kind! Und ein siebtes Kind! Und ein achtes Kind! Und so fort! Und so fort! Mehrere Male: und so fort! Und so fort! Von unten herauf hörte ich die Schwiegertochter, sagt Humer, schreibt Enderer, wie sie sagt: wenn er nicht in den dritten Stock hinauf geht, muß er ins Altersheim! Das hörte ich von unten herauf, sagt Humer, schreibt Enderer. Und mein Sohn sagt, sagt Humer: du ziehst in den dritten Stock! Darauf habe er, Humer, die Beherrschung verloren und so laut er konnte, geschrien: ein viertes Kind! Ein viertes Kind! In den dritten Stock! In den dritten Stock! Ein viertes Kind! Ein fünftes Kind! usf. und dann nur noch: Kinder! Kinder! Kinder!, bis zur völligen Erschöpfung, schreibt Enderer, dann sagt Humer, schreibt Enderer: dein Sohn versteht dich nicht, er versteht dich nicht mehr, habe ich denken müssen und: was diese Frau aus deinem Sohn gemacht hat. Und Humer stand auf, schreibt Enderer und fing an, in der Kanzlei hin und her zu gehen, ab und zu zeigte er auf die mitgebrachten Papiere auf meinem Schreibtisch und sagte: *alles schon durch und durch kriminalistisch, alles schon durch und durch kriminalistisch. Alles schon fürs Gericht! Kein Zurück,* sagt er, *kein Zurück.* Plötzlich, sagt Humer, schreibt Enderer, habe ich gesagt: *nein, in den dritten Stock nicht, in den dritten nicht.* Kategorisch! *Nicht in diese menschenunwürdigen Kammern!* habe ich gesagt, sagt Humer, so Enderer, *nicht in diese finsteren Schlupfwinkel* hinauf. Dann sei er weggegangen, an die Sill und dann stundenlang an der Sill auf und ab, so Enderer, dann Humer, wie Enderer schreibt: und wie ich nach Hause gekommen bin, hat mein Sohn schon den Großteil meiner Sachen in den dritten Stock und das bedeutete, auf den Dachboden hinauf geschleppt gehabt. Sofort habe ich gesehen, sagt Humer, schreibt Enderer, der hat schon beinahe alle deine Sachen in den dritten Stock geschleppt, alles hinaufgeschleppt. Und da haben sie, mein Sohn und meine Schwiegertochter, auch schon angefangen, meine Möbelstücke vom zweiten Stock in den dritten Stock hinauf zu schleppen, wenn Sie in der Saggengasse wohnen, sagt Humer zu mir, schreibt Enderer, dann wissen Sie ja, wie der dritte Stock aussieht, in der ganzen Saggengasse schaut es im dritten Stock so aus, für Wohnzwecke vollkommen ungeeignet, das mehrere Male: *für Wohnzwecke vollkommen ungeeignet. Herrichten, bewohnbar machen,* sagten sie, sagt Humer. Und alles mußte *sofort* sein, alles *sofort.* Die Möbelstücke und den Vater gleich hinauf auf den Dachboden, Herr Doktor, sagt Humer, schreibt Enderer. Notdürftig haben sie mir zwei Spanische Wände auf dem Dachboden aufgestellt und mir einzureden versucht, der

Dachboden sei bewohnbar. Bis es kalt wird und zu schneien anfängt, haben wir hier heroben alles wintersicher gemacht, sagt mein Sohn, sagt Humer, schreibt Enderer, man kann dann heizen heroben, sagt mein Sohn. Und stellen Sie sich vor, sagt Humer, die ganze Zeit während mein Sohn und seine Frau meine Möbelstücke auf dem Dachboden hin- und herrücken, kann ich nicht sprechen, *als ob ich die Sprache verloren hätte,* sagt Humer, ich *will,* aber *kann* nicht sprechen, ich stehe eingewickelt in den Wetterfleck da und kann nichts sagen. Und *wie* ich aufeinmal schweigen habe müssen! sagt Humer. Dieser grauenhafte, ekelerregende Dachbodengeruch, den ich von Kindheit an gehaßt habe, sagt Humer. Alles Moder, alles Schmutz und Moder. Fortwährend sagt mein Sohn das Wort *umbauen,* sagt Humer, schreibt Enderer, immer wieder *umbauen, heizbar machen.* Schließlich haben sie alle meine Möbelstücke auf dem Dachboden gehabt und mir auch noch das Bett gemacht, und ich habe zuschauen müssen, *unbeweglich,* mir war es nicht möglich gewesen, sie zu verjagen, kein Schritt, kein Wort, sagt Humer, schreibt Enderer. Während des Umbaues solle ich zu meiner Schwester nach Hall, haben sie gesagt, sagt Humer, schreibt Enderer, du fährst in der Zwischenzeit nach Hall, höre ich meinen Sohn, sagt Humer. Aber ich habe gedacht, ich fahre nicht nach Hall, nicht nach Hall, nicht nach Hall, habe ich gedacht. Immer wieder: *nicht nach Hall.* Und plötzlich: jetzt vor Gericht!, jetzt einen Anwalt aufsuchen und vor Gericht! und er sei aus dem Haus gegangen und die ganze Saggengasse bis zum Ende und in ein Gasthaus in der Gänsbacherstraße und sei mehrere Male an die Sill und wieder zurück und an den Inn und wieder zurück und habe schließlich in dem Gasthaus in der Gänsbacherstraße übernachtet. Zweimal sei er schon hier in der Herrengasse gewesen und habe auf mich gewartet. *Zu diesem Anwalt,* habe er sich gedacht, er weiß nicht, warum, aber immer wieder, *zu diesem Anwalt,* immer wieder: *zum Enderer.* Die ganzen Tage habe ich die ganzen Papiere an meinem Körper, sagt Humer, schreibt Enderer, immer unter dem Wetterfleck versteckt, diese Indizien, sagt er und dann: wenn diese Papiere nicht ausreichen! darauf ich, schreibt Enderer: natürlich, aus den Papieren geht ja alles ganz einwandfrei hervor. *Einen Prozeß machen, einen Prozeß machen,* habe er sich immer wieder gesagt, meinem Sohn und meiner Schwiegertochter einen Prozeß machen. Plötzlich stand er auf und ging weg, schreibt Enderer. Herr Humer! hatte ich ihm nachgerufen, weil ich vergessen hatte, ihn die Generalvollmacht unterschreiben zu lassen, Herr Humer!, aber da war er schon weg, unten. Er wird wiederkommen, dachte ich und ich ging an die Erledigung meiner wochenlang so vernachlässigten Arbeit. Währenddessen aber dachte ich doch nur an Humer. Mehrere Verbrechen und Vergehen, dachte ich, wie sie unter den Einzelhändlern an der Tagesordnung sind einerseits, gegen Humer andererseits und mehr und mehr ärgerte mich, daß ich Humer dann doch nicht nach der Herkunft seines Wetterflecks gefragt habe. Darauf hatte ich dann doch, obwohl ich es mir fest vorgenommen gehabt habe, vergessen. Das Schneidersiegel ist der Beweis, dachte ich. Was hatte Humer gesagt? Lange Zeit bin ich vor Ihrer Tür gestanden und habe auf Sie gewartet, sagt Humer, schreibt Enderer, das habe ich noch im Ohr, Enderer, *läuten oder nicht läuten,* hat er gedacht, *ich läute nicht* einmal, dann wieder, *ich läute* und immer wieder *nur zum Enderer* und *ist es vernünftig?* oder *ist es nicht vernünftig?,* bis ich dann doch geläutet habe ... da habe ich mit Ihnen in die Kanzlei heraufgehen *müssen,* wie Sie aufeinmal vor mir gestanden sind ... *einen Prozeß machen gegen meinen Sohn!* hat Humer gesagt, schreibt Enderer. Zuerst macht man Andeutungen, dann das Ganze, denke ich, schreibt Enderer, es ist immer das gleiche, die Wahrheit wird gesagt und doch nicht die Wahrheit ... ich hätte nicht zu Ihnen heraufkommen sollen, sagt Humer mehrere Male, erinnere ich mich, schreibt Enderer, nicht in diesem Zustand und er sagt: nicht an die Öffentlichkeit! denn nichts sei fürchterlicher, als, gleich mit was, an die Öffentlichkeit zu gehen, das fühle er, Humer, aber er ziehe nichts zurück, er betreibe jetzt nurmehr noch alles, halte nichts mehr auf, halte sich vor nichts mehr zurück, schrecke vor nichts mehr zurück ... *Ich hätte Sie nicht belästigen sollen,* einerseits, und *ich bin an die Öffentlichkeit gegangen* andererseits ... wie sollten Sie einem alten Mann in seiner Verzweiflung auch helfen können, dann wieder: was mich betrifft, ist es vielleicht doch das Unbedeutendste einerseits, es bringt mich um, andererseits, schreibt Enderer über Humer. Es sei alles falsch, was die Menschen angehen und was sie dann machen und entwickeln wollen und wenn man es gründlich bedenkt, ist das ganze Leben falsch ... fassen Sie das ganze als Episode auf, hat Humer auch gesagt, schreibt Enderer, als eine Sie überhaupt nichts angehende Episode ... zwanzig Jahre sind wir aneinander vorbeigegangen und haben uns nicht kennengelernt und jetzt haben wir uns kennengelernt ... *ich will aber nichts rückgängig machen,* mehrere Male, mehrere Male ganz entschieden: *ich will aber nichts rückgängig machen* ... wie er gesagt hatte: *das ist das Fürchterlichste, an die Öffentlichkeit gehen,* gleich wieder: *ich will aber nichts rückgängig machen!* schreibt Enderer und macht uns auf eine Meldung in den »Tiroler Nachrichten« vom vergangenen Dienstag aufmerksam, in welcher steht, der Geschäftsmann H. habe sich vergangenen Freitag in der Saggengasse aus dem dritten Stock gestürzt. Sofort denke ich, das ist Humer, schreibt Enderer und ich bin der Sache nachgegangen und tatsächlich hat sich Humer am vergangenen Freitag vergangener Woche aus einem Dachbodenfenster seines Hauses gestürzt. Er sei sofort tot gewesen, schreibt die Zeitung, schreibt Enderer. Was ihm aber, schreibt Enderer und uns darauf aufmerksam zu machen, sei ihm Verpflichtung, was ihm, Enderer, aber keine Ruhe gelassen habe, nachdem er die Zeitungsnotiz gelesen hat, wäre nicht Humer gewesen, nicht diese, wie Enderer schreibt, allem Anschein nach außergewöhnliche und zwar außergewöhnlich niederschlagende, in Wirklichkeit aber doch ganz alltägliche Lebensgeschichte eines letztenendes ganz einfachen Menschen, sondern der Wetterfleck, den der Mensch, Humer, angehabt habe und er, Enderer, habe sich angezogen, es sei schon vier Uhr nachmittag und also schon finster gewesen, man weiß, die Novembertage sind kurz und sind eigentlich gar keine Tage, und sei in die Obere Saggengasse gegangen in das Bestattungswäschegeschäft Humer hinein und habe sofort gesagt, wer er, Enderer sei, und daß er wegen des Wetterflecks des Verstorbenen komme. Bei dem Wetterfleck des Verstorbenen, ich sagte natürlich nicht *Selbstmörder,* schreibt Enderer, handele es sich um den Wetterfleck meines vor acht Jahren in der Sill ertrunkenen Onkels Worringer, sagte ich. Durch Zufall sei mir der Umstand bekannt, daß es sich bei dem Wetterfleck des Verstorbenen um den Wetterfleck meines Onkels handle. Ich sagte nichts von Humers Besuch in meiner Kanzlei, weil ich die ganze Sache als für mich abgeschlossen betrachtete, schreibt Enderer. Der junge Mann im Geschäft, zweifellos der Sohn des Verstorbenen, tat so, als seien ihm die mit dem Wetterfleck seines Vaters und also mit dem Wetterfleck meines Onkels Worringer zusammenhängenden Umstände bekannt und er sagte, ja, der Wetterfleck ist vor ein paar Jahren an der Sill angeschwemmt worden. Darauf, schreibt Enderer, ich: Ihr Herr

Vater ist, wie ich weiß, tagtäglich an der Sill auf und ab gegangen. Ja, sagt der junge Mann und greift an den Kleiderständer und händigt mir ohne Umstände den Wetterfleck des Verstorbenen aus ...

Aus: Gehen

Hier, sehen Sie, sagt Oehler vor dem Gasthaus Obenaus, hier oben, im dritten Stock, habe ich einmal ein Zimmer bewohnt, ein sehr kleines Zimmer, wie ich aus Amerika zurückgekommen bin, sagt Oehler. Er sei aus Amerika zurückgekommen und habe sich gesagt, da, wo du einmal, vor dreißig Jahren, gewohnt hast, im Neunten Bezirk, nimmst du dir ein Zimmer und er habe sich im Neunten Bezirk, im Hause des Obenaus, ein Zimmer genommen. Plötzlich habe er es aber nicht mehr ausgehalten, nicht mehr in diesem Zimmer, nicht mehr in dieser Straße, nicht mehr in dieser Stadt, sagt Oehler. Alles habe sich in für ihn entsetzlicher Weise während seines Amerikaaufenthaltes in der Stadt, in welcher er *jetzt auf einmal wieder dreißig Jahre später* lebte, geändert gehabt, damit hatte ich nicht gerechnet, sagt Oehler. Auf einmal habe ich eingesehen, daß ich in dieser Stadt in Wirklichkeit nichts mehr zu suchen habe, sagt Oehler, aber da ich nun einmal in sie zurückgekommen war und zwar in der Absicht, *für immer,* habe ich mich auch nicht sofort wieder umdrehen und nach Amerika zurückgehen können. Denn ich bin ja aus Amerika in der Absicht, für immer aus Amerika wegzugehen, weggegangen, sagt Oehler. Ich habe eingesehen, daß ich in Wien nichts mehr zu suchen habe, sagt Oehler und mit aller Verstandesschärfe, sagt Oehler, andererseits, daß ich jetzt auch in Amerika nichts mehr zu suchen habe und er sei tagelang und wochenlang und monatelang durch die Stadt gegangen und habe über die Art und Weise nachgedacht, auf welche er sich umbringen werde, denn daß ich mich umbringen werde, war mir klar, sagt Oehler, vollkommen klar, nur nicht, *wie* und auch nicht genau *wann,* aber daß es *bald* sein werde, weil es bald sein muß, war mir klar gewesen. Immer wieder sei er in die Innere Stadt, sagt Oehler, und an den Innenstadthaustüren stehengeblieben und habe an diesen Innenstadthaustüren einen bestimmten, ihm aus der Kindheit und Jugend vertrauten, geliebten oder gefürchteten, aber vertrauten Namen, gesucht, aber keinen einzigen dieser Namen mehr gefunden. Wohin sind alle diese Menschen, die mit diesen Namen zusammenhängen, die mir vertraut sind und die ich an keiner dieser Türen mehr finden kann, hingekommen? habe er sich gefragt, sagt Oehler. Wochenlang und monatelang habe er sich diese Frage gestellt. Wir stellen oft monatelang immer die gleiche Frage, sagt er, stellen sie uns oder anderen, aber vor allem stellen wir sie uns und wenn wir uns diese Frage nicht beantworten haben können, auch in der längsten Zeit nicht, auch in Jahren nicht, weil uns die Beantwortung gleich welcher Frage nicht möglich ist, sagt Oehler, stellen wir eine andere, eine neue Frage, vielleicht aber auch wieder eine Frage, die wir uns schon einmal gestellt haben und so das ganze Leben lang, bis der Kopf nicht mehr kann. Wohin sind alle diese Menschen, Freunde, Verwandte, Feinde, hingekommen? habe er sich gefragt und immer weiter und weiter nach Namen gesucht, auch in der Nacht habe ihm dieses Fragen nach diesen Namen keine Ruhe gelassen. Waren es nicht Hunderte und Tausende Namen? habe er sich gefragt. Wo sind alle diese Menschen, mit welchen ich damals, vor dreißig Jahren, Kontakt gehabt habe? fragte er sich. Wenn ich nur einen einzigen dieser Menschen treffen würde. Wohin? fragte er sich ununterbrochen und warum? Plötzlich sei ihm klar gewesen, daß es alle diese Leute, die er suchte, nicht mehr gibt. Es gibt alle diese Leute nicht mehr, habe er plötzlich gedacht, es hat keinen Sinn, diese Leute zu suchen, weil es sie nicht mehr gibt, habe er sich plötzlich gesagt und er hat das Zimmer über dem Obenaus aufgegeben und ist in die Berge gegangen, auf das Land, ich bin in die Berge gegangen, sagt Oehler, aber ich habe es auch in den Bergen nicht ausgehalten und bin wieder in die Stadt zurück. Mit Karrer bin ich sehr oft hier gestanden unter dem Obenaus, sagt Oehler, und habe ihm von allen diesen fürchterlichen Zusammenhängen gesprochen. Dann sind wir, Oehler und ich, auf der Friedensbrücke. Es war bei dem Vorhaben Karrers, mir auf der Friedensbrücke einen wittgensteinschen Satz zu erklären, geblieben, aus Erschöpfung erwähnte Karrer nicht einmal mehr den Namen Wittgenstein auf der Friedensbrücke, ich selbst war zur Erwähnung des Namens Ferdinand Ebner nicht mehr fähig gewesen, so Oehler. So haben wir uns in letzter Zeit sehr oft in einem Erschöpfungszustand befunden, in welchem wir auf einmal nicht mehr, was wir zu erklären vorgehabt hatten, erklären haben können, die Friedensbrücke benützten wir zum Abschwächen unserer Erschöpfungszustände, so Oehler. Gegenseitig hatten wir uns zwei Sätze erklären wollen, sagt Oehler, ich Karrer einen ihm vollkommen unklaren Satz von Wittgenstein, er, Karrer, mir einen vollkommen unklaren Satz von Ferdinand Ebner. Aber aus Erschöpfung waren wir auf der Friedensbrücke auf einmal gar nicht mehr fähig gewesen, die Namen Wittgenstein und Ferdinand Ebner auszusprechen, weil wir unser Gehen und unser Denken, das eine aus dem andern, sagte Oehler, zu einer unglaublichen, beinahe nicht mehr aushaltbaren Nervenanspannung gemacht haben. Daß diese Praxis, Gehen und Denken zu der ungeheuersten Nervenanspannung zu machen, nicht längere Zeit ohne Schädigung fortzusetzen ist, hatten wir gedacht und tatsächlich haben wir ja auch diese Praxis nicht fortsetzen können, sagt Oehler, Karrer hat daraus die Konsequenzen ziehen müssen, ich selbst bin auch noch durch Karrers, wie ich sagen muß, vollkommenen Nervenzusammenbruch, denn als solchen kann ich Karrers Verrücktheit ohne weiteres bezeichnen, als einen tödlichen Nervenzusammenbruch des karrerschen Gehirngefüges, in der Weise geschwächt worden, daß ich jetzt auf der Friedensbrücke nicht einmal mehr das Wort Wittgenstein aussprechen kann, geschweige denn kann ich etwas über Wittgenstein oder etwas mit Wittgenstein Zusammenhängendes sagen, wie ich überhaupt nichts mehr sagen kann, sagt Oehler und schaut auf den Verkehr auf der Friedensbrücke. Während wir immer gedacht haben, wir können Gehen und Denken *zu einem einzigen totalen Vorgang* machen auch für längere Zeit, muß ich jetzt sagen, daß es unmöglich ist, Gehen und Denken zu einem einzigen totalen Vorgang zu machen auf längere Zeit. Denn tatsächlich ist es nicht möglich, *längere Zeit zu gehen und zu denken in gleicher Intensität,* einmal gehen wir intensiver, aber denken nicht so intensiv, wie wir gehen, dann denken wir intensiv und gehen nicht so intensiv wie wir denken, einmal denken wir mit einer viel höheren Geistesgegenwart, als wie wir gehen und einmal gehen wir mit einer viel größeren Geistesgegenwart, als wie wir denken, wir können aber nicht mit der gleichen Geistesgegenwart denken und gehen, sagt Oehler, wie wir nicht mit der gleichen Intensität auf längere Zeit gehen und denken und Gehen und Denken immer noch mehr auf längere Zeit als ein totales Ganzes und ein totales Gleichwertiges machen können. Gehen wir intensiver, läßt unser Denken nach, sagt Oehler, denken wir intensiver, unser Gehen. Andererseits müssen wir gehen, um denken zu können, sagt Oehler, wie wir denken müssen, um gehen zu können, eines aus dem andern und eines aus dem andern mit einer immer noch größeren Kunstfertigkeit. Aber alles immer nur bis zu dem Grade der Erschöpfung. Wir können nicht sagen, wir denken, wie wir gehen, wie wir nicht sagen können, wir gehen, wie wir denken, weil wir nicht gehen können, wie wir denken, nicht denken, wie wir gehen. Gehen wir längere Zeit intensiv in einem intensiven Gedanken, sagt Oehler, so müssen wir das Gehen bald abbrechen oder das Denken bald abbrechen, weil es nicht möglich ist, längere Zeit gleich intensiv zu gehen und zu denken. Wir können auch ohne weiteres sagen, daß es uns oft gelingt, gleichmäßig zu gehen und gleichmäßig zu denken, aber diese Kunst ist offensichtlich die allerschwierigste und die am wenigsten zu beherrschende. Von dem Einen sagen wir, er ist ein vorzüglicher Denker, von dem Andern sagen wir, er ist ein vorzüglicher Geher, aber wir können nicht von einem einzigen sagen, er sei ein vorzüglicher (oder ein ausgezeichneter) Denker und Geher zugleich. Andererseits sind Gehen und Denken zwei durchaus gleiche Begriffe und wir können ohne weiteres sagen (und behaupten), daß der, welcher geht und also der, welcher beispielsweise vorzüglich geht, auch vorzüglich denkt, wie der, der denkt und also auch vorzüglich denkt, auch vorzüglich geht. Wenn wir einen Gehenden genau beobachten, wissen wir auch, wie er denkt. Wenn wir einen Denkenden genau beobachten, wissen wir auch, wie er geht. Wir beobachten einen Gehenden längere Zeit auf das genaueste und kommen nach und nach auf sein Denken, auf die Struktur seines Denkens, wie wir, wenn wir einen Menschen längere Zeit beobachten, wie er denkt, nach und nach darauf kommen, wie er geht. Beobachte also längere Zeit einen Denkenden und beobachte dann, wie er geht, umgekehrt, beobachte längere Zeit einen Gehenden und beobachte dann, wie er denkt. Nichts aufschlußreicher, als wenn wir einen Denkenden gehen sehen, wie nichts aufschlußreicher, wenn wir einen Gehenden sehen, der denkt, wodurch wir ohne weiteres sagen können, wir sehen, wie der Gehende denkt, wie wir sagen können, wir sehen, wie der Denkende geht, weil wir den Denkenden gehen sehen, umgekehrt, den Gehenden denken und so fort Oehler. Gehen und Denken stehen in einem ununterbrochenen Vertrauensverhältnis zueinander, sagt Oehler. Die Wissenschaft des Gehens und die Wissenschaft des Denkens sind im Grunde genommen eine einzige Wissenschaft. Wie geht dieser Mensch und wie denkt er! fragen wir uns als Feststellung oft, ohne uns diese Frage als Feststellung tatsächlich zu stellen, wie wir auch oft die Frage als Feststellung stellen (ohne sie tatsächlich zu stellen), wie denkt dieser Mensch und wie geht er! Kann ich also immer, wenn ich einen Denkenden sehe, darauf schließen, wie er geht? frage ich mich, sagt Oehler, wenn ich einen Gehenden sehe, wie er denkt? Nein, diese Frage darf ich mir naturgemäß nicht stellen, denn diese Frage ist eine jener Fragen, die nicht gestellt werden *dürfen*, weil sie nicht gestellt werden *können*, ohne daß es unsinnig ist. Aber wir können natürlich einem Gehenden, dessen Gehen wir analysiert haben, nicht sein Denken vorwerfen, bevor wir sein Denken kennen. Wie wir einem Denkenden, bevor wir sein Gehen nicht kennen, nicht sein Gehen vorwerfen dürfen. *Auf was für eine vernachlässigte Weise dieser Mensch geht*, denken wir oft und sehr oft: *wie vernachlässigt dieser Mensch denkt*, und wir kommen bald darauf, daß dieser Mensch genauso, wie er denkt, geht, wie er geht, denkt. Wir dürfen uns aber nicht *selbst* fragen, wie wir gehen, denn dann gehen wir anders, als wir in Wirklichkeit gehen und unser Gehen ist überhaupt nicht zu beurteilen, wie wir uns nicht fragen dürfen, wie wir denken, denn dann können wir, weil es nicht mehr *unser* Denken ist, nicht mehr beurteilen, wie wir denken. Während wir einen Anderen ohne weiteres, ohne daß er es weiß (und wahrnimmt) beobachten können, also sein Gehen wie sein Denken, können wir uns selbst niemals, ohne daß wir es wissen (wahrnehmen) beobachten. Wenn wir uns selbst beobachten, beobachten wir ja immer niemals uns selbst, sondern immer einen andern. Wir können also niemals von Selbstbeobachtung sprechen, oder wir sprechen davon, daß wir uns selbst beobachten als der, der wir sind, wenn wir uns selbst beobachten, der wir aber niemals sind, wenn wir uns nicht selbst beobachten und also beobachten wir, wenn wir uns selbst beobachten, niemals den, welchen wir zu beobachten beabsichtigt haben, sondern einen Anderen. Der Begriff der Selbstbeobachtung, also auch der Selbstbeschreibung ist also falsch. So gesehen sind alle Begriffe (Vorstellungen), sagt Oehler, wie Selbstbeobachtung, Selbstmitleid, Selbstbezichtigung und so fort, falsch. Wir selbst sehen uns nicht, wir haben niemals die Möglichkeit, uns selbst zu sehen. Wir können aber auch einem anderen (einen anderen Gegenstand) nicht erklären, wie er *ist*, weil wir ihm nur erklären können, *wie wir ihn sehen*, was wahrscheinlich dem entspricht, das er ist, das wir aber nicht so erklären können, daß wir sagen können, *so ist er*. So ist alles immer etwas ganz anderes, als es für uns ist, sagt Oehler. Und immer etwas ganz anderes, als es für alles andere ist. Ganz abgesehen davon, daß auch noch die Bezeichnungen, mit welchen wir bezeichnen, ganz andere als die tatsächlichen, sind. Insoferne alle Bezeichnungen gar nicht stimmen, sagt Oehler. Aber wenn wir solche Gedanken haben, sagt er, sehen wir bald, daß wir in diesen Gedanken verloren sind. In jedem Gedanken sind wir verloren, wenn wir uns diesem Gedanken ausliefern, liefern wir uns nur einem einzigen Gedanken wirklich aus, sind wir verloren. Wenn ich gehe, sagt Oehler, denke ich und behaupte ich, ich gehe und auf einmal denke ich und behaupte ich, ich gehe und denke, weil ich das denke, während ich gehe. Und wenn wir zusammen gehen und diesen Gedanken *denken,* denken wir, wir gehen zusammen und auf einmal, wir denken, wenn auch nicht zusammen, wir *denken,* aber es ist etwas anderes. Wenn ich denke, ich gehe, ist es etwas anderes, als wenn Sie denken, ich gehe, wie es etwas anderes ist, wenn wir beide zugleich (oder beide gleichzeitig) denken, wir gehen, wenn das möglich ist. Gehen wir auf die Friedensbrücke, habe ich vorher gesagt, sagt Oehler, und wir sind auf die Friedensbrücke gegangen, weil ich gedacht habe, ich denke, ich sage, ich gehe auf die Friedensbrücke, ich gehe mit Ihnen, also wir gehen zusammen auf die Friedensbrücke. Aber vollkommen anders, wenn Sie diesen Gedanken gehabt hätten, wenn Sie sich gedacht hätten, gehen wir auf die Friedensbrücke und so fort. Wenn wir gehen, sagt Oehler, kommt mit der Körperbewegung die Geistesbewegung. Diese Feststellung machen wir immer wieder, daß, wenn wir gehen, und dadurch unser Körper in Bewegung kommt, dann auch unser Denken in Bewegung kommt, das ja kein Denken *war* im Kopf. Wir gehen mit unseren Beinen, sagen wir, und denken mit unserem Kopf. Wir könnten aber auch sagen, wir gehen mit unserem Kopf. In solcher unglaublich labiler Geistesverfassung zu gehen, denken wir, wenn wir einen, den wir in solcher Geistesverfassung vermuten, wie wir glauben und sagen, gehen sehen. Dieser Mensch geht völlig kopflos, sagen wir, wie wir sagen, dieser kopflose Mensch geht unglaublich rasch oder unglaublich langsam oder unglaublich zielstrebig. Gehen wir, sagen wir, in den Franzjosefsbahnhof hinein, wenn wir wissen, daß wir sagen *werden,* gehen wir in den Franzjosefsbahnhof hinein. Oder wir denken, wir sagen, gehen wir auf die Friedensbrücke und gehen auf die Friedensbrücke, weil wir, was wir tun, nämlich auf die Friedensbrücke gehen, vorausgesehen haben. Wir denken, was wir vorausgesehen haben und tun, was wir vorausgesehen haben, sagt Oehler. Nach vier oder fünf Minuten waren wir in der Absicht, den Park in der Klosterneuburgerstraße aufzusuchen, in den Park in der Klosterneuburgerstraße hineingegangen, sagt Oehler, setzt voraus, daß wir vier oder fünf Minuten *gewußt* haben, daß wir in den Park in der Klosterneuburgerstraße hineingehen *werden*. Wie, wenn ich sage, *gehen wir zum Obenaus hinein,* bedeutet, daß ich *gedacht* habe, *gehen wir zum Obenaus hinein,* unabhängig davon, ob ich zum Obenaus hineingehe oder nicht, daß wir zum Obenaus hineingehen oder nicht. Aber in solchen Gedanken sind wir verloren, sagt Oehler, und es ist zwecklos sich längere Zeit mit solchen Gedanken zu beschäftigen. So sind wir immer dabei, die Gedanken die wir haben und die wir immer haben, weil es unsere Gewohnheit ist, immer Gedanken zu haben, Gedanken wegzuwerfen, wir werfen das ganze Leben, so weit wir wissen, Gedanken weg, wir tun nichts anderes, weil wir nichts anderes sind, als Menschen, die fortwährend ihre Köpfe wie Abfallkübel umkippen und entleeren, wo sie auch sind. Haben wir einen Kopf voller Gedanken, kippen wir den Kopf um wie einen Abfallkübel, sagt Oehler und nicht alles auf einen Haufen, sagt Oehler, sondern immer dort, wo wir gerade sind. Deshalb ist die Welt voller Gestank, weil alle überall ihre Köpfe entleeren wie Abfallkübel. An dem Gestank, den dieser unendliche Gedankenunrat verursacht, sagt Oehler, wird die Welt, werden wir eines Tages zweifellos ersticken, wenn wir nicht eine andere Methode finden. Es ist aber unwahrscheinlich, daß es eine andere Methode gibt. Alle füllen ihre Köpfe bedenkenlos und rücksichtslos an und entleeren sie, wo sie wollen, sagt Oehler, diese Vorstellung ist es, die mir die grauenhafteste von allen Vorstellungen ist. Der Denkende faßt ja auch sein Denken als ein Gehen auf, sagt Oehler. Er sagt mein oder sein oder dieser Gedankengang. Es ist also vollkommen richtig zu sagen, gehen wir in diesen Gedanken hinein, wie wenn wir sagten, gehen wir in dieses unheimliche Haus hinein. Weil wir es sagen, sagt Oehler, weil wir diese Vorstellung haben, weil wir, so hätte Karrer gesagt, diese sogenannte Vorstellung von einem solchen sogenannten Gedankengang haben. Gehen wir (in Gedanken) weiter, sagen wir, wenn wir einen Gedanken weiterentwickeln wollen, wenn wir vorwärts kommen wollen in einem Gedanken. Dieser Gedanke geht zu weit und so fort, wird gesagt. Wenn wir glauben, rascher gehen zu müssen (oder langsamer), denken wir, rascher denken zu müssen, obwohl wir wissen, daß Denken keine Frage der Geschwindigkeit ist, es handelt sich zwar, wie wenn es sich um Gehen handelt, um etwas, das Gehen ist, aber mit Geschwindigkeit hat Denken nichts zu tun, sagt Oehler. Zwischen Gehen und Denken besteht der Unterschied, daß Denken nichts mit Geschwindigkeit zu tun hat, Gehen aber tatsächlich immer mit Geschwindigkeit. Zu sagen also, gehen wir rasch zum Obenaus hinein oder gehen wir rasch auf die Friedensbrücke, ist vollkommen richtig, aber zu sagen, denken wir rascher, denken wir rasch, ist falsch, es ist Unsinn, und so fort, so Oehler. Wenn wir gehen, sagt Oehler, handelt es sich um sogenannte Gebrauchsbegriffe (so Karrer), wenn wir denken, handelt es sich ganz einfach um Begriffe. Wir können aber ohne weiteres, sagt Oehler, Denken zu Gehen machen, umgekehrt Gehen zu Denken, ohne daß wir davon abgehen, daß Denken nichts mit Geschwindigkeit zu tun hat, Gehen alles. Wir können auch immer wieder sagen, sagt Oehler, jetzt sind wir den und den Weg, gleich welchen Weg, zuende gegangen, während wir niemals sagen können, jetzt haben wir diesen Gedanken zuende gedacht, das gibt es nicht und es hängt damit zusammen, daß zwar Gehen aber nicht Denken mit Geschwindigkeit zu tun hat, Denken überhaupt nicht, Gehen ganz einfach Geschwindigkeit ist. Aber darunter gibt es, wie in allem, sagt Oehler, die Welt (und also das Denken) der Gebrauchs- oder der Hilfsbegriffe. Durch die Welt der Gebrauchsbegriffe oder der Hilfsbegriffe, kommen wir weiter, nicht durch die Welt der Begriffe.

Aus: Das Kalkwerk

Anstatt sich mit der Studie und also mit der Niederschrift der Studie zu beschäftigen, denke er meistens an alle nur möglichen, größtenteils ja schon das Absurde streifenden Ablenkungsarten, wie zum Beispiel aus dem Kalkwerk hinausgehen und mit dem Höller Holz hacken, mit dem Höller in den Wald gehen, Blochziehen, an im Zuhaus zu verrichtende Tischlerei, Besenbinderei, tatsächlich komme es mindestens jeden zweiten Tag, so Konrad zu Wieser, dazu, daß er sich warm anziehe, Arbeitskleidung anlege, wie sich Höller erinnere, und aus dem Kalkwerk hinausgehe, mit Gamaschen um die Knöchel, einer Wollhaube auf dem Kopf, in der langen Lederhose natürlich, in der Absicht, zu den Holzziehern zu gehen, verlasse er sogar das Kalkwerksareal, kehre aber dann doch gleich hinter dem Gestrüpp wieder um, weil ihm, was er vorhabe, unsinnig vorkomme, zurück zur Studie, denke er dann, zur Studie zurück, an den Schreibtisch, zurück zur Vernunft. Kaum sei er aber auf dem Wege zur Vernunft und also auf dem Weg zur Studie, zum Schreibtisch, zu dem Stoß Papier, den er sich für das Niederschreiben der Studie auf dem Schreibtisch bereitgelegt habe, zweifle er, ob es richtig sei, nicht zu den Holzfällern zu gehn und also etwas Unvernünftiges zu tun, sondern sich zum Hundertsten und Tausendsten Male am Schreibtisch zu versuchen und dieser Zweifel verstärke sich mit seinem Wiedereintreten ins Kalkwerk und werde größer und größer mit seiner Annäherung an die Studie, sei er in seinem Zimmer, habe er überhaupt keine Voraussetzung mehr zum Niederschreiben der Studie; jetzt ziehe er sich aber doch endgültig für den Tag aus und lege sich aufs Bett und sinniere, das heißt, versuche nicht zu verzweifeln, was ihm aber nicht gelinge, und er stehe wieder auf, gehe in seinem Zimmer hin und her und warte darauf, daß ihm seine Frau läutet. Läutet sie, gehe ich in ihr Zimmer und sie fragt, ob ich mit der Studie weitergekommen sei, wie immer verneine ich, indem ich auf ihre Frage ganz einfach keine Antwort gebe, soll Konrad zu Wieser gesagt haben, der Satz, *keine Antwort sei auch eine Antwort*, bewahrheite sich in dieser Beziehung zwischen ihnen täglich auf das unerhörteste. Überhaupt, soll er zu Wieser gesagt haben, seien ihm und seiner Frau die sogenannten Sprichwörter im Kalkwerk in der erschütterndsten Weise klar und zur tagtäglichen Wahrheit und

Wirklichkeit und Härte geworden. Zu seiner Frau soll er immer wieder in letzter Zeit gesagt haben: in den Wald gehen, zu den Holzarbeitern, mit dem Höller in den Wald gehen oder: mit ihnen Blochziehen. Früher sei er täglich zu den Holzarbeitern in den Wald gegangen, jetzt schon jahrelang nicht mehr. Er habe, ohne daß ihm das bis in die jüngste Zeit zu Bewußtsein gekommen wäre, die sogenannten Kontrollgänge in den Wald eingestellt. Ich gehe nicht mehr ins Sägewerk, ich gehe nicht mehr ins Gasthaus, ich suche den Wieser nicht mehr auf, den Fro nicht mehr, den Baurat suche ich nicht mehr auf, den Forstrat, soll er zu seiner Frau immer wieder gesagt haben und: allein in der bloßen Aufzählung derer, die er nicht mehr aufsuche, soll Konrad zu Wieser gesagt haben, sei so viel Vorwurf gegen seine Frau gewesen, daß sich alle übrigen Vorwürfe daneben erübrigten. Die Studie und du, ihr bringt mich um, soll er in letzter Zeit immer wieder zur Konrad gesagt haben. Oft denke er und das sei ja auch kein Ausweg aus der mehr und mehr furchtbaren Situation, ob er nicht seine Korrespondenz erledigen solle, jahrelang habe er keinen Brief, keine Karte mehr geschrieben, ein riesiger Haufen unbeantworteter Briefe und Karten aus aller Herren Länder liege auf dem Kommodenkasten in seinem Zimmer, auch die Kommodenladen seien vollgestopft mit unbeantworteten Briefen, so viele Leute hätten ihm von Zeit zu Zeit geschrieben, und zwar mit einer Hartnäckigkeit, die ihm unbegreiflich sei, denn, beantwortet man eine Post nicht, bedeute das doch, daß man mit dem Absender nichts mehr zu tun haben wolle, er beantwortete Hunderte und Tausende Karten und Briefe nicht mehr, die Absender gaben aber durchaus keine Ruhe, soll Konrad zu Wieser gesagt haben, sie schrieben immer wieder und immer wieder und erst, nachdem sie jahrelang keine Antwort von ihm, Konrad, erhalten haben, hätten diese unzähligen Absender, zum Großteil Leute, die mir in tiefster Seele zuwider sind, soll Konrad gesagt haben, Ruhe gegeben, ehrlich gesagt, soll er gesagt haben, bekomme ich jetzt schon jahrelang keine Post mehr, meine Frau bekommt noch Post, die unbedeutendste Post, die man sich vorstellen kann, peinliche Briefe von ehemaligen Bediensteten, beispielsweise, die zum Teil aus Anhänglichkeit, zum Teil aus Erberwartung, zum Teil aber auch nur aus dem Grunde, weil sich das jahrhundertelang gehört habe, schreiben, sich ihr in Erinnerung bringen, mag sein, sagte Konrad angeblich zu Wieser, daß der eine oder der andere ihr aus Mitleid schreibt, denn wissen Sie, soll Konrad gesagt haben, zum Unterschied von mir, der ich jede Art von Mitleid verachte, ja, hasse, anerkennt meine Frau das Mitleid sozusagen als Medikament selbst in der niedrigsten Form, in der Kartengrußform, während er ihr jahrelang ausgeredet habe, alle diese Briefe und Karten zu beantworten, weil das im Hinblick auf die mit der Studie zusammenhängende Anstrengung auch ihrerseits doch viel zu viel Mühe mache, habe sie sich über diesen seinen Einfluß hinweggesetzt und doch alle ihre Briefe und Karten, sämtliche Post, beantwortet und das heiße, durch ihn beantworten lassen, denn wie Sie wissen, lieber Wieser, ist meine Frau ja nicht imstande, einen Brief zu schreiben, sie sieht nichts und nimmt sie Bleistift oder Feder in die Hand, kann sie Bleistift und Feder nicht ruhig halten, augenblicklich ist sie die Nervöseste, ihr ganzer Körper lehne sich ja gegen ein Schreiben ihrerseits auf, also er müsse ihre Post in ihrem Namen beantworten, sie unterschreibe nur, er müsse die Antwortbriefe und -karten aufgeben, jedenfalls dafür sorgen, daß der Höller damit in den Ort hineingeht, außerdem koste die Post eine Menge Geld und gerade für Unsinnigkeiten, wie Briefe und Karten an völlig zwecklose Leute, die, seiner Schätzung nach, immer noch in die Hunderte gingen, hätten sie beide kein Geld mehr, aber wie gesagt, soll Konrad zu Wieser gesagt haben, ab und zu denke ich, ob ich selbst nicht plötzlich alle diese unbeantworteten Briefe und Karten an mich in und auf der Kommode beantworten solle, mich da und dort melden, wo man wahrscheinlich seit Jahren glaubt, ich sei längst tot, denn meldet sich ein Mensch wie ich längere Zeit nicht und auch nicht auf zwei oder gar drei Posten, nimmt man doch an, der Mensch sei gestorben, andererseits hörten sie, bin ich tot, davon, mir fällt ab und zu ein, ob es nicht doch ratsam sei, in was für einer Beziehung, wisse er nicht, sich hinzusetzen und alle diese Karten und Briefe zu beantworten, Kontakt wieder aufzunehmen mit allen diesen möglichen Leuten, von welchen er tatsächlich durch das völlige Unterbinden der Korrespondenz überhaupt nichts mehr wisse, also in Erfahrung zu bringen wenigstens, was mit diesen Leuten geschehen ist, die Neugierde befalle ihn wie ein Fieber und tatsächlich setze er sich an den Schreibtisch und denke, er werde die Korrespondenz mit den von ihm vor den Kopf gestoßenen, weil ohne Angabe von Gründen von ihm abgewiesenen, Korrespondenzpartnern wieder eröffnen, aber während er sich Briefpapier herrichte und sich die Feder mit

Tinte fülle, denke er plötzlich, daß es doch dumm sei, zu korrespondieren, wo er doch genausogut die Studie niederschreiben könne, in der gleichen Zeit, in welcher er sich den Kopf über ja längst nicht mehr erwartete Antworten an halbvergessene Briefpartner zerbreche, könne er ja mit der Niederschrift der Studie anfangen, daß es besser sei, sich über das Aufschreiben der Studie den Kopf zu zerbrechen, als über zu schreibende nutzlose Briefe, Karten, und er gebe den Gedanken, die durch drei oder vier Jahre absoluten Schweigens seinerseits unterbrochene Korrespondenz wieder aufleben zu lassen, auf und entferne das Briefpapier von seinem Schreibtisch und rücke den für die Niederschrift der Studie bestimmten Papierstoß wieder genau vor sich auf die Schreibtischplatte. Aber kaum habe er den für die Niederschrift bestimmten Papierstoß vor sich und also wieder ideale Verhältnisse für die Studie, sei er unfähig, mit der Niederschrift anzufangen, längere Zeit sitze er da und schaue den Papierstoß an, so lange, bis ihm klar sei, daß er auch dieses Mal wieder nicht mit der Niederschrift anfangen kann, und dann rücke er wieder das Briefpapier vor sich hin und so gehe das mehrere Stunden, einmal liege das Briefpapier, einmal der für die Niederschrift der Studie bestimmte Papierstoß vor ihm, dieses Papierstoßhinpapierstoßher, Briefpapierhinbriefpapierher mache es ihm aber mit der Zeit gänzlich unmöglich, tatsächlich mit der Niederschrift der Studie anzufangen, wie auch die Korrespondenz zu eröffnen, und er eröffne weder die Korrespondenz, noch fange er mit der Niederschrift der Studie an und er gehe schließlich, wie in letzter Zeit beinahe immer, in seinem Zimmer auf und ab, hin und her, kreuz und quer und denke einmal an die Studie und einmal an die abgebrochene Korrespondenz, an die niederzuschreibende Studie und an die eventuell zu eröffnende Korrespondenz und er denke, eine ungeheure Anzahl von Briefen hätte ich zu schreiben und diese ungeheure Schwierigkeit, mit der Studie anzufangen, abwechselnd und denke, ich schreibe keine Briefe, ich schreibe die Studie nicht auf, weder die Briefe schreibe ich noch die Studie und er denke: in allen diesen Briefen müßte ich mich bedanken, immer die gleichen Dankeswörter schreiben, ein Brief wie der andere, und im Grunde seien in allen diesen Briefen nur Forderungen, Geldforderungen und andere Forderungen, Gemeinheiten, Niederträchtigkeiten, einerseits haben die Leute immer Geld haben wollen, andererseits Zuneigung, Befürwortungen, denke er und er könne also diese Briefe gar nicht beantworten, denn er habe weder Geld, noch Zuneigung, noch überhaupt das Geringste für diese Leute übrig. Alle diese Briefschreiber und Kartenschreiber erhofften sich irgend einen Vorteil von mir. Aber im Grunde sind alle diese Briefe hinterhältig und ohne Ausnahme haben diese Briefe und Karten nur die verdeckte oder versteckte oder gar die offen zutage getretene Infamie diktiert. Den ganzen Briefhaufen auf den Dachboden!, denke er, hinauf auf den Dachboden!, denke er und gleich fange er damit an, die Hunderte und Tausende Briefe und Karten auf einen Haufen zu werfen, man erstickt ja beinahe in dem Geruch solcher Hunderter und Tausender Briefe, soll er gesagt haben, gleichzeitig denke er, daß er eine ihn von der Studie ablenkende Beschäftigung habe, eine neue Beschäftigung, denn die Briefe auf einen Haufen zu werfen und dann nach und nach auf den Dachboden hinaufzutragen, sei durchaus etwas Neues zum Unterschied von den zwei, drei Dutzend sich jahrelang immer wiederholenden Beschäftigungen, wie zusammenkehren, aufwischen, Nägel aus den Wänden herausziehen, Schuheputzen, Sockenwaschen et cetera, vor welchen ihn im Grunde längst ekele, vor allen diesen grauenhaften Ablenkungsmanövern, und er packt einen Arm voll Briefe, hat Wieser gesagt, und schleppt ihn auf den Dachboden, wobei er sich, wie immer, bei seinem Eintritt in den Dachboden an dem großen Balken den Kopf anstößt, mit einer solchen Wucht, soll Konrad zu Wieser gesagt haben, daß ich glaube, ich habe mir die Schädeldecke gespalten, aber tatsächlich vergeht der Schmerz und die Verletzung ist schließlich die geringfügigste; mehrere Male, sagt Wieser, schleppt er einen Haufen unbeantworteter Briefe und Karten auf den Dachboden, dabei denkend: diese ganze Korrespondenz ist ein großer Irrtum gewesen, wie überhaupt Korrespondieren ein Irrtum ist! Völlig erschöpft sei er schließlich, auch der letzte Brief ist auf den Dachboden geschleppt, er geht in sein Zimmer und legt sich sofort hin und natürlich war er jetzt zu schwach, um auch nur im mindesten an die Studie zu denken, vor Erschöpfung irritierte ihn jetzt angeblich nicht einmal der Umstand, der ihn jahrelang auf das empfindlichste irritiert haben soll, daß nämlich auf seinem Schreibtisch immer alles so hergerichtet ist, daß er jeden Augenblick mit dem Niederschreiben der Studie anfangen kann, und zu Wieser soll er gesagt haben: gerade weil ich immer sehe, du kannst jeden Augenblick mit der Niederschrift anfangen, alles ist auf deinem Schreibtisch für diesen Augenblick hergerichtet, auf diesen Augenblick bezogen, kann ich die Studie nicht niederschreiben. Er stehe in einem solchen Falle, wenn ihm der Gedanke, gerade durch den Anblick seines für die Studie präparierten Schreibtischs, mit der Niederschrift der Studie nicht anfangen zu können, unerträglich sei, auf und trinke ein Glas Wasser. Und ein zweites Glas Wasser in einem Zuge aus, noch während des Austrinkens aber denke er, ob er sich nicht durch zu rasches Austrinken des Glases fürchterlich verkühlt habe, denn tatsächlich verkühle man sich, trinke man ein Glas kalten Wassers zu rasch und also in einem Zuge aus, davor habe er immer in seinem Leben Angst gehabt, sich durch zu rasches Austrinken eines Wasserglases fürchterlich zu verkühlen, andererseits habe er sich dadurch in seinem Leben niemals verkühlt. Eine Woche bevor er seine Frau erschossen hat, habe er sich aber plötzlich tatsächlich eingebildet, sich durch zu rasches Austrinken eines Wasserglases verkühlt zu haben. Wieser sagt: er, Konrad, habe auf einmal nicht mehr sprechen können, er versuchte zu sprechen, konnte aber nicht. Zur Beruhigung sei er, Konrad, aus der Küche, wo er das Wasser getrunken hatte, wieder auf sein Zimmer gegangen, habe sich hingelegt, sei wieder aufgestanden, fortwährend in der Angst, durch diesen augenblicklichen Stimmverlust möglicherweise nicht in der urbantschitschen Methode fortfahren zu können, daß durch den Stimmverlust das Experimentieren auf einmal ein Ende haben könnte. Und dadurch verliere er vielleicht gar nach und nach die Beziehung nicht nur zur urbantschitschen Methode, sondern schließlich auch zur Studie. Mehrere Male soll er zu sprechen versucht haben, vergeblich. Man könne sich das gespielte Entsetzen, die ehrliche Erleichterung, insgeheime Freude seiner Frau über die Tatsache, daß er auf einmal sprachlos sei, vorstellen, soll Konrad zu Wieser gesagt haben, sei sie mit der Tatsache, daß Konrad die Stimme verloren habe, konfrontiert. Aber auf einmal, genauso schnell wie sie weggewesen war, war seine Stimme wieder dagewesen, plötzlich habe ich wieder reden können, ich erinnere mich genau, soll Konrad zu Wieser gesagt haben, auf einmal habe ich *natürlich* gesagt, das Wort *natürlich,* und ich habe gedacht, daß der plötzliche Verlust meiner Stimme wahrscheinlich mit meiner Augenschwäche zusammenhängt, jetzt, habe ich gedacht, verliere ich abwechselnd die Stimme, sehe ich abwechselnd nichts, Stimmschwäche und Augenschwäche wechseln von heute an ab. Während er aber glaubte, jetzt, nachdem er wieder sprechen und zwar ganz normal sprechen hat können, sofort in das Zimmer seiner Frau hinaufstürzen zu müssen, um mit ihr in der urbantschitschen Methode weiterzuarbeiten, sprang er doch nicht, wie das sonst seine Art gewesen sein soll, abrupt auf, sondern blieb liegen, sagt Wieser, und Konrad dachte: jetzt sind wir beide in dem Maße hilfebedürftig, in welchem Hilfe beinahe nicht mehr möglich ist. Es sei alles nurmehr noch Unzulänglichkeit und Gebrechlichkeit. Einen anderen als ihn habe sie, seine Frau, sich verdient, soll er zu Wieser gesagt haben, habe er gedacht, nicht mich, nicht mich, nicht mich, soll Konrad mehrere Male gesagt, immer wieder gesagt haben. Aber gerade die hilfebedürftigste Frau, die den hilfreichsten Menschen verdiente, habe sich ihm, Konrad, ausgeliefert, denn wie sie geheiratet haben, da wäre sie ja längst krank und verkrüppelt gewesen, soll Konrad zu Wieser gesagt haben, schon Jahre bevor sie heirateten, habe sich die Krankheit angekündigt, schon vor der Heirat sei die Krankheit plötzlich in ihrer ganzen Fürchterlichkeit in ihr zum Ausbruch gekommen, er, Konrad, habe seine Frau aber schon als schwer kranke und verkrüppelte geheiratet, obwohl er, wie er Wieser gegenüber gesagt haben soll, gewußt habe, daß diese ihre Krankheit und Verkrüppelung unheilbar seien. Er, Konrad, habe sich selbst nicht erklären können, warum er eine Kranke und Verkrüppelte, deren Krankheit und Verkrüppelung sich aller Wahrscheinlichkeit nach, wie er damals genau gewußt haben wollte, jährlich verschlimmern wird, heiratete, ja, gerade weil sie krank und verkrüppelt, also verkrüppelt durch ihre Krankheit die Hilfsbedürftigste gewesen war, habe er sie geheiratet, eine Frau, die vollkommen auf mich angewiesen ist, heirate ich, habe er, Konrad, damals überlegt gehabt, und: die mich einerseits braucht, haben muß, ohne mich nicht existieren kann, oder wenigstens glaubt, ohne mich nicht existieren zu können, die mir andererseits aber bedingungslos für meine Zwecke, und das heißt, für meine Wissenschaft, zur Verfügung steht, die ich, wenn es sein muß, wenn es, wie Konrad zu Wieser gesagt haben soll, wenn es die wissenschaftlichen Umstände erfordern, mißbrauchen kann. Aber zurück in sein Zimmer, in welchem er, Konrad, sich nach und nach mit dem Gedanken vertraut gemacht und mit der Tatsache abgefunden habe, zu der immer wiederkehrenden Augenschwäche, von welcher schon die Rede gewesen ist, auch noch zeitweiligen völligen Stimmverlust erleiden zu müssen, denn das sei ihm, auf seinem

Bett liegend, vollkommen klar gewesen, der augenblickliche völlige Stimmverlust ist nicht auf das Austrinken des Wasserglases zurückzuführen gewesen, das hatte er nur einen Moment lang gedacht, der Zusammenhang zwischen dem Wassertrinken und dem Stimmverlust war andererseits der naheliegendste, sondern dieser plötzliche Stimmverlust ist wie die Augenschwäche, die genau zu erklären, deren Ursache genau anzugeben, ja auch unmöglich sei, eine ebenso unerklärliche Organschwäche von innen heraus, und das heißt von seinem Kopfe aus, in welchem sich, wie er zu Wieser gesagt haben soll, noch ganz andere, tatsächlich viel verheerendere Gebrechen vorbereiteten, darüber bestehe kein Zweifel: von seinem Kopfe würden in der kürzesten Zeit Organschwächen, sogenannte Organstillegungen, ausgelöst werden, deren Auswirkungen unter Umständen schon sehr bald tödliche sein könnten. Er, Konrad, glaube nicht daran, noch länger als nur ein paar Jahre zu leben, soll er acht Tage, bevor er seine Frau erschossen hat, gesagt haben. Nun, an dem Tag, an welchem er zum erstenmal völlig seine Stimme verloren hatte, sei er stundenlang auf seinem Bett gelegen, manchmal habe er gedacht, warum läutet sie (seine Frau) nicht, aus was für einem Grund läutet sie nicht?, aber in Wahrheit habe er nur daran gedacht, wie ihr nicht sagen, daß ich jetzt zusätzlich zur Augenschwäche auch noch immer wieder mit völligem Stimmverlust zu rechnen habe, denn er habe nicht die Absicht gehabt, ihr von dem neuen Gebrechen Mitteilung zu machen, er habe dabei nicht an Schonung ihrer Person gedacht, nur daran, ihr keinerlei Veranlassung zu geben, ihn von der Arbeit mit der urbantschitschen Methode abzubringen, in Zusammenhang mit der Studie seine Position zu schwächen. Sogenannte Spasmen, habe er zu Wieser gesagt, also abwechselnd könne er nicht sehen und nicht sprechen, möglicherweise einmal zur gleichen Zeit weder sehen noch sprechen, für kurze Augenblicke, soll Konrad gesagt haben, und natürlich kann es sein, daß ich einmal längere Zeit nichts sehe oder längere Zeit nichts sprechen kann oder längere Zeit weder sehe noch sprechen kann, aber das Wichtigste ist doch, soll er gesagt haben, daß ich höre, und er höre vorzüglich, allerdings warte er nur darauf, auf einmal auch nichts mehr zu hören, aber gerade die Anwendung der urbantschitschen Methode, das unaufhörliche Experimentieren mit allem, was mit dem Gehör zusammenhänge, verhindere plötzliche Gehörschwäche, plötzliche Gehörlosigkeit, andererseits, soll er zu Wieser gesagt haben, könne gerade durch unaufhörliche Anwendung der urbantschitschen Methode und durch unaufhörliches Experimentieren mit dem Gehör das Gehör plötzlich auslassen, es funktioniert plötzlich nicht mehr, natürlich, durch fortgesetzte Überbeanspruchung funktioniert auf einmal das Gehör nicht mehr und setzt aus, und Wieser denke, ob Konrad nicht in der Nacht, in welcher er seine Frau umgebracht hat, eine Gehörschwäche gehabt habe, durchaus könne es sein, daß Konrad in dieser Nacht zum erstenmal eine Gehörschwäche gehabt habe, daran glaube er fest: Konrad sei in der sogenannten Mordnacht von der ersten Gehörschwäche befallen worden. Zu Fro, mit dem ich heute die Lebensversicherung habe abschließen können, soll Konrad gesagt haben, der Fehler sei gewesen, immer eine noch günstigere, immer die günstigste Ausgangsposition für die Niederschrift der Studie abzuwarten, dadurch, daß er immer wieder geglaubt habe, in wenigstens akzeptabler Zukunft trete auf einmal die ideale oder gar die idealste Konstellation für die Niederschrift der Studie ein, habe er mehr und mehr Zeit, wie er, Konrad, sich ausgedrückt haben soll, die wichtigste Zeit verloren, schließlich müsse er jetzt, tatsächlich am Ende seiner Kräfte (!), einsehen, daß er sage und schreibe zwei oder gar drei Jahrzehnte lang vergeblich auf den idealen Moment, die Studie niederschreiben zu können, gewartet habe, kurz vor dem Unglück (so bezeichnet Fro die Erschießung der Konrad durch ihren Mann) soll Konrad zu Fro gesagt haben, sei er sich der Tatsache bewußt, daß es überhaupt keinen idealen, geschweige denn idealsten Augenblick, die Studie niederschreiben zu können, gebe, weil es niemals und in keiner Sache und in nichts den idealen, geschweige denn den idealsten Moment oder Augenblick oder Zeitpunkt überhaupt geben könne. Wie Tausende vor ihm, sei auch er dem Wahnsinn zum Opfer gefallen, eines Tages, in einem einzigen Augenblick, in dem sogenannten optimalen Zeitpunkt dafür, die Studie durch folgerichtige konzentrierte Niederschrift verwirklichen zu können. Weder in Stein, in der Strafanstalt, noch in Niedernhardt, in der Irrenanstalt, werde er an die Niederschrift gehen können, die Studie Konrads sei, wie Konrad selbst, verloren (Wieser), ein, wie man annehmen müsse, so Fro auf einmal plötzlich umschwenkend, ungeheueres Lebenswerk, vernichtet. Versagen durch ständig hinausgezögerte Realisierung einer als Idee im Grunde gänzlich und das heißt fehlerlos in seinem Kopfe vorhandenen Sache wie seiner Studie, ein vollkommenes phantastisches wissenschaftliches Werk im Gehirn weder durch Mut, noch durch beispiellose Entschlossenheit und letzten Endes auch nicht durch das Mittel der intellektuellen Kühnheit endgültig, und das heißt durch Niederschrift auf dem Papier, auch für die Außenwelt und für die Fach- und für die Nachwelt zu verwirklichen, sei das Deprimierendste. An Rücksichtslosigkeit auch oder gerade gegen sich selber habe es ihm im Hinblick auf die Studie in diesen einerseits, wie er selbst sich ausgedrückt haben soll, demütigend in die Länge gezogenen, andererseits erschrekkend kurzen Jahrzehnten, nicht gemangelt, aber das Wichtigste habe ihm gefehlt: Furchtlosigkeit vor Realisierung, vor Verwirklichung, Furchtlosigkeit einfach davor, seinen Kopf urplötzlich von einem Augenblick auf den andern auf das rücksichtsloseste um- und also die Studie auf das Papier zu kippen.

Aus: Korrektur

Daß es sich bei den Menschen, die ich in *Über Altensam und über alles, das mit Altensam zusammenhängt, unter besonderer Berücksichtigung des Kegels* beschrieben habe, um andere als die beschriebenen handelt, ist mir klar geworden, wie ich in London, genau gesagt, auf dem Victoriabahnhof in den Zug und in das Zugabteil Zweiter Klasse gestiegen bin. Der Zug ist noch nicht abgefahren, so Roithamer, und ich habe erkennen müssen, daß alles, was ich in dem Manuskript beschrieben habe, anders ist, daß immer alles anders ist, als beschrieben, das Tatsächliche anders als das Beschriebene, Altensam und alles, das mit Altensam zusammenhängt, anders. Dover, Brüssel, Köln, so mußte ich einsehen, daß ich alles in dem Manuskript falsch gemacht habe, die Charaktere sind andere, der Charakter ist ein anderer, so Roithamer. Wie mir meine Brüder in Stocket entgegengekommen sind, habe ich den Beweis gehabt, daß alles, das ich beschrieben habe, falsch ist. Und ich habe, noch vor Dover, zu korrigieren angefangen gehabt und dann nach und nach alles korrigiert und schließlich eingesehen, daß nichts ist, wie es tatsächlich ist, das Beschriebene entgegengesetzt dem Tatsächlichen, aber ich habe die Konsequenzen daraus gezogen, so Roithamer, mich nicht gescheut, alles nocheinmal zu korrigieren und indem ich alles nocheinmal korrigierte, so Roithamer, habe ich alles vernichtet gehabt. Daß alle nicht seien, was sie sind, daß alles nicht ist, was es sei, so Roithamer, schon auf dem Victoriabahnhof. Die Tatsache des Begräbnisses meiner Schwester einerseits, die Tatsache, daß alles falsch ist, andererseits, von diesen Tatsachen beherrscht über den Kanal auf den Kontinent und durch die ganze verregnete Ebene bis nach Altensam, wo mir die erste Wiederberührung mit meinen Brüdern Beweis gewesen ist für alles Befürchtete, so Roithamer. Ich hatte das Manuskript aus der Reisetasche herausgenommen und sofort gesehen, es ist alles falsch in meinem Manuskript, daß ich nicht nur Teile falsch beschrieben habe, daß ich alles falsch beschrieben habe, denn es ist das Entgegengesetzte, so Roithamer. Plötzlich hatte ich aber wieder Lust, aus dem, das ich gemacht hatte in jahrelanger Anstrengung, wieder ein Anderes zu machen, daß ich aufeinmal, im Zug, wieder in dem gleichen Zustand gewesen bin, in welchem ich immer wieder gewesen war, wenn ich geglaubt habe, mit einer Sache zuende zu sein, daß ich dann weiß, es ist alles anders, und anders zu machen gewillt war. Nach und nach ist dann immer wieder ein anderes Manuskript entstanden, wie jetzt wieder, durch die Vernichtung des alten, ein völlig anderes, neues Manuskript entsteht, daß es aber das Höchste sei, kein neues mehr entstehen zu lassen, nichts mehr zu korrigieren, zu vernichten, so Roithamer. Wenn ich korrigiere, zerstöre ich, zerstöre ich, vernichte ich, so Roithamer. Was er als Verbesserung bezeichnet hatte früher, sei doch nichts anderes als Verschlechterung, Zerstörung, Vernichtung. Jede Korrektur sei Zerstörung, Vernichtung, so Roithamer. Auch dieses Manuskript nichts anderes als eine Verrücktheit, wie vielleicht und *mit Sicherheit*, mit Sicherheit unterstrichen, die Erbauung des Kegels auch nichts anderes als eine Verrücktheit gewesen sei, daß die, die den Kegelbau als Verrücktheit bezeichnet haben immer, im Grunde recht behalten hätten, so sei auch das Manuskript nichts anderes als eine Verrücktheit, aber er müsse für diese Verrücktheit einstehen und sie konsequent durchführen, die größte Verrücktheit, so Roithamer, ist es gewesen, den Kegel zu bauen und dieses Manuskript über Altensam zu schreiben, und diese beiden Verrücktheiten, die eine aus der andern und beide mit der größten Rücksichtslosigkeit, *haben mich umgebracht*, haben mich umgebracht unterstrichen. Wie ich zu meiner Schwester gesagt habe, *der Kegel ist dein Kegel, er gehört dir, ich habe ihn für dich gebaut, und zwar genau in die Mitte des Kobernaußerwaldes gebaut*, so Roithamer, habe ich festgestellt, daß die Wirkung des Kegels auf meine Schwester die vernichtende Wirkung gewesen ist. Was folgte, war Entsetzensfolge, so Roithamer, nichts sonst, Absterben, Einschließen in die Todeskrankheit, nichts sonst, alles hatte von diesem Augenblick an in ihren sicheren Tod geführt (3. Mai). Alle in ihren Zimmern zurückgezogen auf das Nachtmahl wartend, welches immer Anlaß gewesen ist für alle möglichen Beschuldigungen gegenseitig, als ob sich zu diesen Nachtmählern entlade, was sich zweiundzwanzig Stunden aufgespeichert hatte an Haß, Abneigung, doppeltem Haß, doppelter Abneigung, so Roithamer. Zuerst die Schweigsamkeit (aber eine andere, als im Höllerhaus), dann die Anschuldigungen, die Höflichkeit, dann die Verdächtigungen, der offene Haß gegen alles, so Roithamer. Die Eferdingerin, die sich immer mehrere Anschuldigungen vorgenommen hat, Verdächtigungen gegen mich und meine Schwester vor allem, gegen meinen Vater, der in letzter Zeit seine Mahlzeit immer teilnahmslos, nur auf die Tischplatte konzentriert, eingenommen, sich an dem ganzen mittäglichen Wörterunrat gar nicht mehr beteiligt hat, so Roithamer. Dann handelten sie alle aus ihrem Kopfinhalt heraus rücksichtslos zuschlagend, gemein, infam. Die Vorspeise sozusagen als Vorbereitung auf die Anschuldigungen, die Hauptspeise Entladung des Wortgewitters, so Roithamer. Gefühls- und Geistesverletzungen, so Roithamer. Seelenverstümmelung, Gehirnzertrümmerung, so Roithamer. Daß alles das die Vorstellungskraft des Nichtbeteiligten bei weitem übersteigen konnte jeden Tag mit einer Regelmäßigkeit, erschrekkend, so Roithamer. Waren Gäste zu Besuch, war die Beherrschung nicht länger als eine Stunde zurückzuhalten, dann genierten wir uns vor diesen Gästen nicht mehr, also immer weniger Gäste in Altensam, so Roithamer. Schon in frühester Kindheit das Alleinsein gesucht, abgeschlossen in sich selbst, ist mir die Kindheit immer nur eine neben den andern gewesen. Mit, aber neben den Eltern und Geschwistern, allein, mit, aber neben den Andern in die Schule, mit, aber neben den Andern Studien, Wissenschaft, Verwirklichung, Vollendung, Zerstörung, Vernichtung. In jedem Fall und in jeder Sache in dieser Reihenfolge, so Roithamer. Nur die kürzeste Zeit unter (und mit) Menschen, die Eigenschaft, mich im Augenblick der Annäherung schon wieder entfernend, weggehend (von), schon während der Annäherung an Menschen, so Roithamer. Daß sich Menschen immer nur nähern und annähern, um zu stören, um zu zerstören, aus Erfahrung Distanz bis ans Lebensende, so mein Onkel, so Roithamer. Ein Mensch nähert sich einem andern, hat nichts vor, als ihn zu vernichten, so Roithamer. Weil wir einen Vorteil haben, gehn wir mit Menschen zusammen, wir glauben, einen Vorteil in ihrer Gesellschaft zu haben, wir verschweigen immer den wahren (einzigen) Grund unserer Annäherung, Gesellschaft, wir geben die sogenannte Selbstlosigkeit nur vor, so Roithamer. Nicht lange sehen wir einen sich gut entwikkelnden Menschen, dann gehen wir hin und stören ihn und zerstören ihn und vernichten ihn, wenn es uns gelingt. Mit unseren Mitteln, so Roithamer. Die Eltern als die Zuerstzerstörer ihrer Kinder, Vernichter ihrer Kinder und umgekehrt. Auf der Hut vor allem, sind wir schließlich die längste Zeit mit uns selbst allein in völliger Kontaktlosigkeit, Schmerzhaftigkeit, so Roithamer. Wenn wir Kontakt aufnehmen, müssen wir ihn gleich wieder abbrechen, wenn wir Charakter haben, *noch haben*, so Roithamer. Immer mehr nur immer die kürzeste Gesellschaft, so Roithamer. Während des Kegelbaues habe ich alle möglichen Menschen kennengelernt, niemals so viele Menschen kennengelernt und habe mit allen diesen Menschen gearbeitet und bin mit diesen Menschen glücklich gewesen, aber ich war nie so allein gewesen, wie mit allen und unter allen diesen Menschen, so Roithamer. Mit meiner Idee vollkommen allein, so Roithamer. Wir sind anders, als der, welcher beurteilt wird, wenn unsere Person, unser Charakter beurteilt wird, so Roithamer. Wie die Landschaft, die die Natur in (um) uns, das, das wir verwirklicht haben, so Roithamer. Wir sehen eine Landschaft und sehen einen Menschen in dieser Landschaft und Landschaft und Mensch sind immer anders, in jedem Augenblick, obwohl wir annehmen und in diesem Irrtum uns getrauen, weiterzuexistieren, es sei immer das gleiche, so Roithamer. So sind wir niemals als der (oder die), der oder die wir gerade sind, sondern immer nur anders, wenn wir Glück haben, gerade noch, so Roithamer. Wir haben uns entwickelt, indem wir uns nach und nach aufgegeben haben, wir sind gleich geblieben, anders geworden, so Roithamer. Die Schulen, die wir besucht haben, haben aber nur einen verheerenden Einfluß auf uns gehabt, sie haben mich *deprimiert*, jede Schule, die ich besucht habe, besuchen habe müssen, hat mich *erniedrigt*. Zuerst hörte ich auf alle möglichen Richtungen und bin in alle diese Richtungen hineingegangen, dann nichts mehr, in nichts mehr, so Roithamer. Bald hatte ich das eine, bald das andere System aufgegriffen, bald von dem einen, bald von dem anderen überzeugt gewesen, so Roithamer. In den Schulen wird immer der alte abgestandene Stoff ausgebreitet und zerstört den Geist und zerstört das Gemüt des Lernenden, Studierenden konsequent, wir werden in den Schulen zu den verzweifelten Menschen gemacht, die aus ihrer Verzweiflung nicht mehr herauskommen, so Roithamer, wir treten in die Schule ein, damit wir in dieser Schule zerstört werden, vernichtet werden in der Geschichte, so Roithamer, die Mathematik vernichtet uns, die Unnatur der Schule vernichtet uns, so Roithamer. Wir erholen uns nicht mehr von der Schule, wenn wir die Schule, gleich welche Schule, verlassen haben, wir sind von der Schule gekennzeichnet, das heißt, wir sind zerstört, so Roithamer. Wir treten immer nur in eine Schule ein, um vernichtet zu werden, die Schulen sind gigantische Vernichtungsanstalten, in welchen die Hilfesuchenden vernichtet werden, aber der Staat subventioniert aus gutem Grund die Schulen, so Roithamer, verlassen wir die Schule, ist unser Absterbensprozeß noch weiter fortgeschritten, nichts anderes. Wie die Wahnsinnigen gehen die Hilfebedürftigen im Geiste in die Schule hinein und kommen als Vernichtete wieder heraus, dagegen lehnt sich niemand auf, so Roithamer. Die jungen Menschen, gesunden Charaktere gehen hilfesuchend in die Schulen hinein, kommen zerstört heraus, verkrüppelt, geschwächt auf Lebenszeit, so Roithamer. In den Grundschulen wird schon der junge Mensch zerstört, so Roithamer, erst in den höheren und hohen und höchsten Schulen. Menschenverunstaltungsanstalten, so Roithamer. *Über Altensam und alles, das mit Altensam zusammenhängt, mit besonderer Berücksichtigung des Kegels* habe ich abschließen müssen, um zu erkennen, daß *alles* anders ist, alles unterstrichen. Korrektur der Korrektur der Korrektur der Korrektur, so Roithamer. Anzeichen von Verrücktheit, Schlaflosigkeit, Lebensüberdruß. Mehr und mehr Selbstgespräch, weil wir keinen Menschen mehr haben, außer dem Höller kein Mensch, mit mir alleingelassen in der höllerschen Dachkammer, ich habe keine Möglichkeit, aus der höllerschen Dachkammer hinauszugehn (7. Mai). Kerker, Selbstgesprächskerker (9. Mai), so Roithamer. Wir lesen ein Buch, wir lesen uns selbst, verabscheuen also dadurch Lektüre, so Roithamer, gehen gar nicht mehr an Lektüre heran, wir gestatten uns nicht mehr, zu lesen. Hören und sehen (11. Mai), so Roithamer. Wir können nicht immer in der höchsten Intensität existieren, deshalb verlangsamen wir plötzlich unser Denken und Handeln (Fühlen), damit wir nach einer Zeit wieder mit noch größerer Intensität denken, handeln können, fühlen; auf diese Weise kommen wir mit der Zeit zu immer größerer Intensität, solange wir die Grenze, die äußerste Grenze, nicht durchstoßen haben, sind wir nicht wahnsinnig, so Roithamer. In Anschauung der gelben Papierrose, nichts sonst (3. Juni). Wir gehen immer zu weit, damit wir nicht zu kurz kommen, wir machen immer wahr, was wir uns vorgenommen haben, die Rücksichtslosigkeit gegen alles und vor allem gegen uns selbst bis zur äußersten Grenze, ohne die Grenze zu durchstoßen, so Roithamer. Alles bis an die äußerste Grenze immer, davor schrecken wir nicht zurück, wie wir vor dem Tod nicht zurückschrecken. Eines Tages, in einem einzigen Augenblick, durchstoßen wir die äußerste Grenze, aber der Zeitpunkt ist noch nicht da. Wir kennen die Methode, aber den Zeitpunkt kennen wir nicht. Es ist gleich, ob ich nach England zurückgehe von

Österreich, oder nach Österreich, von England aus, so Roithamer. Wir haben immer noch einen Grund, die äußerste Grenze nicht zu durchstoßen. Wir sind versucht, es zu tun, wir tun es nicht, so Roithamer, fortwährend denken wir, es tun, es nicht tun, Konsequenz, *In*konsequenz, bis wir die äußerste Grenze durchstoßen haben. Die Wissenschaft einerseits, mein Vorhaben, der Kegel, andererseits, höchstes Glück / höchstes Unglück, wir haben nichts erreicht, als was alle andern auch erreicht haben, indem wir das Außerordentliche verwirklicht und vollendet haben, als Alleinsein, so Roithamer. Wirken auf einen Körper zusätzlich zur Eigenlast von außen Kräfte ein, so kippt er dann um eine Seite der Stützfläche, wenn die Wirkungslinie der sogenannten Resultierenden aller aktiven Kräfte die Standebene außerhalb der Stützfläche schneidet, bei stabilem Gleichgewicht greift die sogenannte Resultierende innerhalb der Stützfläche an, bei labilem Gleichgewicht trifft sie genau auf eine Seite der Stützfläche, *genau auf die Kippkante*, genau auf die Kippkante unterstrichen. Immer zu weit gegangen, so Roithamer, damit sind wir immer an die äußerste Grenze gegangen. Aber durchstoßen haben wir sie nicht. Wenn ich sie einmal durchstoßen habe, ist *alles* vorbei, so Roithamer, alles unterstrichen. Wir sind immer auf den *bestimmten Zeitpunkt* bezogen, bestimmten Zeitpunkt unterstrichen. Ist der Zeitpunkt da, wissen wir nicht, daß der Zeitpunkt da ist, aber es ist der richtige Zeitpunkt. Wir können solange in der höchsten Intensität existieren, als wir sind, so Roithamer (7. Juni). Das Ende ist kein Vorgang. Lichtung.

Andeutungen und Ausdeutungen

Aus: Ein Kind

Ich hatte immer Schwierigkeiten gemacht. Neunzehnhunderteinunddreißig, als ich geboren wurde, war mein Geburtsort nicht zufällig Heerlen in den Niederlanden, wohin meine Mutter auf den Rat einer in Holland arbeitenden Freundin aus Henndorf geflohen war in dem Augenblick, in welchem ich mich ganz entschieden zum endgültigen Eintritt in die Welt meldete, ich forderte ein rasches Gebären. In Henndorf, dem kleinen Nest, wäre meine Geburt völlig unmöglich gewesen, ein Skandal und die Verdammung meiner Mutter wären die unausbleibliche Folge gewesen in einer Zeit, die uneheliche Kinder nicht haben wollte. Meine Großtante Rosina hätte ihre Nichte Herta, meine Mutter, aus dem Haus geworfen und ihr weiteres Leben durch die Schande einer unehelichen Geburt, noch dazu des Kindes eines *Gauners*, wie man meinen Vater am häufigsten bezeichnete, verdüstert, und sie wäre die restlichen Jahrzehnte nur noch in schwarzer Kleidung ins Dorf gegangen und selbstverständlich auch da nur auf den Friedhof und wieder zurück. Meine Mutter mußte schon neunzehnhundertdreißig, während ihre Eltern in der Wernhardtstraße in Wien lebten, eine Zeitlang bei ihrer Tante Rosina gelebt haben, in jenem Henndorf, das sie wie keinen anderen Ort auf der Welt liebte und wo sie seit dem Jahr fünfzig begraben ist auf ihren Wunsch. Mein Vater, Sohn eines Landwirts aus der Umgebung, der, wie das üblich gewesen ist, zu dem völlig natürlichen Beruf des Bauern auch noch ein Handwerk erlernt hatte, in seinem Falle die Tischlerei, mußte in dieser Zeit mit ihr in näheren und allernächsten Kontakt gekommen sein. Darüber ist mir nichts weiter bekannt. Es heißt, die beiden trafen sich des öfteren in einem sogenannten Salettl im Apfelgarten der Tante Rosina. Das ist wirklich alles, was ich über meine Entstehungsgeschichte weiß. Nun entfloh sie dem Ort ihrer Schande nach Holland, wo sie bei der erwähnten Freundin in Rotterdam Aufnahme fand. Kurz darauf war sie in Heerlen, in einem Kloster, das nebenbei auch noch auf sogenannte gefallene Mädchen spezialisiert war, von einem Knaben entbunden, der neugeboren, wie ich auf einer erhalten gebliebenen Fotografie sehen kann, soviel Haare hatte, wie ich noch auf keinem neugeborenen Kopf gesehen habe. Ich soll ein fröhliches Kind gewesen sein. Meine Mutter, wie alle Mütter, eine glückliche. Henndorf entkam dem Skandal, und die Tante Rosina konnte wieder ruhig schlafen. Der Vater meiner Mutter, mein Großvater, hatte keine Ahnung von mir. Ein Jahr lang getraute sich meine Mutter nicht, meinen Großeltern in Wien meine Geburt zu melden. Was sie fürchtete, weiß ich nicht. Der Vater als Romanschreiber und Philosoph durfte in seiner Arbeit nicht gestört werden, ich glaube fest, das war der Grund, warum mich meine Mutter so lange verschwieg. Mein Vater hat mich niemals anerkannt. Die Möglichkeit, mich in dem Kloster bei Heerlen zu lassen, war nur kurz gewesen, meine Mutter mußte mich abholen, in einem von ihrer Freundin geliehenen kleinen Wäschekorb reiste sie mit mir nach Rotterdam zurück. Da sie nicht ihren Lebensunterhalt verdienen und gleichzeitig bei mir sein konnte, mußte sie sich von mir trennen. Die Lösung war ein im Hafen von Rotterdam liegender Fischkutter, auf welchem die Frau des Fischers Pflegekinder in Hängematten unter Deck hatte, sieben bis acht Neugeborene hingen an der Holzdecke des Fischkutters und wurden jeweils nach Wunsch der ein- oder zweimal wöchentlich erscheinenden Mutter von der Decke heruntergelassen und hergezeigt. Ich hätte jedesmal jämmerlich geschrien und mein Gesicht sei, solange ich auf dem Fischkutter gewesen sei, von Furunkeln übersät und verunstaltet gewesen, da, wo die Hängematten hingen, seien ein unglaublicher Gestank und ein undurchdringlicher Dunst gewesen. Aber meine Mutter hatte keine andere Wahl. Sie besuchte mich, wie ich weiß, sonntags, denn die Woche über arbeitete sie als Haushaltshilfe, um sich erhalten und die Gebühr für meinen Schiffsaufenthalt bezahlen zu können. Der Vorteil war, daß sie auf diese Weise sozusagen die Welt kennenlernte, der größte Hafen Europas war dazu am besten geeignet. Mir ist nicht viel über diese Zeit bekannt. Immerhin kann ich sagen, daß ich mein erstes Lebensjahr, die ersten Tage abgerechnet, ausschließlich auf dem Meer verbracht habe, nicht *am* Meer, sondern *auf dem* Meer, was mir immer wieder zu denken gibt und in allem und jedem, das mich betrifft, von Bedeutung ist. Dieser Umstand wird für mich lebenslänglich eine Ungeheuerlichkeit sein. Im Grunde bin ich ein Meermensch, erst, wenn ich am Meerwasser bin, kann ich richtig atmen, von meinen Denkmöglichkeiten ganz zu schweigen. Natürlich sind aus dieser Zeit keinerlei Eindrücke zurückgeblieben, allerdings, denke ich, prägt mein damaliger Meeraufenthalt meine ganze Geschichte. Manchmal kommt es mir vor, wenn ich den Geruch des Meeres einatme, als wäre dieser Geruch meine erste Erinnerung. Nicht ohne Stolz denke ich oft, ich bin ein Kind des Meeres, nicht der Berge. Tatsächlich fühle ich mich in den Bergen nicht wohl, ich habe heute noch Angst, sie erdrücken mich, ich ersticke in ihnen. Ideal ist für mich das Alpen*vor*land, wo ich den Großteil meiner Kindheit verbrachte, im bayerischen in der Nähe des Chiemsees und im salzburgischen, aber diese Zeit liegt weit zurück, sie reicht von meinem dritten bis zu meinem siebenten Lebensjahr. Vorher war ich, nach dem ersten, dem Hollandjahr, zwei Jahre in Wien gewesen. Wahrscheinlich in dem Augenblick, in welchem sie absolut keinen Ausweg mehr wußte, gestand meine Mutter von Rotterdam aus meinen Großeltern, ihren Eltern also, mein Dasein. Sie wurde mit offenen Armen in Wien aufgenommen. Sie hatte mich noch einmal in den Wäschekorb gelegt und war mit mir über Tag und Nacht nach Wien. Ich hatte von jetzt an nicht nur die Mutter, ich hatte auch Großeltern. In der Wernhardtstraße im sechzehnten Bezirk, in der Nähe des Wilhelminenspitals, habe ich zum erstenmal in meinem Leben das Wort *Großvater* ausgesprochen. Aus dieser Zeit habe ich mir eine Reihe Bilder bewahrt. Ein Fenster mit dem Blick auf einen riesigen Akazienbaum, ein abschüssiges Straßenstück, über das ich auf einem Dreirad bergab rolle. Schlittenfahren mit meinem Großvater unter der sogenannten Ameisbrücke. Den langen Eisenzaun der Irrenanstalt am Steinhof entlang zieht mich mein Großvater in einem luxuriösen Zweirad mit großzügiger Lehne und Armstützen und mit einer langen Holzstange. Davon existiert noch ein Foto. Es heißt, ich sei in meinem zweiten Jahr von der Singer-Nähmaschine meiner Großmutter heruntergefallen, auf die mich mein Onkel gesetzt hatte. Mit einer Gehirnerschütterung sei ich mehrere Tage im Wilhelminenspital gelegen. Daran erinnere ich mich nicht. Die Wiener Zeit unter der Obhut meines Großvaters, meiner Großmutter und meiner Mutter, mit meinem Onkel Farald zusammen, der für ständige Abwechslung sorgte, ist mir nur noch in einzelnen, wenigen Bildern erhalten. Mein Großvater, der Schriftsteller, schrieb, meine Großmutter übte den von ihr erlernten Beruf der Hebamme aus, meine Mutter verdiente als Hausangestellte, zeitweise auch als Köchin etwas Geld. Es war deprimierend: mit sieben Jahren tanzte sie in der Hofoper in *Schneewittchen* und bekam dafür vom Kaiser eine Medaille. Mit zwölf erkrankte sie an einem sogenannten Lungenspitzenkatarrh und mußte auf die Karriere einer Primaballerina, die ihr Vater ihr zugedacht hatte, verzichten. Die Tochter sollte in dem allerhöchsten Musentempel des Reiches Karriere machen und hatte tatsächlich alle Voraussetzungen dazu, wie ich weiß, und landete staubwischend in den Vor- und Schlafzimmern der Neureichen Döblings und in diversen Küchen in der Gegend der Währinger Hauptstraße, der Sohn war zum Philosophen auserwählt, schloß sich aber eines Nachts der Kommunistischen Partei an, war Freund und Gehilfe des berühmten Ernst Fischer und landete schließlich nacheinander in den veschiedenen Gefängnissen in Wien und den Bundesländern. Als ich so klein war, daß ich noch nicht gehen konnte, klopfte alle Augenblicke die Polizei an die Tür unserer Wohnung in der Wernhardtstraße, um meinen Onkel abzuholen. Der war aber nie zuhause, lebte sozusagen im Untergrund. Seine Spezialität war es, in der Nacht mit mehreren seiner Genossen, die dafür ausgesucht waren, großflächige Transparente über die wichtigsten Straßen der Hauptstadt zu spannen, auf welchen der Kommunismus als die einzig mögliche menschenwürdige Zukunft gepriesen wurde. In dieser Zeit, als mein Onkel um die zwanzig war, lernte er den gerade freigesprochenen Friseurgehilfen Emil Fabjan kennen, der in der Nähe der Maroltingergasse in einem Damen- und Herrengeschäft angestellt war. Er lockte den naiven Vorstadtjüngling, dem damals die Welt noch ein festverschnürtes Rätsel war, in die Partei und freundete sich mit ihm an. Eines Tages brachte er den neuen Genossen mit in die Wernhardtstraße. Mein Großvater fand Gefallen an dem unverdorbenen Burschen, der den Schriftsteller und daß es überhaupt so etwas gibt, bewunderte. Auf diese Weise lernte meine Mutter ihren späteren Mann, meinen Vormund, kennen. Die materielle Not war bitter. Es war die Zeit der größten Arbeitslosigkeit und der höchsten Selbstmordrate. Auch mein Großvater soll täglich mit Selbstmord gedroht haben. Unter seinem Kopfpolster soll er eine schußbereite Pistole liegen gehabt haben. Es war eine Dummheit, auf mein väterliches Erbe zu verzichten, hat er später gesagt, der junge Mensch rennt einem unsinnigen Ideal nach und wirft alles hin. Als er einmal von Wien aus seiner Schwester Rosina geschrieben hatte, er würde sich gern ein paar Wochen in ihrem Hause, das doch auch sein Haus sein könnte, von der Bitterkeit und Scheußlichkeit Wiens erholen, schrieb sie ihm postwendend, sie hätte kein Zimmer frei. Diese Enttäuschung erwähnte er oft. Seine Erfahrung, daß der Idealist, wenn er sich in früher Jugend einer

Partei verschreibt, schließlich und endlich einem tödlichen Betrug aufgesessen ist, war dem Sohn Farald gleichgültig. Der Großvater war in seiner Jugend den Sozialisten in die Arme gelaufen und hatte sich für sein Leben verbrannt, nun war der Sohn den Kommunisten in die Arme gelaufen. Für jeden in der Familie waren die Folgen vorauszusehen, nur für den Betroffenen nicht. Er vertiefte sein Bündnis mit den Kommunisten und versetzte seine Familie damit in Angst und Schrecken. Da er den Emil Fabjan mit hineingezogen hatte, versetzte er auch die in der Hasnerstraße wohnenden Eheleute Fabjan in eine Schreckenszeit. Ganz abgesehen von den vielen anderen Familien, die durch meinen fanatischen Onkel, zweifellos neben meinem Großvater der Gescheiteste der Familie, in Gefahr, ja tatsächlich in Lebensgefahr gebracht wurden, denn alles, was er tat und vorantrieb und in Szene setzte, war illegal. Der Umgang mit meinem Onkel war immer der interessanteste, gleichzeitig aber auch der gefährlichste. Viel zu spät ist sein Ideal von der Zeit zerrissen worden, die Fetzen waren nicht mehr zusammenzuflicken. Aus diesen Wiener Jahren, welche so bitter waren für die Meinigen, sind mir nur Bilder bekannt, auf welchen ich wohlgenährt bin und einen lebensfrohen Eindruck mache. Gutgekleidet herrsche ich von den verschiedensten Thronsesseln herunter, von ganz ausgefallenen, zeitgemäßen Wagen und Schlitten, und keinem dieser Bilder, allesamt Fotografien, fehlt eine gewisse, mich noch heute ungemein stolz machende Eleganz. So sahen die Kinder aus den Herrscherhäusern aus, dachte ich oft. Es kann mir also nicht schlecht gegangen sein. Die Landschaft um den Wilhelminenberg ist mild überstrahlt von der Nachmittagssonne, mein Ich, auf welches sich alles übrige konzentriert, fordert die totale Bewunderung. Für die Meinigen, die damals schon zwanzig Jahre in der Wernhardtstraße lebten, war diese Zeit wahrscheinlich die schlimmste. In meinem Besitz habe ich eine Menge Fotografien, wo sie alle beinahe bis auf das Skelett abgemagert in ihren Anzügen und Kleidern stecken. Sie mußten das damalige Wien als Hölle empfinden, in welcher es jeden Tag um alles ging. Aus dieser Hölle wollte mein Großvater so schnell wie möglich heraus, selbst um den Preis, dahin zurückzukehren, woraus er dreißig Jahre vorher geflohen war. Immerhin hatte er diese dreißig Jahre gearbeitet und war in der totalen Erfolglosigkeit steckengeblieben, in diesen dreißig Jahren hatte er zwar einen Roman verlegt, auf eigene Kosten, der Titel lautete *Ulla Winblatt*, aber dieses

Buch war, wie er selbst mir einmal erzählte, von der großen Ziege aufgefressen worden, die sich meine Großeltern in Forstenried bei München hielten, wo sie, weil sie die Romantik liebten, in einer Waldlichtung gelebt haben, aus der sie den ganzen Winter nicht mehr herauskonnten, weil sie dann eingeschneit waren. Die Ziege war noch verhungerter als wir, sagte mein Großvater, sie ließ von *Ulla Winblatt* nichts übrig. Kleinere Lektorenposten gab er sofort wieder auf, weil es ihm widerwärtig war, fortwährend bei irgendeinem skrupellosen Verleger zu antichambrieren. Er war ein Einzelmensch, er war gemeinschaftsunfähig, untauglich also für jede Anstellung. Bis zu seinem fünfundfünfzigsten Lebensjahr verdiente er praktisch nichts. Er lebte von Frau und Tochter, die bedingungslos an ihn glaubten, und schließlich auch noch von seinem Schwiegersohn. Meine Mutter heiratete meinen Vormund neunzehnhundertsiebenunddreißig in Seekirchen am Wallersee, wohin die Meinigen zu Anfang des Jahres und unter den groteskesten und gleichzeitig fürchterlichsten Umständen gezogen waren. Mein Großvater hatte Wien endgültig den Rücken gekehrt, er wunderte sich nachträglich, daß er dazu noch die Kraft gehabt hatte. Der Aufbruch aus Wien, auf das Land, nur sechs Kilometer von Henndorf, also der engeren Heimat entfernt, muß ziemlich abrupt vorgenommen worden sein, denn ich erinnere mich, daß wir zuallererst in der Bahnhofswirtschaft von Seekirchen Station machten. Mehrere Wochen hausten wir dort in einem Gästezimmer, in welchem ständig unsere Wäsche über unseren Köpfen hing, und wenn ich *Gute Nacht* sagte, damals hatte ich dazu noch die Hände gefaltet, schaute ich durch ein hohes Fenster direkt auf den sich rasch unter der versinkenden Sonne verdüsternden See. Wir hatten aus Wien außer Tausenden von Büchern, die aber erst nachkommen sollten, nichts mitgenommen, weder Möbel noch sonst etwas, nur zwei Koffer und unsere Kleidung. Wahrscheinlich war die Einrichtung in der Wernhardtstraße den Transport nicht wert gewesen. Meine Großmutter hatte oft lachend erzählt, daß ihre Möbel niemals etwas anderes gewesen seien als billige Zukkerkisten, die sie sich jeweils von den nahe ihren Wohnungen liegenden Krämern hatte schenken lassen. Zwanzig Jahre Wien waren deshalb für die Meinigen eine Ungeheuerlichkeit, weil sie vorher alle Augenblicke und alles in allem an die hundertmal den Wohnsitz gewechselt haben, wie ich weiß. Dieser Unruhe müde geworden, hatten sie sich in der Wernhardtstraße in Wien sozusagen für immer und endgültig niedergelassen. Aber auch die Wernhardtstraße war aufeinmal Vergangenheit. Sie trauerten Wien nicht nach, die Not war dort zu groß gewesen, das tägliche Überleben beinahe unmöglich. Meine Mutter war mit ihrem in Seekirchen angetrauten Mann in Wien geblieben. Ich sah sie jetzt selten, vielleicht zwei- oder dreimal im Jahr. Ich befand mich ganz unter dem Schutz meiner Großeltern. Hier, in dieser Bahnhofswirtschaft gegenüber dem Bahnhof, wo hinter kleinen, behutsam gepflegten Gewürzbeeten bis zum See hinunter das Moor lag, sonst nichts, ist der Anfang meiner Erinnerung, die ich als kontinuierlich bezeichnen kann. Wir hatten in der Bahnhofswirtschaft nur ein Zimmer im ersten Stock gemietet, meine Großmutter kochte, wahrscheinlich hatten wir nicht das Geld, um in der Wirtsstube unten zu essen. Mein Großvater, den ich über alles liebte, war hier aufeinmal der städtisch gekleidete Herr mit dem Spazierstock, dem man neugierig, gleichzeitig argwöhnisch begegnete. Ein Romanschreiber, ein Denker! Die Verachtung, die er auf sich zog, war größer als die Bewunderung. Der Herr hatte nicht einmal das Geld, um in die Wirtsstube essen zu gehen. Sie arbeiteten, er ging spazieren. Meine Großmutter fand auf dem Hippinggut, hoch über Seekirchen, Arbeit, sie hütete die Kinder, half beim Wäschewaschen, sie war in allem, was sie anpackte, tüchtig, sie war bald angefreundet. Sie verdiente so viel, daß wir existieren konnten. Ihre Nähkunst, die immer von allen bewundert worden war, konnte sich auf dem Hippinggut voll entfalten. Sie war in kurzer Zeit so beliebt, daß auch der Schriftsteller, der Spaziergänger, der Denker davon profitierte. Aufeinmal waren wir in Seekirchen geachtete Leute. Wir zogen aus dem Bahnhofsgasthaus in die Ortsmitte, in ein fünfhundert Jahre altes baufälliges Haus, von welchem aus ich nicht weit auf den Friedhof hatte. Wir bleiben da, sagte mein Großvater. Ich war drei Jahre alt, ich war überzeugt, daß wir, meine Großeltern und ich, ganz und gar außerordentliche Leute waren. Mit diesem Anspruch stand ich jeden Tag auf in einer Welt, von deren Ungeheuerlichkeit ich nur eine Ahnung hatte, ich war gewillt, sie zu erforschen, sie mir klarzumachen, aufzuschlüsseln. Ich war drei Jahre alt und hatte mehr gesehen als andere Kinder meines Alters, ich hatte die Luft der Nordsee, wenn nicht gar des Atlantik ein Jahr lang eingeatmet genauso wie den würzigen Geruch der Stadt Wien. Nun atmete ich die salzburgische Landluft in vollen Zügen, die Luft meiner Eltern. Hier also war mein Vater geboren worden, hier verbrachte meine Mutter ihre Kindheit, in der Umwelt des Sees, der für mich voller ungelöster Rätsel und der Mittelpunkt zahlreicher von meinem Großvater nur für mich vor dem Zubettgehen erfundener Märchen war. Die Welt war nicht aus Mauern wie in Wien, sie war grün im Sommer, braun im Herbst, weiß im Winter, die Jahreszeiten waren noch nicht so ineinandergeschoben wie heute. Mein bevorzugter Platz in Seekirchen war von allem Anfang an der Friedhof, mit seinen pompösen Grüften, den riesigen Granitgrabsteinen der Wohlhabenden, den kleinen verrosteten Eisenkreuzen der Armen und den winzigen weißen Holzkreuzen der Kindergräber. Die Toten waren schon damals meine liebsten Vertrauten, ich näherte mich ihnen ungezwungen. Stundenlang saß ich auf irgendeiner Grabeinfassung und grübelte über Sein und sein Gegenteil nach. Naturgemäß kam ich schon damals zu keinem befriedigenden Schluß. Die Aufschriften auf den Grabsteinen flößten mir einen ungeheuren Respekt ein, am meisten das Wort *Fabrikant*. Was ist ein Fabrikant? fragte ich mich. Oder: was ist ein Ingenieur? Ich lief nachhause und stellte meinem Großvater die Frage nach dem Fabrikanten wie nach dem Ingenieur, nun hatte ich die Erklärung. Immer, wenn mir etwas spanisch vorgekommen war, wenn ich in meiner Aufklärungsbemühung scheiterte, lief ich, gleich von wo, zu meinem Großvater. Ich solle es mir zur Gewohnheit machen, so lange über eine ungelöste Frage nachzudenken, bis sich die Lösung von selbst ergebe, sagte mein Großvater, dann hätte ich mehr davon. Die Fragen häuften sich, die Antworten waren immer mehr Mosaiksteine des großen Weltbilds. Und wenn wir das ganze Leben ununterbrochen Fragen beantwortet bekämen und hätten schließlich alle Fragen gelöst, wir wären am Ende doch nicht viel weiter gekommen, so mein Großvater. Ich beobachtete mit Liebe, wie er schrieb und wie ihm meine Großmutter dabei aus dem Weg ging, behutsam lud sie zum Frühstück, zum Mittagessen, zum Nachtmahl, wir hatten die Behutsamkeit meinem Großvater gegenüber zu unserer Hauptdisziplin gemacht, solange er lebte, war die Behutsamkeit oberstes Gebot. Alles mußte leise gesprochen sein, wir mußten leise gehen, wir mußten uns ununterbrochen leise verhalten. Der Kopf ist zerbrechlich wie ein Ei, so mein Großvater, das leuchtete mir ein, erschütterte mich gleichzeitig. Um drei Uhr früh stand er auf, um neun ging er spazieren. Nachmittags arbeitete er noch zwei Stunden zwischen drei und fünf. Der Weg auf die Post war der Höhepunkt: ob eine Geldanweisung aus Wien für ihn da sei. Meine Mutter überwies für mich einen Großteil ihres Verdienstes. Heute weiß ich, wir lebten in Seekirchen von diesem Geld.

[. . .]

Im Alter von acht Jahren trat ich auf dem alten Steyr-Waffenrad meines Vormunds, der zu diesem Zeitpunkt in Polen eingerückt und im Begriff war, mit der deutschen Armee in Rußland einzumarschieren, unter unserer Wohnung auf dem Taubenmarkt in Traunstein in der Menschenleere eines selbstbewußten Provinzmittags meine erste Runde. Auf den Geschmack dieser mir vollkommen neuen Disziplin gekommen, radelte ich bald aus dem Taubenmarkt hinaus durch die Schaumburgerstraße auf den Stadtplatz, um nach zwei oder drei Runden um die Pfarrkirche den kühnen, wie sich schon Stunden später zeigen mußte, verhängnisvollen Entschluß zu fassen, auf dem, wie ich glaubte, von mir schon geradezu perfekt beherrschten Rad meine nahe dem sechsunddreißig Kilometer entfernten Salzburg in einem mit viel Kleinbürgerliebe gepflegten Blumengarten lebende und an den Sonntagen beliebte Schnitzel backende Tante Fanny aufzusuchen, die mir als das geeignetste Ziel meiner Erstfahrt erschien und bei der ich mich nach einer bestimmt nicht zu kurzen Phase der absoluten Bewunderung für mein Kunststück anzuessen und auszuschlafen gedachte. Die auserwählte Klasse der Radfahrer hatte ich von den ersten bewußten Augenblicken meines begierigen Sehens an bewundert, jetzt gehörte ich dazu. Kein Mensch hatte mich diese so lange vergeblich bewunderte Kunst gelehrt, ich hatte, ganz ohne um Erlaubnis zu bitten, das kostbare Steyr-Waffenrad meines Vormunds aus dem Vorhaus geschoben, nicht ohne schmerzendes Schuldbewußtsein, und mich, ohne über das Wie nachzudenken, auf die Pedale gestemmt und war losgefahren. Da ich nicht stürzte, empfand ich mich schon in diesen ersten Augenblicken auf dem Fahrrad als Triumphator. Es wäre ganz gegen meine Natur gewesen, nach einigen Runden wieder abzusteigen; wie in allem trieb ich das nun einmal begonnene Unternehmen bis zum Äußersten. Ohne einem einzigen dafür zuständigen Menschen ein Wort gesagt zu haben, verließ ich auf der luftigen Höhe des Waffenrades und des damit verbundenen Vergnügens den Stadtplatz, um schließlich in der sogenannten Au und dann in der freien Natur Richtung Salzburg die Räder laufen zu lassen. Obwohl ich noch zu klein war, um tatsächlich auf dem Sattel zu sitzen, ich mußte ja, wie alle andern zu kleinen Anfänger, mit dem Fuß unter die Stange durch das Pedal, beschleunigte ich zusehends meine Geschwindigkeit, daß es fortwährend bergab ging, war ein zusätzlicher Genuß. Wenn die Meinigen wüßten, was ich, durch einen durch nichts vorher angekündigten Entschluß, schon erreicht habe, dachte ich, wenn sie mich sehen und naturgemäß gleichzeitig, weil sie keine andere Wahl haben, bewundern könnten! Ich malte mir den höchsten, ja den allerhöchsten Grad ihrer Verblüffung aus. Daß mein Können mein Vergehen oder gar Verbrechen auszulöschen imstande sei, daran zweifelte ich nicht eine Sekunde. Wem, außer mir, gelingt es schon, zum allererstenmal auf das Rad zu steigen und auf und davon zu fahren, und noch dazu mit dem höchsten Anspruch, nach Salzburg! Sie müßten einsehen, daß ich mich doch immer, gegen die größten Hemmnisse und Widerstände, durchsetzte und Sieger sei! Vor allem wünschte ich, während ich die Pedale trat und es schon in die Schluchten unterhalb Surbergs ging, mein wie nichts auf der Welt geliebter Großvater könnte mich auf dem Fahrrad sehen. Da sie nicht da waren und überhaupt nichts von meinem nun schon sehr weit vorangetriebenen Abenteuer wußten, mußte ich zeugenlos mein Werk vollbringen. Sind wir auf der Höhe, wünschen wir den Beobachter als Bewunderer wie sonst nichts herbei, aber dieser Beobachter als Bewunderer fehlte. Ich begnügte mich mit der Selbstbeobachtung und der Selbstbewunderung. Je härter mir die Geschwindigkeit ins Gesicht blies, je mehr ich mich meinem Ziel, der Tante Fanny, näherte, desto radikaler vergrößerte sich die Entfernung aus dem Ort meiner Ungeheuerlichkeit. Wenn ich auf der Geraden für einen Augenblick die Augen zumachte, kostete ich die Glückseligkeit des Triumphators. Insgeheim war ich mir mit meinem Großvater einig: ich hatte an diesem Tag die größte Entdeckung meines bisherigen Lebens gemacht, ich hatte meiner Existenz eine neue Wendung gegeben, möglicherweise die entscheidende der mechanischen Fortbewegung auf Rädern. So also begegnet der Radfahrer der Welt: von oben! Er rast dahin, ohne mit seinen Füßen den Erdboden zu berühren, er ist ein Radfahrer, was beinahe soviel bedeutet wie: ich bin der Beherrscher der Welt. In einem beispiellosen Hochgefühl erreichte ich Teisendorf, das durch seine Brauerei berühmt ist. Gleich danach mußte ich absteigen und das Waffenrad meines eingerückten und dadurch tatsächlich beinahe völlig entrückten Vormunds schieben. Ich lernte die unangenehme Seite des Radfahrens kennen. Der Weg zog sich, ich zählte abwechselnd die Randsteine und die Risse im Asphalt, ich hatte bis jetzt nicht bemerkt, daß der Strumpf an meinem rechten Bein von der Kette ölverschmiert war und in Fetzen herunterhing. Der Anblick war deprimierend, sollte sich gerade aus diesem Blick auf den zerrissenen Strumpf auf dem ölbeschmierten, ja schon blutigen Bein eine Tragödie entwickeln? Ich hatte Straß vor mir. Ich kannte die Landschaft und ihre Ortschaften von mehreren Bahnreisen zu meiner Tante Fanny, die mit meinem Onkel, dem Bruder meiner Mutter, verheiratet war. Es hatte jetzt alles eine vollkommen andere Perspektive. Sollten meine Lungenflügel nicht mehr die Kraft bis Salzburg haben? Ich schwang mich auf das Rad und trat in die Pedale, es war jetzt mehr aus Verzweiflung und Ehrgeiz denn aus Verzückung und Enthusiasmus, daß ich die berühmte Rennfahrerhaltung einnahm, um die Geschwindigkeit noch einmal steigern zu können. Hinter Straß, von wo aus man schon Niederstraß sehen kann, riß die Kette und verwickelte sich erbarmungslos in den Speichen des Hinterrades. Ich war in den Straßengraben katapultiert worden. Ohne Zweifel, das war das Ende. Ich stand auf und blickte mich um. Es hatte mich niemand beobachtet. Es wäre zu lächerlich gewesen, in diesem fatalen Kopfsprung ertappt worden zu sein. Ich hob das Fahrrad auf und versuchte, die Kette aus den Speichen zu ziehen. Mit Öl und Blut verschmiert, zitternd vor Enttäuschung, blickte ich in die Richtung, in welcher ich Salzburg vermutete. Immerhin, ich hätte nur noch zwölf oder dreizehn Kilometer zu überwinden gehabt. Erst jetzt war ich darauf gekommen, daß ich die Adresse meiner Tante Fanny gar nicht kannte. Ich hätte das Haus im Blumengarten niemals gefunden. Auf meine Frage: wo ist oder wo wohnt meine Tante Fanny? hätte es, wäre ich tatsächlich bis Salzburg gekommen, gar keine oder mehrere hundert Antworten gegeben. Ich stand da und beneidete die Vorüberfahrenden in ihren Automobilen und auf ihren Motorrädern, die von meiner verunglückten Existenz keinerlei Notiz nahmen. Wenigstens ließ sich das Hinterrad wieder drehen, also konnte ich das Steyr-Waffenrad meines Vormunds schieben, allerdings dahin zurück, wo nurmehr das Unheil auf mich wartete und wo es aufeinmal jäh finster zu werden drohte. Im Überschwang meines Ausflugs hatte ich naturgemäß auch kein Zeitgefühl mehr gehabt, und zu allem Überdruß war auch noch von einem Augenblick auf den andern ein Gewitter hereingebrochen, das die Landschaft, die ich gerade noch mit dem höchsten aller Hochgefühle durcheilt hatte, in ein Inferno verwandelte. Brutale Wassermassen ergossen sich über mich und hatten in Sekundenschnelle aus der Straße einen reißenden Fluß gemacht, und unter den tosenden Wassermassen mein Rad schiebend, heulte ich unaufhörlich. Bei jeder Umdrehung verklemmten sich die verbogenen Speichen, die Finsternis war vollkommen, ich sah nichts mehr. Wie immer, so dachte ich, bin ich einer Versuchung, die nur ein durch und durch furchtbares Ende haben konnte, zum Opfer gefallen. Entsetzt stellte ich mir den Zustand meiner Mutter vor, wie sie, nicht zum erstenmal, die Polizeiwachstube im Rathaus betritt, ratlos, wütend, von dem *schrecklichen, fürchterlichen* Kind stammelnd. Der Großvater, weit außerhalb und am anderen Ende der Stadt, hatte keine Ahnung. Auf ihn setzte ich jetzt wieder alles. Es war mir klar: an den Montagsschulbesuch war nicht zu denken. Ich hatte mich unerlaubt und auf die gemeinste Weise aus dem Staub gemacht und dazu auch noch das Waffenrad meines Vormunds ruiniert. Ich schob ein Gerümpel. Mein Körper war abwechselnd von den Wassermassen und von einer unbarmherzigen Angst geschüttelt. So tappte ich mich mehrere Stunden zurück. Alles wollte ich wiedergutmachen, aber hatte ich überhaupt noch die Möglichkeit dazu? Ich hatte mich nicht geändert, meine Beteuerungen waren nichts wert, meine guten Vorsätze waren wieder nichts anderes als Geplapper gewesen. Ich verfluchte mich. Ich wollte sterben. Aber so einfach war das nicht. Ich bemühte mich um eine menschenwürdige Haltung. Ich verurteilte mich zur Höchststrafe. Nicht zur Todesstrafe, aber zur Höchststrafe, wenn ich auch nicht genau wußte, was diese Höchststrafe sein könnte, gleich darauf war ich mir wieder der Absurdität dieses teuflischen Spiels bewußt. Die Schwere der Verbrechen hatte zweifellos zugenommen, das empfand ich ganz deutlich. Alle bisherigen Vergehen und Verbrechen waren gegen dieses nichts. Meine Schulschwänzereien, meine Lügen, meine immer wieder überall gestellten Fallen kamen mir gegenüber meinem neuen Vergehen oder Verbrechen, wie immer, harmlos vor. Ich hatte einen gefährlichen Grad meiner Verbrecherlaufbahn erreicht. Das kostbare Waffenrad ruiniert, die Kleider beschmutzt und zerrissen, das ganze Vertrauen in mich auf die niederträchtigste Weise gebrochen. Das Wort Reue empfand ich augenblicklich als geschmacklos. Ich rechnete, während ich mein Fahrrad durch das Inferno schob, immer wieder alles von oben bis unten durch, addierte, dividierte, subtrahierte, der Urteilsspruch mußte entsetzlich sein. Das Wort *unverzeihlich* markierte fortwährend meine Gedanken. Was nützte es, daß ich heulte und mich verfluchte? Ich liebte meine Mutter, aber ich war ihr kein lieber Sohn, nichts war einfach mit mir, alles Komplizierte meinerseits überstieg ihre Kräfte. Ich war grausam, ich war niederträchtig, ich war hinterhältig, ich war, das war das Schlimmste, gefinkelt. Der Gedanke an mich erfüllte mich mit Abscheu. Wenn ich, zuhause an ihre Schulter gelehnt, ihr Atmen zu meinem Glück machen könnte, wenn sie ihren Tolstoj liest oder einen anderen von ihr geliebten russischen Roman, dachte ich. Wie verkommen ich bin. Ekelhaft. Wie ich meine Seele beschmutzt habe! Wie ich Mutter und Großvater wieder zutiefst betrogen habe! Du bist, was sie dich nennen, *das scheußlichste aller Kinder!* Ich dachte, ich könnte jetzt, wo die Welt doch nichts ist als eine zutiefst verabscheuungswürdige, finstere Häßlichkeit, wäre ich zuhause, ohne Scham und ohne schlechtes Gewissen ins Bett gehen. Ich hörte das *Gute Nacht* meiner Mutter und heulte noch heftiger. Hatte ich denn überhaupt noch Schuhe an den Beinen? Es war, als hätte der Regen alles von mir weggeschwemmt, als hätte er mir nichts als meine Armseligkeit gelassen. Aber ich durfte nicht aufgeben. Ein Licht und das in dem Licht langsam erkennbare Wort *Gasthaus* waren jetzt meine Hoffnung. Mein Großvater hatte mich immer gewarnt: die Welt ist widerwärtig, unerbittlich, tödlich. Wie recht er hatte. Es ist alles noch viel schlimmer, als ich dachte. Eigentlich wollte ich auf der Stelle tot sein. Aber dann schob ich das Fahrrad noch die paar Meter auf die Gasthaustür zu, lehnte es an die Mauer und trat ein. Auf einem Podium tanzten Bauernburschen und -mädchen zu einer Kapelle, die mir wohlbekannte Tänze spielte, aber das tröstete mich nicht, im Gegenteil, jetzt fühlte ich mich vollkommen ausgeschlossen. Die ganze menschliche Gesellschaft stand mir als einzigem, der nicht zu ihr gehörte, gegenüber. Ich war ihr Feind. Ich war der Verbrecher. Ich verdiente es nicht mehr, in ihr zu sein, sie verwahrte sich gegen mich. Harmonie, Lustigkeit, Geborgenheit, darin hatte ich nichts mehr zu suchen. Jetzt zeigt der Finger der ganzen Welt auf mich, tödlich. Während des Tanzes wurde meine Erbärmlichkeit nicht zur Kenntnis genommen, aber dann, als die Paare das Podium verließen, war ich entdeckt. Ich schämte mich zutiefst, gleichzeitig war ich glücklich, angesprochen zu sein. Woher? Wohin? Wer und wo sind deine Eltern? Sie haben kein Telefon? Nun gut, setz dich her. Ich setzte mich. Trink! Ich trank. Deck dich zu. Ich deckte mich zu. Ein derber Förstermantel schützte mich. Die Kellnerin fragte, ich antwortete und weinte. Das Kind fiel aufeinmal wieder kopfüber in seine Kindheit hinein. Die Kellnerin berührte es am Nacken. Streichelte es. Es war gerettet. Aber das ändert nichts an der Tatsache, daß dieses Kind das scheußlichste Kind ist von allen Kindern. *Du hast mir noch gefehlt!* war der immer wiederkehrende Ruf meiner Mutter. Ich höre ihn auch heute noch deutlich. Ein Schreckenskind! Ein Fehltritt! Ich kauerte geduckt in einer finsteren Ecke der Wirtsstube und beobachtete die Szene. Die Natürlichkeit der Menschen auf und vor dem Podium gefiel mir. Hier *zeigte* sich eine Welt und Gesellschaft und gab sich vollkommen anders als die meinige. Ich gehörte nicht dazu, ob ich wollte oder nicht, ob sie wollten oder nicht. Aber existierten wirklich die einen natürlich und die andern künstlich, diese natürlich, die meinigen künstlich? Ich war nicht imstande, meine Vorstellung zu einem Gedanken zu machen. Ich liebte die Klarinette und hörte insgeheim nur ihr zu. Mein Lieblingsinstrument und ich, wir waren hier eine Verschwörung. Zwei Burschen, hieß es, würden mich nachhause bringen, aber nicht vor Mitternacht. Sie tanzten, soviel sie konnten, und ich freundete mich mit ihnen an. Die Freundschaft begann in der ersten Beobachtung. Die Kellnerin brachte mir immer wieder etwas zu essen und zu trinken, die Leute waren mit sich selbst beschäftigt, sie ließen mich, außer daß sie mich fütterten, in Ruhe. Ich hätte hier glücklich sein können in dieser Umgebung, ich liebte die Wirtsstuben und ihre ausgelassenen Gesellschaften. Aber ich war nicht so dumm, meine entsetzliche Zukunft zu ignorieren. Was, wenn ich hier weggehe, auf mich zukommt, ist furchtbarer als alles Furchtbare vorher. Mein Instinkt hatte mich nie im Stich gelassen. War ich auch ein armseliges Bündel Mensch, das, immer noch bis auf die Haut durchnäßt, in dem ihm zugewiesenen Winkel kauerte, so hatte ich doch mein Schauspiel, meine lehrreiche Szene, mein Puppentheater. Kein Wunder, daß ich eingeschlafen war, als mich die beiden Burschen weckten, unsanft, in ihrer derben Art. Sie schulterten mich und trennten mich von Musik und Tanz. Eine eiskalte, sternklare Nacht. Der eine hatte mich vor sich auf sein Rad gesetzt, sodaß ich mich an der Lenkstange anhalten konnte, der andere fuhr einhändig und hatte mein Rad neben sich. Sie radelten, so schnell sie konnten, nach Surberg, wo sie zuhause waren. Kein Wort, nur das Keuchen der beiden Erschöpften. Vor ihrem Haus luden sie mich ab, ihre Mutter kam, nahm mich ins Haus mit hinein und zog mir meine Kleider aus und hängte sie neben einem noch heißen Ofen auf. Sie gab mir Milch zu trinken, in die sie Honig gerührt hatte. Sie versorgte mich mütterlich, aber sie gab mir, ohne Wörter, nur durch ihr Schweigen zu verstehen, daß sie mein Verhalten entschieden mißbilligte, sie wußte auch ohne Erklärung meinerseits Bescheid. Es war nicht schwer gewesen, den Fall aufzuklären. Was werden deine Eltern sagen? sagte sie. Ich selbst war mir sicher, was mit mir geschehen würde, war ich zuhause. Die Burschen hatten mir ihr Versprechen gegeben, mich nachhause zu bringen. Als ich getrocknet war und nicht mehr zitterte vor Kälte, schon gewöhnt an die Stubenwärme in dem fremden, aber gemütlichen Bauernhaus, schlüpfte ich aus dem Barchenthemd, das mir die Bäuerin übergezogen hatte, und wieder in meine Kleider. Die Burschen schulterten mich und brachten mich nach Traunstein. Sie setzten mich auf dem Taubenmarkt vor der Haustür ab und waren weg. Ich hatte keine Zeit gehabt, mich zu bedanken. Kaum stand ich auf dem Boden, waren sie auch schon verschwunden. Ich blickte an der finsteren Hauswand empor, in den zweiten Stock hinauf. Es rührte sich nichts. Es war gegen drei Uhr früh. Der Blick auf das Steyr-Waffenrad meines Vormunds, das die Burschen an die Hausmauer gelehnt hatten, war der traurigste. Kein Zweifel, ich mußte den Gang zu meiner Mutter über meinen Großvater machen, der mit meiner Großmutter in Ettendorf wohnte, in einem alten Bauernhaus, nur hundert Schritte von der berühmten Wallfahrtskirche entfernt, vor welcher alljährlich am Ostermontag der sogenannte Georgiritt stattfindet. Meine Mutter und ich, wir wären nicht in der Lage gewesen, eine Katastrophe zu verhindern. Der Großvater war die Autorität, der sich jeder beugte, der schlichtete, was zu schlichten war, dessen Machtwort das erste und einzige war. Der Richter. Der Urteilssprecher. Ich wußte genau, was der Druck auf die Klingel an unserer Haustür bedeutete. Ich hütete mich davor. Ich verklemmte das deformierte Waffenrad zwischen der Hausmauer und dem Schubkarren, der für alle Fälle und alle möglichen Zwecke Jahr um Jahr an der Hausmauer stand, und machte mich auf in das drei oder vier Kilometer entfernte Ettendorf. Ich liebte die Stille und die Leere der Stadt. Bei den Bäckersleuten war schon Licht, ich rannte davon, aus dem Taubenmarkt, hinunter über die sogenannte Dentistenstiege, an welcher, solange zurückgedacht werden kann, ein Dentist ordinierte, an unserem Krämer vorbei, Schneider, Schuster, Leichenbestatter, alle nur möglichen Berufe hatten hier ihren Standort, am Gaswerk vorbei über die Traun auf einem hölzernen Steg, darüber, hoch oben, mein Wunderwerk der Technik, es spannte sich an die hundert Meter über die Traun von Osten nach Westen, genial, kühn, so höre ich meinen Großvater, diese Konstruktion: die Eisenbahnbrücke! Ich erinnere mich, daß ich in der Langeweile der Nachmittage sehr oft Steine auf die Geleise gelegt habe, ohne Zweifel zu kleine für die gigantischen Lokomotiven, die ich und meine Volksschulkollegen so gern in die Tiefe stürzen gesehen hätten. Sechs-, sieben-, achtjährige Anarchisten übten sich, wenn auch ohne Erfolg, an der sogenannten Weinleite, indem sie stundenlang in der Hitze Steine und Holzprügel herbeischafften und auf die Geleise legten und sich auf die Lauer hockten. Die Züge dachten nicht daran, zu entgleisen und mit ihrem Waggongefolge in die Tiefe zu stürzen. Sie pulverisierten die Steine und schleuderten die Holzprügel in die Luft. Wir hockten zwischen den Büschen und zogen die Köpfe ein. Zur Vollendung unserer anarchistischen Absichten fehlte es uns an Körperkraft, nicht an den geistigen Fähigkeiten. An manchen Tagen waren wir milde gestimmt und legten anstatt Steinbrocken und Holzprügel nur Pfennigmünzen auf die Geleise und erfreuten uns an jeder gelungenen Expreßzugsquetschung. Man mußte die Münzen schon nach einem ganz genau ausgeklügelten System auf die Geleise legen, um eine besonders gelungene Auswalkung zu erreichen, dem Dilettanten sprang die Münze weg, und er fand sie im Geröll und im Gestrüpp der Weinleite nicht wieder. Sehr oft stellte ich mir vor, die Eisenbahnbrücke stürzt zusammen, in vielen meiner Träume habe ich heute noch das Bild der eingestürzten Brücke vor mir, die Elementarkatastrophe meiner Kindheit. Die nur an einem Faden in den reißenden Fluß herunterhängenden Ersterklasseabteile, an welchen lauter Leichen und im Katastrophenwind schreiende Überlebende zappeln. Wie überhaupt von frühester Kindheit an meine Träume immer in aufgerissenen Städten gipfelten, in zusammengestürzten Brücken, abgerissen in die Tiefe hängenden Eisenbahnzügen. Diese Eisenbahnbrücke war das gewaltigste Bauwerk, das ich bis dahin gesehen hatte. Wenn wir nur ein ganz kleines Dynamitpäckchen an einem einzigen der Träger anbringen und zur Explosion bringen, dann stürzt die ganze Brücke unweigerlich ein, sagte mein Großvater. Heute weiß ich, daß er recht hatte, es genügt ein halbes Kilogramm Sprengstoff, um die Brücke zum Einsturz zu bringen. Die Vorstellung, daß ein Päckchen Sprengstoff von der Größe unserer Familienbibel genügt, um die weit über hundert Meter lange Brücke zum Einsturz zu bringen, faszinierte mich wie nichts. Aber man muß eine Fernzündung machen, sagte mein Großvater, damit man nicht mit der Brücke selbst in die Luft fliegt. Anarchisten sind das Salz der Erde, sagte er immer wieder. Mich faszinierte auch dieser Satz, er war einer seiner Gewohnheitssätze, deren ganze und das heißt vollkommene Bedeutung ich naturgemäß erst nach und nach begreifen konnte. Die Eisenbahnbrücke über die Traun, zu der ich aufblickte wie zu meiner allergrößten Ungeheuerlichkeit, einer viel größeren Ungeheuerlichkeit naturgemäß als Gott, mit dem ich zeitlebens nichts anzufangen wußte, war mir das Höchste. Und gerade deshalb hatte ich immer darüber spekuliert, wie dieses Höchste zum Einsturz zu bringen sei. Mein Großvater hatte mir alle Möglichkeiten, die Brücke zum Einsturz zu bringen, aufgezeigt. Mit Sprengstoff könne man alles vernichten, wenn man nur wolle. In der Theorie vernichte ich jeden Tag alles, verstehst du, sagte er. In der Theorie sei es möglich, alle Tage und in jedem gewünschten Augenblick alles zu zerstören, zum Einsturz zu bringen, auszulöschen. Diesen Gedanken empfände er als den großartigsten. Ich selbst machte mir diesen Gedanken zu eigen und spiele mein ganzes Leben damit. Ich töte, wann ich will, ich bringe zum Einsturz, wann ich will. Ich vernichte, wann ich will. Aber die Theorie ist nur Theorie, sagte mein Großvater, dann zündete er sich die Pfeife an. Im Schatten der nächtlichen Eisenbahnbrücke, an welcher ich mit der größten Lust meine anarchistischen Gedanken entzündete, war ich auf dem Weg zum Großvater. Die Großväter sind die Lehrer, die eigentlichen Philosophen jedes Menschen, sie reißen immer den Vorhang auf, den die andern fortwährend zuziehen. Wir sehen, sind wir mit ihnen zusammen, was wirklich ist, nicht nur den Zuschauerraum, wir sehen die Bühne, und wir sehen alles hinter der Bühne. Die Großväter erschaffen seit Jahrtausenden den Teufel, wo ohne sie nur der liebe Gott wäre. Durch sie erfahren wir das ganze vollkommene Schauspiel, nicht nur den armseligen verlogenen Rest als Farce. Die Großväter stecken den Enkelkopf da hin, wo es mindestens etwas Interessantes, wenn auch nicht immer Elementares zu sehen gibt, und erlösen uns durch diese ihre fortwährende Aufmerksamkeit auf das Wesentliche aus der trostlosen Dürftigkeit, in welcher wir ohne Großväter zweifellos bald ersticken müßten. Mein Großvater, mütterlicherseits, errettete mich aus der Stumpfheit und aus dem öden Gestank der Erdtragödie, in welcher schon Milliarden und Abermilliarden erstickt sind. Er zog mich, früh genug, nicht ohne schmerzhaften Züchtigungsprozeß, aus dem Allgemeinsumpf heraus, glücklicherweise den Kopf zuerst, dann das Übrige. Er machte mich, früh genug, aber tatsächlich als einziger, darauf aufmerksam, daß der Mensch einen Kopf hat und was das bedeutet. Daß zur Gehfähigkeit auch die Denkfähigkeit so bald als möglich einzusetzen habe. Zum Großvater nach Ettendorf ging ich, wie immer, auch in dieser Nacht wie auf einen heiligen Berg hinauf. Ich stieg aus den Niederungen empor. Ich ließ alles zurück, was engstirnig, schmutzig, im Grunde nichts als ekelerregend war. Ich ließ den abscheulichen Geruch einer dumpfen Welt hinter mir, in welcher die Hilflosigkeit und die Gemeinheit an der Macht sind. Etwas Feierliches kam in meinen Gang, die Atemzüge weiteten sich, bergauf, zu meinem Großvater, zu meiner höchsten Instanz, wandelte ich mich ganz und gar selbstverständlich vom gemeinen Verbrecher, vom nichtswürdigen und so abgrundtief bösartigen Charakter, von der zwielichtigen, verderbten Figur zur Persönlichkeit, deren hervorstechendste Eigenschaft nichts als ein erhabener Stolz war. Nur ein ganz besonders intelligenter, mit ganz besonderen Geistesgaben ausgestatteter Mensch erlernt in so kurzer Zeit das Radfahren und getraut sich, bis vor Salzburg zu fahren. Daß ich kurz vor dem Ziel scheiterte, schmälert nicht meine Wundertat. So dachte ich sicher. Denn selbst in meinem Scheitern ist noch meine Größe erkennbar. Ich präparierte mich auf dem Weg zu meinem Großvater, je höher ich den Hang hinaufstieg, je mehr ich mich dem großväterlichen Hause näherte, desto eindringlicher machte ich mir meine Leistung klar. Ich war nicht einmal müde. Ich war zu aufgeregt. Wir müssen nur tätig sein, niemals untätig, dieses großväterliche Wort hatte ich immer im Ohr, auch heute noch bestimmt es meinen Tagesablauf. Ich sagte es mir, während ich höher und höher stieg, ununterbrochen vor, gleich, was wir tun, es muß etwas getan werden, sagte der Weise auf dem Ettendorfer Berg. Der Tätige ist der Heilige, selbst wenn er in dieser ohnehin verderbten und vor Scheußlichkeit strotzenden Welt als Verbrecher abgestempelt ist, ein Verbrechen, gleich welches, sei immerhin besser als die absolute Untätigkeit, die das Verabscheuungswürdigste auf der Welt sei. Nun hatte ich, wenn auch zu ganz und gar ungewöhnlicher Zeit, von einer von mir zweifellos ungemein hoch eingeschätzten Tat zu berichten. Bis in die kleinsten Einzelheiten bereitete ich meine dem Großvater vorzutragende Erzählung vor, ich bosselte bereits an meinem Bericht, als ich noch ein paar hundert Meter vom großväterlichen Hause entfernt gewesen war. Mein Großvater wünschte die klare, die knappe Rede, er haßte die Ausschweifung, die Anläufe und Umwege, an welchen die ganze übrige Welt leidet, wenn sie etwas zum besten zu geben hat. Er litt unter der Umständlichkeit seiner Umgebung, die sich nur dilettantisch äußerte und in jedem Falle, wenn sie sich überhaupt etwas zu ihm zu sagen getraute, der Verdammung meines Großvaters sicher gewesen war. Ich kannte seine Abneigung gegen das Umständegeschwätz. Die Halbgebildeten tischen nur immer wieder ihren abgestandenen schauerlichen Brei auf, sagte er. Er war nur von Halbgebildeten umgeben. Es ekelte ihn, wenn sie die Stimme erhoben. Bis an sein Lebensende haßte er ihren Artikulierungsdilettantismus. Wenn ein einfacher Mensch spricht, ist das eine Wohltat. Er redet, er schwätzt nicht. Je gebildeter die Leute werden, desto unerträglicher wird ihr Geschwätz. Ich richtete mich ganz aus nach diesen Sätzen. Einem Maurer, einem Holzfäller können wir zuhören, einem Gebildeten oder einem sogenannten Gebildeten, denn es gibt ja doch nur sogenannte Gebildete, nicht. Leider hören wir immer nur die Schwätzer schwätzen, die andern schweigen, weil sie genau wissen, daß es nicht viel zu sagen gibt. Ich hatte die Höhe des Heiligen Berges erreicht. Die Morgendämmerung gab meiner Ankunft vor dem großväterlichen Hause einen theatralischen Effekt, mein Auftreten begünstigend. Aber noch getraute ich mich nicht in die großväterlichen Mauern. Mehr als vier Uhr früh war es nicht. Ich konnte mich, ich durfte mich nicht schon gleich melden, ich werfe meine ganze Strategie über den Haufen. Ich tat gut daran, alles noch einmal gründlich zu überlegen. Wecke ich die Großeltern auf, bin ich sofort im Nachteil, die Ungehörigkeit ist verletzend, ich mache mich neuerlich schuldig. Das Haus, in welchem die Großeltern schon mehrere Jahre wohnten, gehörte einem Kleinlandwirt, der sechs oder sieben Kühe besaß und mit seiner gebückten, beinahe taubstummen Frau sein Anwesen bewirtschaftete. Es grenzte schon an das Paradies, die Großeltern auf einem richtigen landwirtschaftlichen Anwesen zu wissen, den Geist in der Materie sozusagen. Ich liebte den Stall und die Tiere, ich liebte die Gerüche, ich liebte die Bauersleute. Und umgekehrt. Nein, das war keine Einbildung. Ich durfte zuschauen, wenn die Kühe gemolken wurden, ich fütterte sie, ich reinigte sie, ich war Zeuge, wenn sie kalbten. Ich war beim Ackern, beim Säen, beim Ernten dabei. Im Winter durfte ich bei den Bauersleuten in ihrer Stube sein. Ich war nirgends glücklicher. Und hier, wo ich an sich schon glücklich war, lebten im ersten Stock, um das Glücksgefühl vollkommen zu machen, mein Großvater und meine Großmutter. Von hier aus hatte man einen weiten Blick auf die bayerischen Voralpenberge, auf den Hochfelln, auf den Hochgern, auf die Kampenwand. Man wußte, darunter liegt der Chiemsee. An manchen Tagen, bei einem gewissen Ostwind, pflegte mein Großvater zu sagen, höre man von seinem Balkon aus, wenn man richtig höre, die Glocken von Moskau. Der Gedanke faszinierte mich. Ich hörte die Glocken von Moskau nie, aber ich war mir sicher, daß er sie von Zeit zu Zeit hörte. Traunstein unten liegt auf einem Moränenhügel, aber Ettendorf liegt noch viel höher, sozusagen vom Berg der Weisheit blickte man auf die Niederungen des Kleinbürgertums hinunter, in welchem, wie mein Großvater zu sagen nicht müde wurde, der Katholizismus sein stumpfsinniges Szepter schwang. Was unterhalb Ettendorf lag, war nur die Verachtung wert. Der kleine Geschäftsgeist, der Kleingeist überhaupt, die Gemeinheit und die Dummheit. Blöd wie die Schafe scharen sich die Kleinkrämer um die Kirche und blöken sich tagaus, tagein zutode. Nichts sei ekelerregender als die Kleinstadt, und genau die Sorte wie Traunstein sei die abscheulichste. Ein paar Schritte in diese Stadt hinein, und man sei schon beschmutzt, ein paar Wörter mit einem ihrer Einwohner gesprochen, und man müsse erbrechen. Entweder ganz auf dem Land oder in einer Riesenstadt, war die Meinung meines Großvaters. Leider hatte sein Schwiegersohn, mein Vormund, nur hier eine Anstellung gefunden, und so seien wir gezwungen, in dieser verabscheuungswürdigen Atmosphäre zu existieren. Nun sei er selbst ja in Ettendorf, aber unten, in Traunstein, nein, dann lieber Selbstmord. Genauso redete er auf seinen Spaziergängen. Das Wort *Selbstmord* war eines seiner selbstverständlichsten Wörter, es ist mir seit der frühesten Kindheit vor allem aus dem Mund meines Großvaters vertraut. Ich habe Erfahrung im Umgang mit diesem Wort. Keine Unterhaltung, keine Unterweisung seinerseits, in welcher nicht unausweichlich die Feststellung folgte, daß es der kostbarste Besitz des Menschen sei, sich aus freien Stücken der Welt zu entziehen durch Selbstmord, sich umzubringen, wann immer es ihm beliebe. Er selbst hatte lebenslänglich mit diesem Gedanken spekuliert, es war seine am leidenschaftlichsten geführte Spekulation, ich habe sie für mich übernommen. Jederzeit, wann immer wir wollen, sagte er, können wir Selbstmord machen, möglichst auf das ästhetischste, sagte er. Sich aus dem Staub machen können, sagte er, sei der einzige tatsächlich wunderbare Gedanke. *Dein Vater*, sagte er, wenn er diesem gut gesinnt war, *dein Vormund*, wenn er ihn gerade verdammte, ist der Brotbringer, und davon leben du und deine Mutter, zeitweise leben wir alle davon, also müssen wir die Tatsache, daß er in diesem entsetzlichen Traunstein sein muß und unser Bot verdient, hinnehmen, es gab keine andere Wahl. Wir sind ein Opfer der Arbeitslosigkeit. Diese war die einzige freie Stelle für deinen Vater (oder Vormund) in ganz Österreich und ganz Deutschland. Wie ich diese Kleinstädter verachte. Wie ich sie hasse. Aber ich bringe mich nicht um. Nicht wegen dieser nichtsnutzigen Leute, die einen Rumpf auf zwei Beinen, aber keinen Kopf haben. Er ging nur nach Traunstein hinunter, wenn ihn meine Mutter zum Essen einlud. Von allen Frauen, die ich in meinem Leben gekannt habe, kochte meine Mutter am besten. Im Krieg machte sie sozusagen aus Nichts eine Delikatesse, das machte ihr keine nach. *Hausmannskost* oder *wie zuhause gekocht* ist ein Schreckenswort für mich, nicht was die Kunst meiner Mutter betraf. So hatten er und meine Großmutter zwei- oder dreimal in der Woche einen Grund, in die gehaßte Stadt Traunstein hinunterzugehen, auf ein Kalbskotelett, auf einen Rostbraten, auf einen Topfenstrudel. Zwei hocherhobene Häupter gingen gegen Mittag von Ettendorf hinunter nach Traunstein. Die Bauersleute hatten einen Enkel in meinem Alter, der in einem ebenerdigen Zimmer schlief. Dieser Georg, genannt Schorschi, der nicht in Traunstein, sondern in Surberg die Volksschule besuchte, war ein zusätzlicher Reiz. So war meine ganze Sehnsucht in Traunstein immer nur auf Ettendorf gerichtet. Schorschi war intelligent, er verehrte meinen Großvater, nahm begierig alles auf, was von diesem kam, und mein Großvater liebte ihn. Wie ich wuchs der Schorschi ohne Vater auf, ausschließlich bei seinen Großeltern, seinen Vater habe ich hin und wieder gesehen, seine Mutter nie, ich wußte nichts von ihr. Die Bauersleute erzogen ihr Enkelkind nach ihren bäuerlichen Vorstellungen, er wuchs in absoluter Kärglichkeit, ja tatsächlicher Kargheit auf, der Schorschi mußte neben dem Schulbesuch schwer arbeiten, er tat es aber voll Liebe, und er war es, mit dem gemeinschaftlich ich so manches Kalb aus dem Bauch einer Kuh herausgezogen habe. Er war kräftiger als ich, ähnelte seinem Großvater aufs Haar, er war semmelblond und, im Gegensatz zu mir, ein Rechengenie. Er löste jede Rechenaufgabe in Sekundenschnelle. Die Winterszeit verbrachte ich beinahe ausschließlich mit ihm und seinen Großeltern in deren Stube, wenn nicht bei meinen Großeltern im ersten Stock, wo man froh war, mich, wenn mein Großvater arbeitete, hinunterschicken zu können. Schorschi, mein Kumpan, mein Verschworener und engster Vertrauter außer meinem Großvater. Vor ein paar Jahren habe ich ihn zum letztenmal gesehen, wir waren beide gerade fünfundvierzig, er war verrückt geworden und hatte das Haus seiner Großeltern, das sie ihm vererbt hatten, zwei Jahre nicht mehr verlassen gehabt. Er bedrohte jeden, der es wagte, zu ihm in den ersten Stock hinaufzusteigen, dahin, wo meine Großeltern einmal wohnten, mit dem Umbringen. Er hatte sich die Haare jahrelang wachsen lassen und war es überhaupt nicht mehr gewohnt, mit jemandem zu sprechen. Er freute sich aber über meinen Besuch, murmelte unverständliche Wörter. Er machte eine Flasche Traminer auf, die wir austranken, die meiste Zeit schweigend. Immer wieder meinte er, er habe meinen Großvater ganz deutlich vor sich, liebe ihn noch heute, verehre ihn wie keinen anderen Menschen. Mit seiner Einfachheit in seiner Verkommenheit beschämte er mich. Ich redete über mich, aber es war ihm unverständlich. Alles, was ich sagte, war überflüssiges Geschwätz. Andererseits, habe ich gedacht, *du* hast einen klaren Kopf, wenn du auch sonst ein körperlicher Krüppel bist, *er* ist ein dumpfes, stumpfgewordenes Wrack, in welchem es die Seele nicht mehr lange aushalten wird. Sie flackerte nur noch hie und da auf, in seinen Augen. Es war eine gespenstische Szene, auf die ich aber auf keinen Fall verzichten will. Die meterlangen Spinnweben beherrschten das Haus, der Modergeruch legte sich um jedes Wort, um jede Empfindung. Sein Vater hatte sich erhängt, nachdem er in

München mit einer Elektrofirma Konkurs gemacht hatte, das vernichtete das Leben des Sohnes. Die Großeltern starben, das Haus und sein Besitz verrotteten. Ich hatte meinen Augen nicht getraut: um das ehemals gepflegte Haus waren an die hundert Autowracks hingeworfen und ihrem Schicksal überlassen. Zwei Männer, deren Bärte ihre Gesichter überwuchert hatten und die in vor Schmutz steifen Overalls steckten, deuteten sich beinahe gleichzeitig mit dem Zeigefinger auf die Schläfe, als ich nach dem Schorschi fragte. Zwei Jahre habe er den ersten Stock nicht mehr verlassen. Sie versorgten ihn mit Lebensmitteln, dürften aber nicht zu ihm hinauf. Er besitze das Haus noch, obwohl er längst entmündigt gehörte. Sie warnten mich. Ich ging aber doch hinein und getraute mich in den ersten Stock. Ein Unmensch machte die Tür auf, Schmutz und Haare, aus welchen aber doch die Augen meines geliebten Schorschi leuchteten. Er erkannte mich nicht sofort, ich mußte dreimal Thomas sagen, bis er begriff. Dann durfte ich eintreten. Genauso schaut ein Mensch aus, der vollkommen und konsequent aufgegeben, aber sich noch immer nicht umgebracht hat, dachte ich. Sein Vater hat sich umgebracht, dachte ich, er nicht, wahrscheinlich ist der Selbstmord seines Vaters genau der Grund, warum er selbst sich bis jetzt nicht umgebracht hat. Durch meine Spekulation blickte ich durch den Unmenschen Schorschi auf unsere gemeinsame Kindheit. Sie war noch immer da, sie lebte. Ich schaute also durch das Schlafzimmerfenster meines Freundes, der einen festen Schlaf schlief, denn er war immer ausgenützt und dadurch immer übermüdet, wie alle Bauernkinder. Klopfe ich oder klopfe ich nicht? Ich klopfte. Der Schorschi kam ans Fenster und machte mir auf. Ich sehe diese Szene deutlich. Er sperrte die Haustür auf, und ich setzte mich mit ihm in sein kaltes Zimmer und erzählte ihm meine Geschichte. Sie hatte die erwartete großartige Wirkung auf ihn. *Fast bis Salzburg*, sagte ich, *beinahe*, ich hätte schon die Lichter von Salzburg gesehen, nur ich wußte die Adresse der Tante Fanny nicht. Alles, was ich sagte, bewunderte er, und mit jeder neuen Wendung in meinem Bericht war seine Bewunderung eine noch größere. Natürlich, er war noch nie auf einem Steyr-Waffenrad gesessen. Was für ein Hochgefühl, es selbst in Bewegung zu setzen und auf und davon zu fahren. Ich selbst genoß meinen Bericht so, als würde er von einem ganz andern erzählt, und ich steigerte mich von Wort zu Wort und gab dem Ganzen, von meiner Leidenschaft über das Berichtete selbst angefeuert, eine Reihe von Akzenten, die entweder den ganzen Bericht würzende Übertreibungen oder sogar zusätzliche Erfindungen waren, um nicht sagen zu müssen: Lügen. Ich hatte, auf dem Schemel neben dem Fenster sitzend, den Schorschi auf seinem Bett gegenüber, einen durch und durch dramatischen Bericht gegeben, von dem ich überzeugt war, daß man ihn als ein wohlgelungenes Kunstwerk auffassen mußte, obwohl kein Zweifel darüber bestehen konnte, daß es sich um wahre Begebenheiten und Tatsachen handelte. Wo es mir günstig erschien, hielt ich mich länger auf, verstärkte das eine, schwächte das andere ab, immer darauf bedacht, dem Höhepunkt der ganzen Geschichte zuzustreben, keine Pointe vorwegzunehmen und im übrigen mich als den Mittelpunkt meines dramatischen Gedichts niemals außer acht zu lassen. Ich wußte, was dem Schorschi imponierte und was nicht, dieses Wissen war die Grundlage meines Berichts. Ich durfte natürlich nicht so laut sein, daß man auf uns aufmerksam wurde. Es war hellichter Tag, als ich mit meinem Bericht zuende war. Ich hatte die Fähigkeit, mein klägliches Scheitern am Ende mit ein paar kurzen Sätzen zu einem Triumph zu machen. Es war mir gelungen: der Schorschi war an diesem Morgen überzeugt, daß ich ein Held bin. Mein Großvater empfing mich mit einem strafenden Blick, gleichzeitig aber mit einem Händedruck, der mir sagte: alles in Ordnung.

Aus: Der Atem
Eine Entscheidung

Es war, das zeigte sich dem noch nicht Achtzehnjährigen schon bald nach den von mir jetzt mit dem Willen zur Wahrheit und Klarheit zu notierenden Ereignissen und Geschehnissen nichts als nur folgerichtig, daß ich selbst erkrankte, nachdem mein Großvater plötzlich erkrankt war und in das nur wenige hundert Schritte von uns gelegene Krankenhaus hatte gehen müssen, wie ich mich erinnere und wie ich noch heute genau vor mir sehe, in seinem grauschwarzen Wintermantel, den ihm ein kanadischer Besatzungsoffizier geschenkt hatte, so unternehmend ausschreitend und seine Körperbewegung mit seinem Stock taktierend, als wollte er einen Spaziergang machen wie gewohnt, an seinem Fenster vorbei, hinter welchem ich ihn beobachtete, nicht wissend, wohin ihn, den einzigen wirklich geliebten Menschen, dieser Spaziergang führte, ganz sicher in traurig-melancholischer Gefühls- und Geistesverfassung, nachdem ich mich von ihm verabschiedet hatte. Das Bild ist mir wie kein zweites: der von einem angesehenen Salzburger Internisten einer von diesem nicht näher bezeichneten *Merkwürdigkeit* wegen zu einer klinischen Untersuchung, möglicherweise zu einem kleineren chirurgischen Eingriff, wie ausdrücklich gesagt worden war, ins Landeskrankenhaus Aufgeforderte verschwindet an einem Samstagnachmittag hinter der Gartenmauer unseres benachbarten Gemüsehändlers. Es muß mir klar gewesen sein, in diesem Augenblick war eine entscheidende Wende in unserer Existenz eingetreten. Meine eigene, durch meinen fortgesetzten Unwillen gegen Krankheitszustände unausgeheilte Krankheit war wieder, und zwar mit geradezu erschreckender Heftigkeit, ausgebrochen. Fiebernd und gleichzeitig in einem schmerzhaften Angstzustand, war ich schon einen Tag, nachdem mein Großvater das Krankenhaus aufgesucht hatte, unfähig gewesen, aufzustehen und in die Arbeit zu gehen. Aus dem Vorhaus, wo ich, aus Platzmangel und aus hier nicht näher zu erörternden, mir auch nicht vollkommen klaren familiären Gründen, mein Bett gehabt hatte, durfte ich, wahrscheinlich, weil allein der Anblick meines Zustandes eine solche Maßnahme als unbedingt und ganz einfach als selbstverständlich erfordert hatte, in das sogenannte Großvaterzimmer.

Jetzt war es mir möglich, jede Einzelheit in dem Großvaterzimmer einer genaueren Betrachtung, ausgestreckt im Bett des Großvaters, jeden einzelnen ihm so lebensnotwendigen, mir auf die nützlichste Weise so vertrauten Gegenstand einer langen, ja ununterbrochenen Prüfung zu unterziehen. Größerer Schmerz und gesteigerte Angst hatten mich von Zeit zu Zeit abwechselnd meine Mutter oder meine Großmutter, die ich auf dem Gang gehört hatte, rufen lassen, und es mag den beiden mit allen möglichen Hausarbeiten beschäftigten und allein von der Tatsache des Krankenhausaufenthaltes meines Großvaters, ihres Mannes und Vaters, in Ungewißheit und Angst versetzten Frauen schließlich auf die angespannten Nerven gegangen sein, daß ich sie, möglicherweise viel öfter als tatsächlich erforderlich, zu mir in das Großvaterzimmer herein und an mein Bett gerufen hatte, denn plötzlich hatten sie sich meine fortwährenden Mutter- und Großmutterrufe verbeten und mich in ihrer gesteigerten Ungewißheit und Angst als einen sie ihrer Meinung nach ganz bewußt und bösartig peinigenden *Simulanten* bezeichnet, was mich, der ich ihnen zu früheren Gelegenheiten sicher für diese Bezeichnung Anlaß gegeben hatte, in diesem tatsächlich ernsten und, wie sich sehr rasch herausstellen sollte, lebensgefährlichen Zustande, zutiefst verletzen mußte, und waren, so sehr ich sie auch darum immer wieder, Mutter und Großmutter rufend, gebeten hatte, nicht mehr im Großvaterzimmer erschienen. Zwei Tage später erwachte ich in demselben Krankenhaus, in welchem mein Großvater schon mehrere Tage gewesen war, aus einer Bewußtlosigkeit, in welcher meine Mutter und meine Großmutter mich im Großvaterzimmer entdeckt hatten. Der von den erschrockenen Frauen herbeigerufene Arzt hatte mich gegen ein Uhr früh, wie ich später von meiner Mutter erfahren habe, nicht ohne Vorwürfe gegen Mutter und Großmutter, ins Krankenhaus transportieren lassen. Die Erkältung, die ich mir beim Abladen von mehreren Zentnern Kartoffeln im Schneetreiben auf dem Lastwagen vor dem Magazin der Lebensmittelhandlung des Podlaha zugezogen und die ich viele Monate ganz einfach ignoriert hatte, war jetzt nichts anderes als eine schwere sogenannte *nasse Rippenfellentzündung* gewesen, die von jetzt an während mehrerer Wochen immer wieder innerhalb weniger Stunden zwei oder drei Liter einer gelbgrauen Flüssigkeit produzierte, wodurch naturgemäß Herz und Lunge in Mitleidenschaft gezogen und der ganze Körper binnen kürzester Zeit auf die gefährlichste Weise geschwächt worden war. Schon kurz nach meiner Einlieferung in das Krankenhaus war ich punktiert und waren, sozusagen als erste lebensrettende Maßnahme, drei Liter dieser gelbgrauen Flüssigkeit aus meinem Brustkorb abgelassen worden. Doch von diesen Punktionen später. Aufgewacht bin ich und also wieder zu Bewußtsein gekommen in einem dieser riesigen, zum Teil mit Gewölben ausgestatteten Krankensäle, in welchen zwischen zwanzig und dreißig Betten standen, einmal weißgestrichene, aber längst an allen Ecken und Enden im Laufe der Jahre und Jahrzehnte abgestoßene, völlig verrostete Eisenbetten, die in den Sälen so eng aneinandergeschoben waren, daß es nur unter Anwendung von Geschicklichkeit *und* Brutalität möglich war, zwischen ihnen durchzukommen. In dem Saal, in dem ich aufgewacht bin, standen sechsundzwanzig Betten, jeweils zwölf waren so an die gegenüberliegenden Wände geschoben, daß zwischen ihnen auf dem so entstandenen Mittelgang noch zwei Platz hatten. Diese zwei Betten waren bis in die Höhe von eineinhalb Metern vergittert gewesen. Nachdem ich in dem Krankensaal aufgewacht war, hatte ich aber nur zwei Tatsachen feststellen können: daß ich in ein Bett am Fenster und unter ein kalkweißes Gewölbe gelegt worden war. Auf diesem Gewölbe oder wenigstens auf dem Gewölbeteil über mir haftete während der ersten Stunden nach meiner Bewußtlosigkeit mein Blick. Aus dem ganzen Saal hatte ich die Stimmen von alten Männern hören können, die ich nicht sehen konnte, weil ich zu schwach gewesen war, auch nur meinen Kopf zu bewegen. Als ich zum erstenmal zur Punktion abgeholt worden war, sind mir naturgemäß noch nicht die ganze Größe und die ganze Häßlichkeit dieses Krankensaales zu Bewußtsein gekommen, was ich wahrgenommen hatte, waren Schatten von Menschen und Mauern und von Gegenständen an diesen Menschen und Mauern und die mit diesen Menschen und Mauern und Gegenständen zusammenhängenden Geräusche, alles zusammen hatte ich auf diesem Weg durch den Krankensaal, auf welchem mir mehrere geistliche Schwestern und wie diese weißgekleidete Pfleger behilflich gewesen waren, schon ein von den vielen Penicillin- und Kampferspritzen auf ein Minimum herabgesetztes, mich aber tatsächlich in einen gegenüber meinen Anfangsschmerzen nicht nur erträglichen, sondern angenehmen Zustand versetzendes Wahrnehmungsvermögen gehabt, von allen Seiten hatten mich Hände, mir war vorgekommen, eine Unzahl von Händen, ohne daß ich diese Hände und auch nicht die zu diesen Händen gehörenden Menschen hätte sehen können, aus meinem Bett heraus und auf eine Tragbahre gehoben und gezogen und geschoben und in dicke Decken gewickelt und schließlich, alles war mir verschwommen und in der größten Undeutlichkeit, durch den ganzen, wie mir vorgekommen war, von Hunderten von Leidensgeräuschen angefüllten Krankensaal hinaus auf den Gang befördert und durch den langen, mich vollkommen aus dem Gleichgewicht bringenden Gang mit seinen unendlich vielen offenen und geschlossenen, von Hunderten, wenn nicht Tausenden von Patienten bevölkerten Zimmern in eine, wie mir vorgekommen war, enge, kahlgraue Ambulanz gebracht, in welcher mehrere Ärzte und Schwestern beschäftigt waren, deren Gespräche oder auch nur einzelne Wörter oder auch nur Rufe ich nicht verstehen hatte können, die aber ununterbrochen miteinander gesprochen und immer wieder etwas gerufen hatten; wie ich mich auch noch an die Tatsache erinnere, daß plötzlich, nachdem meine Bahre abgestellt gewesen war, gleich neben der Tür neben einer anderen Bahre, auf welcher ein alter Mann mit einem vollkommen verbundenen Kopf gelegen war, mehrere ärztliche Instrumente zu Boden gefallen waren, an das fürchterliche Aneinanderschlagen von Blechkübeln, dann wieder Lachen, Schreien, Zufallen von Türen, wie plötzlich hinter mir Wasser aus einem Leitungshahn in eine Emailschüssel heruntergelassen, der Leitungshahn abrupt wieder zugedreht worden war; mir war vorgekommen, gerade in diesem Augenblick hatten die Ärzte eine Reihe von mir unverständlichen lateinischen Wörtern gesprochen, nur für sie bestimmtes Medizinisches, darauf waren wieder Befehle, Anweisungen, Geräusche von Gläsern, Schläuchen, Scheren, Schritte zu hören gewesen. Ich selbst hatte während dieser Zeit wahrscheinlich die unterste Grenze meines Wahrnehmungsvermögens erreicht und folglich auch keinerlei Schmerzen mehr. Mir war nicht klar gewesen, in welchem Teil des Krankenhauses ich mich zu diesem Zeitpunkt befand, auch hatte ich keine Ahnung von der Lage des Krankensaales, ich muß mich in Fußbodennähe befunden haben, weil ich so viele Beine gehen gehört und gesehen habe, und allem Anschein nach waren die Ärzte und Schwestern außer mit mir mit vielen anderen Patienten beschäftigt gewesen, ich selbst hatte aber die längste Zeit den Eindruck, ich sei in die Ambulanz hereingelegt und dann auch schon vergessen gewesen, daß sich um mich überhaupt niemand kümmerte, hatte ich gedacht, weil alle in der Ambulanz immer nur an mir vorübergingen, einerseits hatte ich das Gefühl, bald erdrückt zu sein und ersticken zu müssen, andererseits war mein Zustand ein leichter, schwereloser. Noch hatte ich nicht gewußt, was eine solche mir angekündigte Punktion bedeutete, weil ich die erste an mir vorgenommene infolge meiner Bewußtlosigkeit gar nicht wahrgenommen hatte, aber gleich, was mir bevorstand, ich hatte mich längst in alles gefügt, und ich hätte alles mit mir geschehen lassen, ich hatte infolge der mir in der Zwischenzeit bereits verabreichten Medikamente keinerlei Willenskraft mehr, nur noch Geduld und auch keinerlei Angst, gleich, was auf mich zukommen sollte, nicht die geringste Angst, von dem Augenblick an, in welchem ich auf einmal schmerzfrei war, hatte ich keine Angst mehr, alles in mir war nur noch Ruhe und Gleichgültigkeit. So hatte ich schließlich vollkommen widerstandslos von der Bahre gehoben und auf einen mit einem weißen Leintuch zugedeckten Tisch gesetzt werden können. Mir gegenüber war ein großes, mattes, undurchsichtiges Fenster gewesen, und ich hatte versucht, solange als möglich auf dieses Fenster zu schauen. Wer mich stützte, weiß ich nicht, ohne diese Stütze aber wäre ich augenblicklich kopfüber nach vorn gefallen. Ich fühlte mehrere Hände, die mich hielten, und ich sah ein Fünf-Liter-Gurkenglas neben mir. Die gleichen Gurkengläser hatten wir im Geschäft. Was jetzt komme, sei notwendig und in ein paar Minuten auch schon wieder vorbei, hatte ich hinter mir von dem Arzt gehört, der dann die Punktion vorgenommen hat. Ich kann nicht sagen, daß das Durchstechen des Brustkorbes schmerzhaft gewesen war, aber der Anblick des Gurkenglases neben mir, in welches der rote Gummischlauch, der mit der Punktionsnadel verbunden war, die in meinem Brustkorb steckte, mit seinem anderen Ende hineingelegt worden war, genau der gleiche Gummischlauch, den wir im Geschäft zum Essigabziehen verwendeten und durch welchen nach und nach, und zwar stoßweise unter rhythmischen Pump- und Sauggeräuschen die schon erwähnte gelbgraue Flüssigkeit in das Gurkenglas abgeleitet, und zwar so lange abgeleitet worden war, bis das Gurkenglas neben mir über die Hälfte angefüllt gewesen war, hatte zu plötzlicher Übelkeit und in eine unmittelbar darauffolgende neuerliche Bewußtlosigkeit geführt. Erst im Krankensaal, in meinem Eckbett, war ich wieder zu mir gekommen. Ich hatte kein Zeitgefühl, und ich wußte nicht wann und nicht wie ich in das Krankenhaus gekommen und wie lange ich bewußtlos gewesen war, als ich zum erstenmal in dem Krankensaal aufwachte. Ich hatte zwar die Schatten von Menschen vor mir gesehen, aber nicht verstanden, was sie gesprochen, zu mir gesagt hatten. Zuerst war mir selbst die Ursache meines Krankenhausaufenthaltes nicht bekannt gewesen. Ich fühlte aber, daß es sich um eine *schwere* Erkrankung handelte. Nach und nach erinnerte ich mich an den Ausbruch der Krankheit und daß ich mehrere Tage im Großvaterzimmer gelegen war. Plötzlich war meine tagelange Betrachtung des Großvaterzimmers abgebrochen gewesen. Dann nichts mehr, nicht die kleinste, nicht die geringste Erinnerung. Jetzt war mir aber klar geworden, daß mich meine den halben Winter ignorierte *Verkühlung* in das Krankenhaus hereingebracht hatte. Ich war dem Großvater in das Krankenhaus nachgefolgt. Ich versuchte eine Rekonstruktion der Ereignisse und Geschehnisse der letztvergangenen Tage und scheiterte. Jeder Gedanke war bald von Mattigkeit und von Müdigkeit abgebrochen, unmöglich gemacht. Kein Gesicht, das ich kannte, kein Mensch, der mich aufklärte. In immer kürzeren Abständen war ich abgedeckt, war mir ein Medikament injiziert worden. Ich versuchte mich an den Schatten und an den Geräuschen zu orientieren, aber es blieb alles unklar. Manchmal schien es, als hätte jemand etwas zu mir gesagt, aber dann war es schon zu spät, ich hatte es nicht verstanden. Die Gegenstände waren undeutlich, schließlich überhaupt nicht mehr erkennbar gewesen, die Stimmen hatten sich entfernt. Es war Tag, es war Nacht, immer der gleiche Zustand. Das Gesicht des Großvaters, vielleicht das der Großmutter, meiner Mutter. Dann und wann war mir Nahrung eingeflößt worden. Keine Bewegung mehr, nichts mehr. Mein Bett wird auf Räder gehoben und durch den Krankensaal geschoben, hinaus auf den Gang, durch eine Tür, so weit, daß es an ein anderes anstößt. Ich bin im Badezimmer. Ich weiß, was das bedeutet. Jede halbe Stunde kommt eine Schwester herein und hebt meine Hand auf und läßt sie wieder fallen, das gleiche macht sie wahrscheinlich mit einer Hand in dem Bett vor meinem Bett, das schon länger als meines in dem Badezimmer gestanden ist. Die Abstände, in welchen die Schwester hereinkommt, verringern sich. Irgendwann kommen graugekleidete Männer mit einem verschlossenen Zinkblechsarg herein, decken ihn ab und legen einen nackten Menschen hinein. Mir ist klar, der, den sie an mir vorbei in dem wieder festverschlossenen Zinkblechsarg aus dem Badezimmer hinaustragen, ist der Mensch aus dem Bett vor meinem Bett. Die Schwester kommt jetzt nurmehr noch meine Hand aufzuheben. Ob noch ein Pulsschlag feststellbar ist. Plötzlich fällt die nasse und schwere Wäsche, die die ganze Zeit an einem quer durch das Badezimmer und gerade über mir gespannten Strick aufgehängt gewesen war, auf mich. Zehn Zentimeter, und die Wäsche wäre auf mein Gesicht gefallen, und ich wäre erstickt. Die Schwester kommt herein und packt die Wäsche und wirft sie auf einen Sessel neben der Badewanne. Dann hebt sie meine Hand auf. Sie geht die ganze Nacht durch die Zimmer und hebt immer wieder Hände auf und fühlt den Pulsschlag. Sie fängt an, das Bett abzuziehen, in welchem gerade ein Mensch gestorben ist. Dem Atem nach ein Mann. Sie wirft das Bettzeug auf den Boden und hebt, wie wenn sie jetzt auf meinen Tod wartete, meine Hand auf. Dann bückt sie sich, nimmt das Bettzeug und geht mit dem Bettzeug hinaus. *Jetzt* will ich leben. Ein paarmal noch kommt die Schwester herein und hebt meine Hand auf. Dann, gegen Morgen, kommen Pfleger und heben mein Bett auf Gummiräder und fahren es in den Krankensaal zurück. Plötzlich, denke ich, hat der Atem des Mannes vor mir aufgehört. Ich will nicht sterben, denke ich. *Jetzt* nicht. Der Mann hat plötzlich zu atmen aufgehört. Kaum hatte er zu atmen aufgehört, waren die graugekleideten Männer von der Prosektur hereingekommen und hatten ihn in den Zinkblechsarg gelegt. Die Schwester hat es nicht mehr erwarten können, daß er zu atmen aufgehört hat, dachte ich. Auch ich hätte zu atmen aufhören können. Wie ich jetzt weiß, war ich gegen fünf Uhr früh wieder zurückgebracht worden in den Krankensaal. Aber die Schwestern, möglicherweise auch die Ärzte, waren sich nicht sicher gewesen, sonst hätten mir die Schwestern nicht gegen sechs in der Früh von dem Krankenhauspfarrer die sogenannte *Letzte Ölung* geben lassen. Ich hatte das Zeremoniell kaum wahrgenommen. An vielen andern habe ich es später beobachten und studieren können. Ich wollte *leben*, alles andere bedeutete nichts. Leben, und zwar *mein* Leben leben, *wie und solange ich es will*. Das war kein Schwur, das hatte sich der, der *schon aufgegeben gewesen war*, in dem Augenblick, in welchem der andere vor ihm zu atmen aufgehört hatte, vorgenommen. Von zwei möglichen Wegen hatte ich mich in dieser Nacht in dem entscheidenden Augenblick für den des Lebens entschieden. Unsinnig, darüber nachzudenken, ob diese Entscheidung falsch oder richtig gewesen ist.

Die Tatsache, daß die schwere, nasse Wäsche nicht auf mein Gesicht gefallen war und mich nicht erstickt hatte, war die Ursache dafür gewesen, daß ich nicht aufhören wollte zu atmen. Ich hatte nicht, wie der andere vor mir, aufhören wollen zu atmen, ich hatte weiteratmen und weiterleben wollen. Ich mußte die sicher auf meinen Tod eingestellte Schwester zwingen, mich aus dem Badezimmer heraus- und in den Krankensaal zurückführen zu lassen, und also mußte ich *weiter*atmen. Hätte ich nur einen Augenblick in diesem meinem Willen nachgelassen, ich hätte keine einzige Stunde länger gelebt. Es war an mir, ob ich weiteratmete oder nicht. Nicht die Leichenträger in ihren Prosekturkitteln waren in das Badezimmer hereingekommen, um mich abzuholen, sondern die weißen Pfleger, die mich in den Krankensaal zurückgebracht haben, wie ich es wollte. *Ich* bestimmte, welchen der beiden möglichen Wege ich zu gehen hatte. Der Weg in den Tod wäre leicht gewesen. Genauso hat der Lebensweg den Vorteil der Selbstbestimmung. Ich habe nicht alles verloren, mir ist alles geblieben. Daran denke ich, will ich weiter.

Aus: Die Kälte
Eine Isolation

Die sogenannte gesunde Welt hatte eine panische Angst vor dem Wort *Lungenkrankheit*, vor dem Begriff der *Tuberkulose*, geschweige denn vor dem Begriff der *offenen Lungentuberkulose*; sie hat sie heute noch. Sie fürchtete sich vor nichts mit einer größeren Intensität. *Was* es tatsächlich bedeutete, lungenkrank zu sein, positiv zu sein, erfuhr ich am eigenen Leib erst später. Ob ich es glaubte oder nicht, es war in jedem Falle ungeheuerlich, menschenunwürdig. Schon bevor ich nach Grafenhof gekommen war, von dem Augenblick an, in welchem ich wußte, nach Grafenhof gehen zu müssen, getraute ich mir diese Tatsache nicht und niemandem zu sagen, hätte ich gesagt, ich gehe nach Grafenhof, ich wäre schon draußen, also in Salzburg, erledigt gewesen. Ob meine Leute wußten, *was* Grafenhof wirklich bedeutete, weiß ich nicht, sie hatten sich diese Frage nicht gestellt, dafür hatten sie keine Zeit, ihr Augenmerk war auf die Krankheit meiner Mutter, die schon als tödlich erkannt gewesen war, gerichtet. Ohne daß ich selbst es mir voll und ganz erklären hatte können, war mir das Wort Grafenhof schon seit frühester Kindheit als Schreckenswort bekannt. Es war schlimmer, nach Grafenhof zu gehen, als nach Stein oder Suben oder Garsten, in die berühmten Strafanstalten. Mit einem Lungenkranken verkehrte man nicht, es wurde ihm aus dem Weg gegangen. Einmal von der Lungenkrankheit befallen, tat das Opfer gut daran, diesen Sachverhalt zu verschweigen. Auch die Familien isolierten, ja ächteten ihre Lungenkranken, die meinige nicht ausgenommen. Aber es war ihnen in meinem Falle nicht möglich, sich tatsächlich *ganz* auf meine Lungenkrankheit zu konzentrieren, denn der Gebärmutterkrebs meiner Mutter, der zu jener Zeit schon in sein gefährlichstes, schmerzhaftestes und gemeinstes Stadium getreten war, beschäftigte sie naturgemäß mehr. Meine Mutter lag schon monatelang im Bett, mit Schmerzen, die auch von stündlich und in noch viel kürzeren Abständen gegebenen Morphiumspritzen nicht mehr gestillt, ja nicht einmal mehr gelindert werden konnten. Ich hatte ihr gesagt, ich ginge nach Grafenhof, aber es war ihr sicher nicht bewußt gewesen, was das bedeutete. Sie wußte, als ich mich von ihr verabschiedete, schon, daß sie in kurzer Zeit sterben würde, ob in einem halben, ob in einem ganzen Jahr, war nicht mit Sicherheit auszumachen, sie hatte ein kräftiges Herz auch noch zu dem Zeitpunkt, als sie schon gänzlich abgemagert war und nurmehr noch Haut und Knochen hatte. Ihr Verstand war von dieser fürchterlichsten aller Krankheiten nicht getrübt gewesen, er war es bis zu ihrem Ende nicht, das noch eine Zeit auf sich warten ließ, obwohl wir alle es sehnlichst herbeiwünschten, weil wir den Zustand meiner Mutter nicht mehr mitanschauen, ganz einfach nicht mehr ertragen konnten. Als ich mich von meiner Mutter verabschiedete, um nach Grafenhof zu gehen, in diese neue Ungewißheit, hatte ich ihr ein paar meiner Gedichte vorgelesen. Sie hatte geweint, beide hatten wir geweint. Ich hatte sie umarmt und meinen Koffer gepackt und war verschwunden. Würde ich sie überhaupt wiedersehen? Sie hatte meine Gedichte anhören *müssen*, ich hatte sie erpreßt, ich hatte die Gewißheit, meine Gedichte sind gut, Produkte eines achtzehnjährigen Verzweifelten, der außer diesen Gedichten nichts mehr zu haben schien. Ich hatte mich schon zu dieser Zeit in das Schreiben geflüchtet, ich schrieb und schrieb, ich weiß nicht mehr, Hunderte, Aberhunderte Gedichte, ich existierte nur, wenn ich schrieb, mein Großvater, der Dichter, war tot, jetzt durfte *ich* schreiben, jetzt hatte *ich* die Möglichkeit, selbst zu dichten, jetzt getraute ich mich, jetzt hatte ich dieses Mittel zum Zweck, in das ich mich mit allen meinen Kräften hineinstürzte, ich mißbrauchte die ganze Welt, indem ich sie zu Gedichten machte, auch wenn diese Gedichte wertlos waren, sie bedeuteten mir alles, nichts bedeutete mir mehr auf der Welt, ich hatte nichts mehr, nur die Möglichkeit, Gedichte zu schreiben. So war es das Natürlichste, daß ich, bevor ich mich von meiner Mutter, die wir zuhause gelassen hatten, weil wir wußten, was, sie dem Krankenhaus ausliefern, bedeutete, verabschiedete, ihr Gedichte aus meinem Kopfe vorgelesen hatte. Wir hatten nicht die Kraft, etwas zu sagen, wir weinten nur und drückten unsere Schläfen aneinander. Meine Reise nach Grafenhof durch das finstere Salzachtal war die bedrückendste meines Lebens. In meinem Gepäck hatte ich auch ein Bündel Papier mit meinen letzten Gedichten. Bald werde ich außer diesem Gedichtbündel nichts mehr haben auf der Welt, das mir etwas bedeutet, an das ich mich klammern kann, hatte ich gedacht. Tuberkulose! Grafenhof! Und meine Mutter in einem rettungslosen Zustand, von den Ärzten aufgegeben. Ihr Mann, mein Vormund, und meine Großmutter waren, so kurz nach dem Tod meines Großvaters, schon wieder auf die Probe gestellt. Jetzt fuhr ich mit dem Frühzug auf das Schreckenswort zu: *Grafenhof!* Danach zu fragen hatte ich mich nur halblaut getraut. Zweihundert Meter vor der Heilstätte waren überall Schilder angebracht mit der Aufschrift: *Halt. Anstalt. Verbotener Weg.* Kein Gesunder überging diese Mahnung freiwillig. Von der Heilstätte aus lautete der Text: *Halt! Durchgang verboten!* Ich ging in eine Verzweiflung hinein, und ich hatte eine Verzweiflung zurückgelassen. Da, wo ich hergekommen war, herrschte schon mit größter Entschiedenheit der Tod, da, wo ich angekommen war, ebenso. Heute ist dieser Zustand von damals nurmehr schwer und nur unter den größten Widerständen überhaupt andeutbar. Meine Geistesverfassung kann nicht mehr wiedergegeben werden, mein Gefühlszustand läßt sich nicht mehr ausmachen, ich hüte mich auch, weiter zu gehen, als unbedingt notwendig, weil mir selbst die Peinlichkeit einer Grenzüberschreitung in Richtung auf die oder überhaupt auf eine diesbezügliche Wahrheit unerträglich ist. Obwohl ich aber in die Hölle hineingegangen war, indem ich nach Grafenhof hineingegangen bin, hatte ich doch zuerst das Gefühl gehabt, ich bin der Hölle entronnen, entkommen bin ich ihr, das Entsetzen, das Unerträgliche habe ich zurückgelassen. Ruhe umgab mich aufeinmal, Ordnung. Einem unmenschlichen, wenn auch gottgewollten Chaos war ich davongelaufen, so dachte ich, und ich hatte sogar ein schlechtes Gewissen, denn ich hatte ja die Meinigen mit meiner todkranken Mutter zurückgelassen, mit allem Elend, mit allen Fürchterlichkeiten. Scham empfand ich, daß ich hierher, in *die geordnete Versorgung*, gegangen war. *Aus dem Chaos* einer hilflosen, schon beinahe völlig zerstörten Familie *in Pflege*. Hier bekam ich aufeinmal Mahlzeiten zu ganz genau festgesetzten Zeiten, war ich alles in allem in Ruhe gelassen und konnte ich mich einmal tatsächlich ausschlafen, was mir zuhause schon wochenlang nicht mehr möglich gewesen war, keiner von uns hatte mehr schlafen können, alles war auf die todkranke Mutter konzentriert gewesen, die ununterbrochen medizinisch versorgt werden mußte. Der Mann meiner Mutter, der Vormund, und meine Großmutter hatten sich im wahrsten Sinne des Wortes aufgeopfert, vollkommen selbstlos, alles auf sich genommen, was sonst nur in einer Klinik zu leisten ist, beispielsweise über Monate, schließlich weit über ein Jahr hinaus stündliche Verabreichungen von Injektionen Tag und

Nacht und alles andere, das nur der wissen, begreifen und achten kann, der es geleistet oder tatsächlich mit eigenen Augen unmittelbar gesehen hat. Wie leichtfertig gehen die, die nie in eine solche Lage gekommen sind, mit ihren Urteilen um, sie wissen nichts vom *Leiden*. Es war ja noch nicht lange her, daß ich den mir liebsten Menschen verloren hatte, meinen Großvater, ein halbes Jahr später hatte ich auch schon die Gewißheit, den zu verlieren, der mir nach ihm am nächsten war: meine Mutter. Mit diesem Bewußtsein hatte ich meine Reise nach Grafenhof angetreten, mit dem Papierkoffer, in welchem meine Mutter und ich in den Kriegsjahren gemeinsam Erdäpfel von den Bauern nachhause getragen hatten. *Du fährst auf Erholung*, hatte meine Mutter zu mir gesagt, *erhol' dich gut*. Immer wieder habe ich diese Worte im Ohr, ich höre sie heute wie damals, so gut gemeint und vernichtend! Wir alle hatten bei Kriegsende gedacht, davongekommen zu sein, und fühlten uns sicher; daß wir überlebt hatten Fünfundvierzig, hatte uns insgeheim glücklich gemacht, abgesehen von den Fürchterlichkeiten, die in keinem Verhältnis zu anderen großen und noch größeren und größten Fürchterlichkeiten gestanden waren, wir hatten viel mitgemacht, aber doch nicht das größte Elend, wir hatten viel erdulden müssen, aber doch nicht das tatsächlich Unerträgliche, wir hatten viel einstecken müssen, aber doch nicht das Entsetzlichste, und jetzt, ein paar Jahre nach dem Krieg, waren wir doch nicht davongekommen, jetzt schlug es zu, hatte uns eingeholt, wie wenn es uns aufeinmal urplötzlich zur Rechenschaft gezogen hätte. Auch wir durften nicht überleben! Ich war aus dem Totenzimmer meiner Mutter hinausgegangen und nach Grafenhof gefahren, um in ein Totenhaus einzuziehen, in ein Gebäude, in welchem sich, solange es besteht, der Tod niedergelassen hat, hier gab es nur Totenzimmer, und hier gab es viele, wenn nicht überhaupt nur Todeskandidaten und immer wieder Tote, aber diese Todeskandidaten und diese Toten gingen mir naturgemäß nicht so nahe wie meine Mutter. Diese Totenzimmer schaute ich an, beobachtete ich, aber sie erschütterten mich nicht, sie hatten nicht die Kraft, mich zu vernichten, sowenig wie die Toten, die ich hier zu sehen bekommen habe. Grafenhof war im ersten Moment kein Schock für mich, eher eine Beruhigung. Aber diese Beruhigung war ein Selbstbetrug. Ich getraute mich, Atem zu schöpfen ein, zwei Tage. Dann gestand ich selbst mir meine Irrtümer ein. Das Leben ist nichts als ein Strafvollzug, sagte ich mir, du mußt diesen

Strafvollzug aushalten. Lebenslänglich. Die Welt ist eine Strafanstalt mit sehr wenig Bewegungsfreiheit. Die Hoffnungen erweisen sich als Trugschluß. Wirst du entlassen, betrittst du in demselben Augenblick wieder die gleiche Strafanstalt. Du bist ein Strafgefangener, sonst nichts. Wenn dir eingeredet wird, das sei nicht wahr, höre zu und schweige. Bedenke, daß du bei deiner Geburt zu lebenslänglicher Strafhaft verurteilt worden bist und daß deine Eltern schuld daran sind. Aber mach ihnen keine billigen Vorwürfe. Ob du willst oder nicht, du hast die Vorschriften, die in dieser Strafanstalt herrschen, haargenau zu befolgen. Befolgst du sie nicht, wird deine Strafhaft verschärft. Teile deine Strafhaft mit deinen Mithäftlingen, aber verbünde dich nie mit den Aufsehern. Diese Sätze entwickelten sich in mir damals ganz von selbst, einem Gebet nicht unähnlich. Sie sind mir bis heute geläufig, manchmal sage ich sie mir vor, sie haben ihren Wert nicht verloren. Sie enthalten die Wahrheit aller Wahrheiten, so unbeholfen sie auch abgefaßt sein mögen. Sie treffen auf jeden zu. Aber nicht immer sind wir bereit, sie anzunehmen. Oft geraten sie in Vergessenheit, manchmal jahrelang. Aber dann sind sie wieder da und klären auf. Im Grunde war ich auf Grafenhof vorbereitet. Ich hatte das Salzburger Krankenhaus, ich hatte Großgmain hinter mir. Ich hatte schon die Elementarschule der Krankheiten und des Sterbens hinter mir, ja schon die Mittelschule. Ich beherrschte das Einmaleins der Krankheit und des Sterbens. Nun besuchte ich auch schon den Unterricht in der Höheren Mathematik der Krankheit und des Todes. Diese Wissenschaft hatte mich, zugegeben, immer schon angezogen gehabt, jetzt entdeckte ich, daß ich sie mit Besessenheit studierte. Längst hatte ich alles allein dieser Wissenschaft unterworfen, ganz von selbst war ich auf diese Wissenschaft gekommen, die Umstände hatten mich in keine andere als in diese Wissenschaft führen müssen, in welcher alle übrigen Wissenschaften enthalten sind. Ich war in dieser Wissenschaft aufgegangen, so hatte ich mich selbst auf die natürlichste Weise vom wehrlosen Opfer zum Beobachter dieses Opfers und gleichzeitig zum Beobachter aller andern gemacht. Dieser Abstand war einfach lebensnotwendig, nur so hatte ich die Möglichkeit, meine Existenz zu retten.[. . .]

Der Kontakt mit Zuhause war vollständig abgebrochen, ich wußte von den Meinigen nichts mehr, ich glaube, es interessierte mich gar nicht, wie es dort weiterging. Sie schrieben mir nicht, obwohl sie mir hätten schreiben können, denn jetzt hatten sie keine Ausrede mehr, es nicht zu tun, nachdem die Toten, die sie daran gehindert hatten, begraben waren, sie hatten ihren Grund, ich erhielt keine Post, ich erwartete keine. Ich vertiefte mich in Verlaine und Trakl, und ich las *Die Dämonen* von Dostojewski, ein Buch von dieser Unersättlichkeit und Radikalität und überhaupt ein so dickes Buch hatte ich vorher in meinem Leben nie gelesen, ich betäubte mich, ich löste mich für einige Zeit in den Dämonen auf. Als ich wieder zurückgekehrt war, wollte ich eine Zeitlang nichts anderes lesen, weil ich mir sicher gewesen war, in eine ungeheure Enttäuschung zu fallen, in einen entsetzlichen Abgrund. Ich verweigerte wochenlang jede Lektüre. Die Ungeheuerlichkeit der Dämonen hatte mich stark gemacht, einen Weg gezeigt, mir gesagt, daß ich auf dem richtigen Weg sei, *hinaus*. Ich war von einer wilden *und* großen Dichtung getroffen, um selbst als ein Held daraus hervorzugehen. Nicht oft in meinem späteren Leben hat Dichtung eine so ungeheure Wirkung gehabt. Ich versuchte, auf kleinen Zetteln, die ich mir im Dorf gekauft hatte, bestimmte, mir wichtig erscheinende Daten, entscheidende Existenzpunkte, festzuhalten, ich fürchtete, daß, was jetzt noch so deutlich war, plötzlich verschwimmen und verlorengehen könnte, daß es plötzlich nicht mehr da ist, daß ich nicht mehr die Kraft haben werde, die entscheidenden Vorkommnisse, Ungeheuerlichkeiten, Lächerlichkeiten etcetera vor der Finsternis des Vergessens zu retten, ich versuchte auf diesen Zetteln zu retten, was zu retten war, ausnahmslos alles, das mir wert erschienen war, gerettet zu werden, hier hatte ich meine Vorgangsweise, meine eigene Infamität, meine eigene Brutalität, meinen eigenen Geschmack, der mit der Vorgangsweise und mit der Infamität und Brutalität und mit dem Geschmack der anderen soviel wie nichts gemeinsam hatte. Was ist wichtig? Was ist bedeutend? Ich glaubte, alles retten zu müssen vor dem Vergessen, aus meinem Hirn heraus auf die Zettel, die schließlich Hunderte von Zetteln gewesen waren, denn ich vertraute meinem Hirn nicht, ich hatte das Vertrauen in mein Hirn verloren, das Vertrauen in alles hatte ich verloren, also auch das Vertrauen in mein Hirn. Meine Scham, Gedichte zu schreiben, war größer, als ich gedacht hatte, also unterließ ich es, auch nur noch ein Gedicht zu schreiben. Ich versuchte, die Bücher meines Großvaters zu lesen, aber ich scheiterte, ich hatte in der Zwischenzeit zuviel erlebt, ich hatte zuviel gesehen, ich legte sie weg. In den Dämonen hatte ich die Entsprechung. Ich suchte in der Anstaltsbibliothek nach weiteren solchen Ungeheuern, aber es gab keines mehr. Es ist überflüssig, die Namen aufzuzählen, deren Bücher ich aufgeschlagen und gleich wieder zugemacht habe, weil sie mich mit ihrer Kleinlichkeit und ihrer Nichtswürdigkeit abstoßen mußten. Die Literatur außer den Dämonen war nichts für mich, aber ich dachte, es gibt mit Sicherheit noch andere solche Dämonen. Diese durfte ich aber nicht in dieser Anstaltsbibliothek suchen, die vollgestopft gewesen war mit Geschmacklosigkeit und Stumpfsinn, mit Katholizismus und Nationalsozialismus. Wie komme ich aber an weitere Dämonen heran? Ich hatte keine Möglichkeit, außer jener, Grafenhof so bald als möglich zu verlassen und mir in Freiheit meine Dämonen zu suchen. Jetzt hatte ich noch einen neuen Antrieb hinauszukommen dazu. Wenn ich hinter den Röntgenschirm trat, wollte ich auch schon hören, daß sich mein Zustand verbessert hat, und tatsächlich verbesserte sich mein Zustand von einer Untersuchung zur andern. Ich machte jetzt schon Ausflüge über das Dorf hinaus, ich lernte die Umgebung kennen, was mir immer so finster und abstoßend erschienen war, war es aufeinmal nicht mehr in so betäubender und vernichtender Weise, die Berge, die mir immer als häßlich erschienen waren, als bedrohlich, waren es nicht mehr. Die Menschen, die mir immer als Ungeheuer vorgekommen waren, waren es nicht mehr. Ich hatte die Möglichkeit, tiefer und noch tiefer und immer noch tiefer einzuatmen. Ich bestellte mir, obwohl das beinahe mein ganzes Fürsorgegeld verschlungen hatte, einmal in der Woche die TIMES, um meine Englischkenntnisse aufzufrischen, zu erneuern, zu erweitern und um gleichzeitig die Vorgänge in der mit rasender Geschwindigkeit sich verändernden Welt verfolgen zu können. Ich getraute mich aufeinmal, die Organistin im Dorf anzusprechen, und ich vereinbarte mit ihr eine Gesangstunde in der Kirche, und nachdem sie mich nicht nur eine einzige, sondern drei Stunden auf der Orgel begleitet hatte, ich hatte Bach-Kantaten vom Blatt gesungen, das Liederbuch der Anna Magdalena undsofort, war es ihr Wunsch gewesen, daß ich die darauffolgende Woche das Baßsolo in der vormittägigen Sonntagsmesse (von Haydn) singe. Mein prallgefüllter Bauchpneu, mein existenznotwendiges Pneumoperitoneum hatte mich nicht gehindert, nach diesem Solo regelmäßig in den Messen die Baßpartien zu singen; unter der Woche hatte ich mich naturgemäß immer nur heimlich und also hinter dem Rücken der Ärzte mit der Organistin in der Kirche zum gemeinsamen Musizieren getroffen, wir studierten die großen Oratorien von Bach, von Händel, ich entdeckte den Henry Purcell, ich sang den Raphael in Haydns Schöpfung. Ich hatte meine Stimme nicht verloren, im Gegenteil, von Woche zu Woche verbesserte sich mein Instrument, ja ich perfektionierte es, und ich war unersättlich und unerbittlich in meinem Verlangen nach diesen Musikstunden in der Kirche. Jetzt war ich wiederum auf dem richtigen Weg gegen alle Warnungen: Die Musik war meine Bestimmung! Die Entdeckung meiner heimlichen Kirchgänge in das Dorf, mein Gesang in der Kirche, noch dazu in aller Öffentlichkeit, rücksichtslos, unbekümmert, waren aber nicht länger geheimzuhalten gewesen, ich selbst hatte diesen meinen *vollkommenen Wahnsinn* verraten müssen. Die Ärzte hatten mich zur Rede gestellt, mir klarzumachen versucht, daß dieses Singen mit meinem Pneumoperitoneum auch meinen plötzlichen Tod bedeuten könnte, und sie drohten mir mit Entlassung. Das strikte Verbot meiner Dorfbesuche war ausgesprochen. Ich hatte aber nicht mehr die Kraft, mich einem Verbot, gleich welchem, zu unterwerfen, ich hätte ohne die praktische Ausübung der Musik nicht mehr existieren können, so wollte ich aus Grafenhof weg, so bald als möglich und *unter allen Umständen*. Wochenlanges Singen hatte mich ja nicht geschwächt, im Gegenteil, es hatte meinen Allgemeinzustand so gebessert, daß ich schon glauben durfte, auf diesem musikalischen Wege gesund zu werden, die Ärzte hielten das für absurd, sie bezeichneten mich als verrückt. Die praktische Ausübung der Musik war aufeinmal mein Lebenstraining. Ich getraute mich aber nicht mehr ins Dorf, jedenfalls nicht mehr zu dem praktischen musikalischen Zweck, ich besprach mein Mißgeschick mit meiner Organistin, Wienerin, Künstlerin, Absolventin der Musikakademie, Professorin, im Krieg nach Grafenhof und dadurch erst recht in die Lungenkrankheit gekommen und im Dorf hängengeblieben. Sie war mir fortan die liebste Gesprächspartnerin, meine neue Lehrerin, mein einziger Halt. Wann ich nur konnte, suchte ich sie auf. Aber wir getrauten uns nicht mehr zu musizieren, wir hatten selbst Angst bekommen vor unserer eigenen Courage, vor unserem *Todesmut*. So wurde, unter der Ärztedrohung, aus der praktischen die theoretische Musik unser Gegenstand.

Aus: Wittgensteins Neffe
Eine Freundschaft

Neunzehnhundertsiebenundsechzig legte mir auf der *Baumgartnerhöhe* eine der im dortigen Pavillon Hermann unermüdlich tätigen geistlichen Schwestern meine gerade erschienene *Verstörung*, die ich ein Jahr vorher in Brüssel in der rue de la croix 60 geschrieben habe, auf das Bett, aber ich hatte nicht die Kraft, das Buch in die Hand zu nehmen, weil ich ein paar Minuten vorher erst aus einer mehrstündigen Narkose aufgewacht war, in die mich jene Ärzte versetzt hatten, die mir den Hals aufschnitten, um aus meinem Brustkorb einen faustgroßen Tumor herausoperieren zu können. Ich erinnere mich, es war der Sechstagekrieg und als Folge meiner radikal an mir vorgenommenen Cortisonbehandlung entwickelte sich mein *Mondgesicht*, wie von den Ärzten gewünscht; während der Visite kommentierten sie dieses Mondgesicht auf ihre witzige Art, die selbst mich, der ich, nach ihrer eigenen Aussage, *nur noch Wochen, im besten Fall Monate* zu leben hatte, zum Lachen brachte. Im Pavillon Hermann gab es ebenerdig nur sieben Zimmer, an die dreizehn oder vierzehn Patienten erwarteten in ihnen nichts anderes als den Tod. Sie schlürften in hauseigenen Schlafröcken auf dem Gang hin und her und verschwanden eines Tages auf immer. Jede Woche einmal tauchte der berühmte Professor Salzer, die größte Kapazität auf dem Sektor der Lungenchirurgie im Pavillon Hermann auf, immer in weißen Handschuhen und mit einem ungeheuer respekteinflößenden Gang, beinahe lautlos umschwirrt von den geistlichen Schwestern, die ihn, der sehr groß und sehr elegant war, in den Operationssaal geleiteten. Dieser berühmte Professor Salzer, von welchem sich die Klassepatienten operieren ließen, weil sie alles auf seine Berühmtheit setzten (ich selbst hatte mich vom Oberarzt der Station operieren lassen, einem untersetzten Bauernsohn aus dem Waldviertel), war ein Onkel meines Freundes Paul, eines Neffen des Philosophen, dessen *Tractatus logico-philosophicus* heute die ganze wissenschaftliche, mehr noch die ganze pseudowissenschaftliche Welt kennt und gerade als ich auf dem Pavillon Hermann lag, lag mein Freund Paul auf dem Pavillon Ludwig an die zweihundert Meter weiter, welcher aber nicht, wie der Pavillon Hermann, zur Lungenabteilung und also zur sogenannten *Baumgartnerhöhe* gehörte, sondern zur Irrenanstalt *Am Steinhof*. Auf dem Wilhelminenberg mit seiner ungeheueren Ausdehnung im Westen von Wien, der seit Jahrzehnten in zwei Teile geteilt ist, eben in den für die Lungenkranken, der kurz als *Baumgartnerhöhe* bezeichnet wird und der mein Areal war und in den für die Geisteskranken, den die Welt als *Am Steinhof* kennt, der kleinere als *Die Baumgartnerhöhe*, der größere als *Am Steinhof*, haben die Pavillons männliche Vornamen. Es war schon ein grotesker Gedanke, meinen Freund Paul ausgerechnet im Pavillon Ludwig zu wissen. Wenn ich den Professor Salzer sah, wie er, ohne einen Seitenblick, auf den Operationssaal zustrebte, dachte ich jedesmal daran, daß mein Freund Paul seinen Onkel immer wieder abwechselnd ein Genie oder einen Mörder genannt hat und ich dachte beim Anblick des Professors, ging er nun in den Operationssaal hinein, oder kam er aus diesem heraus, geht nun ein Genie hinein oder ein Mörder, kommt ein Mörder heraus oder ein Genie. Von dieser medizinischen Berühmtheit ging für mich eine große Faszination aus. Ich hatte ja bis zu meinem Aufenthalt im Pavillon Hermann, der auch heute noch ausschließlich der Lungenchirurgie vorbehalten und vor allem auf die sogenannte Lungenkrebschirurgie spezialisiert ist, schon viele Ärzte gesehen und alle diese Ärzte auch, weil es mir schließlich zur Gewohnheit geworden war, *studiert*, aber der Professor Salzer hatte schon gleich vom ersten Augenblick an, in welchem ich ihn gesehen habe, alle diese Ärzte in den Schatten gestellt. Seine Großartigkeit in jeder Beziehung war für mich absolut undurchschaubar gewesen, er bestand für mich nur aus dem, den ich, wenn ich ihn beobachtete, gleichzeitig bewunderte und aus Gerüchten. Der Professor Salzer soll, so auch mein Freund Paul, viele Jahre *ein Wunderwirker* gewesen sein, Patienten ohne die geringste Chance sollen die Salzersche Operation *um Jahrzehnte* überlebt haben, andere wieder sollen ihm, wie mein Freund Paul immer wieder behauptete, infolge eines *plötzlichen unvorhergesehenen Wetterumschwungs unter dem nervös gewordenen Messer* gestorben sein. Wie auch immer. Der Professor Salzer, der tatsächlich eine Weltberühmtheit gewesen war und dazu auch noch ein Onkel meines Freundes Paul, hatte mich gerade deshalb nicht operieren dürfen, *weil* von ihm für mich eine solche ungeheuere Faszination ausgegangen ist und auch, weil seine absolute Weltberühmtheit mir nichts als einen heillosen Schrecken eingejagt hatte, in welchem ich mich letzten Endes auch durch das, was ich von meinem Freund Paul über seinen Onkel Salzer *gehört* hatte, für den biederen Oberarzt aus dem Waldviertel und gegen die Kapazität aus dem Ersten Bezirk entschieden hatte. Auch hatte ich während der ersten Wochen meines Aufenthaltes im Pavillon Hermann immer wieder beobachtet, daß genau jene Patienten die Operation nicht überlebt haben, die der Professor Salzer operiert hatte, eine Unglücksperiode der Weltberühmtheit vielleicht, in welcher ich auf einmal naturgemäß vor ihm Angst gehabt und mich für den Waldviertler Oberarzt entschieden habe, was, wie ich heute sehe, sicher ein Glück gewesen ist. Solche Spekulationen aber sind zwecklos. Während ich selbst den Professor Salzer jede Woche mindestens einmal, wenn auch zuerst nur durch den Türspalt gesehen habe, hat ihn mein Freund Paul, dessen Onkel der Professor Salzer schließlich gewesen war, die vielen Monate, die er auf dem Pavillon Ludwig gewesen war, nicht ein einziges Mal gesehen, obwohl, wie ich weiß, der Professor Salzer wußte, daß sein Neffe im Pavillon Ludwig untergebracht war und es wäre, so dachte ich damals, für den Professor Salzer sicher ein Leichtes gewesen, die paar Schritte vom Pavillon Hermann zum Pavillon Ludwig hinüber zu gehen. Die Gründe, die den Professor Salzer abgehalten haben, seinen Neffen Paul aufzusuchen, sind mir nicht bekannt, vielleicht waren es gravierende, vielleicht war es aber auch nur der Grund der Bequemlichkeit gewesen, der ihn an einem Besuch bei seinem Neffen hinderte, der, während ich zum ersten Mal auf dem Pavillon Hermann gelegen bin, schon oft im Pavillon Ludwig untergebracht war. Jährlich mindestens zweimal in den letzten zwanzig Jahren seines Lebens hatte mein Freund, immer von einem Augenblick auf den anderen und jedes Mal *unter den fürchterlichsten Umständen* in die Irrenanstalt *Am Steinhof* gebracht werden müssen, mit den Jahren in immer kürzeren Abständen immer wieder auch in das sogenannte *Wagner-Jauregg-Krankenhaus* bei Linz dann, wenn er in Oberösterreich, in der Nähe des Traunsees, wo er geboren und aufgewachsen war und wo er bis zu seinem Tod in einem alten, immer schon der Familie Wittgenstein gehörenden Bauernhaus ein Wohnrecht besessen hat, von einem Anfall überrascht worden war. Seine Geisteskrankheit, die nur als eine *sogenannte* Geisteskrankheit bezeichnet werden darf, war schon sehr früh aufgetreten, etwa, als er fünfunddreißig gewesen war. Er selbst hat darüber nur spärlich berichtet, aber es ist nicht schwer, sich aus allem, das ich von meinem Freund weiß, einen Begriff auch von der Entstehung dieser seiner sogenannten Geisteskrankheit zu machen. Schon in dem Kind Paul war diese sogenannte Geisteskrankheit, die niemals genau klassifiziert worden ist, angelegt gewesen. Schon das Neugeborene war *als ein geisteskrankes* geboren worden, mit jener sogenannten Geisteskrankheit, die den Paul dann lebenslänglich beherrscht hat. Mit dieser seiner sogenannten Geisteskrankheit lebte er bis zu seinem Tod dann auf das selbstverständlichste so, wie die andern *ohne* eine solche Geisteskrankheit leben. An dieser seiner sogenannten Geisteskrankheit hat sich die Hilflosigkeit der Ärzte und der medizinischen Wissenschaften insgesamt auf das deprimierendste bewiesen. Diese medizinische Hilflosigkeit der Ärzte und ihrer Wissenschaft hat dieser sogenannten Geisteskrankheit des Paul immer wieder die aufregendsten Bezeichnungen gegeben, aber naturgemäß niemals die richtige, weil sie dazu nicht befähigt war in ihrer Kopflosigkeit und alle ihre Bezeichnungen, diese sogenannte Geisteskrankheit meines Freundes betreffend, hatten sich immer wieder als falsch und als geradezu absurd herausgestellt und eine hat die andere immer wieder auf die beschämendste, gleichzeitig deprimierendste Weise aufgehoben. Die sogenannten psychiatrischen Ärzte bezeichneten die Krankheit meines Freundes einmal als diese, einmal als jene, ohne den Mut gehabt zu haben, zuzugeben, daß es für *diese* wie für alle anderen Krankheiten auch, keine richtige Bezeichnung gibt, sondern *immer* nur falsche, immer nur irreführende, weil sie es sich letzten Endes, wie alle anderen Ärzte auch, wenigstens *durch immer wieder falsche Krankheitsbezeichnungen* leichter und schließlich auf mörderische Weise bequem gemacht haben. Alle Augenblicke sagten sie das Wort *manisch*, alle Augenblicke das Wort *depressiv* und es war in jedem Fall immer falsch. Alle Augenblicke flüchteten sie (wie alle anderen Ärzte!) in ein anderes Wissenschaftswort, um sich (nicht aber den Patienten!) zu schützen und abzusichern. Wie alle anderen Ärzte verschanzten auch die den Paul behandelnden sich hinter der lateinischen Sprache, die sie zwischen sich und ihrem Patienten als einen unüberwindlichen und undurchdringlichen Wall aufrichteten mit der Zeit wie ihre Vorgänger seit Jahrhunderten nur zu dem alleinigen Zweck der Vertuschung ihrer Inkompetenz und der Vernebelung ihres Scharlatanismus. Als eine tatsächlich unsichtbare, aber doch wie keine andere undurchdringliche Mauer schieben sie das Lateinische zwischen sich und ihre Opfer schon gleich zu Beginn ihrer Behandlung, deren Methoden in jedem Fall nur die unmenschlichen und die mörderischen und die tödlichen sein können, wie wir wissen. Der psychiatrische Arzt ist der inkompetenteste und immer dem Lustmörder näher als seiner Wissenschaft. Mein ganzes Leben habe ich vor nichts mehr Angst gehabt, als in die Hände von psychiatrischen Ärzten zu fallen, gegen die alle anderen, ja letzten Endes auch immer nur unheilbringenden Ärzte, doch viel weniger gefährlich sind, denn die psychiatrischen sind in unserer heutigen Gesellschaft noch vollkommen unter sich und immunisiert und nachdem ich ihre an meinem Freund Paul so viele Jahre skrupellos praktizierten Methoden habe studieren können, fürchtete ich mich vor ihnen mit einer noch viel intensiveren Furcht. Die psychiatrischen Ärzte sind die tatsächlichen Teufel unserer Zeit. Sie betreiben ihr abgeschirmtes Geschäft im wahrsten Sinne des Wortes auf die unverschämteste Weise unangreifbar, gesetz- und gewissenlos. Als es mir schon möglich gewesen war, aufzustehen und ans Fenster zu gehen und schließlich sogar auf den Gang und mit allen übrigen gehfähigen Todeskandidaten vom einen Ende des Pavillons zum andern und wieder zurück, und ich schließlich eines Tages sogar aus dem Pavillon Hermann hinausgetreten war, versuchte ich, bis zum Pavillon Ludwig zu kommen. Ich hatte meine Kräfte aber gehörig überschätzt und mußte schon vor dem Pavillon Ernst Halt machen. Ich mußte mich auf die dort an die Mauer geschraubte Bank setzen und mich zuerst einmal wieder beruhigen, um überhaupt selbständig wieder zum Pavillon Hermann zurückgehen zu können. Liegen die Patienten wochenlang oder gar monatelang im Bett, so überschätzen sie absolut ihre Kräfte, wenn sie wieder aufstehen können, sie nehmen sich ganz einfach zu viel vor und werden unter Umständen durch eine solche Dummheit wieder um Wochen zurückgeworfen, viele haben sich bei einem solchen urplötzlichen Unternehmen schon den Tod, dem sie zuerst durch eine Operation entgangen sind, erst recht geholt. Obwohl ich ein routinierter Kranker bin und mein ganzes Leben mit meinen mehr oder weniger schweren und schwersten, letzten Endes immer sogenannten *unheilbaren Krankheiten* zu leben gehabt habe, bin ich doch immer wieder in einen Krankheitsdilettantismus zurückgefallen, habe Dummheiten gemacht, unverzeihliche. Zuerst ein paar Schritte, vier oder fünf, dann zehn oder elf, dann dreizehn oder vierzehn, schließlich zwanzig oder dreißig, *so* solle der Kranke handeln, nicht gleich aufstehen und hinaus und fort, was ja meistens tödlich ist. Aber der monatelang eingesperrte Kranke drängt in diesen Monaten hinaus und kann den Augenblick, da er das Krankenzimmer verlassen darf, nicht mehr erwarten und gibt sich naturgemäß nicht mit ein paar Schritten auf den Gang zufrieden, nein, er tritt ins Freie und bringt sich selbst um. So viele sterben, weil sie zu früh hinausgegangen sind, nicht weil die ärztliche Kunst versagt hat. Man kann den Ärzten alles vorwerfen, aber im Grunde wollen sie natürlich nichts anderes, als den Zustand ihrer Patienten verbessern, sind sie noch so indolent, ja gewissenlos und gar stumpfsinnig, aber der Patient muß das Seinige dazutun, er darf die Bemühungen der Ärzte nicht untergraben, indem er zu früh aufsteht (oder zu spät!) oder zu früh hinausgeht und zu weit. Ich war damals absolut zu weit gegangen, der Pavillon Ernst war ja schon zu weit gewesen. Ich hätte schon vor dem Pavillon Franz umkehren sollen. Aber ich wollte ja unbedingt meinen Freund sehen. Erschöpft, vollkommen außer Atem, saß ich auf der Bank vor dem Pavillon Ernst und blickte durch die Baumstämme auf den Pavillon Ludwig. Wahrscheinlich hätte man mich, der ich ja lungenkrank, aber nicht geisteskrank bin, gar nicht in den Pavillon Ludwig hineingelassen, dachte ich. Den Lungenkranken war es strengstens verboten, ihr Areal zu verlassen und das der Geisteskranken aufzusuchen, umgekehrt auch. Es war zwar das eine von dem andern durch hohe Gitter abgetrennt, aber diese Gitter waren zum Teil so verrostet, daß sie nicht mehr dicht waren, überall waren große Löcher in den Gittern, durch die man leicht von dem einen Areal in das andere *wenigstens kriechen* konnte und ich erinnere mich, daß jeden Tag Geisteskranke im Areal der Lungenkranken gewesen sind, umgekehrt immer Lungenkranke im Areal der Geisteskranken, aber damals, als ich zum erstenmal versuchte, vom Pavillon Hermann aus zum Pavillon Ludwig zu kommen, wußte ich noch nichts von diesem alltäglichen Verkehr zwischen dem einen und dem andern Areal. Die Geisteskranken im sogenannten Lungenareal waren mir später eine tagtägliche Vertrautheit, am Abend mußten sie von den Wärtern eingefangen werden, in Zwangsjacken gesteckt, mußten sie mit Gummiknüppeln, wie ich mit eigenen Augen gesehen habe, aus dem Lungenareal in das der Geisteskranken zurückgetrieben werden, das ging nicht ohne erbärmliche Schreie ab, die mich bis in die nächtlichen Träume hinein verfolgten. Die Lungenkranken verließen ihr Areal in Richtung auf das der Geisteskranken ja doch nur aus Neugierde, weil sie sich jeden Tag etwas Sensationelles erhofften, das ihren fürchterlichen Alltag der tödlichen Langeweile und der immer gleichen Todesgedanken verkürzen sollte. Und tatsächlich täuschte ich mich nicht, ich kam auf meine Rechnung, wenn ich das Lungenareal verließ und zu den Geisteskranken ging, die überall, wo man ihrer ansichtig werden konnte, ihre Nummern abzogen. Möglicherweise getraue ich mich später in einer anderen Schrift noch eine Beschreibung jener Zustände in der Geisteskrankenabteilung zu machen, deren Zeuge ich gewesen bin. Jetzt saß ich auf der Bank vor dem Pavillon Ernst und dachte, daß ich eine ganze Woche werde warten müssen, um einen *zweiten* Versuch machen zu können, zum Pavillon Ludwig zu kommen, denn daß ich an diesem Tag nur noch umkehren konnte in den Pavillon Hermann, war klar. Ich beobachtete von der Bank aus die Eichhörnchen, die überall in dem riesigen, von hier aus endlos scheinenden Park umherhuschten auf die Bäume hinauf und von den Bäumen herunter und die vor allem anderen nur eine einzige Leidenschaft zu haben schienen: sie schnappten die überall auf dem Boden liegenden, von den lungenkranken Patienten weggeworfenen Papiertaschentücher und rasten mit ihnen auf die Bäume. Überall liefen sie mit den Papiertaschentüchern im Maul, aus jeder in jede Richtung, bis man in der Dämmerung nurmehr noch die hin- und herhuschenden weißen Punkte der Papiertaschentücher sehen konnte, die sie im Maul hatten. Ich saß da und genoß diesen Anblick, an den ich naturgemäß meine aus dieser Beobachtung wie von selbst entstandenen Gedanken knüpfte. Es war Juni und die Fenster des Pavillons waren offen und in einem tatsächlich kontrapunktisch genial entworfenen und schließlich auch komponierten Rhythmus husteten die Patienten aus diesen Fenstern in den beginnenden Abend hinaus. Ich wollte die Geduld der Schwestern nicht auf die Spitze treiben und stand auf und ging zum Pavillon Hermann zurück. Nach der Operation, dachte ich, kann ich tatsächlich wieder besser, ja tatsächlich sehr gut atmen, das Herz ist frei, aber ich hatte doch keine guten Aussichten, das Wort *Cortison* und die an dieses Wort gekettete Therapie verdüsterten mein Denken. Aber ich war nicht unbedingt den ganzen Tag hoffnungslos. Ich wachte hoffnungslos auf und versuchte, dieser Hoffnungslosigkeit zu entkommen und ich entkam ihr auch bis gegen Mittag. Am Nachmittag stellte sich die Hoffnungslosigkeit wieder ein, gegen Abend verschwand sie wieder, in der Nacht, wenn ich aufwachte, war sie naturgemäß mit der größten Rücksichtslosigkeit wieder da. Da die Ärzte die Patienten, die ich schon sterben gesehen hatte, genauso behandelten wie mich und mit ihnen die gleichen Wörter gewechselt und also die gleichen Reden geführt hatten, auch die gleichen Scherze gemacht, dachte ich, mein Weg wird mehr oder weniger kein anderer sein als der Weg jener schon Weggestorbenen. Sie starben auf dem Pavillon Hermann unauffällig, ohne Geschrei, ohne Hilferufe, völlig lautlos meistens. In der Frühe stand ihr leeres Bett auf dem Gang, das frisch überzogen wurde für den nächsten. Die Schwestern lächelten, wenn wir an ihnen vorbeigingen, unser Wissen störte sie nicht. Manchmal dachte ich, warum will *ich* den Gang, den ich zu gehen habe, aufhalten, warum füge *ich* mich nicht genauso in diesen Gang, wie alle andern? Wozu die Anstrengung beim Aufwachen, nicht sterben zu wollen, wozu? Natürlich frage ich mich auch heute noch oft, ob es nicht besser gewesen wäre, nachzugeben, denn dann wäre ich sicher innerhalb der kürzesten Zeit *meinen* Gang gegangen, ich wäre innerhalb weniger Wochen gestorben, da bin ich ganz sicher. Aber ich starb nicht und lebte und lebe noch heute. Daß mein Freund Paul zur gleichen Zeit auf dem Pavillon Ludwig gewesen war wie ich auf dem Pavillon Hermann, wobei er ja die erste Zeit, die ich auf dem Pavillon Hermann gewesen war, nicht gewußt hatte, daß ich jetzt auf dem Pavillon Hermann lag, was ihm dann aber doch eines Tages die Geschwätzigkeit unserer gemeinsamen Freundin Irina, die abwechselnd uns beide besuchte, verraten hatte, betrachtete ich als ein gutes Omen. Ich wußte, daß mein Freund immer mehrere Wochen oder Monate in Steinhof war schon seit vielen Jahren, und daß er *jedesmal* wieder hinausgekommen ist und so dachte ich, werde auch ich wieder hinauskommen, wenn auch er mit mir überhaupt nicht zu vergleichen war, in keiner Hinsicht, aber ich bildete mir ein, ich bliebe ein paar Wochen oder Monate da und käme wieder hinaus, wie er. Und schießlich war dieser Gedanke nicht falsch gewesen. Nach vier Monaten hatte ich schließlich die Baumgartnerhöhe wieder verlassen können, ich war nicht gestorben, wie die andern, er war längst draußen. Auf dem Weg vom Pavillon Ernst zum Pavillon Hermann machte ich mir aber doch noch immer ganz entschiedene Todesgedanken. Ich glaubte nicht, den Pavillon Hermann lebend verlassen zu können, dazu hatte ich zuviel im Pavillon Hermann gesehen und gehört und ich selbst fühlte in mir alles, nur keinen Hoffnungsschimmer. Die Dämmerung machte es nicht leichter wie man glaubt, sondern schwer und beinahe unerträglich. Ich ließ mich, nachdem mich die diensthabende Schwester zur Rede gestellt und über mein verantwortungsloses Verhalten, ja mein ganz dummes Verbrechen aufgeklärt hatte, ins Bett fallen und schlief sofort ein. Aber auf der Baumgartnerhöhe hatte ich nicht eine Nacht durchschlafen können, auf dem Pavillon Hermann wachte ich meistens schon nach einer Stunde wieder auf, entweder schreckte ich aus einem Traum, der mich wie alle meine Träume an den Abgrund meiner Existenz geführt hatte, auf, oder ich war durch ein Geräusch auf dem Gang wach geworden, wenn einer in den Nebenzimmern der dringenden Hilfe bedurfte oder starb, oder wenn mein Bettnachbar die Urinflasche benützte, was er, obwohl ich ihm wiederholt gesagt hatte, wie er es anstellen solle, damit er keinen Lärm macht, niemals ohne Lärm gemacht hat, im Gegenteil, stieß er meistens mit der Urinflasche an mein Eisennachtkästchen und nicht nur einmal, sondern mehrere Male, so daß er immer einen wütenden Vortrag meinerseits über sich hatte ergehen lassen müssen, indem ich ihm zum wiederholten Male erklärte, *wie* er die Urinflasche zu handhaben hätte, um mich nicht aufzuwecken, aber vergeblich; auch den Nachbarn auf der anderen Seite, an der Türseite, ich lag ja auf der Fensterseite, hatte er jedesmal aufgeweckt, Herrn Immervoll, einen Polizisten, einen leidenschaftlichen Siebzehnundvierspieler, von welchem ich das Siebzehnundvierspielen habe, das ich von da an bis heute nicht mehr habe aufgeben können, was mich sehr oft an den Rand der Verrücktheit, ja des Wahnsinns treibt, und wie man weiß, kann ein ohnehin nur unter Schlafpulvern schlafender Patient noch dazu in einem solchen Krankenhaus wie in dem auf der Baumgartnerhöhe, wo es sich ja nur um Schwer- und Schwerstkranke handelte, die darin untergebracht waren, nicht mehr einschlafen, wenn er einmal aufgewacht ist. Mein Nebenmann war ein Theologiestudent, Sohn eines Richterehepaares aus Grinzing, genau gesagt, vom Schreiberweg, also aus einem der nobelsten und teuersten Plätze von Wien und ein durch und durch verzogener Charakter. Er hatte noch nie mit anderen in einem Zimmer zusammengelebt und ich war sicher der erste, der ihn darauf aufmerksam machte, daß man, wenn man mit andern zusammen in einem

Raum ist, auf diese andern absolut Rücksicht zu nehmen habe, *gerade weil er Theologiestudent sei*, auf das selbstverständlichste. Aber dieser Mensch war kaum zu belehren, jedenfalls die erste Zeit nicht, er war nach mir ins Zimmer gekommen, auch in einem hoffnungslosen Zustand, man hat ihm genauso wie mir und allen andern den Schnitt in den Hals gemacht und einen Tumor herausgeholt, und der Arme wäre *um ein Haar*, wie es hieß, während der Operation gestorben, es hatte ihn der Professor Salzer operiert. Aber das sagt natürlich nicht, daß er nicht unter einem anderen Chirurgen *auch beinahe* gestorben wäre. Theologiestudent müßte man sein, hatte ich gedacht, wie der Mensch ins Zimmer gekommen ist: die geistlichen Schwestern verwöhnten ihn auf abstoßende Weise; während sie ihn mit allen Mitteln verwöhnten, vernachlässigten sie mich und den Polizisten Immervoll mit der gleichen Intensität. Beispielsweise hatte die jeweils diensttuende Nachtschwester meinem Theologiestudenten alles, das sie während der Nacht von den Patienten geschenkt bekommen hatte, Schokolade, Wein, alle möglichen Süßigkeiten aus der Stadt und naturgemäß immer von den erstklassigsten Konditoreien, vom Demel, vom Lehmann, von der wie diese genauso berühmten Konditorei Sluka neben dem Rathaus, in der Frühe auf das Nachtkästchen meines Theologiestudenten gestellt, ihm auch immer nicht nur eine, wie vorgeschrieben und wie uns zugestanden, sondern gleich zwei Portionen Chaudeau zukommen lassen, genau jenes Chaudeau, das ich wie nichts auf der Welt auch heute noch liebe und das auf dem Pavillon Hermann die Regel gewesen war, denn es handelte sich auf dem Pavillon Hermann immer nur um Todkranke und das an das Krankenbett gebrachte Chaudeau ist immer für die Todkranken charakteristisch. Aber ich gewöhnte meinem Theologiestudenten doch sehr bald viele Ungezogenheiten ab, wofür mir wiederum sein Nachbar, der Polizist Immervoll, dankbar war, denn ihn hatte unser Mitpatient genauso wie mich mehr als uns erträglich gewesen wäre, durch seinen Egoismus belästigt. Dauerkranke wie ich und wie der Immervoll, haben sich längst in die ihnen zustehende Rolle eingewöhnt, in die Rolle des Unscheinbaren, Rücksichtsvollen, Unauffälligen, weil nur diese Rolle das Kranksein auf Dauer erträglich macht, die Aufsässigkeit, die Ungezogenheit, die Renitenz schwächt den Organismus mit der Zeit tatsächlich tödlich und ein Dauerkranker kann sie sich also nicht länger leisten. Da mein Theologiestudent tatsächlich fähig war, aufzustehen und auf die Toilette zu gehen, verbot ich ihm eines Tages, die Flasche zu benützen. Sofort hatte ich die Schwestern gegen mich gehabt, die natürlich die Flasche des Theologiestudenten *gern* ausgetragen haben, aber ich bestand darauf, daß er aufstand und hinausging, denn ich sah nicht ein, warum ich und der Immervoll aufstehen und hinausgehen sollten zum Wasserablassen, während der Theologiestudent im Bett und in die Flasche sein Wasser ablassen durfte, was uns die ohnedies schon beinahe unerträgliche Luft im Zimmer verpestete. Ich hatte Erfolg, der Theologiestudent, dessen Namen ich vergessen habe, ich glaube, er hieß Walter, ich weiß es aber nicht mehr genau, ging auf den Abort, die Schwestern würdigten mich mehrere Tage keines Blikkes. Aber das war mir gleichgültig. Ich wartete nur den Tag ab, an welchem ich tatsächlich bei meinem Paul einen Besuch machen, ihn mit einem Besuch überraschen könnte, aber nach meinem Scheitern beim ersten Versuch, der mich schon beim Pavillon Ernst hatte aufgeben und umkehren lassen, sah ich diesen Tag in weite Ferne gerückt. Ich lag im Bett und schaute hinaus und sah den immer gleichen Blick auf eine riesige Kiefernkrone. Dahinter ging die Sonne auf und unter, ohne daß ich eine Woche lang den Mut gehabt hätte, das Zimmer zu verlassen. Schließlich besuchte mich, nachdem sie meinen Freund Paul besucht hatte, unsere gemeinsame Freundin Irina, in deren Wohnung in der Blumenstockgasse ich den Paul Wittgenstein kennengelernt habe: ich war mitten in eine Debatte über die von Schuricht dirigierte *Haffnersymphonie* mit den Londoner Philharmonikern hineingekommen, was für mich Wasser auf die Mühle gewesen war, denn ich hatte, wie meine Gesprächspartner auch, einen Tag vor dieser Debatte, Schuricht diese Symphonie im Musikverein dirigieren gehört und hatte den Eindruck gehabt, niemals in meiner ganzen musikalischen Existenz ein vollendeteres Konzert gehört zu haben. Alle drei, ich, Paul und seine Freundin Irina, eine hochmusikalische Person und absolut eine der außergewöhnlichsten Kunstkennerinnen überhaupt, hatten wir denselben Geschmack gehabt, dieses Konzert betreffend. In dieser Debatte, in welcher es naturgemäß nicht um Grundlegendes, aber doch um Entscheidendes gegangen war, das nicht allen dreien gleich und mit derselben Intensität aufgefallen war, hatte sich wie von selbst binnen Stunden meine Freundschaft zu Paul begründet. Ich hatte ihn schon jahrelang immer wieder *gesehen*, aber niemals mit ihm ein Wort gesprochen gehabt, hier in der Blumenstockgasse, hoch oben im vierten Stock in einem Jahrhundertwendehaus ohne Lift, war der Anfang. Es war ein riesiges, mit einfachen, aber bequemen Möbeln ausgestattetes Zimmer, in welchem wir drei über Schuricht, meinen Lieblingskapellmeister und die Haffnersymphonie, meine Lieblingssymphonie und dieses für unsere Freundschaft entscheidende Konzert gesprochen haben, stundenlang, bis zur totalen Erschöpfung. Die auf nichts sonst Rücksicht nehmende Leidenschaft des Paul Wittgenstein für die Musik, die übrigens auch unsere Freundin Irina immer ausgezeichnet hat, hatte mich sofort für ihn eingenommen gehabt, seine ganz und gar außerordentlichen Kenntnisse vor allem die großen Orchesterwerke Mozarts und Schumanns betreffend, ganz abgesehen von seinem mir allerdings sehr bald unheimlichen Opernfanatismus, der in ganz Wien bekannt und tatsächlich nicht nur gefürchtet, sondern schon auf tödliche Weise krankhaft gewesen war, wie sich bald zeigte, seine hohe, nicht nur musikalische, sondern allgemeine Kunstbildung, die sich von der aller andern beispielsweise durch mehr oder weniger ununterbrochen angestellte, jederzeit überprüfbare Vergleiche von gehörter Musik, von besuchten Konzerten, von studierten Virtuosen und Orchestern unterschied und die alle immer zuhöchst authentisch gewesen waren, wie ich bald einsah, hatten mich unschwer den Paul Wittgenstein als meinen neuen, ganz und gar außerordentlichen Freund erkennen und annehmen lassen. Unsere Freundin Irina, deren Schicksal mindestens ebenso bemerkenswert und abenteuerlich ist, wie das des Paul Wittgenstein, die so oft liiert und so oft verheiratet gewesen ist beispielsweise, daß man es gar nicht an den Fingern abzählen kann, hat uns in diesen schwierigen Tagen auf dem Wilhelminenberg oft besucht, in einer roten Strickjacke ist sie, unbekümmert um die Besuchzeiten, auf dem Wilhelminenberg aufgetaucht. Leider hat sie, wie gesagt, eines Tages dem Paul verraten, daß ich im Pavillon Hermann bin und mich dadurch um einen geplanten Überraschungseffekt, nämlich meinen abrupten Besuch im Pavillon Ludwig, gebracht. Der Irina, die heute mit einem sogenannten Musikwissenschaftler verheiratet und in die burgenländische Idylle gegangen ist, verdanke ich schließlich die Freundschaft mit dem Paul. Ich kannte meinen Freund schon zwei, drei Jahre, bevor ich auf den Pavillon Hermann gekommen bin und daß wir beide auf einmal gleichzeitig auf dem Wilhelminenberg sozusagen wieder einmal *am Ende des Lebens* angelangt waren, betrachte ich nicht als Zufall. Aber ich geheimniste auch nicht zu viel in diese Tatsache hinein. Ich, im Pavillon Hermann, dachte, ich habe meinen Freund im Pavillon Ludwig, und bin aus diesem Grunde nicht allein. Aber in Wahrheit wäre ich auch ohne den Paul in diesen Tagen und Wochen und Monaten auf der Baumgartnerhöhe nicht allein gewesen, denn ich hatte ja meinen *Lebensmenschen*, den nach dem Tod meines Großvaters entscheidenden für mich in Wien, meine Lebensfreundin, der ich nicht nur sehr viel, sondern, offen gesagt, seit dem Augenblick, in welchem sie vor über dreißig Jahren an meiner Seite aufgetaucht ist, mehr oder weniger alles verdanke. Ohne sie wäre ich überhaupt nicht mehr am Leben und wäre ich jedenfalls niemals der, der ich heute bin, so verrückt und so unglücklich, aber auch glücklich, wie immer. Die Eingeweihten wissen, was alles sich hinter diesem Wort *Lebensmensch* verbirgt, von und aus welchem ich über dreißig Jahre meine Kraft und immer wieder mein Überleben bezogen habe, aus nichts sonst, das ist die Wahrheit. Diese für mich in jeder Beziehung vorbildliche, gescheite, mich niemals auch nur einen entscheidenden Augenblick im Stich lassende Frau, von welcher ich in den letzten dreißig Jahren beinahe alles gelernt oder wenigstens verstehen gelernt habe und von welcher ich auch heute noch das Entscheidende lerne und wenigstens immer begreifen lerne, besuchte mich damals beinahe täglich und saß an meinem Bett. Sie hatte sich mit Bergen von Büchern und Zeitungen in der Gluthitze auf die Baumgartnerhöhe heraufgeschleppt in eine Atmosphäre, die als bekannt vorausgesetzt werden kann. Und immerhin war dieser mein *Lebensmensch* damals schon über siebzig. Aber er würde heute, so denke ich, mit siebenundachtzig, genauso handeln. Aber dieser *Lebensmensch* ist ja nicht der Mittelpunkt dieser Notizen, die ich mir über den Paul mache, wenn er auch damals, als ich auf dem Wilhelminenberg stationiert gewesen war, isoliert gewesen war, abgeschoben und abgeschrieben gewesen war, die größte Rolle in meinem Leben, in meiner Existenz spielte, der Mittelpunkt dieser Notizen ist mein damals mit mir auf dem Wilhelminenberg stationierter, isolierter, abgeschobener und abgeschriebener Freund Paul, den ich mir mit diesen Notizen noch einmal deutlich machen will, mit diesen Erinnerungsfetzen, die mir im Augenblick nicht nur die ausweglose Situation meines Freundes, sondern meine eigene damalige Ausweglosigkeit verdeutlichen sollen, in Erinnerung rufen sollen, denn wie der Paul damals wieder einmal in eine seiner Lebenssackgassen geraten war, war auch ich in eine meiner Lebenssackgassen geraten oder noch besser gesagt, hineingetrieben worden. Wie der Paul, hatte ich, wie ich sagen muß, meine Existenz wieder einmal übertrieben und also überschätzt und also über das Äußerste hinaus ausgenützt gehabt. Wie der Paul, hatte ich selbst mich wieder einmal über alle meine Möglichkeiten hinaus ausgenützt gehabt, alles über alle Möglichkeiten hinaus ausgenützt gehabt mit der krankhaften Rücksichtslosigkeit gegen mich und gegen alles, die den Paul eines Tages zerstört hat und die mich genauso wie den Paul eines Tages zerstören wird, denn wie der Paul an seiner krankhaften Selbst- und Weltüberschätzung zugrunde gegangen ist, werde auch ich über kurz oder lang an meiner eigenen krankhaften Selbst- und Weltüberschätzung zugrunde gehen. Wie der Paul war auch ich damals auf dem Wilhelminenberg in einem Krankenbett aufgewacht als ein fast völlig zerstörtes Produkt dieser Selbst- und Weltüberschätzung, und vollkommen logisch der Paul in der Irrenanstalt und ich in der Lungenanstalt, also der Paul auf dem Pavillon Ludwig und ich auf dem Pavillon Hermann. Wie der Paul sich jahrelang mehr oder weniger fast zu Tode gerannt hat in *seiner* Verrücktheit, so hatte ich mich mehr oder weniger jahrelang zu Tode gerannt in meiner. Wie der Weg des Paul immer wieder in einer Irrenanstalt hatte enden müssen, abgebrochen hatte werden müssen, so hat mein Weg immer wieder in einer Lungenanstalt enden, abgebrochen werden müssen. Wie der Paul immer wieder ein Höchstmaß an Aufsässigkeit gegen sich und gegen seine Umwelt erreicht hat und in die Irrenanstalt eingeliefert werden mußte, habe ich selbst immer wieder ein Höchstmaß an Aufsässigkeit gegen mich und gegen meine Umwelt erreicht und bin in eine Lungenanstalt eingeliefert worden. Wie der Paul immer wieder und in immer kürzeren Abständen, wie sich denken läßt, sich selbst und die Welt nicht mehr ertragen hat, habe auch ich in immer kürzeren Abständen mich selbst und die Welt nicht mehr ertragen und bin, genauso wie der Paul in der Irrenanstalt, in der Lungenanstalt wieder *zu mir gekommen*, wie gesagt werden kann. Wie den Paul immer wieder letzten Endes die Irrenärzte ruiniert und seine eigenen Energien dann doch wieder auf die Beine gebracht haben, so haben mich immer wieder die Lungenärzte ruiniert und meine eigenen Energien wieder auf die Beine gebracht, wie ihn letzten Endes die Irrenhäuser geprägt haben, wie ich sagen muß, haben mich die Lungenkrankenhäuser geprägt, wie ich denke, wie ihn über lange Strecken seines Lebens die Verrückten erzogen haben, haben mich die Lungenkranken erzogen, wie er in der Gemeinschaft der Verrückten sich schließlich entwickelt hat, habe ich mich in der Gemeinschaft der Lungenkranken entwickelt und die Entwicklung unter den Verrückten ist nicht viel anders als die Entwicklung unter den Lungenkranken. Die Verrückten haben ihn das Leben und die Existenz entscheidend gelehrt, mich die Lungenkranken mit der gleichen Entschiedenheit, wie ihn die Verrücktheit, wie mich die Lungenkrankheit und der Paul ist sozusagen ein Verrückter geworden, weil er eines Tages die Beherrschung verloren hat, wie gesagt werden kann, wie ich lungenkrank geworden bin, weil ich ebenso eines Tages die Beherrschung verloren habe. Der Paul ist verrückt geworden, weil er sich auf einmal gegen alles gestellt hat und naturgemäß dadurch umgeworfen worden ist, wie ich umgeworfen worden bin eines Tages, weil ich mich wie er gegen alles gestellt habe, nur ist er *verrückt* geworden aus demselben Grund, aus dem ich *lungenkrank* geworden bin. Aber der Paul ist nicht verrückter gewesen, als ich selbst bin, denn ich bin wenigstens so verrückt wie der Paul gewesen ist, wenigstens so verrückt, wie die Leute sagen, daß der Paul gewesen sei, nur bin ich zu meiner Verrücktheit auch noch lungenkrank geworden. Der Unterschied zwischen dem Paul und mir ist ja nur der, daß der Paul sich von seiner Verrücktheit hat *vollkommen* beherrschen lassen, während ich mich von meiner ebenso großen Verrücktheit niemals habe vollkommen beherrschen lassen, er ist sozusagen in seiner Verrücktheit aufgegangen; während ich meine Verrücktheit zeitlebens ausgenützt habe, beherrscht habe, während der Paul seine Verrücktheit niemals beherrscht hat, habe ich die meinige immer beherrscht und vielleicht ist aus diesem Grund meine eigene Verrücktheit sogar die viel verrücktere Verrücktheit gewesen als die des Paul. Der Paul hat nur seine Verrücktheit gehabt und aus dieser seiner Verrücktheit existiert, ich habe zu meiner Verrücktheit auch noch die Lungenkrankheit gehabt und ich habe beide, die Verrücktheit genauso wie die Lungenkrankheit, ausgenützt: ich habe *sie* zu meiner *Existenzquelle* gemacht eines Tages von einem Augenblick auf den andern für mein ganzes Leben. Wie der Paul jahrzehntelang den Verrückten *gelebt* hat, habe ich jahrzehntelang den Lungenkranken *gelebt* und wie der Paul jahrzehntelang den Verrückten *gespielt* hat, habe ich jahrzehntelang den Lungenkranken *gespielt* und wie er den Verrückten für seine Zwecke *ausgenützt* hat, habe ich den Lungenkranken für meine Zwecke *ausgenützt*. Wie sich andere einen mehr oder weniger großen Besitz oder eine mehr oder weniger höhere oder hohe Kunst fortwährend oder lebenslänglich zu erhalten und zu sichern versuchen und diesen Besitz und diese Kunst solange sie leben, mit allen Mitteln und unter allen Umständen ausnützen und zu ihrem einzigen Lebensinhalt zu machen getrauen, hat der Paul seine Verrücktheit lebenslänglich abgesichert und sich erhalten und ausgenützt und unter allen Umständen und mit allen Mitteln zu seinem Lebensinhalt gemacht, wie ich meine Lungenkrankheit, wie ich meine Verrücktheit, wie ich schließlich aus dieser Lungenkrankheit und aus dieser Verrücktheit sozusagen meine Kunst. Aber wie der Paul mit seiner Verrücktheit schließlich immer rücksichtsloser umgegangen ist, bin ich mit meiner Lungenkrankheit und mit meiner Verrücktheit immer rücksichtsloser umgegangen, indem wir sozusagen mit unseren Krankheiten immer rücksichtsloser umgegangen sind, sind wir auch mit der uns umgebenden Welt immer rücksichtsloser umgegangen und dadurch ist unsere Umwelt naturgemäß in umgekehrter Richtung mit uns selbst immer rücksichtsloser umgegangen und wir sind in immer kürzeren Abständen in die uns entsprechenden Anstalten gekommen, in Irrenanstalten der Paul, in die Lungenanstalten ich.

Unseld

Wenn Shakespeare der größte Dichter und Minetti der größte Schauspieler, dann ist Unseld der größte Verleger. Denn wie Shakespeare bis heute von keinem eingeholt worden ist und Minetti bis jetzt alle weit übertroffen hat, verweist der jetzt sechzigjährige Unseld selbst die Berühmtesten seiner Geistesgeschichte weit auf die Plätze. Ich bin mit Unseld, dem Pünktlichen und Verläßlichen, in vielen Ländern und in vielen Städten spazieren und an vielen Ufern entlang gegangen sowie auf viele Hügel und Gipfel gestiegen. Ich habe ihm in Triest seinen Hegel und in Wien seinen Goethe und auf dem Corvatsch seinen Brecht abgehört und an einem persischen Salzsee seiner Begeisterung für Kant freien Lauf gelassen. Im Stuttgarter *Zeppelin* habe ich zugeschaut, wie er ein Denkmal für Ingeborg Bachmann gebaut hat, in Zürich hörte ich seinen Traktat über Joyce, in Sankt Moritz seinen auf Beckett. Auf den Ruinen von Persepolis baute er eine neue Taschenbuchreihe, in der ägyptischen Wüste erdachte er sich einen Hessevortrag. Ein kleiner stinkender Ölofen in einem Hotel in Schiras inspirierte ihn eines Abends mit Vehemenz zu einer durch und durch philosophischen Lebens- und Weltauffassung bis drei Uhr früh. In der Wüste von Saccara habe ich mit ihm bei dreizehn Grad *unter Null* und unter der Erde die berühmten Stiersarkophage bestaunt und dann, wieder im Tageslicht, bei zweiundvierzig Grad *über Null*, einen gemeinsam gelachten Lachkrampf bekommen. In Teheran schaute ich an seiner Seite wie er vom dreizehnten Stock des Sheratonhotels in das Schwimmbecken, in welchem kein Wasser, aber der Hotelmüll gelagert war. Nie, weder vorher noch nachher, habe ich einen so traurigen Unseld gesehen. Nach dem Besuch eines diplomatischen Essens in Kairo ist eineinhalb Meter vor dem Ziel das Seil jenes Lifts gerissen, in welchem Unseld und ich und andere auf dem Weg zur ebenen Erde waren. Ein nur eine halbe Sekunde früher gerissenes Seil, und es gäbe schon sieben Jahre keinen Unseld und keinen Bernhard. Wir hatten uns den Staub und den Mörtel aus den Haaren und aus den Kleidern geschüttelt und aufgelacht. Der Anfang meiner Beziehung zu Unseld war eine Forderung gewesen, um nicht sagen zu müssen, eine Erpressung meinerseits. Ich forderte von Unseld zwei Jahre nach dem Erscheinen von *Frost* und zwei Jahre vor dem

Erscheinen von *Verstörung*, im Jänner 1965, 40 000 (in Worten: vierzigtausend) Mark; *weil ich es eilig hatte, in zwanzig Minuten*. Angeblich hatte Unseld zu diesem Zeitpunkt, wie seine Frau mir neunzehn Jahre später versicherte, vierzig Grad Fieber gehabt. Ich forderte also damals, wie ich heute denke, für jeden Fiebergrad des Verlegers oder für jede halbe Minute des Verlegers, tausend Mark. Nach diesem *Geschäft*, das mich im Höchstmaß befriedigte und das zur Rettung meines Ohlsdorfer Narrenhauses notwendig war, fuhr ich nach Gießen, um einen Vortrag zu halten, und dachte die ganze Zeit, daß gute Geschäfte machen wenigstens so schön ist wie Schreiben und daß ich, zu allem Unglück meiner Person, auch noch gelernter Kaufmann bin. Unseld hat diese Tatsache oft zu spüren bekommen. Was meine schriftstellerische Arbeit betrifft, so habe ich viele Jahre geglaubt, der Verleger liest überhaupt nicht, was ich schreibe. Bis ich darauf gekommen bin, daß er es eindringlicher liest als ich selbst. Ein elementares Mißtrauen haben wir beide uns, wie in der Vergangenheit, auch für die Zukunft auf die Seite gelegt. Aber unser Verhältnis ist, darüber besteht kein Zweifel, *ideal* geworden. Unseld, denke ich, ein Name, der alles, nur kein Glück bringen kann! Mir hat er Glück gebracht!

Ist es eine Komödie?
Ist es eine Tragödie?

Aus: Die Macht der Gewohnheit

Zweite Szene

[. . .]

DOMPTEUR *trinkt die Flasche vollkommen leer*
Spaßmacher springt auf und stellt eine neue Flasche auf das Klavier und hockt sich wieder auf den Boden
Sich einen Menschen halten
wie ein Tier
verstehst du
Wir sind nichts
als Tiere
Das Klavier
die Viola
die Baßgeige
die Violine
Tiere
nichts als Tiere

SPASSMACHER
Tiere

DOMPTEUR
Absichtlich
läßt er das Kolophonium fallen
Neuerdings auch
vor dem Jongleur
Der Jongleur muß auf den Boden
zeigt unter den Kasten
Da unter den Kasten
schneidet ein Stück Wurst ab und wirft es dem Spaßmacher zu
Der Herr Jongleur kriecht auf dem Boden
und apportiert meinem Onkel das Kolophonium

SPASSMACHER
Der Herr Jongleur
und der Herr Caribaldi

DOMPTEUR
In immer kürzeren Abständen
verstehst du
Apportiert

Manchmal denke ich
beiß zu
Aber er tut es nicht
Er hat mir den Kopf
abgebissen
träume ich
daß er zubeißt
Der Herr Dompteur
ohne Kopf
verstehst du
Spaßmacher lacht in sich hinein
Daß er Ernst macht
verstehst du
Der Kopf sagt Max
und ist schon abgebissen
Spaßmacher lacht
Die Hände
auf den Kopf
aber da ist kein Kopf mehr
Spaßmacher lacht in sich hinein
Der springt mich an
und beißt mir den Kopf ab
trinkt aus der Flasche
Spaßmacher springt auf und verliert die Haube, setzt sie sich gleich wieder auf, erschrocken auf die Tür schauend

CARIBALDI *tritt auf, zum Spaßmacher*
Unglaublich
Hinaus mit dir
In die Manege mit dir
mach deine Späße
Wirds bald
Spaßmacher mit einem Knicks vor Caribaldi ab
Auf dem ganzen Platz
suche ich diesen Menschen
Eine Ungeheuerlichkeit
Morgen Augsburg
Die ganze Zeit
der Jongleur allein
in der Manege
Keine Spur

vom Spaßmacher
Da versteht das Publikum
keinen Spaß
zum Dompteur
Bier
Rettich
Gestank
Für einen Betrunkenen
ist kein Platz hier
Das ist kein Platz hier
für einen Betrunkenen
halte dich an die Regel

DOMPTEUR
Aber

CARIBALDI
Es ist immer das gleiche
man muß hinter euch her sein
forsch
Hinaus mit dir
Die Tiere brüllen vor Hunger
und du frißt dich an
Hinaus
Dompteur steht auf
Caribaldi schreit den Dompteur an
Fauler Hund
Dompteur mit dem großen Rettich ab
Caribaldi hängt den Zylinder an den Haken
An den Nagel hängen
an den Nagel hängen
Notenständer
diese nutzlosen Notenständer
stößt an einen der Notenständer, packt einen der Notenständer
Das Forellenquintett
schlägt sich an den Kopf
Enkelin ist eingetreten
An den Nagel hängen
an den Nagel hängen

ENKELIN
Die Schuhpasta ist ausgegangen

CARIBALDI *imitiert sie*

Die Schuhpasta ist ausgegangen
Morgen in Augsburg
morgen in Augsburg
Diese nutzlosen Notenständer
Das Forellenquintett
An den Nagel hängen
alles
an den Nagel hängen
alles
schlägt sich mit der flachen Hand auf die Stirn
Idiot

ENKELIN
Willst du das Cello

CARIBALDI
Das Cello
das Cello
brüllt die Enkelin an
Das Maggini
oder das Salo
oder das Ferraracello
setzt sich
Komm her mein Kind
Enkelin geht zu ihm hin
Höre
die letzte Phrase leise
Crescendo
sage ich crescendo
Decrescendo
sage ich
decrescendo
sehr leise
die letzte Phrase
sehr sehr leise
berührt die Enkelin an der Schläfe
Wir sind
von Bestien umgeben
von Bestien
decrescendo
decrescendo
crescendo

crescendo
schaut zur Tür
Mit mir allein mein Kind
Morgen Augsburg
schläfst du gut
in der Nacht
Ich schlafe nicht
ich träume nicht
Zeig deine Beine
Enkelin zeigt die Beine
Dein Kapital
Deine Mutter
hatte die schönsten Beine
Übst du
auf das genaueste
Üben
Aufwachen
Aufstehen
Üben
Üben
Üben
zupft am Cello, streicht einen langen tiefen Ton auf dem Cello
Hörst du
Casals
Die Kunst auf dem Seil zu tanzen
ist ein Gottesgeschenk
Und die Zähne
Zeig her
Enkelin macht den Mund auf und zeigt die Zähne
Gute Zähne
das wichtigste
Machst du die Übung
mit dreizehn
Dreizehn auf
dreizehn ab
Und die Übung
mit einundzwanzig
einundzwanzig auf
einundzwanzig ab
Keine Lektüre

mein Kind
Und merke dir
Ballett ist etwas anderes
Kein Ballett
Und höre nicht
was der Dompteur sagt
und höre nicht
was der Jongleur sagt
Es ist ein Mißverständnis
verstehst du
alles ein Mißverständnis
Arme hoch
Enkelin wirft die Arme hoch
Hoch
hoch
Enkelin wirft zweimal die Arme hoch
Und nicht zu den Tieren
schreit
Und nicht zu den Tieren
Deine arme Mutter
Und dann der Absturz
Zeig deine Hände
Enkelin zeigt ihre Hände
Gut
Die fortwährenden Warnungen
ihres Vaters
meiner Person
nutzlos
Kolophonium
hörst du
Kolophonium
Morgen in Augsburg
Eines Tages
ist sie zu den Tieren
und die Tiere haben zugebissen
in das Geschöpf hineingebissen
Sie war tapfer
die Ärzte haben sie
gut zusammengeflickt
kaum war sie zusammengeflickt

ist sie abgestürzt
Unaufmerksamkeit
Einen Augenblick Angst
verstehst du
Ein Fehltritt
Die Arme hoch
Enkelin wirft die Arme hoch
Hoch
hoch
hoch
Enkelin wirft dreimal die Arme hoch
Keine Bibliothek in Augsburg
Kein Buch
nichts
schreit plötzlich
Nicht zu den Tieren

ENKELIN

Nicht zu den Tieren

CARIBALDI

Auf dem Seil tanzen
hoch oben
in höchster Höhe
schaut empor
Ohne abzustürzen
Es ist ein schöner Anblick
plötzlich zu Boden schauend
Dieser Schrei
mein Kind
Sie war sofort tot
Wie du zum erstenmal
auf dem Seil gewesen bist
ich hatte Angst
Todesangst
berührt die Enkelin
Ich habe immer
Angst
schiebt die Enkelin weg
Enkelin dreht sich darauf wie ein Kreisel
Die Musik ist es
und das menschliche Gehör

Die Kunststücke sind es
und die Musik
Jetzt bring mir das Cello
Enkelin zum Kasten, mit dem Magginicello zurück
nicht dieses Cello
Mein Kind nein
Nicht das Maggini
Das Ferraracello
Enkelin mit dem Magginicello zum Kasten zurück, mit dem Ferraracello zu Caribaldi
Einmal
vor aller Öffentlichkeit
In der Manege
Enkelin gibt Caribaldi das Kolophonium, dieser streicht den Bogen mit dem Kolophonium ein, gibt das Kolophonium der Enkelin und streicht zwei lange tiefe Töne
In aller Öffentlichkeit
Vielleicht im Herbst
in Nürnberg

ENKELIN

In Nürnberg

CARIBALDI

Aber Stillschweigen
Stillschweigen
mit dem Zeigefinger vor dem Mund
Stillschweigen
In der Manege
das Forellenquintett
Zuerst tanzt du auf dem Seil
und dann spielst du die Viola
leise
sehr leise
crescendo
decrescendo
Perfektion
Absolut
Die Leute kommen
und sehen
und hören
streicht einen langen tiefen Ton auf dem Cello

Sie kommen
in eine Zirkusvorstellung
und hören das Forellenquintett
Aber bis es soweit ist
bis Nürnberg
muß geübt werden
geübt werden
geübt werden
Schubert
nichts sonst
die Leoparden nicht
die Pferde nicht
Nur du
und Schubert
Die Tellernummer nicht
Nur Schubert
und du
Dann
Es ist keine Probe
es ist ein Konzert
plötzlich heftig
Aber dieser Mensch
mit seinen immer neuen Verletzungen
und der Jongleur
mit seiner Perversität
der entsetzliche Charakter
des Spaßmachers
Diese fürchterlichen Menschen
in Betrachtung des Cellos
Eine Kostbarkeit
Ich habe es in Venedig gekauft
mit dem Erbe deiner Mutter
ihr ganzes Vermögen
hat mich
dieses Cello gekostet
Hier siehst du
zeigt es
ist das Wort Ferrara eingraviert
Das heilige Wort
Ferrara

Ich habe ihn zweimal gehört
mein Kind
einmal in Paris
und einmal in London
Casals
streicht einen langen tiefen Ton und wieder zurück
Es ist ein Unterschied
Hörst du den Unterschied
Kannst du den Unterschied hören
Jeden Tag frage ich dich
ob du den Unterschied hörst
hörst du ihn
Enkelin nickt
Es ist eine hohe Kunst
die Hörkunst
mein Kind
Die Kunst ist
daß man hört
und immer
daß man den Unterschied hört
hörst du den Unterschied
Enkelin nickt
Bring mir das andere
gibt der Enkelin das Ferraracello
Enkelin geht zum Kasten und holt das Magginicello, gibt es Caribaldi und bleibt vor ihm stehen.

Aus: Minetti

Erste Szene

Halle
Ein alter englischer Aufzug links
Portierloge, Portier in alten Hotelbüchern blätternd, rechts
Eine (rotgekleidete) Dame auf einem alten Sofa, Virginier rauchend und trinkend im Hintergrund
Ein Lohndiener kommt von links mit einem riesigen alten Koffer herein und stellt ihn vor der Portierloge ab

PORTIER *aufblickend*
Was ist das

LOHNDIENER *leise zu ihm*
Ein komischer Herr
Portier und Lohndiener schauen in die Richtung, aus welcher der Lohndiener gerade den riesigen Koffer hereingetragen hat

DAME *trinkend, dann zum Portier*
Durchstehen
allein sein
Vergessen Sie meinen Champagner nicht
Wenn notwendig zwei Flaschen
ich will ihn allein trinken
allein
lacht auf und schaut in dieselbe Richtung wie die andern
es ist ja gleichgültig
ich muß mich wehren wissen Sie
mit Nachdruck
Wehren
Die Welt ist tatsächlich
von Verrückten bevölkert
unglaublich
Die Verkommenheit ist typisch
zum Portier gewendet
Ein Schneesturm
tatsächlich ein Schneesturm
in die Richtung, in welche die beiden andern schauen
Dann setze ich mir die Maske auf
Mit Silvester werde ich fertig

ich habe meine Methode
trinkt
ich gehe mit meiner Affenmaske ins Bett
und warte
mit der Maske auf dem Gesicht auf dem Kopf
die ganze Champagnerflasche in einem Zug
Das ist schon das dritte Jahr
daß ich Silvester auf diese Art praktiziere
als ob sie einen merkwürdigen Menschen beobachtete
unter Umständen
zwei Flaschen
eine Finte natürlich
die Koketterie mit dem Ersticken
Eine Perversität
Ich bin dicker geworden
schon dreimal die Affenmaske zugeflickt
trinkt
zugeflickt
Mit gefalteten Händen unter der Affenmaske
Aber nicht zuhause
im Hotel wissen Sie
hier im Hotel
wie sich befehlend
Bis elf ausharren
und dann hinauf
aufs Zimmer
und die Maske aufgesetzt
und den Champagner ausgetrunken
und ins Bett
Die Maske auf dem Kopf
und die Strümpfe an den Beinen
lacht laut auf
Und funktionierts nicht
dann noch eine Flasche
trinkt und schaut auf den Koffer, dann wieder in die entgegengesetzte Richtung
Zweifellos der Herr
der zu dem Koffer gehört

MINETTI *tritt auf in einem knöchellangen alten Wintermantel, schwarzen Lackschuhen mit Gamaschen, einem breitkrempi-*

gen Hut und einem Regenschirm auf dem linken Arm, ein offenes Unterhosenband hängt ihm bis auf den Boden, und geht langsam, sich nach allen Seiten umschauend, bis in die Mitte der Halle und sagt zum Portier
Minetti
holt eine Geldbörse aus einer seiner Rocktaschen und sucht eine angemessene Münze, hat er die Münze gefunden, will er sie dem Lohndiener geben, indem er blitzschnell die Hand mit der Münze nach dem Lohndiener ausstreckt, aber der Lohndiener rührt sich nicht
Da
Lohndiener nimmt die Münze
Minetti schaut auf die Decke und auf alle Wände und in alle vier Ecken der Halle
Wie es sich verändert
wie es sich langsam verändert
zur Dame
vor dreißig Jahren
vor zweiunddreißig Jahren genau
das letztemal
zum Portier
Zimmer vierundsiebzig
vierundsiebzig
schaut wieder auf die Decke
Gänzlich verändert
Die Veränderung ist fortschreitend
Es ist alles nur eine Frage der Zeit
Dame trinkt
Eine Frage der Zeit
Der Aufzug wird von oben geholt
Minetti stellt sich der Dame vor
Minetti
der sich der klassischen Literatur
verweigert hat
schaut wieder auf die Decke
Den Fortschritt hassen
den Fortschritt hassen
zur Dame
Meinen Sie nicht
daß man den Fortschritt hassen muß

von einem bestimmten Zeitpunkt an
klopft sich mit beiden Händen den Mantel ab
Ein Schneesturm in Oostende
das ist eine Ungeheuerlichkeit
zur Dame
Ich habe hier
eine Verabredung
mit dem Schauspieldirektor
von Flensburg
Ich bin Schauspieler
schaut auf die Decke
Wie es sich verändert hat
Ich liebe Oostende
Das Grau
Die Küste
Die Atlantikküste
Der Aufzug kommt mit einer größeren Gruppe Maskierter herunter, die lachend und schreiend in die Halle stürzen und, ihn beinahe umwerfend, an Minetti vorbei ins Freie, Minetti ihnen nach
Unerhört
unerhört
Dame entdeckt, während sie trinkt, Minettis Unterhosenband
Minetti zum Portier
Ich erwarte den Schauspieldirektor von Flensburg
Zur Zweihundertjahrfeier des Theaters in Flensburg
spiele ich den Lear
Shakespeare
Ich habe dreißig Jahre nicht mehr gespielt
ich bin dreißig Jahre nicht mehr aufgetreten
zur Dame
Lear wissen Sie
King Lear
Das bedeutendste dramatische Werk
der gesamten Weltliteratur
zitiert, zurückschauend in die Richtung, aus der er gekommen ist
Thou think'st 'tis much that this contentious storm
Invades us to the skin
so 'tis to thee

but where the greater malady is fix'd
the lesser is scarce felt
Du glaubst es ist viel
daß dieser streitsüchtige Sturm
uns bis auf die Haut dringt
so ist es für dich
aber wo die größere Krankheit festsitzt
wird die kleinere kaum gefühlt
schaut auf die Decke
Lear
zeigt mit dem Regenschirm in die rückwärtige rechte Ecke
Hier in dieser Ecke
habe ich mit Ensor gesprochen
mit Ensor persönlich
zeigt auf seinen Koffer
In diesem Koffer
ist Lears Maske
von Ensor persönlich
Diese Maske
des Lear
ist das Kostbarste
das ich besitze
zur Dame
Die Maske ist Lear
zeigt wieder mit dem Regenschirm in die Ecke
In dieser Ecke
Eine philosophische Abrechnung zweifellos
eindringlicher
James Ensor
Ich wollte die Learmaske
von Ensor
und Ensor
hat mir die Maske gemacht
laut
Eine ungeheure Perversität
die ganze Weltliteratur
auf dem Kopf
und vor dem Gesicht zu tragen
zeigt wieder in die Ecke
Ich glaubte plötzlich

er sei Shakespeare
während ich doch mit Ensor gesprochen habe
Das Theater ist eine ungeheuere Kunst
habe ich zu Ensor gesagt
machen Sie mir die Maske
für meinen Auftritt als Lear
habe ich gesagt
Dame trinkt
Aber Shakespeare war dem Mann kein Begriff
Er wollte den Lear
studieren
aber ich habe zu ihm gesagt
studieren Sie den Lear nicht
vergessen Sie die ganze klassische Literatur
die ganze verstehen Sie
Der Mann hatte keine Ahnung von Shakespeare
und überhaupt keine Ahnung von Lear
und überhaupt keine Ahnung von der Weltliteratur
Aber Ensor machte die Maske
für mich
die ungeheuerlichste Maske
die jemals gemacht worden ist
Mit dieser Maske spiele ich
zur Zweihundertjahrfeier des Theaters in Flensburg
Der Schauspieldirektor hat mein Wort
Ein solcher Künstler wie ich
kann einen Schauspieldirektor
nicht im Stich lassen
schaut auf die Decke
Lear
in Ensors Maske
Dame trinkt
Ein alter hinkender Mann tritt von rechts auf
und läßt sich vom Portier einen Zimmerschlüssel geben
und hinkt nach links ab
Minetti zum Portier
Hat denn der Schauspieldirektor
keine Nachricht hinterlassen
Wie spät ist es denn

PORTIER
Halb zehn mein Herr
MINETTI *schaut auf seine Taschenuhr*
Halb zehn
Ich habe mich verspätet
im Schneesturm
klopft seinen Mantel noch einmal ab, dann
Hat denn überhaupt niemand
nach mir gefragt
PORTIER
Nein mein Herr
Dame trinkt
MINETTI
Kein Telefonat
PORTIER
Nein mein Herr
Kein Telefonat mein Herr
MINETTI
Das wird sich aufklären
aufklären
an die Dame
aufklären
zum Portier
Ich werde warten
hier warten
hier in der Halle warten
zur Dame
Möglicherweise kennen Sie den Schauspieldirektor
aus Flensburg
er kommt alljährlich
um diese Zeit
Eine telegrafische Abmachung
hier im Hotel
um neun
schaut auf die Decke, dann
Das ist eine Überwindung
daß ich den Lear spiele
noch einmal spiele
und ein Höhepunkt
Nur ein einziges Mal meine Dame

dann nicht mehr
Das habe ich mir geschworen
niemehr
nur ein einziges Mal
Dreißig Jahre auf keiner Bühne
dreißig Jahre nichts
Ich habe mich der klassischen Literatur verweigert
den Lear ausgenommen
Jetzt noch einmal den Lear
in Ensors Maske
Es sind die Nerven
das entsetzliche Klima wissen Sie
Dame trinkt
Minetti ganz leise zur Dame
Er hat von Shakespeare
nichts verstanden
nichts
als ob er
nie etwas von Shakespeare
gehört hätte
und dann
dreht sich nun um und zeigt mit dem Regenschirm auf den Koffer
diese Maske
Ich habe diese Maske
immer bei mir
in diesem Koffer meine Dame
keine Reise ohne diesen Koffer
und in dem Koffer ist Ensors Maske
Ich begehe den Verrat nicht
noch einmal Lear
Es ist der Wunsch des Schauspieldirektors
daß ich den Lear spiele
zur Zweihunderjahrfeier des Theaters in Flensburg
schaut in die Ecke und zeigt dann mit dem Regenschirm in die Ecke
Ein schüchterner Mensch meine Dame
gleichzeitig fürchterlich
Ich hatte Angst
Die Künstler haben alle Angst

Angst
Angst
Kunst und Angst
Diese Menschen bestimmen den Gang der Geschichte
Gegenseitige Verletzungen wissen Sie
laut deklamierend
Was ist
die sogenannte Bildende Kunst
habe ich Ensor gefragt
ihm ins Gesicht
Er erwiderte nichts
Die sogenannte Schauspielkunst
fragte er
Nichts
Der Aufzug wird von oben geholt
Ein Zufall
eine Gastspielbesprechung
Eine Dame aus Rotterdam
mit einem fürchterlichen Schnupfen
mit welcher ich meinen Auftritt in Rotterdam besprochen habe
als Lear
Da habe ich Ensor getroffen
und mich mit Ensor verabredet
in diesem Hotel
wie ich mich jetzt
mit dem Schauspieldirektor verabredet habe
Und Ensor hat mir die Maske gemacht
und ich habe in Ensors Maske den Lear gespielt
ganz leise
Manchmal verfügen wir
über alles

Aus: Vor dem Ruhestand

Dritter Akt

Ein Speisetisch, Sessel, Fauteuils, ein Sofa, Gewehrkasten und Kommode
Rudolf schon leicht betrunken, in kompletter SS-Obersturmbannführeruniform mit Kappe, Pistole am Koppel und in schwarzen Schaftstiefeln am Speisetisch
Vera ihm gegenüber mit Zopffrisur und in einem langen Brokatkleid. Clara im Rollstuhl, wie vorher, in ihrer Mitte
Alle drei essend und Sekt trinkend

VERA
Und dann gehst du mit uns
in das Symphoniekonzert Rudolf
Wir nehmen natürlich Clara mit
Es tut ihr gut wenn sie wieder hinauskommt
schenkt allen dreien ein
Wenn wir ab und zu solche Kunsterlebnisse nicht hätten
ohne Musik ist das Leben ja gar nicht vorstellbar
Wer Kultur hat sagte Vater
Der Mensch der lange Zeit keinen Kunstgenuß hat verkommt
Ich muß doch einmal nachschauen
ob auch alles fest geschlossen ist
steht auf und prüft alle Fenster und Türen
Man kann nie wissen
Plötzlich steht irgendein Mensch da
Ein Spion
zu Rudolf
Du siehst so gut aus
wenn du die Uniform trägst
schade daß ich immer ein ganzes Jahr warten muß
bis du sie wieder anziehst
nichts steht dir so gut
Findest du nicht Clara
Clara schweigt
Und die schönen Orden auf deiner Brust
Du bist der wahre Deutsche Rudolf
Du bist das Vorbild

daß du sie heimlich anziehen mußt die Uniform
daß du sie heimlich tragen mußt die Orden
setzt sich wieder
Wenn ich mit dir so wie du jetzt aussiehst
hinausgehen könnte aus dem Haus in die Stadt hinein
in die Oper in die Mittelloge
Ach Rudolf ob wir es noch erleben
Ich glaube nicht daß es lange dauert
daß wir wieder ganz offen bekennen können was wir sind
daß das Recht wieder zurückkehrt
in die Welt
Du sagst ja selbst daß wir in einer Zeit existieren
die voller Unrecht ist
Du als Richter als Gerichtspräsident
nimmt ihm die Kappe ab und legt sie auf den Tisch
Es ist eine Schande
Aber das Gute und das Richtige setzt sich schließlich durch
da vertraue ich ganz auf Vater
hebt ihr Glas
Komm Rudolf trinken wir auf den Ruhestand
zu Clara
Du auch heb dein Glas auf unsere Zukunft
zu Rudolf
Ich freue mich schon so auf den Augenblick
in welchem du zum erstenmal zu Hause bleibst
alle heben ihr Glas und trinken es aus und Vera schenkt gleich wieder ein
Den Schwur zu halten
das ist bewundernswert
sich nicht aus der Fassung bringen lassen
Wir dürfen nicht hörig sein wir müssen frei sein nicht wahr
Mein Versprechen hast du Rudolf
daß ich immer zu dir halten werde
was auch immer kommt
ich hab es ja schon bewiesen
in finsteren Zeiten wie du weißt
mir nichts geschenkt
wie wir alle uns nichts geschenkt haben
Ein Ideal zu haben und ihm treu bleiben
es immer hochhalten

wie schön
zu Clara
Diese feinen Kalbsmedaillons habe ich nur für dich ausgesucht
und jetzt läßt du sie stehen
hält ihr ein Tablett hin, aber Clara nimmt nichts, sie stellt das Tablett wieder auf den Tisch
zu Rudolf
Das Tragische ist ja daß die Menschheit wie Vater gesagt hat
wider besseres Wissen immer den falschen Weg geht
Die Menschheit ist ein Patient
der alles einnimmt was man ihm gibt
jedes tödliche Gift sagte Vater
Zehn oder zwölf Jahre hast du schon die gleiche Figur Rudolf
die Uniform paßt dir wie am ersten Tag so angegossen
ich bin stolz auf dich
Der Herr Gerichtspräsident
und der Herr Abgeordnete
Wenn ich nur dabeisein hätte können
wie du deine Rede gehalten hast
gegen die Fabrik
Du bist ein guter Redner Rudolf
Du überzeugst wenn du redest
so eindringlich so klar so überzeugend
Mein Herr Landtagsabgeordneter
steht auf und richtet ihm das Eiserne Kreuz
Ich habe es zu hoch hinausgesteckt
siehst du jetzt hat es seinen Platz
begutachtet das Eiserne Kreuz und setzt sich wieder
Wenn wir hier weggehen hätten müssen
wegen dieser Fabrik
Die Konzerne setzen sich immer durch
Zum erstenmal hast du es ihnen gezeigt
Du ein einzelner gegen einen riesigen Konzern
Wenn das nur Schule machte
Aber die Politiker und die Industriellen
stecken unter einer Decke
und richten langsam alles zugrunde
verpesten die Luft und zerstören alles
Bald gibt es auch in den Bergen keinen Platz mehr
wo man frische Luft atmen kann

Vielleicht noch in Grönland

RUDOLF

Vielleicht noch in Grönland
da hast du recht
Die Industrie hat immer alles beherrscht
Ich habe nichts gegen die Industrie

VERA

Natürlich nicht Rudolf
aber in diesem Fall
Wenn ich mir vorstelle
daß hier die Fabrik gebaut worden wäre
wir hätten ausziehen müssen
und alles aufgeben
alles was uns lieb ist
Neinnein
solange wir leben
gehen wir nicht mehr weg von hier
Hier ist unser Leben
hier waren unsere Eltern
hier waren wir Kinder
hier haben wir uns durchgesetzt
Hier wollen wir bleiben

RUDOLF

Und das Ende abwarten

VERA

Aber Rudolf
Warum sprichst du immer so finster
Du hast keinen Grund keine Ursache
Du müßtest der glücklichste Mensch sein
Warte
steht auf und holt ein größeres Album aus der Kommode hervor und setzt sich neben Rudolf mit dem Album wieder an den Tisch, macht Platz für das Album. Zu Clara
Es stört dich doch nicht
daß wir im Album blättern
In der Erinnerung
einmal im Jahr
Die Erinnerung ist das kostbarste
Wie schön das Album ist
Mutter hat es mir geschenkt

zu Weihnachten neununddreißig
zu Rudolf
Wie du dich freiwillig gemeldet hast
Was für eine Zeit
blättert um
Weihnachten neununddreißig
zu Clara
Da hattest du das Schweizer Kleid an Clara
wie gut stand dir das Schweizer Kleid
das dir Vater von seiner Zürichreise mitgebracht hat
Er hat uns versprochen
daß er mit uns in die Schweiz fährt
Mit euch mit meinen lieben Kindern hat er gesagt
an den Zuger See
Dazu ist es ja dann nicht mehr gekommen
blättert um
Seebruck erinnerst du dich Rudolf
wir waren gerade vom Himbeerpflücken aus dem Wald gekommen
zu Rudolf
Du warst immer so ehrgeizig
du hast immer doppelt soviel gepflückt wie ich
Und Clara hat immer alle aufgegessen
Das Bild hat Onkel Rudolf gemacht
Da siehst du die Kampenwand
Vater hat sie erklettert
Wenn er die Berge nicht gehabt hätte
Vater war ein Bergmensch
Mutter liebte das Meer die Adria
Und so hatten sie nie gemeinsam Urlaub gemacht
weil er immer in die Berge wollte
und sie ans Meer
blättert um
Onkel Rudolf wie er an die Front gegangen ist
nach Polen
schrecklich
zu Clara
Erinnerst du dich wie Onkel Rudolf aufgebahrt war
da hatten wir uns gefürchtet
Angst gehabt

wir hatten bis dahin keinen toten Menschen gesehn
Nicht einmal ein halbes Jahr nachdem er eingerückt war
zu Rudolf
Du hast große Ähnlichkeit mit Onkel Rudolf
Mund Nase
von Mutter
Die Polen waren rücksichtslos
aus dem Hinterhalt
Damals sind die toten Offiziere noch in die Heimat geschickt worden
Zwei Tage habe ich geweint
blättert um
Pfingsten in Wien
Ach war das eine schöne Zeit
die einzige Reise die wir mit den Eltern gemacht haben
die einzige größere Reise
zu Clara
Wir durften mit dem Riesenrad fahren
Du hast Angst gehabt
und dann sind wir mit den Eltern in das Hotel Sacher gegangen
und haben eine Sachertorte gegessen
zu Clara
die schmeckte dir nicht
blättert um
Das erste Bild von dir in Uniform
Wir waren stolz auf dich
überall habe ich herumerzählt daß du jetzt Uniform trägst
Du bist dann gleich nach Rußland
für zwei Monate in geheimer Mission an die russische Front
wir hatten nicht gewußt
wo du bist damals
zwei Monate hatten wir nichts gehört
Da warst du längst tätig
blättert um
Das Lager
wie hübsch die Bäume da wie hübsch
Und dort hinten hast du logiert nicht wahr
Was für eine reizvolle Landschaft
Und da bist du geschwommen in der Weichsel
zu Clara

Rudolf hatte noch keinen Bauch
nicht die Spur eines Bauchs
Das Matrosenbild
das war in Zoppot
Da hast du Urlaub gemacht
und da hast du Himmler getroffen
blättert um
Und das ist das Bild
das Rösch von dir und Himmler gemacht hat
Ja
er hätte sich ja nicht umbringen müssen
er hätte sich in Sicherheit bringen können
Eine Kurzschlußhandlung
Siehst du er hat an dich gedacht
er hat dir den falschen Paß gegeben dir und Rösch

RUDOLF

Es war natürlich auch eine Konsequenz
er war ja im Grunde auch ein feinfühliger Mensch
Die Natur macht ganz einfach was sie will
hat Vater gesagt
streckt die Beine unter dem Tisch aus
Es ist schön diesen Tag
mit euch zu verbringen
in aller Stille
wenn von draußen kein Laut hereindringt
kein Geräusch nichts von draußen
Mit euch zusammensein
in Gedanken an die Erinnerung
Vera steht auf und geht zur Kommode und drückt auf die Taste eines dort abgestellten Recorders
Beethovens fünfte Symphonie
Rudolf, indem er die Augen schließt
Nicht so laut leiser mein Kind
Vera stellt die Musik leiser
Kein Mensch kann den Verlauf seines Lebens bestimmen
Er kommt auf die Welt und stirbt
was dazwischen ist
darauf hat er keinerlei Einfluß
Vera geht zum Tisch zurück und setzt sich und schenkt ihnen ein

Der Selbstmord ist niemandem gestattet
der Selbstmord ist ein Verbrechen
Wer in den Selbstmord flüchtet
begeht unweigerlich ein Verbrechen
Vera legt Clara ein Kalbsmedaillon auf den Teller
Nur der Mensch begeht Selbstmord
das Tier begeht nicht Selbstmord
Andererseits
aber es gibt überhaupt keinen Grund sich umzubringen
Mein lieber Höller hat er gesagt
ich höre nur Gutes von Ihnen
Sie machen Ihre Arbeit zur größten Zufriedenheit
Dann haben wir miteinander gegessen
Sie können Ihr Elternhaus behalten hat er gesagt
die Giftgasfabrik wird nicht da gebaut wo sie geplant ist
ich habe Anordnung gegeben
sie an einem Ort hundertachtzig Kilometer von Ihrem Elternhaus entfernt
zu bauen
Dann ist er aufgesprungen ganz plötzlich
und hat sich verabschiedet
Bevor mir überhaupt zu Bewußtsein gekommen ist
was geschehen war war er weg der Reichsführer SS
Da hatte ich keinen Appetit mehr
und ich setzte mich auch gar nicht mehr an den Tisch
Es gibt nichts Deprimierenderes
als an einem für zwei gedeckten Tisch
schließlich allein zu sitzen
Ich ging hinaus und machte einen Spaziergang durchs Lager
Auffallend frische Luft an diesem Abend
keinerlei Geräusch nichts
Als ob meine Lungen monatelang keine frische Luft mehr gehabt hätten
Ich ging durch das Lager und dann um das Lager herum
und dachte über mein Leben nach
Ich war an einem Wendepunkt angelangt an einem Wendepunkt
Er hatte sich überhaupt nicht angekündigt gehabt
plötzlich war die Tür aufgerissen worden
und er stand da in Begleitung natürlich

und sagte er wolle mit mir zu Mittag essen
der Reichsführer SS
Er kam gerade aus dem Führerhauptquartier
Rösch war nicht da gewesen
ausübender Kommandant verstehst du Vera
er machte nur diesen einen Besuch im Lager
Es hat Eindruck gemacht tatsächlich
es hat Eindruck gemacht
Vera steht auf und geht zur Kommode und stellt die Musik noch mehr zurück
Wir hatten die höchstmögliche Disziplin
wir waren ein Musterbetrieb
wir waren immer besichtigungsfähig
Vera dreht die Musik ganz ab und nimmt zwei Flaschen von der Kommode und setzt sich wieder
Wir hatten einen Auftrag erfüllt
zum Wohle des deutschen Volkes
Sie erfüllen Ihren Auftrag
zum Wohle des deutschen Volkes sagte er
dabei hat er mich nicht aus den Augen gelassen
Es war unmöglich ihm zu entkommen
es gab keine andere Wahl
Vera öffnet eine Flasche und schenkt allen ein
Die Geschichte kann ja nicht verfälscht werden
sie kann lange Zeit verschmiert werden
vieles kann vertuscht werden verfälscht werden
aber dann eines Tages lichtet sie sich
und sie steht da wie sie ist
wenn die Verschmierer und die Vertuscher und die Verfälscher nicht mehr da sind
Das dauert immer viele Jahrzehnte
richtet sich auf und hält sein Glas hin, Vera schenkt ihm ein
Der Teufel muß mit dem Teufel ausgetrieben werden
trinkt sein Glas aus und hält es Vera wieder hin, die es ihm anfüllt
Scham wer hätte die nicht gefühlt
steht plötzlich auf und hebt sein Glas
Vera steht auch auf
Rudolf mit dem Blick auf das Himmlerbild auf der Kommode

Ich hebe mein Glas
auf diesen Mann
auf diese Idee
zu Clara
Und du
Natürlich du kannst ja nicht aufstehen
es wäre ja auch eine Entweihung des Augenblicks
Die Natur hat schon gewußt
wen sie sitzen läßt
zu Vera
Komm Vera wir trinken auf die Idee
auf die Idee trinken wir
auf diese einzige Idee
trinkt sein Glas aus
Vera trinkt
Rudolf mit erhobenem Glas
Ich habe kein Schamgefühl
nicht das geringste Schamgefühl
setzt sich wieder
Meine liebe Vera
Vera setzt sich
Meine liebe gute Vera
meine einzige geliebte Schwester
wir müssen zusammenhalten
wir müssen eins sein eins eins
Spiel doch etwas
was sitzt du da
spiel eine schöne Musik spiel
Vera steht auf und geht hinaus
Wenn ich Vera nicht gehabt hätte
zu Clara
Du verstehst das doch
du verstehst doch alles
du bist ja nicht so schlecht wie du dich gibst
nicht so schlecht daß du nicht sehen würdest

Aus: Der Weltverbesserer

Erste Szene

Fünf Uhr früh
Der glatzköpfige Weltverbesserer mit einem Hörrohr auf einem hohen Sessel

WELTVERBESSERER *ruft durch die offene Tür hinaus*
Das Ei weich
die Sauce süß
süß die Sauce
streckt beide nackten Beine so weit als möglich aus, während er in einem Buch liest
Feingeschnittene Zwiebel
Meine Zunge ist gänzlich ausgetrocknet
hörst du
Mir ist wieder eine Maus
über das Gesicht gelaufen in der Nacht
Man muß mehr Fallen aufstellen
Kein Gift
schreit
Kein Gift
Unterstehe dich
klappt das Buch zu und schaut umher
Es ist lächerlich
wenn ich schließlich und endlich
doch an der Zugluft sterbe
befiehlt
Fenster zu
Türen zu
Es ist genug gelüftet
draußen werden Türen und Fenster zugemacht
zu sich
Verschiedene Fleischsorten
in süßer Sauce
geriebener Zimt
ein Schuß Sherry
ruft hinaus
Die Kragen stärken

aber nicht so hart
daß sie mir bei jeder Bewegung
in den Hals schneiden
betastet seinen Hals von allen Seiten
Ich bin ganz wund
Ein schrecklicher Zustand
Wir brauchen Schonung
und werden gemartert
schlägt das Buch wieder auf und liest
Was für ein unbeschreiblicher Unsinn
wirft das Buch so weit als möglich weg
sinkt in sich zusammen, dann schreiend
Daß mir kein Tintenfisch mehr
auf den Tisch kommt
zu sich
Diese Stelle war doch sehr komisch
Komisch
schreit
Bring mir doch das Buch
Das Buch
hörst du
das Buch
Die Frau tritt ein, hebt das Buch auf und gibt es ihm
Weltverbesserer ganz leise zu ihr
Ich weiß
ich bin ungerecht
Ich bin ein Scheusal
ich bin unverbesserlich
Ich bin gerührt
tatsächlich ich bin gerührt
tätschelt der Frau auf die Brust
In gewissem Sinne
bin ich ungerecht
in gewissem Sinne
Meine Launen
ich weiß
Die Frau geht hinaus
Weltverbesserer liest im Buch
Wo ist die Stelle
blättert im Buch

Diese Stelle
diese ausgezeichnete Stelle
Da ist sie
liest
Nein
es ist doch nichts
nichts
nichts
wirft das Buch weg und legt die Hände in den Schoß mit gesenktem Kopf
Die Stille
die uns alle krank macht
die krankmachende Stille
schaut um sich
In jedem Detail
ist Krankheit
überall
in allem
Eine Komödie
haben wir geglaubt
aber es ist doch eine Tragödie
Nach und nach
wird in diesen Mauern
eine Tragödie gespielt
neigt den Kopf auf die linke Seite, horcht
Es hat sich angekündigt
Es deutet alles darauf hin
In viele Risse könnte ich ja meine Hand stecken
wenn ich wollte
aber ich will nicht
könnte ich
wenn ich wollte
ruft hinaus
Wann war das Erdbeben
wann war es
zu sich
Eine Zeitlang gelingt es uns
über uns zu herrschen
hebt seinen Kopf so hoch als möglich
dann fallen wir wieder in uns zusammen

ruft hinaus
Wir sollten einen Spaziergang machen
Alles blüht draußen
zu sich
und ich sitze da
eingesperrt
kein Mensch kümmert sich um mich
plötzlich hinausschreiend
Ich erfriere
zappelt mit den Füßen
Ich erfriere wenn du nicht gleich kommst
In der Schatulle ist meine Kette
sinkt in sich zusammen
Heute will ich sie umhängen
Heute ist ein großer Tag
ruft hinaus
Die Kette
gibt mir mehr Würde
schreit
Was ist denn so kompliziert
daß ich solange warten muß
Ich friere
ich erfriere
zappelt mit den Füßen
Die Frau kommt mit einer Fußbadewanne herein, stellt sie am Sessel ab, kniet vor dem Weltverbesserer mit einem Handtuch nieder
Weltverbesserer steckt langsam die Füße ins heiße Wasser
Ah
Eine Gewohnheit natürlich
Eine Machtbefugnis
Wir bitten um tagtägliche gute Behandlung
Wir sehen zu daß alles in Ordnung kommt
und erbitten beste Behandlung
Hast du auch ein frisches Handtuch
Zeig her
Er entreißt der Frau das Handtuch und riecht am Handtuch
Eine Unverschämtheit
Glaubst du ich erkenne meinen Geruch nicht
Ich liebe es nicht

ein Handtuch zweimal zu benützen
wirft das Handtuch weg
Man belügt mich nicht ungestraft
Aufheben
Heb es auf
Die Frau weigert sich
Ich kann warten
Die Frau hebt das Handtuch auf
Und mein Buch
heb das Buch auf
Die Frau hebt auch das Buch auf
Es ist entwürdigend
schon in aller Frühe
das Wort h i n a u s zu verschleudern
Die Frau dreht sich um und geht mit Handtuch und Buch hinaus
Weltverbesserer sinkt in sich zusammen
Alles könnte so schön sein
Ah
ich brauche diese Wärme
von unten herauf
Wir lieben unser Leben
und hassen es gleichzeitig
Weil wir so strebsam sind
kommen wir vorwärts
Jedes Jahr schwierigere Examen
jedes Jahr größere Verständigungsschwierigkeiten
Der Kranke ist überfordert
Die Frau kommt herein mit einem neuen Handtuch
Eine neuerliche Handtuchprobe
erübrigt sich
Die größte Unverschämtheit wäre
mir das alte
als neues auszugeben
so zu tun als handelte es sich um ein neues
während es doch das alte ist
Ich verzichte auf die Probe
Die Frau will ihm die Füße abreiben
Es sind noch keine fünf Minuten
Die Frau schaut auf die Uhr

Exaktheit
ist das Fremdwort
Kein Zeitbezug
schaut auch auf die Uhr
Wir haben darauf zu achten
daß wir die Zeit genau einhalten
wo kämen wir hin
wenn wir uns über die Zeit hinwegsetzten
zählt die Sekunden
zwölf
elf
zehn
neun
acht
sieben
sechs
fünf
vier
drei
zwei
jetzt
Der Weltverbesserer zieht blitzartig die Beine aus dem Wasser
Die Frau trocknet ihm den rechten Fuß ab
Jede Stunde
ist die Stunde der Wahrheit
mein Kind
Welche Mühe es mich gekostet hat
dich diese Tätigkeit zu lehren
Kein Mensch weiß
was mir dieses Abtrocknen bedeutet
entzieht ihr den rechten Fuß, schreit auf
Du tust mir ja weh
sinkt in sich zusammen
Wie weit bist du
mit deinem Dramolett
hast du die Großmutter sterben lassen
nach einer Pause
sterben lassen
Ich weiß eine Ungehörigkeit

der schöpferische Mensch
darf nicht an seine Schöpfung erinnert werden
ist diese Schöpfung noch nicht fertig
Es ist eine Raffinesse
das Drama
nur als ein Dramolett zu bezeichnen
Wir schreiben alle
alle schreiben
Du verstehst doch hoffentlich einen Spaß
Du läßt die Großmutter
das Enkelkind in der verfallenen Ruine suchen
und sie umkommen in der Ruine
Die Großmutter kommt in der Ruine um
auf der Suche nach dem Enkelkind
Und das Enkelkind
das von der Großmutter gesucht worden ist
ist aufeinmal wieder zuhause
Nicht das Enkelkind kommt um
die Großmutter verstehst du
Die Frau trocknet ihm den linken Fuß ab
Oder vielleicht
ein Königsdrama
mit ungewissem Ausgang
wobei es ganz sicher ist
daß der König erdolcht wird
von hinten mein Kind
mit einem langen Messer
von welchem niemand wissen kann
wie es in die Hand des Mörders gekommen ist
Fingerabdrücke auf der Königskrone mein Kind
Ein blutrünstiger Neffe
der sich unter die schottischen Bauern gemischt hat
Oder eine verschlagene Dirne
die dem König den Hintern ausgewischt hat bei Nancy
Die Frau will aufstehen und gehen
Bleib da
versündige dich nicht
Rette deine Seele
Verzeih mir
Nur noch einen Augenblick

das linke Bein
wie mich das kribbelt
Die Frau reibt ihm das linke Bein ab
Zwei ganz kleine Augen
erscheinen in finsterer Nacht
einem ganz kleinen Kind
und auf einmal erkennt das Kind
daß die ganz kleinen ganz lieben Augen
die Lichter einer Lokomotive sind
Ein neues Märchenmotiv
für dich
Du siehst
es mangelt mir nicht an Phantasie
Nur an der Rührseligkeit
ohne die Poesie nicht entstehen kann
Mach dich ans Werk
streckt ihr das rechte Bein hin
Wir dürfen alles
nur nicht die Kontrolle
über uns verlieren
Unsere Vorbilder nicht außer acht lassen
Das Philosophische in uns
nicht ersticken
vorausgesetzt
ein solches Philosophisches
war überhaupt in uns versteckt
Es ist ein Versteckenspiel
in welchem sich die einen früher
die andern später
zu Tode laufen
Die Frau ist aufgestanden und hat ihm Strümpfe angezogen
Eine gelungene Szene
Wenn wir sie zum zehntausendstenmal
gespielt haben
belohnen wir uns
in aller Heimlichkeit natürlich
mit einem Fest
das wir uns geben
Ein Familienfest meine Liebe
ganz allein gefeiert

ohne Anhang
ohne Familie
Die Frau geht hinaus
Weltverbesserer flüstert ihr nach
und ohne uns
zu sich
Die verlogene Ratte
Zwanzig Jahre
hat sie gehofft
daß ich sie heirate
jetzt erhofft sie sich
die Heirat nicht mehr
aber sie geht auch nicht mehr weg
Sie fühlt sich hier zuhause
Auch mit ihrer Häßlichkeit
bin ich fertig geworden
Wir haben uns gegenseitig hineingelegt
plötzlich hinausschreiend
Eine Ungeheuerlichkeit
eine Fürchterlichkeit
hörst du
Die Frau erscheint
Komm her
komm ganz zu mir her
Wir haben heute vergessen
winkt sie ganz nahe an sich heran, flüstert ihr ins Ohr
Wir haben den Schwanz nicht gewaschen
hebt seinen Kopf
Das sollte nicht vorkommen
Die Frau will hinausgehen
Weltverbesserer herrscht sie an
Wenn wir schon
die alltäglichsten Verrichtungen
vergessen
wohin kommen wir
packt sie am Arm
Das Zusammensein
ist eine Vertrauensstellung
Anzeichen von Zerfall
Wir können uns trennen

wenn du magst
Aber dann bin ich vernichtet
Eine Rente ist dir sicher
Aber dann bin ich vernichtet
Eine hohe Abfertigung
Aber dann bin ich vernichtet
Die Frau reißt sich los und geht hinaus
Weltverbesserer schreit ihr nach
Die Kette
die Kette bitte
Heute dic Kette
Wenn die hohen Herrschaften kommen
kann ich nicht ohne Kette sein
Wozu habe ich diese Kette
wenn ich sie mir nicht umhänge
im entscheidenden Moment
Es gibt nur zwei solcher Ehrenketten
Die meinige
und die
die der Erzbischof von Paris hat
Die Stadt Frankfurt hat sie mir nicht dazu umgehängt
daß ich sie in der Schublade verschimmeln lasse
zu sich
Wir sollten fortwährend auf der Hut sein
und uns nicht übertölpeln lassen
Wenn wir unseren Nächsten alles durchgehen lassen
verkommen wir in der kürzesten Zeit
Die Frau kommt mit einer großen Kette herein
Weißt du noch
wofür ich diese Kette bekommen habe
von der Stadt Frankfurt
Sag es
auch wenn du es schon hunderttausendmal gesagt hast
Ich will es hören
bitte
bitte sag es
klatscht in die Hände
Ich bitte dich sag es
sag es
sag es

für
für
DIE FRAU *hängt ihm die Kette um*
Für deinen Traktat
WELTVERBESSERER
Natürlich für meinen Traktat
Für welchen Traktat für welchen
DIE FRAU
Für den Traktat
den du der Stadt Frankfurt gewidmet hast
WELTVERBESSERER
Ja ja
aber wie heißt der Traktat
wie heißt er
DIE FRAU
Traktat zur Verbesserung der Welt
WELTVERBESSERER *betastet von oben nach unten die Kette*
Du sagst es
du sagst es mein Kind
Du entschädigst mich dadurch
für so viele Schändlichkeiten
Du weißt
ich verzeihe dir
ich habe dir immer verziehen
Meine Natur verzeiht
ich habe immer allen verziehen
insbesondere dir
Was für ein armer Mensch bin ich
Die Kette ist ja nur eine kleine Entschädigung
nur eine ganz kleine Entschädigung
Die Kette bindet mich natürlich
moralisch
moralisch bin ich an diese Kette gebunden
Das Traurige ist
daß kein Mensch meinen Traktat verstanden hat
kein Mensch hat jemals verstanden
was ich in meinem Traktat sage
Solltest du mir nicht jetzt
noch vor dem Frühstück
aus dem Traktat vorlesen

Etwas aus dem Zentrum
Du weißt was ich meine
bitte
tu mir den Gefallen
plötzlich
Bist du noch heiser
Ich kann nicht wissen
ob du noch heiser bist
Du sprichst so leise und so undeutlich
daß ich gar nicht feststellen kann
ob du noch heiser bist
Hörst du
eine entscheidende Stelle
Die zentrale Stelle
die dem Bürgermeister so gefallen hat
Die auch dem Erzbischof so gefallen hat
die dem ganzen Auditorium so gefallen hat
Komm geh
Die Frau geht hinaus
Wir müssen den Moment ausnützen
wenn der Moment da ist
muß er ausgenützt sein
Wenn wir dazu in der Lage sind
Die Frau kommt mit einem großen Buch herein
Weltverbesserer bedeutet ihr, auf dem Ecksessel Platz zu nehmen, und sie nimmt dort Platz
Beim Umblättern
die Lärmentwicklung vermeiden
du fängst ganz einfach zu lesen an
dein Vortrag soll nichts Künstliches an sich haben
nichts Künstliches
ganz und gar nichts Künstliches
aber er darf auch nicht zu natürlich sein verstehst du
Die Gedanken dürfen nicht zu kurz kommen
Du machst immer wieder den Fehler
daß du da
wo ganz leise zu lesen ist
laut liest
dann liest du wieder laut
wo ganz leise zu lesen ist

Es kann dir natürlich niemand zu Hilfe kommen
Du fängst auf die natürlichste Weise an
Es ist ja kein Kunstwerk einerseits
weil es sich um Philosophie handelt
andererseits ist es das Kunstvollste
Wenn ich es höre
bin ich glücklich
wenn ich es selbst lese
macht es mich verzweifeln
Musik sollte es sein
einerseits
Aber die Musik gibt der Philosophie die Geistesblöße
So wie es ist
gehört es gelesen
vollkommen unmusikalisch einerseits
hochmusikalisch andererseits
Der Erzbischof hat gesagt
daß er keine tiefere Philosophie kenne
Die Würdenträger der Kirche
sind unbestechlich
wenn es um die Beurteilung der philosophischen Materie geht
Und erst wenn es sich durch und durch
um religiöse Philosophie handelt
pathetisch
Wäre die Welt
worunter ich nur die Geisteswelt verstehe
hat der Erzbischof von Paris gesagt
nur imstande Ihren Traktat zu verstehen
sie wäre nicht so traurig
So hat es der Erzbischof von Paris gesagt
mit diesen Worten
In deiner Anwesenheit
Daß ich dich mitgenommen habe in die Paulskirche zu Frankfurt
war eine Kühnheit
In der vordersten Reihe bist du gesessen
neben dem Bürgermeister
ein Vorrecht
das immer nur den Ehefrauen der Ausgezeichneten zusteht
Meine Rede hat Aufsehen gemacht

noch heute sprechen die Leute von dieser Rede
Mein Traktat zur Verbesserung der Welt
ist in achtunddreißig Sprachen übersetzt worden
Selbst ins Hebräische
Eine chinesische Übersetzung ist in Vorbereitung
Alle diese Übersetzer haben sich immer wieder
hilfesuchend an mich gewandt
aber ich habe ihnen allen nicht helfen können
Einem Übersetzer kann nicht geholfen werden
der Übersetzer muß seinen Weg allein gehen
Sie haben meinen Traktat entstellt
total entstellt
Die Übersetzer entstellen die Originale
Das Übersetzte kommt immer nur als Verunstaltung auf den Markt
Es ist der Dilettantismus
und der Schmutz des Übersetzers
der eine Übersetzung so widerwärtig macht
Das Übersetzte ist immer ekelerregend
Aber es hat mir eine Menge Geld eingebracht
schaut um sich
Wir könnten hier nicht so leben
wie wir leben
Wir wären nicht in dieser Umgebung
Wir hätten diesen Reichtum nicht
Der Inhalt meines Traktats
wird wohl oder übel
mein Geheimnis bleiben
flüstert
Die Welt verdient meinen Traktat nicht
Vielleicht solltest du mir heute
doch nichts aus meinem Traktat vorlesen
allzuleicht komme ich in die Unpäßlichkeit hinein
Plötzlich habe ich die Lust daran verloren
Wahrscheinlich bist du auch gar nicht in Form
Es wäre schrecklich
eine Stimme hören zu müssen
die meinen Traktat lächerlich macht
Wenn du mir in dieser Verfassung vorliest
machst du meinen Traktat lächerlich

Ich bin nicht mehr empfänglich
Ich habe plötzlich so ein Ohrensausen
es saust schon wieder in meinen Ohren
herrscht die Frau an
Was sitzt du da
und tust nichts
schreit
Untätige
Die Frau springt auf und klappt den Traktat zu
Das Ei weich
die Sauce süß
süß die Sauce
winkt sie weg
hinaus
Die Frau geht hinaus
Weltverbesserer betastet die Kette von oben bis unten
Und heute abend
sind wir schon Ehrendoktor

Aus: Der Theatermacher

Erste Szene

[. . .]

BRUSCON *zum Wirt direkt*
Kennen Sie Sankt Radegund
Wo ist es

WIRT
Zehn Kilometer weiter

BRUSCON
Zehn Kilometer
tatsächlich
das dachte ich
Zehn Kilometer sagen Sie

WIRT
Zehn Kilometer

BRUSCON
Da bin ich niedergeschlagen worden
neunzehnhundertvierundvierzig
von einem Fleischergehilfen
der mich mit einem Wachszieher verwechselt hat
der angeblich aus Mattighofen stammte
Davon habe ich heute noch
diese Schulterschmerzen
die mir meine auch ohne diesen Zwischenfall
schon ziemlich schwierige Existenz verleiden
Vierzig Jahre liegt dieses Verbrechen zurück
Ich war noch Student damals
ich studierte Theatergeschichte
nicht wie Sie glauben
an einer Universität
ich studierte ja alles im Selbststudium
Ich kam ich weiß nicht wieso
in diese Gegend
und wurde in Sankt Radegund niedergeschlagen
das hätte auch das Ende sein können
schaut zu Boden
Extralange Hosen

trug ich damals
und eine Leinenkappe auf dem Kopf
Ich nannte sie meine Vorteilskappe
weil ich bald darauf gekommen war
daß es unter dieser Kappe zu denken
ein Vorteil war
Wollte ich klar denken
setzte ich diese Kappe auf
diese Leinenkappe
die ich von meinem Großvater mütterlicherseits
geerbt habe
Und stellen Sie sich vor
es war mir auch in der Großstadt nicht möglich
ohne diese Leinenkappe meines Großvaters zu denken
jedenfalls nicht mit der notwendigen Klarheit
die ich mir zum Prinzip gemacht habe
schließlich hatte ich diese Leinenkappe
während der ganzen Arbeit an meiner Komödie auf
Nehme ich die Kappe herunter
ist meine Komödie vernichtet
habe ich immer gedacht
und ich habe sie die ganzen neun Jahre
die ich an meiner Komödie geschrieben habe
eben an unserem Rad der Geschichte
aufbehalten
Ich sage Ihnen
ohne das Abschalten des Notlichts
wird nicht gespielt
Was sind das für Leute
die Feuerwehrhauptmänner
Das ist ja lächerlich
daß es hier in
in
in

WIRT

In Utzbach

BRUSCON

In Utzbach
überhaupt einen Feuerwehrhauptmann gibt
und gerade in diesem Nest

Sie verzeihen
wenn ich Ihren von Ihnen sicher hochgeschätzten Ort
Nest nenne
gibt es einen Feuerwehrhauptmann
der es nicht erlaubt
daß das Notlicht abgeschaltet wird
für fünf Minuten
Tatsächlich
nur fünf Minuten ohne Notlicht
am Ende meiner Komödie
Das war selbst in Ried im Innkreis
nicht einmal zur Debatte gestanden
Das Licht wird schwächer
schließlich sehr schwach
schließlich geht es ganz aus
naturgemäß auch das Notlicht
Der Höhepunkt meiner Komödie
ist die absolute Finsternis
das ist ihre Voraussetzung
wird sie nicht in ihr Gegenteil verkehrt
rückt mit seinem Sessel ganz an den Tisch heran
Churchill wacht auf in der Nacht
vor seinem Tod
und sagt nurmehr noch das Wort Elba
darauf wird es vollkommen finster
Übrigens ist mein Sohn Ferruccio
ein phänomenaler Churchill
Ferruccio wissen Sie
ich bin nämlich Busoniverehrer
steht auf und stampft auf den Boden
In der Szene mit Stalin
stampft Churchill auf dem Boden auf
das wäre fatal
wenn der Fußboden nicht standhielte
Unweigerlich würden die Zuschauer
in Gelächter ausbrechen
das aber wäre das Ende meiner Komödie
stampft noch einmal auf dem Fußboden auf
In Gaspoltshofen hat mein Sohn
mit solcher Emphase auf dem Fußboden aufgestampft

daß er sich das Bein bis zum Knie hinauf
verletzt hat
aber die Vorstellung ist nicht abgebrochen worden
Es war eine kleine Pause entstanden
ich als Stalin
sagte ganz einfach einen Text
den wir ursprünglich gestrichen hatten
dann hob ich meinen Sohn
also ich hob Churchill auf
und trug ihn hinaus
ich zog ihn mehr hinaus als daß ich ihn trug
das erzeugte einen ungeheuren Applaus
geht bis zur linken Wand und dreht sich um
Shakespeare
Voltaire
und ich
geht drei Schritte auf die Podiumsmitte zu und schaut in den Saal hinein
Ich bin dabei
meine Komödie
ins Italienische zu übersetzen
nicht das Leichteste mein Herr
Möglicherweise dann auch gleich
ins Französische
in das ich verliebt bin allerdings
Das Rad der Geschichte eignet sich
für Italien genauso wie für Frankreich
es ist hauptsächlich für die Franzosen geschrieben
Hier probieren wir es nur aus
entwickeln wir es
perfektionieren wir uns
Ich fürchte mein Rad der Geschichte
hat in Italien einen größeren Erfolg
als in Frankreich
geht zur rechten Wand und legt beide flachen Hände darauf
Die Idee zu meinem Stück
hatte ich schon in Le Havre
wo ich meine Frau kennengelernt habe
Eine Küstenbekanntschaft sozusagen
Atlantikküstenbekanntschaft

reißt seinen Stock in die Höhe und ruft in den Saal hinein
Bertrand
Sie versündigen sich
senkt den Stock
Die Feuchtigkeit hier
verschluckt alles
Alles hier
ist gegen das Instrument
der menschlichen Stimme
geht zu einem der Fenster und wischt mit dem Ärmel den Staub vom Fensterbrett ab
Im übrigen habe ich schon mit vierzehn Jahren
einen Entwurf für diese Komödie gemacht
Mich lebenslänglich verfolgender Stoff sozusagen
wischt noch einmal den Staub vom Fensterbrett ab
eine Art Welttheater
Uneigennütziges Denken verstehen Sie
tritt auf das Podium und stellt sich in der Mitte auf, mit dem Blick in den Saal
ein gewisses Talent für das Theater
schon als Kind
geborener Theatermensch wissen Sie
Theatermacher
Fallensteller schon sehr früh
bückt sich und prüft den Podiumsboden
erhebt sich wieder
Ausbruch von Zuhause
Ohrfeigen Hiebe
Kopfstücke väterlicherseits
Totale gegenseitige Verachtung
bückt sich wieder und prüft den Podiumsboden
In gewisser Weise Infamie
Selbstinfamie
Von ganz unten herauf gearbeitet
erhebt sich wieder und ruft in den Saal
In Lörrach ist das Gift
In Lörrach lagert das Gift
das die Menschheit auslöscht
zum Wirt direkt

Das ist der Lörracheffekt
in meinem Rad der Geschichte mein Herr
setzt sich in den Sessel
Sogenannte Machtmenschen
die Feuerwehrhauptleute
In Gaspoltshofen hatte ich
keinerlei Schwierigkeiten
zum Wirt direkt
Sagen Sie dem Feuerwehrhauptmann
daß es sich nur um fünf Minuten handelt
um entscheidende fünf Minuten allerdings
Wenn es am Ende meines Theaterstückes
sagen Sie ihm
nicht fünf Minuten absolut finster ist
ist mein Theaterstück vernichtet
das wäre ja hier tatsächlich
die einzige Ausnahme
wischt sich mit einem Sacktuch den Schweiß von der Stirn
Ich habe keine Lust
mich mit dem Feuerwehrhauptmann
in eine Debatte einzulassen
es geht nur um die Zusage
fünf Minuten absolute Finsternis
fünf Minuten kein Notlicht
lächerlich
lehnt sich zurück
Die ganze Welt
bis in die hintersten Winkel
ist einem durch absurde Gesetze vergällt
Dieses abscheuliche Nest
hier brennt es ja nicht einmal
hier hat es noch nie gebrannt wie Sie selbst sagen
das ist doch lächerlich
auf fünf Minuten Notlicht zu bestehen
In dieser Feuchtigkeit
und wo hier alles vermodert ist
kann ja gar kein Brand ausbrechen
sagen Sie das dem Feuerwehrhauptmann
Wie heißt denn der Mann

WIRT
Attwenger
BRUSCON
Attwenger
Herr Feuerwehrmann Attwenger
Herr Feuerwehrhauptmann Attwenger
Was hat denn dieser Feuerwehrhauptmann Attwenger
für einen Beruf
WIRT
Binder
BRUSCON
Binder Binder
Was Binder
WIRT
Faßbinder
BRUSCON
Faßbinder
Daß es das noch gibt
Faßbinder
Faßbinder und Feuerwehrhauptmann
Gehen Sie hin
und sagen Sie wer ich bin
und sagen Sie ihm
daß seine Familie selbstverständlich
freien Eintritt hat
WIRT
Der Binder hat keine Familie mehr
BRUSCON
Nicht mehr
Dann sagen Sie ihm
er bekommt ein Exemplar meines Stückes
mit meiner Unterschrift
mit der Unterschrift von Bruscon
der solche Unterschriften niemals gibt
der sich solchen Unterschriften
immer verweigert hat
schließlich ist eine solche von mir gegebene Unterschrift
eines Tages ein Vermögen wert
wenn ich nicht nur als Schauspieler
sondern auch als Dramatiker als der große Bruscon erkannt bin

und sagen Sie ihm
daß er mit uns speisen darf
mit uns an unserem Tisch
sagen Sie ihm das
An was ist sie ihm denn weggestorben
die Familie

WIRT

Blitzschlag mein Herr
Sie haben einen Ausflug nach Haag gemacht
und sich unter eine Buche gestellt
alle waren tot
bis auf den Binder

BRUSCON

Und da heißt es doch immer
Buchen sollst du suchen
lehnt sich zurück, mit geschlossenen Augen
Sagen Sie Herr Wirt
bevor Sie zum Feuerwehrhauptmann gehen
bestellen Sie uns doch in der Küche
Frittatensuppe
viermal Frittatensuppe
wenn das möglich ist
um diese Zeit
aber Ihre Frau ist ja in der Küche
wie ich gesehen habe
das ist natürlich ungewöhnlich
um halb vier Uhr nachmittags
Frittatensuppe zu bestellen
Wir essen die Frittatensuppe
hier auf dem Podium
auf diesem Tisch
mein Sohn meine Tochter und ich
meiner Frau servieren Sie die Frittatensuppe
auf dem Zimmer
die Arme ist noch immer schockiert
Utzbach
das ist sicher ein reizender Ort
hat sie auf der Fahrt hierher gesagt
und wie sie Utzbach gesehen hat
ist sie in Ohnmacht gefallen

Eine Theatermacherin natürlich
Andererseits ist es gut
wenn sie sich vor der Vorstellung zurückzieht
denn sonst behält sie den Text nicht
alle Augenblicke verliert sie den Text
wir spielen jahrelang dasselbe
und sie verliert immer noch den Text
und immer an den entscheidenden Stellen
es ist zum Wahnsinnigwerden mein Herr
Sie wissen ja nicht
wie schwer es ist
den Text eines solchen Stückes zu behalten
geschweige denn dann auch noch aus diesem Text
ein Kunstwerk zu machen
das dieser Text zweifellos ist
Mit den Frauen hat es die größten Schwierigkeiten
auf dem Theater
sie haben nichts begriffen
Sie gehen nicht bis zum Äußersten
sie gehen nicht in die Hölle in die Theaterhölle hinein
alles ist halbherzig was sie machen
Halbherzigkeit verstehen sie
diese Halbherzigkeit aber
ist der Tod des Theaters
Aber was wäre eine solche Komödie wie die meinige
ohne weibliche Darsteller
wir brauchen sie
Will unsere Komödie aufblühen
brauchen wir Frauen in unserer Komödie
das ist die Wahrheit
ist sie auch noch so bitter
Wenn Sie wüßten was es mich gekostet hat
meiner Frau die primitivsten Grundregeln des Theaterspielens beizubringen
jede Selbstverständlichkeit ein Martyrium auf Jahre
einerseits brauchen wir die weiblichen Darsteller
andererseits sind sie tödlich für das Theater
Was die Frauen betrifft
dürfen wir unseren Charme nicht übertreiben
damit unsere Verlogenheit

nicht ganz und gar zutage tritt
Allein das Wort Odense
hat sie achttausendmal zu sprechen gehabt
bis ich es habe akzeptieren können
spricht ganz leise
Odense
Es ist doch ganz einfach
ganz leise Odense zu sagen
meine Frau brauchte Jahre
um es akzeptabel zu sprechen
Andererseits dürfen wir die weiblichen Darsteller
nicht bis zum Äußersten traktieren
sonst fallen sie uns in den Rücken
sie lassen sich viel gefallen
aber doch nicht alles mein Herr
Wenn wir das Wort Meer aussprechen
müssen wir doch wissen
was das Meer ist
das ist eine Selbstverständlichkeit
oder das Wort Rattengift
was immer das ist
eine Selbstverständlichkeit
nicht was die Frauen betrifft
Jahrzehntelang müssen sie trainiert werden
um das Einfachste zu begreifen
Und wie schwer ist es erst
wenn es sich um die eigene Frau handelt
die wir schließlich für immer sozusagen genommen haben
Mit Frauen Theater zu machen
ist eine Katastrophe
Wenn wir einen weiblichen Darsteller beschäftigen
beschäftigen wir sozusagen einen Theaterhemmschuh
und es sind ja auch immer die weiblichen Darsteller
die das Theater umbringen
wenn wir das auch niemals offen aussprechen
weil wir dazu zu galant sind
eine weibliche Tragödin
ist ja schon immer eine Absurdität gewesen
wenn wir bedenken daß eine Tragödie
schon nichts anderes ist als ein Wahnwitz

Wenn wir ehrlich sind
ist das Theater an sich eine Absurdität
aber wenn wir ehrlich sind
können wir kein Theater machen
weder können wir wenn wir ehrlich sind
ein Theaterstück schreiben
noch ein Theaterstück spielen
wenn wir ehrlich sind
können wir überhaupt nichts mehr tun
außer uns umbringen
da wir uns aber nicht umbringen
weil wir uns nicht umbringen wollen
wenigstens bis heute und bis jetzt nicht
da wir uns also bis heute und bis jetzt nicht umgebracht haben
versuchen wir es immer wieder mit dem Theater
wir schreiben für das Theater
und wir spielen Theater
und ist das alles auch das Absurdeste
und Verlogenste
Wie kann ein Schauspieler
einen König darstellen
der überhaupt nicht weiß was ein König ist
wie kann eine Schauspielerin
eine Stallmagd darstellen
die überhaupt nicht weiß was eine Stallmagd ist
wenn ein Staatsschauspieler einen König darstellt
ist das nur abgeschmackt
und wenn eine Staatsschauspielerin
eine Stallmagd darstellt
ist das noch abgeschmackter
aber alle Schauspieler stellen immer wieder etwas dar
das sie nicht sein können
und das nur abgeschmackt ist
so ist alles auf dem Theater abgeschmackt mein Herr
Da die Schauspieler die dümmsten sind
ist es doch eine Abgeschmacktheit
wenn sie beispielsweise Schopenhauer und Kant darstellen
oder ein Staatsschauspieler spielt Friedrich den Großen
oder gar Voltaire wird von einem Schauspieler gespielt
das ist alles abgeschmackt

natürlich bin ich mir dieser Tatsache
immer bewußt gewesen
Was Schauspieler darstellen
ist immer falsch dargestellt
eben verlogen mein Herr
und gerade deshalb ist es Theater
Dargestelltes ist Verlogenes
und dargestelltes Verlogenes lieben wir
So habe ich meine Komödie geschrieben
verlogen
so stellen wir sie dar
verlogen
so wird sie aufgenommen
verlogen
Der Schreiber ist verlogen
die Darsteller sind verlogen
und die Zuschauer sind auch verlogen
und alles zusammen ist eine einzige Absurdität
ganz zu schweigen davon
daß es sich um eine Perversität handelt
die schon Jahrtausende alt ist
das Theater ist eine jahrtausendealte Perversität
in die die Menschheit vernarrt ist
und deshalb so tief in sie vernarrt ist
weil sie in ihre Verlogenheit so tief vernarrt ist
und nirgendwo sonst in dieser Menschheit
ist die Verlogenheit größer und faszinierender
als auf dem Theater

Zeitungsleser und Gerichtssaalberichterstatter

Aus: Ereignisse

DIE TRAFIKANTIN blickt von ihrem Kiosk hinaus auf den Platz, der zwischen dem Kanal und der Friedhofsmauer liegt, und auf welchem sich zweimal am Tage große Mengen von Arbeitern in grauen Kitteln zusammenrotten und auf Autobusse warten. Es ist sechs Uhr abends, und so menschenleer der Platz gerade ist, so überfüllt, so grau zum Ersticken wird er in sechs oder sieben Minuten sein. Die Flut der Arbeiter wird sich ergießen und den Platz überschwemmen. Wie eine Insel wird die Trafik aus der grauen Masse herausragen. Die Jüngeren werden die Ersten sein, die Alten die Letzten. Im Laufe von dreizehn Jahren hat sich das Bild vor ihrem Guckkasten nicht verändert. Sie nimmt eine Packung Tabak vom Regal herunter und schiebt sie unter das Brett. Dann stützt sie ihr rundes, schwammiges Gesicht in die Ellenbogen und schaut zu dem großen Baum hinüber, der in den Himmel hineinragt, ohne daß sie das sehen könnte. Ihre runden Brüste werden vom Blusenstoff zurückgehalten, man hat das Gefühl, sie müßten jeden Augenblick herausquellen. In dieser lautlosen Stellung wartet die Trafikantin auf ihren Liebhaber. Er ist, wie alle, in der Fabrik beschäftigt. Er ist um zwanzig Jahre älter, noch dicker, noch schwammiger. In diesem Bild, das sie auf dem Platz wie in einer Nebeldecke qualmen sieht, erfaßt sie der Ekel. Eine Weile betrachtet sie alles noch intensiver, ohne sich zu bewegen. Dann aber reißt sie plötzlich, gegen die Vorschrift, das Rouleau herunter, zieht die Kassenlade heraus, steckt diese vorsichtig in die Einkaufstasche und verläßt den Kiosk. Sie flüchtet über die Brücke und läuft durch die Gassen davon. Der faule Geruch der Arbeiter, der jetzt hinter ihrem Rücken aus allen Öffnungen strömt, läßt sie an dem Ekel in ihrem Halse würgen.

DER DIKTATOR hat sich aus über hundert Bewerbern einen Schuhputzer ausgesucht. Er trägt ihm auf, nichts zu tun als seine Schuhe zu putzen. Das bekommt dem einfachen Manne vom Land, und er nimmt rasch an Gewicht zu und gleicht seinem Vorgesetzten – und nur dem Diktator ist er unterstellt – mit den Jahren um ein Haar. Vielleicht ist das auch zu einem Teil darauf zurückzuführen, daß der Schuhputzer dieselbe Kost ißt wie der Diktator. Er hat bald dieselbe dicke Nase und, nachdem er seine Haare verloren hat, auch denselben Schädel. Ein wulstiger Mund tritt heraus, und wenn er grinst, zeigt er die Zähne. Alle, selbst die Minister und die nächsten Vertrauten des Diktators fürchten sich vor dem Schuhputzer. Am Abend kreuzt er die Stiefel und spielt auf einem Instrument. Er schreibt lange Briefe an seine Familie, die seinen Ruhm im ganzen Lande verbreitet. »Wenn man der Schuhputzer des Diktators ist«, sagen sie, »ist man dem Diktator am nächsten.« Tatsächlich ist der Schuhputzer auch dem Diktator am nächsten; denn er hat immer vor seiner Türe zu sitzen und sogar dort zu schlafen. Auf keinen Fall darf er sich von seinem Platz entfernen. Eines Nachts jedoch, als er sich stark genug fühlt, betritt er unvermittelt das Zimmer, weckt den Diktator und schlägt ihn mit der Faust nieder, so daß der tot liegen bleibt. Rasch entledigt sich der Schuhputzer seiner Kleider, zieht sie dem toten Diktator an und wirft sich selbst in das Gewand des Diktators. Vor dem Spiegel des Diktators stellt er fest, daß er tatsächlich aussieht wie der Diktator. Kurz entschlossen stürzt er vor die Tür und schreit, sein Schuhputzer habe ihn überfallen. Aus Notwehr habe er ihn niedergeschlagen und getötet. Man solle ihn fortschaffen und seine hinterbliebene Familie benachrichtigen.

IM HERRSCHAFTSSITZ ist eine große Tauffeier, die man ruhig als ein Fest bezeichnen kann. Aus dem ganzen Land kommen die Leute, Landadelige und Holzhändler, zusammen. Über dem Wald zerplatzen sogar Feuerwerkskörper, so daß sich die Landschaft minutenlang in einer ungefährlichen Gewitterstimmung befindet. Blitze zerschneiden die Umrisse des Waldes. Große Mengen Champagner und Wein, Schnaps und französischer Cognac wurden schon am Nachmittag herbeigeschafft. Eine Köchin, die selbst eine Baronin ist, hat ein, der Hitze entgegenkommendes Souper gekocht und zusammengestellt und einen Berg Weißbrot verschnitten. Eine Musikkapelle hat im Park, der von dem stattlichen Haus bis ans Flußufer hinunterführt, Aufstellung genommen. Wenn es auch immer dieselben sind, die sich zu solchen Gelegenheiten treffen, so muß es doch für einen Außenstehenden ein Vergnügen sein, das Schauspiel, das zu geben sie imstande sind, aus der Vogelperspektive zu betrachten. Das Fest, das um sieben Uhr abends begonnen hat und zu dem auch noch ein Zauberkünstler und ein Dichter ihren unterschiedlichen Beitrag geleistet haben, findet seinen Höhepunkt um halb zwölf Uhr mit dem Erscheinen der jungen Mutter, die die ganze Zeit über mit ihrem Mann im nahegelegenen Maierhof zugebracht hat. Die Tauffeier, die man, während sie abläuft, noch als die gelungenste des ganzen Landes bezeichnet, endet um vier Uhr früh. Zu diesem Zeitpunkt stellt die junge Mutter in dem kleinen Zimmer vor dem Ahornbaum fest, daß ihr neugeborener Sohn unter einer schweren Damastdecke erstickt ist. Die Schuld trägt die Amme.

DER SAKRISTAN entdeckt sich vor dem Altar stehend, im Chorgestühl. Jedesmal, wenn er die Kerzen anzündet, ist seine magere Gestalt zwischen die Säulen geklemmt. Er läuft hin. In dem Augenblick, in welchem er sich erreicht hat, ist das Bild verschwunden. Nach der Messe ist es dasselbe. Die Leute sind fort, er löscht die Kerzen und sieht sich über die Bankreihen gehen. Diese Gestalt, er selbst, erzeugt in ihm so viel Angst, daß er weinend auf den Altarstufen zusammenbricht. Aber er spricht niemals von seinem Erlebnis. Nicht einmal seiner Frau, die seit Jahren im Bett liegen muß, gibt er einen Hinweis darauf. Und doch kann er es nicht ganz verstecken. Alle bemerken eine Veränderung. Sie sehen ihn noch magerer werden, und beim Kartenspiel macht er Fehler, die niemand macht. An den Nachmittagen sperrt er sich ein und liest in alten Zeitungen, die ihm der Pfarrer in Abständen auf die Truhe im Vorhaus legt. Seiner Frau begegnet er nur zu den Mahlzeiten; aber sie ist wie alle Frauen; sie macht ihn auf sein Leiden nicht aufmerksam, sie versucht, obwohl sie es nicht kennt, ihn nicht daran zu erinnern. Am Ostersonntag geschieht es, daß er plötzlich von dieser Gestalt, die er immer deutlicher als seine eigene erkennt, einen Schlag auf den Kopf versetzt bekommt und zu Boden stürzt. Bevor noch der erste Kirchenbesucher hereinkommt, kann er sich aufrichten. Auf seinem Schädel ist ein warmer Blutflecken. Er muß sich den Kopf verbinden. Der Pfarrer fragt ihn, was mit ihm geschehen sei, und er antwortet: »hingefallen«. Er sei ausgerutscht, sagt er. Ein paar Tage nach Ostern finden ihn Kirchenbesucher erschlagen, mit gespaltenem Kopf. Bis heute weiß niemand, wer ihn ermordet hat; denn niemand hat auch nur den geringsten Verdacht gegen einen anderen oder gegen sich selbst.

DER ZÖLLNER wird wegen seiner Kleinheit von den Kindern des Ortes verhöhnt. Sie rufen ihm Schimpfnamen zu, beschießen ihn, auf den Bäumen hockend, mit Kastanien, so daß er sich oft vor Schmerzen auf seiner Pritsche krümmt. Er ist menschenfreundlich. Hätte er längere Beine und einen größeren Oberkörper, er wäre bei allen Leuten beliebt. So jedoch geschieht es, daß er sich mehr und mehr abschließt und seine Freizeit nicht mehr im Ort, sondern entweder mit Kameraden oder allein am Zollamtsgarten verbringt. Von einem bestimmten Zeitpunkt an hat er sich etwas Ungewöhnliches ausgedacht und es verschwiegen, denn, so sagt er sich, die schönsten Einfälle soll man für sich behalten. Er hat sich über Nacht eine Armee geschaffen, nicht aber eine Armee, die ihm zu dienen gezwungen ist, sondern eine feindliche Armee. Sie besteht aus den Alleebäumen, die zum Zollhäuschen an der Brücke führen, aus der *Weidenkolonne*, aus der *Farrenkräuterformation* und aus dem *Schlangenblätterverband*. Es ist nicht leicht für ihn, sich täglich, unbemerkt, einem so gewaltigen feindlichen Heer auszusetzen. Aber gerade diese Strategie, die ihn ein Großteil seiner Energie kostet, braucht er, nichts sonst. Im Traum spricht er davon, aber die anderen Zöllner verstehen nicht, um was es sich handelt. Sie bemerken, daß er sie weniger braucht als früher. Seine Ortsbesuche hat er ganz aufgegeben. Man sieht ihn nur noch in der Allee, in den Weiden, in den Farrenkräutern, in den Schlangenblättern. In ihnen benimmt er sich wie Alexander, wie Napoleon. Am Abend ißt er viel und wird dick. Eines Tags gehen ihm vor Aufregung die Nerven durch, und der Zöllner hebt den Revolver und schießt wild einen Alleebaum nach dem anderen nieder, bis das Lager leer ist. Da das vor den Augen der anderen Zöllner geschieht, nehmen sie ihm die Waffe ab und sperren ihn in die Zelle. Spät abends wird er von zwei Männern in Militärmänteln abgeholt.

DER ÜBERLEBENDE NOTIERT: Gegen Ende des Krieges werden Stollen in die beiden Stadtberge gebohrt, in welche die Menschen hineinströmen, weil ihnen die Vernichtung droht. Nur weil sie in die Stollen hineingehen, kommen sie mit dem Leben davon. Zuerst getrauen sie sich nicht ans Tageslicht. Nur zögernd lassen sie die ihnen wertlos und schwach Erscheinenden vor die Tore hinaus, schließlich auch die Kinder, und am Nachmittag verlassen sie alle schweigend die Stollen, in denen viele von ihnen erstickt sind, weil sie zuwenig Sauerstoff hatten. Freiwillig holen sie die Toten heraus und verscharren sie vor den Ausgängen. Als nun aber der Krieg zu Ende ist, geschieht etwas, das niemand begreifen kann: Sie schütten die Stollen nicht zu, sondern gehen, wie es ihnen zur Gewohnheit geworden ist, hinein. Täglich zur gleichen Stunde. Sie werden, solange sie leben, die Stollen aufsuchen.

Aus: Der Stimmenimitator

Der Stimmenimitator

Der Stimmenimitator, der gestern abend Gast der chirurgischen Gesellschaft gewesen ist, hatte sich nach der Vorstellung im Palais Pallavicini, in welches ihn die chirurgische Gesellschaft eingeladen gehabt hatte, bereit erklärt, mit uns auf den Kahlenberg zu kommen, um auch da, wo wir immer ein allen Künstlern offenes Haus haben, seine Kunst zu zeigen, natürlich nicht ohne Honorar. Wir hatten den Stimmenimitator, welcher aus Oxford in England stammte, aber in Landshut zur Schule gegangen und ursprünglich Büchsenmacher in Berchtesgaden gewesen war, gebeten, sich auf dem Kahlenberg nicht zu wiederholen, sondern vor uns etwas vollkommen anderes vorzuführen als in der chirurgischen Gesellschaft, also vollkommen andere Stimmen auf dem Kahlenberge zu imitieren als im Palais Pallavicini, was er uns, die wir von seinem im Palais Pallavicini vorgetragenen Programm begeistert gewesen waren, versprochen hatte. Tatsächlich imitierte uns der Stimmenimitator auf dem Kahlenberg vollkommen andere mehr oder weniger berühmte Stimmen als vor der chirurgischen Gesellschaft. Wir durften auch Wünsche äußern, die uns der Stimmenimitator bereitwilligst erfüllte. Als wir ihm jedoch den Vorschlag gemacht hatten, er solle am Ende seine eigene Stimme imitieren, sagte er, das könne er nicht.

Rufmord

Zwei Philosophen, *über* die schon mehr Schriften erschienen sind als von ihnen selbst und die sich, nachdem sie sich jahrzehntelang nicht mehr gesehen hatten, eines Tages ausgerechnet in Goethes Wohnhaus in Weimar wiedergetroffen haben, wohin sie, naturgemäß jeder für sich und aus der entgegengesetzten Richtung, allein zu dem Zweck, die Lebensgewohnheiten Goethes besser kennen zu lernen, gereist waren, was ihnen beiden, weil es Winter und also recht kalt gewesen war, die größten Schwierigkeiten gemacht hatte, versicherten sich bei diesem unerwarteten und tatsächlich für sie beide peinlichen Zusammentreffen der gegenseitigen

Hochachtung und Verehrung und kündigten sich auch gleich gegenseitig an, daß sie sich sofort, wenn nachhause gekommen, in die Schriften ihres Kollegen vertiefen werden mit jener Intensität, die diesen Schriften angemessen und würdig sei. Als aber der Eine von ihnen sagte, er werde in der Zeitung, die, seiner Meinung nach, die beste sei, über seine Begegnung im Goethehaus in Weimar berichten, naturgemäß in Form eines philosophischen Aufsatzes, wehrte sich der Andere augenblicklich dagegen und bezeichnete das Vorhaben seines Kollegen als Rufmord.

Fourati

In Montreux am Genfersee waren wir auf eine auf einer Parkbank am Ufer sitzende Dame aufmerksam geworden, die von Zeit zu Zeit auf eben dieser Parkbank die verschiedensten Besucher empfangen und wieder entlassen hat, ohne sich auch nur im geringsten zu bewegen. Zweimal ist ein Auto am Ufer vor ihr stehen geblieben und ein junger uniformierter Mann ist ausgestiegen und hat ihr Zeitungen gebracht und ist wieder weggefahren, wir hatten gedacht, daß es sich um ihren Privatchauffeur handeln müsse. Die Dame war in mehrere Wolldecken eingewickelt gewesen, ihr Alter schätzten wir auf weit über siebzig. Manchmal winkte sie einem Vorübergehenden zu. Wahrscheinlich ist sie eine jener reichen und vornehmen Schweizerinnen, die im Winter am Genfersee leben, während ihre Geschäfte auf der ganzen übrigen Welt weitergehen, hatten wir gedacht. Die Dame war, wie wir bald informiert gewesen waren, tatsächlich eine jener reichsten und vornehmsten Schweizerinnen, die am Genfersee den Winter verbringen; sie war seit zwanzig Jahren querschnittgelähmt und hatte sich in diesen zwanzig Jahren beinahe täglich von ihrem Chauffeur an das Ufer des Genfersees fahren und auf immer derselben Bank absetzen und mit Zeitungen versorgen lassen. Montreux verdankt ihr seit Jahrzehnten fünfzig Prozent seines Steueraufkommens. Der berühmte Hypnotiseur Fourati hatte sie vor zwanzig Jahren hypnotisiert und nicht mehr aus der Hypnose befreien können. Fourati hatte damit nicht nur das Leben dieser Dame, sondern auch sein eigenes für immer vernichtet gehabt, wie bekannt ist.

Innerer Zwang

Kremser Feuerwehrleute waren vor Gericht gestanden, weil sie ihr aufgespanntes Sprungtuch in dem Augenblick zurückgezogen hatten und davongelaufen waren, in welchem der Selbstmörder, der schon mehrere Stunden von einem Mauervorsprung im vierten Stockwerk eines Kremser Bürgerhauses herunter gedroht hatte, er werde sich in den Tod stürzen, tatsächlich abgesprungen ist. Der jüngste der Feuerwehrleute hatte vor Gericht ausgesagt, er habe *aus einem urplötzlichen inneren Zwange* gehandelt und sei, wie er gesehen habe, daß der Selbstmörder seine Drohung wahrgemacht hatte, davongelaufen, ohne das Sprungtuch auszulassen. Da er von allen sechs Feuerwehrleuten der stärkste gewesen war, hatte er die übrigen fünf mitsamt dem Sprungtuch mitgerissen gehabt und in dem Augenblick, in welchem der Selbstmörder, ein unglücklicher Student, wie die Zeitung schreibt, auf dem Platz unter dem Hause, an welchem er sich solange festgeklammert gehabt hatte, aufgeplatzt war, wären sie selbst alle zu Boden gestürzt und hätten sich dabei mehr oder weniger schmerzhafte Verletzungen zugezogen. Das Gericht, vor welchem der Feuerwehrmann, welcher als erster mit dem Sprungtuch davongelaufen und der, wie gesagt, als der jüngste und stärkste unter ihnen, als Hauptangeklagter vor dem Gericht gestanden war, hatte sich der Verantwortung dieses Hauptangeklagten nicht entziehen können und hat, wie auch die übrigen fünf Kremser Feuerwehrleute, den Feuerwehrmann freigesprochen, obwohl es naturgemäß nicht von seiner Unschuld überzeugt gewesen sein konnte. Die Kremser Feuerwehr steht seit Jahrzehnten in dem Rufe, die beste Feuerwehr der Welt überhaupt zu sein.

Exempel

Der Gerichtssaalberichterstatter ist dem menschlichen Elend und seiner Absurdität am nächsten und er kann diese Erfahrung naturgemäß nur eine kurze Zeit, aber sicher nicht lebenslänglich machen, ohne verrückt zu werden. Das Wahrscheinliche, das Unwahrscheinliche, ja das Unglaubliche, das Unglaublichste wird ihm, der damit, daß er über tatsächliche oder über nur angenommene, aber naturgemäß immer beschämende Verbrechen berichtet, sein Brot verdient, an jedem Tag im Gericht vorgeführt und er ist naturgemäß bald von überhaupt nichts mehr überrascht. Von einem einzigen Vorfall will ich jedoch Mitteilung machen, der mir doch nach wie vor als der bemerkenswerteste meiner Gerichtssaalberichterstatterlaufbahn erscheint. Der Oberlandesgerichtsrat Ferrari, die ganzen Jahre über die beherrschende Figur des Landesgerichtes Salzburg, aus welchem ich, wie gesagt, viele Jahre über alles dort Mögliche berichtet habe, war, nachdem er einen, wie er in seinem Schlußwort ausgeführt hatte, ganz gemeinen Erpresser, wie ich mich genau erinnere, einen Rindfleischexporteur aus Murau, zu zwölf Jahren Kerker und zur Zahlung von acht Millionen Schilling verurteilt gehabt hatte, nach der Urteilsverkündung nocheinmal aufgestanden und hatte gesagt, daß er jetzt ein Exempel statuieren werde. Nach dieser unüblichen Ankündigung griff er blitzartig unter seinen Talar und in seine Rocktasche und holte eine entsicherte Pistole hervor und schoß sich zum Entsetzen aller im Gerichtssaal Anwesenden in die linke Schläfe. Er war augenblicklich tot gewesen.

Erregungen

Aus: Holzfällen
Eine Erregung

Alte Schauspieler gehen nurmehr noch auf die Nerven, habe ich immer wieder gedacht, und ich habe es immer verhindert, mit ihnen zusammen zu kommen; aber als der Burgschauspieler schon mehr getrunken gehabt hat, als ihm im Grunde zuträglich, war er aufeinmal interessant geworden durch seine Veränderung, durch ein plötzlich aus ihm zum Vorschein gekommenes merkwürdig Alt-Philosophisches genau da, wo er angefangen hatte, fortwährend die Wörter *Wald, Hochwald* und *Holzfällen* auszusprechen, die, wie ich jetzt weiß, nicht nur seine, sondern vieler solcher Menschen wie der Burgschauspieler und Millionen Anderer Lebensstichwörter sind; plötzlich ist mir am Ende dieses *künstlerischen Abendessens* zu Bewußtsein gekommen, was der Burgschauspieler mit diesen seinen Lebensstichwörtern sagen wollte, sich selber immer wieder sagen, den Anderen sagen, ja allen sagen wollte und ich habe angefangen, ihm aufmerksam zuzuhören; aufeinmal, denke ich, ist dieser für mich zuerst so uninteressante, mir, wie gesagt, doch nur auf die Nerven gehende Mensch, für kurze Zeit interessant geworden, hat er, wenn auch nur für diese kurze Zeit, meine ganze Aufmerksamkeit auf sich gezogen und es interessierte mich aufeinmal nicht mehr, was die Jeannie Billroth sagte oder die Anna Schreker, sondern nurmehr noch, was der Burgschauspieler gesagt hat und ich hatte mich dann auch von der Jeannie und von der Schreker ab- und dem Burgschauspieler zugewandt, ganz abgesehen von den Andern während dieses *künstlerischen Abendessens*, die mich von Anfang an nicht interessiert hatten und denen ich auch niemals zugehört habe, nicht einmal das Wenige, das sie gesagt haben, habe ich gehört, dachte ich. Der anfängliche Schwätzer, der nur durch seine faulen Witze und abgestandenen Anekdoten Eindruck hatte machen wollen zu Beginn, war im Laufe dieses *künstlerischen Abendessens* aufeinmal zur interessanten, ja sogar zur *philosophischen Figur* dieses *künstlerischen Abendessens* geworden, dachte ich und ich denke, daß wir das nicht an sehr vielen Menschen, aber doch ab und zu an alten beobachten können, daß solche Leute am Anfang als Schwätzer und als widerwärtige Witze- und Anekdotenerzähler auftreten wie der typische sogenannte künstlerische oder intellektuelle Wiener und dann nach und nach geradezu eine philosophische Entwicklung nehmen während eines Abends, während eines Abendessens, wie im Zuge dieses *künstlerischen Abendessens* bei den Auersbergerischen in der Gentzgasse, daß sie zuerst nur durch Lächerlichkeit und Dummheit und Aufgeblasenheit auffallen und dann mit der Zeit, wenn sie etwas und etwas mehr, als ihnen gut tut, getrunken haben, plötzlich unsere Abneigung gegen sie zu einer Zuneigung machen können, weil sie ein durchaus geistiges, wenn nicht gar philosophisches Element ins Spiel bringen. Der Burgschauspieler war ja, wie ich denke, als nichts anderes, als der Burgschauspieler aufgetreten zuerst und hatte auch noch seinen sogenannten *echten Fogosch* als Burgschauspieler, was für mich heißt, als abstoßende Figur, gegessen, sich die ganze Zeit während des Fogoschessens als die mich abstoßende Figur in Szene gesetzt, ist aber aufeinmal, nachdem er mit dem Fogoschessen zuende gewesen war und zwei, drei Zigarren geraucht und ein paar Gläser Weißwein getrunken hatte, geradezu zum geistigen, ja zum philosophischen Menschen geworden, also von einer widerlichen Figur, zu einem philosophischen Menschen, von einer Figur zu einem Menschen, also genau umgekehrt wie üblich, wenn sich die Leute zuerst als Menschen geben und schließlich und endlich, weil ihnen etwas anderes gar nicht möglich ist, mit der Zeit, wenn sie gegessen und getrunken haben, zur widerlichen Figur machen; diese Beobachtung ist unsere alltägliche, daß wir Menschen treffen auf einer Gesellschaft und diese Menschen sich mit der Zeit abstoßend und zu widerlichen Figuren gemacht haben, wie sich diese ganzen Gesellschaften, je mehr sie in den Abend hinein essen und trinken, widerlich und abstoßend machen, wie wir wissen. Der Burgschauspieler hat in dieser Nacht die genau umgekehrte Entwicklung genommen; er hat sich von der widerlichen Figur, zum philosophierenden Menschen gemacht, wenn auch nicht tatsächlich vom Schwätzer zum Philosophen. Am Ende war ich von dem für mich lange Zeit abstoßenden, mich durch seine Widerwärtigkeit für mich, allein durch sein Gehabe in Erregung und sogar in Wut versetzenden Menschen, *eingenommen*, wie gesagt wird, *nicht mehr abgestoßen und aufgebracht, sondern eingenommen* ganz im Gegensatz zur Jeannie Billroth, die, wie ich denke, zuerst von dem Burgschauspieler eingenommen gewesen war und die dann nach und nach und schon während des Fogoschessens durch ihn aufgebracht gewesen ist und ihn schließlich gehaßt hat. Am Ende war ich vom Burgschauspieler eingenommen gewesen und die Jeannie Billroth hat ihn gehaßt, denke ich, das sagt alles. *Wie* er *Wald, Hochwald, Holzfällen* gesagt hat, das war nicht alterssentimental, sondern hellsichtig, denke ich. Wie er der Jeannie entgegengetreten ist, das war alles andere, als alt, alles andere als Altersopportunismus, denke ich. Ein ganzes langes Nachtmahl sitzen wir mit einem jener Wiener Kunstpopanze zusammen, mit einem dieser perversen Pseudokünstler, wie sie uns in dieser Stadt zu Hunderten immer wieder begegnen und wie wir sie zu Hunderten kennen, alle diese widerwärtigen Wiener Maler und Bildhauer und Schriftsteller und Musikmacher und Schauspieler, alle diese widerlichen Wiener Provinzkünstler und sitzen noch dazu einem Burgschauspieler, geradezu dem Prototypus des Wiener Kunstpopanzen und Pseudokünstlers gegenüber dieses ganze lange, im Grunde völlig mißglückte und überflüssige Nachtmahl der Auersbergerischen, denke ich und machen aufeinmal die Beobachtung, daß sich ein uns von Anfang an nur in abschreckender Weise produzierender, schließlich tatsächlich auf uns eine abstoßende Wirkung ausübender Mensch, zu einem unser Interesse erweckenden Philosophierenden macht, zu einem Interesse erwekkenden *Augenblicksphilosophen*, wie gesagt werden kann. Es ist natürlich nicht wahr, daß alle Alten Philosophen sind, aber philosophisch sind sie, ich kenne keine größere Dummheit, als die, die behauptet, alle Alten seien Philosophen, während sie naturgemäß philosophisch *sind* und in jedem Falle machen sich alte Menschen ab und zu wenigstens für ein paar Augenblicke philosophisch oder wenigstens zu einem Philosophierenden auf Augenblicke und also im Verlaufe dieses *künstlerischen Abendessens* der Burgschauspieler zum Augenblicks-Philosophierenden, zum *Augenblicksphilosophen*, durch was immer an- oder aufgeregt. Die Ernüchterung, also schon der nächste Morgen, macht ihn naturgemäß wieder zu dem grotesken Stumpfsinnigen, Unerträglichen, als den wir ihn kennen gelernt haben, denke ich. Gerade eine solche Gesellschaft, wie die in dieser Nacht in der Gentzgasse, hatte eine solche ihn für Augenblicke philosophisch machende Wirkung auf den Burgschauspieler, dachte ich, nicht auf die Anderen naturgemäß, auf die ja *niemals etwas* eine philosophische Wirkung haben kann. Auf die Auersbergerischen nicht und auf die Anna Schreker nicht und auf die Übrigen schon gar nicht, vor allem auf die beiden jungen Schriftsteller nicht, die ja zu einem sogenannten philosophischen Zustand noch gar nicht befähigt sind allein ihres Alters wegen. Dazu muß es sich schon um einen Menschen mit einer, wie gesagt werden kann, immer *sehr weit in die Geschichte zurück zu verfolgenden und immer wieder durch diese Geschichte erzeugten Lebenserfahrung* handeln, denke ich, was auf den Burgschauspieler zutrifft, denn auf die Alten, besonders auf die Sehralten, trifft das zu und ich denke, daß ich zeitlebens mein Interesse immer mehr den Alten und den Sehralten zugewendet habe, als den Jungen, immer mehr den Verkehr mit den Alten und Sehralten gesucht habe, nicht mit den Jungen, auch immer mehr mit den Alten und Sehralten zusammengewesen bin, als mit den Jungen, die Jugend war ich ja damals, als ich jung gewesen bin, selbst, denke ich, das Alter nicht, also hatte mich das Alter interessiert, nicht die Jugend. *Alles aus dem Alter*, habe ich immer gedacht und ich habe daraus den größten Nutzen gezogen, ich scheue mich nicht, zu sagen, damit immer den größten Profit gemacht. Das Alter hat immer meine Neugierde auf sich gezogen, nicht die Jugend, die ich ja aus der unmittelbarsten Unmittelbarkeit kannte, denke ich. Der Burgschauspieler, denke ich, ist ein Mensch, in welchem das Philosophische, das sich in ihm mit der Zeit und also im Laufe seines Lebens und seiner und unserer und aller Geschichte entwickelt hat, von ihm selbst fortwährend unterdrückt ist. So haben wir es ja fast ausschließlich mit Menschen zu tun, die ihr Philosophisches unterdrücken, es solange unterdrücken, bis es aufeinmal abgestorben und tot ist. Nur ab und zu haben wir die Gelegenheit, dieses Philosophische in und an ihnen *wahrzunehmen*, wie ich es bei diesem Nachtmahl an diesem Burgschauspieler wahrgenommen habe, wie er selbst es aber wahrscheinlich gar nicht wahrgenommen hat, denke ich, weil er davon nichts *weiß*. Aufeinmal hat mich der Burgschauspieler fasziniert, denke ich, allein wie er die Wörter *Wald, Hochwald, Holzfällen* ausgesprochen und dann mehrere Male wiederholt hat. Aber das heißt nicht, daß mir der Burgschauspieler jetzt sympathisch wäre. Der unsympathische letztenendes doch nichts als oberflächliche theatralische Mensch, der er mir von Anfang an gewesen ist, ist er mir geblieben. Schon wie er sich verabschiedet und der Auersberger die Hand geküßt hat auf seine *österreichische Burgtheaterweise*, hat mich wieder abgestoßen. Wie er dann auch noch der Jeannie Billroth ein Kompliment gemacht hat, ein völlig überflüssiges, unsinniges Kompliment, ein verschämtes, indem er ihr, während er ihr die Hand küßte, gesagt hat, daß ihm ihr *geistiger Wagemut* gefalle, tatsächlich, er hat gesagt, *Ihr geistiger Wagemut gefällt mir*, war er mir wieder der widerliche Mensch und widerliche Burgschauspieler geworden, der er mir von allem Anfang an gewesen war. Ich hatte auch viel getrunken, mehr als mir gut tut, denke ich, aber doch nicht so viel, wie der Burgschauspieler, ganz zu schweigen vom Auersberger, der gar nicht mehr aufgewacht ist, bevor sie alle die Gentzgasse verlassen hatten, auch die beiden jungen Schriftsteller, die nur immer von ihrer Aufmüpfigkeit gefaselt hatten, ohne sagen zu können, gegen was sie denn aufmüpfig sind, waren schließlich total betrunken gewesen und hatten Mühe, von ihren Sitzplätzen aufzustehen. Am Ende war der Burgschauspieler allein jener, der von allen noch die Kraft und dazu auch noch die Fähigkeit gehabt hatte, sich nicht nur ordentlich, sondern auf die höflichste Weise, wie gesagt werden kann, aus der Gentzgasse zurückzuziehen, denn alle Anderen waren dazu nicht mehr imstande gewesen. *Was für ein ausgezeichneter Fogosch* es doch gewesen sei, meinte der Burgschauspieler am Ende zur Auersberger und ging dann als Erster und ganz allein die Vorhaustreppe hinunter, während ihm die Auersberger noch lange Zeit nachschaute. Er torkelt nicht einmal, dachte ich, wie ich den die Vorhaustreppe hinuntergehenden Burgschauspieler von oben, also noch an der Wohnungstür stehend, beobachtete. Da ich Gesellschaften grundsätzlich allein verlassen will, wartete ich solange an der Wohnungstür und also neben der Auersberger, bis alle Anderen die Treppe hinunter gegangen waren. Ja, sagte ich zur Auersberger, als sie alle weg waren, ein trauriger Tag, nicht wahr, damit noch einmal wenigstens an die Joana erinnernd. Wahrscheinlich ist es das Beste für sie, daß sie sich umgebracht hat, sagte ich, *wahrscheinlich* ist es der beste Zeitpunkt für sie gewesen, sagte ich zur Auersberger und die Peinlichkeit dessen, das ich gerade gesagt hatte, war mir bewußt, die Widerwärtigkeit dieses Satzes, der sehr oft gesagt wird, wenn sich ein Mensch umgebracht hat. Wir wollen etwas Zureichendes sagen, dachte ich augenblicklich, und sagen etwas vollkommen Unzureichendes, ja etwas Peinliches, Widerwärtiges, Dummes. Was hätte sie schon gehabt von ihrem künftigen Leben, sagte ich auch noch und damit eine Peinlichkeit, eine Widerwärtigkeit mehr. Jeder Mensch soll machen, was er will, sagte ich darauf und hatte damit doch wieder nur eine Peinlichkeit und Widerwärtigkeit gesagt. So war es am besten, nichts mehr zu sagen. Ich lief die Vorhaustreppe hinunter, als wäre ich zwanzig Jahre jünger, zwei, drei, ja vier Stufen aufeinmal nehmend. Im Vorhaus unten sagte ich mir, daß es unsinnig gewesen ist, der Auersberger zum Abschied die Stirn zu küssen, wie vor dreißig Jahren, dachte ich, so unsinnig wie vor dreißig Jahren, habe ich ihr die Stirn geküßt, genauso wie in den Fünfzigerjahren; mich ärgerte diese Tatsache auf dem ganzen Weg aus der Gentzgasse in die Stadt. Zwanzig Jahre habe ich die Auersberger nicht mehr gesehen und im Grunde hasse ich sie ja, wie ich mir sagen muß, und ich küsse ihr zum Abschied auch noch die Stirn. Die Stirn hast du ihr geküßt, *wenigstens nur die Stirn*, sagte ich mir dann die ganze Zeit auf meinem Weg durch die noch finstere Stadt und ärgerte mich über diese Tatsache. Und ich dachte, wäre ich doch mit den Anderen weggegangen, dann wäre mir diese Peinlichkeit erspart geblieben. Aber ich hatte ja nicht mit den Anderen weggehen wollen, vor allem vermeiden wollen, noch einmal mit der Jeannie zusammen zu treffen, noch dazu auf der Straße und noch dazu in diesem Augenblick; denn mit ihr zusammen auf der Straße wäre es sicher zu einer entsetzlichen Auseinandersetzung gekommen, *zu viel* hätte ich ihr sagen müssen, *zu viel* vorhalten, *zu viel* an den Kopf stoßen müssen, dachte ich, wie umgekehrt sie mir auch und so hatte ich doch gut daran getan, zurückzubleiben oben im Vorhaus und die Anderen vorausgehen zu lassen; mit der Auersberger allein war es sicher noch erträglicher gewesen, als mit der Jeannie allein, dachte ich, mit der Jeannie allein auf der Straße wäre es sicher jedenfalls für mich, eine Katastrophe gewesen, dachte ich, mit der Auersberger allein im Vorhaus oben, jedenfalls erträglich; aber ich hielt mir doch jetzt vor, der Auersberger einen Kuß auf die Stirn gegeben zu haben, nach zwanzig Jahren, vielleicht sogar nach zwei- oder dreiundzwanzig Jahren, in welchen ich sie nichts weniger als gehaßt habe, mit dem gleichen Haß, mit dem ich in diesen Jahren auch ihren Mann gehaßt habe und daß ich ihr auch noch vorgelogen habe, ihr sogenanntes *künstlerisches Abendessen* sei mir ein *Vergnügen* gewesen, wo es mir doch nichts weniger als abstoßend gewesen war. Um uns aus einer Notsituation zu erretten, denke ich, sind wir selbst genauso verlogen wie die, denen wir diese Verlogenheit andauernd vorwerfen und derentwegen wir alle diese Leute fortwährend in den Schmutz ziehen und verachten, das ist die Wahrheit; wir sind überhaupt um nichts besser, als diese Leute, die wir andauernd nur als unerträgliche und widerliche Leute empfinden, als abstoßende Menschen, mit welchen wir möglichst wenig zu tun haben wollen, während wir doch, wenn wir ehrlich sind, andauernd mit ihnen zu tun haben und genauso sind wie sie. Wir werfen allen diesen Leuten alles mögliche Unerträgliche und Widerwärtige vor und sind selbst um nichts weniger unerträglich und widerwärtig und sind vielleicht noch viel unerträglicher und widerwärtiger als sie, denke ich. Ich habe zur Auersberger gesagt, daß ich froh bin darüber, die Verbindung zu ihnen, den Eheleuten Auersberger, wieder aufgenommen zu haben, nach zwanzig Jahren wieder bei ihnen in der Gentzgasse gewesen zu sein und ich hatte, während ich das zu ihr gesagt habe, gedacht, was für ein gemeiner, verlogener Mensch ich bin, der tatsächlich vor nichts, aber auch schon vor gar nichts, nicht vor der gemeinsten Lüge, zurückschreckt. Daß mir der Burgschauspieler gefallen habe, daß mir die Anna Schreker gefallen habe, selbst daß mir die beiden jungen Schriftsteller und die zwei Ingenieursanwärter gefallen hätten, sagte ich zur Auersberger im Vorhaus oben stehend, während die anderen Gäste die Treppe hinunter gingen, ich sie also als abstoßend empfunden habe, während sie die Treppe hinunter gingen, während ich gleichzeitig zur Auersberger gesagt habe, sie hätten mir alle sehr gut gefallen. Daß ich zu einer solchen ganz gemeinen Verlogenheit fähig bin, dachte ich, während ich noch mit der Auersberger gesprochen habe, dazu fähig bin, ihr ganz offen ins Gesicht zu lügen, daß ich imstande bin, ihr genau das Gegenteil von dem, das ich gerade empfand, nur weil es mir den Augenblick erträglicher machte, ins Gesicht zu sagen und ich hatte ihr auch noch ins Gesicht gesagt, daß es mir leid täte, daß ich an diesem Abend ihre Stimme nicht gehört habe, keine ihrer immer *so schön, ja so vorzüglich, ja so einzigartig gesungenen Purcellarien* und daß es mir überhaupt alles in allem leid täte, daß ich zwanzig Jahre lang den Kontakt zu ihr und zu ihrem Mann, dem Auersberger, unterbrochen habe, was wieder nichts als nur gelogen und tatsächlich eine meiner gemeinsten und niederträchtigsten Lügen gewesen war. Daß ich es als besonders bedauerlich empfände, daß die Joana an diesem Abend nicht anwesend sein konnte, hatte ich auch noch gesagt und daß es wahrscheinlich ganz im Sinne der Joana sei, daß wir, also ich und die Auersberger, jetzt, da ich aus London mehr oder weniger, auf lange, wenn nicht endgültig zurück sei, wieder Kontakt haben und in Zukunft wahrscheinlich wieder einen solchen Kontakt *pflegen* werden, log ich der Auersberger direkt ins Gesicht, während die Anderen gerade das Haus verließen, wie ich von oben, mit der Auersberger im Vorhaus stehend, hören konnte. *Die Joana hat sterben müssen, hat sich umbringen müssen, damit wir wieder zusammenkommen*, habe ich auch noch zur Auersberger gesagt und sie dann kurz umarmt und ihr, wie gesagt, einen Kuß auf die Stirn gegeben und war hinunter gelaufen über die Treppe und auf die Straße, fortan durch alle jetzt von mir gegangenen Straßen damit gepeinigt, der Auersberger alles Gesagte nur vorgelogen zu haben und ganz bewußt ihr alles und jedes Gesagte vorgelogen zu haben. Denn ich haßte die Auersberger in Wahrheit nach diesem *künstlerischen Abendessen* genauso, wie ich sie vorher gehaßt habe und den Auersberger, den *Novalis der Töne* und den schon in den Fünfzigerjahren steckengebliebenen Webern-Nachfolger, mit ihr mit einem vielleicht noch intensiveren Haß, mit diesem *Auersbergerhaß*, mit dem ich die Auersbergerischen jetzt schon seit zwanzig Jahren hasse, wie ich denke, weil sie mich damals, vor zwanzig Jahren, in so niederträchtiger Weise hintergangen und ausgerichtet haben, heruntergemacht haben bei jeder Gelegenheit vor allen Leuten, mich so schlecht gemacht haben, nachdem ich sie verlassen hatte, nur um mich selbst zu retten, nur, um nicht aufgefressen zu werden von ihnen, nachdem *ich ihnen den Rücken gekehrt hatte, nicht sie mir,* wie sie es immer behaupteten und nach wie vor behaupten, wie sie es diese ganzen zwanzig Jahre bis heute immer behauptet haben und behaupten, *ich* hätte sie ausgenützt, *sie* hätten mich jahrelang ausgehalten, *sie* hätten mich jahrelang am Leben erhalten, während es doch in Wahrheit so ist und so gewesen ist, daß *ich sie am Leben erhalten* habe, daß *ich sie gerettet* habe, daß *ich* sie, wenn auch nicht mit Geld, so doch mit meinen Fähigkeiten insgesamt, ausgehalten habe, nicht umgekehrt und ich lief durch die Gassen, als wäre ich einem Alptraum davongelaufen, schneller und schneller in die Innere Stadt hinein und ich wußte, während ich lief, nicht, warum in die Innere Stadt hinein, während ich doch genau in die der Inneren Stadt entgegengesetzte Richtung hätte laufen sollen, wenn ich nachhause wollte, aber wahrscheinlich wollte ich jetzt gar nicht nachhause und ich sagte mir, wäre ich doch auch diesen Winter in London geblieben und es war vier Uhr früh und ich lief in die Innere Stadt hinein, obwohl ich nachhause hätte laufen sollen und sagte mir, daß ich unter allen Umständen in London hätte bleiben sollen und lief in die Innere Stadt hinein, ohne zu wissen, warum in die Innere Stadt und nicht nachhause und sagte mir, daß mir London immer Glück, Wien aber immer nur Unglück gebracht hat und ich lief und lief und lief, wie wenn ich jetzt in den Achtzigerjahren nocheinmal den Fünfzigerjahren davon liefe in die Achtzigerjahre hinein, in diese gefährlichen und hilflosen und stumpfsinnigen Achtzigerjahre hinein und ich dachte wieder, daß ich, anstatt auf dieses abgeschmackte *künstlerische Abendessen* zu gehen, lieber in meinem Gogol oder in meinem Pascal oder in meinem Montaigne hätte lesen sollen und ich dachte, während ich lief, daß ich dem auersbergerischen Alptraum davon laufe und lief tatsächlich mit immer größerer Energie diesem auersbergerischen Alptraum davon in die Innere Stadt und dachte während des Laufens, daß diese Stadt, durch die ich laufe, so entsetzlich ich sie immer empfinde, immer empfunden habe, für mich doch die beste Stadt ist, dieses verhaßte, mir immer verhaßt gewesene Wien, mir aufeinmal jetzt wieder doch das beste, mein bestes Wien ist und daß diese Menschen, die ich immer gehaßt habe und die ich hasse und die ich immer hassen werde, doch die besten Menschen sind, daß ich sie hasse, aber daß sie rührend sind, daß ich Wien hasse und daß es doch rührend ist, daß ich diese Menschen verfluche und doch lieben muß und daß ich dieses Wien hasse und doch lieben muß und ich dachte, während ich schon durch die Innere Stadt lief, daß diese Stadt doch meine Stadt ist und immer meine Stadt sein wird und daß diese Menschen meine Menschen sind und immer meine Menschen sein werden und ich lief und lief und dachte, daß ich, wie allem Fürchterlichen, auch diesem fürchterlichen sogenannten *künstlerischen Abendessen* in der Gentzgasse entkommen bin und daß ich über dieses sogenannte *künstlerische Abendessen* in der Gentzgasse schreiben werde, ohne zu wissen, was, ganz einfach *etwas* darüber schreiben werde und ich lief und lief und dachte, ich werde *sofort* über dieses sogenannte *künstlerische Abendessen* in der Gentzgasse schreiben, egal was, nur *gleich* und *sofort* über dieses *künstlerische Abendessen* in der Gentzgasse schreiben, *sofort*, dachte ich, *gleich* immer wieder, durch die Innere Stadt laufend, *gleich* und *sofort* und *gleich* und *gleich*, bevor es zu spät ist.

Aus: Alte Meister
Komödie

Tatsächlich denke ich, daß das Kunsthistorische Museum der einzige Fluchtpunkt ist, der mir geblieben ist, sagte Reger, *zu den Alten Meistern muß ich gehen, um weiterexistieren zu können, genau zu diesen sogenannten Alten Meistern*, die mir ja längst und schon seit Jahrzehnten verhaßt sind, denn nichts ist mir im Grunde mehr verhaßt, als diese sogenannten Alten Meister hier im Kunsthistorischen Museum und die Alten Meister überhaupt, alle Alten Meister, sie mögen heißen, wie sie wollen, sie mögen gemalt haben, wie sie wollen, sagte Reger, und doch sind sie es, die mich am Leben halten. So gehe ich durch die Stadt und denke, daß ich diese Stadt nicht mehr aushalte und daß ich nicht nur die Stadt nicht mehr aushalte, daß ich die ganze Welt und in der Folge eben die ganze Menschheit nicht mehr aushalte, denn die Welt und die ganze Menschheit sind ja mittlerweile so entsetzlich geworden, daß sie bald nicht mehr auszuhalten sind, wenigstens nicht für einen Menschen wie mich. Für einen Verstandesmenschen wie für einen Gefühlsmenschen wie mich ist die Welt und ist die Menschheit bald nicht mehr auszuhalten, wissen Sie, Atzbacher. Ich finde in dieser Welt und unter diesen Menschen nichts mehr, das mir etwas wert ist, sagte er, in dieser Welt ist alles stumpfsinnig und in dieser Menschheit ist alles ebenso stumpfsinnig. Diese Welt und die Menschheit haben heute einen Grad von Stumpfsinnigkeit erreicht, den sich ein Mensch wie ich nicht mehr leisten kann, sagte er, eine solche Welt darf ein solcher Mensch nicht mehr mitleben, eine solche Menschheit darf ein solcher Mensch wie ich nicht mehr mitexistieren, sagte Reger. Alles in dieser Welt und in dieser Menschheit ist bis auf die niedrigste Stufe herunter abgestumpft, sagte Reger, alles in dieser Welt und in dieser Menschheit hat einen Grad von Gemeingefährlichkeit und niedriger Brutalität erreicht, daß es mir ja schon beinahe unmöglich ist, wenigstens immer wieder nur einen einzigen Tag in dieser Welt und in dieser Menschheit weiter zu kommen. Einen solchen Grad von niedriger Stumpfsinnigkeit haben selbst die hellsichtigsten Denker der Geschichte nicht für möglich gehalten, sagte Reger, nicht Schopenhauer, nicht Nietzsche, von Montaigne ganz zu schweigen, sagte Reger, und was unsere hervorragenden Welt- und Menschheits-Dichter betrifft, so ist das, das sie der Welt und der Menschheit vorausgesagt und vorausgeschrieben haben an Scheußlichkeit und Niedergang, nichts gegen den jetzigen Zustand. Dostojewski selbst, einer unserer größten Hellseher, hat die Zukunft nur als eine lächerliche Idylle beschrieben, genauso wie Diderot nur eine lächerliche Zukunftsidylle beschrieben hat, die entsetzliche Hölle des Dostojewski ist so harmlos gegen die, in welcher wir uns heute befinden, daß es einem nurmehr noch eiskalt über den Rücken läuft, wenn wir daran denken, die Höllen, die Diderot vorausgesagt und vorausgeschrieben hat, ebenso. Der eine von seinem russischen und weltöstlichen Standpunkt aus hat diese absolute Hölle ebensowenig vorausgesehen und vorausgesagt und vorausgeschrieben, wie sein weltwestlicher Gegendenker und Gegenschreiber Diderot, sagte Reger. Die Welt und die Menschheit sind in einem Höllenzustand angelangt, in welchem die Welt und die Menschheit noch niemals in der Geschichte angelangt waren, das ist die Wahrheit, so Reger. Es ist ja geradezu idyllisch, was diese großen Denker und diese großen Schriftsteller alles vorausgeschrieben haben, sagte Reger, alle zusammen haben sie, obwohl sie der Meinung gewesen waren, die Hölle beschrieben zu haben, doch nur eine Idylle beschrieben, die gegen die Hölle, in welcher wir heute existieren, ja geradezu eine idyllische Idylle gewesen ist, so Reger. Alles Heutige ist voller Gemeinheit und voller Bosheit, Lüge und Verrat, sagte Reger, so unverschämt und perfide wie heute ist die Menschheit nie gewesen. Wir können anschauen, was wir wollen, wir können hingehen, wohin wir wollen, wir schauen nur in Bosheit und Niedertracht und in Verrat und Lüge und in Heuchelei und immer nur in nichts als in die absolute Niedrigkeit hinein, gleich was wir anschauen, gleich, wo wir hingehen, wir sind mit Bosheit und mit Lüge und Heuchelei konfrontiert. Was sehen wir anderes, als Lüge und Bosheit, als Heuchelei und Verrat, als die niedrigste Niedrigkeit, wenn wir hier auf die Straße gehen, *wenn wir uns wagen, auf die Straße zu gehen*, sagte Reger. Wir gehen auf die Straße und wir gehen in Niedrigkeit hinein, sagte er, in Niedrigkeit und in Schamlosigkeit, in Heuchelei und in Bosheit. Wir sagen, es gibt kein verlogeneres und kein verheuchelteres und kein boshafteres Land als dieses Land, aber wenn wir aus diesem Land hinausgehen oder auch nur hinausschauen, sehen wir, daß auch außerhalb unseres Landes nur

Bosheit und Heuchelei und Lüge und Niedrigkeit den Ton angeben. Wir haben die widerwärtigste Regierung, die man sich nur vorstellen kann, die verheucheltste, die boshafteste, die gemeinste und gleichzeitig dümmste, sagen wir, und es stimmt natürlich, was wir denken und wir sagen das ja auch alle Augenblicke, sagte Reger, aber wenn wir aus diesem niedrigen verheuchelten und bösartigen und verlogenen und dummen Land hinausschauen, sehen wir, daß die anderen Länder genauso verlogen und verheuchelt und alles in allem genauso niedrig sind, sagte Reger. Aber diese anderen Länder gehen uns wenig an, sagte Reger, *nur unser Land geht uns etwas an* und deshalb schlägt es uns tagtäglich *so* auf den Kopf, daß wir mittlerweile schon lange *tatsächlich ohnmächtig* in einem Land zu existieren haben, in welchem die Regierung gemein und stumpfsinnig und verheuchelt und verlogen und dazu auch noch abgrundtief dumm ist. Jeden Tag empfinden wir doch, wenn wir denken, nichts anderes, als daß wir von einer verheuchelten und verlogenen und gemeinen Regierung regiert werden, die dazu auch noch die dümmste Regierung ist, die man sich vorstellen kann, sagte Reger, und wir denken, daß wir daran nichts ändern können, das ist ja das Fürchterliche, daß wir daran nichts ändern können, daß wir ganz einfach ohnmächtig zuschauen müssen, wie diese Regierung mit jedem Tag immer noch verlogener und verheuchelter und gemeiner und niedriger wird, daß wir mehr oder weniger in einem dauerhaft fassungslosen Zustand zuschauen müssen, wie diese Regierung immer schlimmer und immer unerträglicher wird. Aber nicht nur die Regierung ist verlogen und verheuchelt und gemein und niedrig, auch das Parlament ist es, sagte Reger, und manchmal kommt mir vor, als wäre das Parlament noch viel verheuchelter und verlogener als die Regierung und wie verlogen und wie gemein ist schließlich die Justiz in diesem Land und ist die Presse in diesem Land und ist schließlich die Kultur in diesem Land und ist schließlich alles in diesem Land; in diesem Land herrschen schon seit Jahrzehnten nur die Verlogenheit und die Heuchelei und die Gemeinheit und die Niedrigkeit, sagte Reger. Tatsächlich ist dieses Land jetzt auf einem absoluten Tiefpunkt angelangt, sagte Reger, und bald hat es seinen Sinn und Zweck und seinen Geist aufgegeben. Und überall dieses ekelerregende Demokratiegefasel! Sie gehen auf die Straße, meinte er, und müssen sich fortwährend Augen und Ohren und auch die Nase zuhalten, um in diesem Land, das letzten Endes ein ganz gemeingefährlicher Staat geworden ist, überleben zu können, sagte Reger. Jeden Tag trauen Sie Ihren Augen nicht und trauen Ihren Ohren nicht, sagte er, jeden Tag erleben Sie den Niedergang dieses zerstörten Landes und dieses korrupten Staates und dieses verdummten Volkes mit immer größerem Erschrecken. Und die Menschen in diesem Land und in diesem Staat tun nichts dagegen, sagte Reger, das ist es, das einen Menschen wie mich tagtäglich peinigt. Die Menschen sehen oder fühlen natürlich, wie dieser Staat sich jeden Tag niedriger und jeden Tag gemeiner macht, aber sie tun nichts dagegen. Die Politiker sind die Mörder, ja die Massenmörder eines jeden Landes und eines jeden Staates, sagte Reger, seit Jahrhunderten morden die Politiker die Länder und die Staaten und niemand hindert sie daran. Und wir Österreicher haben die gefinkeltsten, gleichzeitig gedankenlosesten Politiker als Landes- und Staatenmörder, sagte Reger. An der Spitze unseres Staates stehen Politiker als Staatenmörder, in unserem Parlament sitzen Politiker als Staatenmörder, sagte er, das ist die Wahrheit. Jeder Kanzler und jeder Minister ist ein Staatenmörder und damit auch ein Landesmörder, sagte Reger, und geht der Eine, kommt der Andere, sagte Reger, geht der eine Mörder als Kanzler, kommt schon der andere Kanzler als Mörder, geht der eine Minister als Staatenmörder, kommt schon der andere. Das Volk ist immer nur ein von den Politikern gemordetes, sagte Reger, aber das Volk sieht das nicht, es fühlt zwar, daß es so ist, aber es sieht davon nichts, das ist die Tragödie, so Reger. Sind wir froh, daß der eine Staatenmörder als Kanzler weg ist, ist schon der andere da, sagte Reger, das ist fürchterlich. Die Politiker sind Staatenmörder und Landesmörder, sagte Reger, und sie morden, solange sie an der Macht sind, ungeniert und die Justiz im Staat unterstützt ihr gemeines und niederträchtiges Morden, ihren gemeinen und niederträchtigen Mißbrauch. Aber jedes Volk und jede Gesellschaft verdienen natürlich den Staat, den sie haben und sie verdienen also auch seine Mörder als Politiker, sagte Reger. Was für gemeine und stumpfsinnige Staatsmißbraucher und gemeine und perfide Demokratiemißbraucher rief er aus. Die Politiker beherrschen die österreichische Szene absolut, sagte Reger dann, die Staatenmörder beherrschen die österreichische Szene absolut. Die politischen Verhältnisse in diesem Land sind im Augenblick so deprimierend, daß sie einem nurmehr noch schlaflose Nächte gestatten müßten, aber auch alle anderen österreichischen Verhältnisse sind heute genauso deprimierend. Wenn Sie einmal mit der Justiz in Berührung kommen, dann sehen Sie, daß es nur eine korrupte und gemeine und niedrige Justiz ist, abgesehen davon, daß sich in den letzten Jahren die sogenannten *Justizirrtümer* in erschreckendem Ausmaße häufen, es vergeht keine Woche, in welcher nicht ein längst abgeschlossenes Verfahren *wegen gravierender Verfahrensmängel* wieder aufgenommen und das sogenannte *Ersturteil wieder aufgehoben* wird, ein sehr hoher, diese perfide Justiz kennzeichnender Prozentsatz der Urteile, die die österreichische Justiz in den letzten Jahren gefällt hat, sind sogenannte *politische* Fehlurteile gewesen, so Reger. Wir haben es in Österreich heute nicht nur mit einem durch und durch verkommenen und *dämonischen* Staat, sondern auch mit einer durch und durch verkommenen und *dämonischen* Justiz zu tun, so Reger. Die österreichische Justiz ist schon seit vielen Jahren nicht mehr glaubwürdig, sie *agiert verwerflich politisch, nicht unabhängig*, wie das sein sollte. Von einer unabhängigen Justiz in Österreich zu sprechen, heißt ja nichts anderes, als der Wahrheit den Hohn ins Gesicht zu spotten, sagte Reger. Die Justiz in Österreich ist heute eine politische Justiz, keine unabhängige. Die heutige österreichische Justiz ist tatsächlich eine gemeingefährlich-politische geworden, so Reger, ich weiß, wovon ich rede, sagte er. Die Justiz macht mit der Politik heute gemeinsame Sache, sagte Reger, da brauchen Sie sich nur einmal näher mit dieser katholisch-nationalsozialistischen Justiz zu beschäftigen und sie mit klarem Kopf zu studieren, so Reger. Österreich ist heute nicht nur in Europa, sondern weltweit *das* Land mit den meisten sogenannten *Justizirrtümern*, das ist das Katastrophale. Kommen Sie mit der Justiz in Berührung, und ich selbst bin ja, wie Sie wissen, schon sehr oft mit der Justiz in Berührung gekommen, stellen Sie fest, daß die österreichische Justiz eine gefährliche katholisch-nationalsozialistische Menschenmühle ist, die nicht vom Recht, wie es zu fordern wäre, in Gang gehalten ist, sondern vom Unrecht und in welcher die chaotischsten Zustände herrschen, es gibt keine chaotischere Justiz in Europa als die österreichische, keine korruptere, keine gemeingefährlichere perfidere, sagte Reger, nicht die Zufälligkeiten der Dummheit, sondern die Absichten der politischen Gemeinheit beherrschen die katholisch-nationalsozialistische österreichische Justiz heute, so Reger. Wenn Sie in Österreich vor Gericht gebracht werden, sind Sie einer durch und durch chaotischen katholisch-nationalsozialistischen Justiz ausgeliefert, die die Wahrheit und die Wirklichkeit auf den Kopf stellt, so Reger. Die österreichische Justiz ist nicht nur eine Willkür, sondern eine perfide Menschenzermahlmaschine, so Reger, in welcher das Recht von den absurden Mühlsteinen des Unrechts zermalmt wird. Und erst was die Kultur in diesem Land betrifft, sagte Reger, da ist der Magen nurmehr noch zum Undrehen da. Was die sogenannte *Alte Kunst* betrifft, so ist sie abgestanden und ausgelaugt und ausverkauft und sie verdient es schon lange gar nicht mehr, daß sie unsere Aufmerksamkeit auf sich zieht, das wissen Sie so gut wie ich, was aber die sogenannte zeitgenössische Kunst betrifft, so ist sie *keinen Schuß Pulver wert*, wie gesagt wird. Die österreichische zeitgenössische Kunst ist so billig, daß sie nicht einmal unsere Scham verdient, sagte Reger. Jahrzehntelang wird von den österreichischen Künstlern nurmehr noch kitschiger Mist erzeugt, der tatsächlich, wenn es nach mir ginge, auf den Misthaufen gehörte. Die Maler malen Mist, die Komponisten komponieren Mist, die Schriftsteller schreiben Mist, sagte er. Den größten Mist machen die österreichischen Bildhauer, sagte Reger. Die österreichischen Bildhauer machen den größten Mist und ernten dafür die größte Anerkennung, so Reger, das ist charakteristisch für diese stupide Zeit. Die heutigen österreichischen Komponisten sind alles in allem doch nur kleinbürgerliche Ton-Idiotisten, deren Konzertsaalmist zum Himmel stinkt. Und die österreichischen Schriftsteller insgesamt haben überhaupt nichts zu sagen und können das, das sie nicht zu sagen haben, nicht einmal schreiben. Keiner von diesen heutigen österreichischen Schriftstellern kann schreiben, alle lügen sich eine widerwärtig-sentimentale Epigonenliteratur in die Tasche, sagte Reger, sie schreiben, gleich wo sie schreiben, nur Mist, sie schreiben steiermärkischen und salzburgischen und kärntnerischen und burgenländischen und niederösterreichischen und oberösterreichischen und tirolischen und vorarlbergischen Mist und schaufeln diesen Mist schamlos und ruhmsüchtig zwischen die Buchdeckel, so Reger. Sie sitzen in Wiener Gemeindewohnungen oder in kärntnerischen Gelegenheits- und Verlegenheitshuben oder in steiermärkischen Hinterhöfen und schreiben Mist, den epigonalen, stinkenden, kopf- und geistlosen österreichischen Schriftstellermist, sagte Reger, in *welchem die pathetische Dummheit dieser Leute zum Himmel stinkt*, so Reger. Ihre Bücher sind nichts als der Mist zweier oder schon gar dreier Generationen, die das

Schreiben nie gelernt haben, weil sie das Denken nie gelernt haben, einen totalen geistlosen und philosophie- und heimatheuchelnden epigonalen Mist schreiben alle diese Schriftsteller, sagte Reger. Alle diese Bücher dieser mehr oder weniger ekelhaft-staatsopportunistischen Schriftsteller sind *nichts als abgeschriebene Bücher*, sagte Reger, *jede Zeile in ihnen ist eine gestohlene, jedes Wort ein geraubtes.* Diese Leute schreiben seit Jahrzehnten nur eine gedankenlose Literatur, die nur der Gefallsucht zuliebe geschrieben wird und die auch nur aus Gefallsucht veröffentlicht wird, so Reger. Sie tippen ihre abgrundtiefe Dummheit in die Maschine und heimsen für diese abgrundtiefe abgeschmackte Dummheit alle nur möglichen Preise ein, sagte Reger. Da war ja selbst Stifter noch eine ganz große Erscheinung, sagte Reger, wenn ich nun einmal Stifter mit allen diesen österreichischen Dummköpfen, die heute schreiben, vergleiche. Philosophie- und Heimatheuchelei, diese im Augenblick große Mode, beinhaltet der Mist dieser Leute, sagte Reger, die zu keinem einzigen eigenen Gedanken befähigt sind. Die Bücher dieser Leute gehörten nicht in die Buchhandlungen, sondern gleich auf den Misthaufen, sagte Reger. Wie ja überhaupt die ganze heutige österreichische Kunst auf den Misthaufen gehört. Denn was wird in der Oper anderes gespielt, als Mist, was im *Musikverein* anderes, als Mist und was sind die Erzeugnisse dieser brutalen proletarisch-gemeinen Gewaltmänner mit dem Meißel, die sich geradezu präpotent-unverschämt Bildhauer nennen, anderes, als Marmor- und Granitmist! Es ist fürchterlich, ein halbes Jahrhundert immer wieder nur diese deprimierende Mittelmäßigkeit, sagte Reger. Wenn Österreich wenigstens ein Narrenhaus wäre, aber es ist ein Siechenhaus, sagte er. Die Alten haben nichts zu sagen, sagte Reger, aber die Jungen haben noch weniger zu sagen, das ist der heutige Zustand. Und natürlich geht es allen diesen kunstmachenden Leuten zu gut, sagte er. Alle diese Leute werden mit Stipendien und mit Preisen vollgestopft und alle Augenblicke gibt es da einen Ehrendoktor und dort einen Ehrendoktor und da eine Ehrennadel und dort eine Ehrennadel und alle Augenblicke sitzen sie neben dem einen Minister und kurz darauf neben dem andern und heute sind sie beim Bundeskanzler und morgen beim Parlamentspräsidenten und heute sitzen sie im sozialistischen Gewerkschaftsheim und morgen im katholischen Arbeiterbildungshaus und lassen sich feiern und aushalten. Diese heutigen Künstler sind ja nicht nur in ihren sogenannten Werken so verlogen, sie sind in ihrem Leben genauso verlogen, sagte Reger. Verlogene Arbeit wechselt bei ihnen fortwährend mit verlogenem Leben ab, was sie schreiben, ist verlogen, was sie leben, ist verlogen, sagte Reger. Und dann machen diese Schriftsteller sogenannte *Lesereisen* und reisen kreuz und quer durch ganz Deutschland und durch ganz Österreich und durch die ganze Schweiz und sie lassen kein noch so stumpfsinniges Gemeindeloch aus, um aus ihrem Mist vorzulesen und sich feiern zu lassen und lassen sich ihre Taschen mit Mark und mit Schillingen und mit Franken vollstopfen, so Reger. Nichts ist widerlicher, als eine sogenannte *Dichterlesung*, sagte Reger, mir ist kaum etwas verhaßter, aber alle diese Leute finden nichts dabei, überall ihren Mist vorzulesen. Keinen Menschen interessiert im Grunde, was diese Leute sich zusammengeschrieben haben auf ihren literarischen Beutezügen, aber sie lesen es vor, sie treten auf und lesen es vor und machen einen Buckel vor jedem debilen Stadtrat und vor jedem stumpfsinnigen Gemeindevorstand und vor jedem germanistischen Maulaffen, so Reger. Sie lesen von Flensburg bis Bozen ihren Mist vor und lassen sich ohne geringste Skrupel auf schamlose Weise aushalten. Es gibt nichts Unerträglicheres für mich, als eine sogenannte Dichterlesung, sagte Reger, es ist abstoßend, sich hinzusetzen und den eigenen Mist vorzulesen, denn nichts anderes lesen ja alle diese Leute vor, als Mist. Wenn sie noch recht jung sind, geht es ja noch, sagte Reger, aber wenn sie älter sind und schon in die Fünfzig gehen und darüber, ist das nur ekelerregend. Aber gerade diese älteren Schreiber lesen ja, sagte Reger, überall vor und sie steigen auf jedes Podium und sie setzen sich an jeden Tisch, um ihren Gedichtemist vorzutragen, ihre stumpfsinnige senile Prosa, so Reger. Selbst wenn ihr Gebiß keines ihrer verlogenen Wörter mehr in der Mundhöhle halten kann, steigen sie auf das Podium gleich welchen Stadtsaales und lesen ihren scharlatanistischen Blödsinn, so Reger. Ein Sänger, der Lieder singt, ist ja schon eine Unerträglichkeit, aber ein Schriftsteller, der seine eigenen Erzeugnisse zum besten gibt, ist noch viel unerträglicher, so Reger. Der Schriftsteller, der ein öffentliches Podium besteigt, um seinen opportunistischen Mist vorzulesen, und sei es selbst in der Frankfurter Paulskirche, ist ein miserabler Schmierenkomödiant, sagte Reger. Es wimmelt vor lauter solchen opportunistischen Schmierenkomödianten, sagte Reger. In Deutschland und in Österreich und in der Schweiz wimmelt es vor lauter solchen opportunistischen Schmierenkomödianten, so Reger. Ja, ja, sagte er, die logische Folge wäre immer die totale Verzweiflung *über alles*. Aber gegen diese totale Verzweiflung *über alles* wehre ich mich.

[...]

Er habe nach dem Begräbnis seiner Frau keinen einzigen Menschen mehr sehen und zuerst auch gar nichts mehr essen wollen, aber tagelang nur klares Wasser zu trinken, hält kein Mensch länger aus als drei, vier Tage, und er war auch tatsächlich sehr schnell abgemagert und hatte in der Frühe auf einmal *kaum mehr die Kraft aufzustehen, das war ein Signal*, so Reger zu mir, und ich habe wieder zu essen angefangen und ich habe dann auch wieder angefangen, mich mit Schopenhauer zu beschäftigen, gerade mit Schopenhauer waren ich und meine Frau ja beschäftigt gewesen, wie sie hinter mir gestürzt ist und sich *den sogenannten Schenkelhals gebrochen hat*, so Reger nachdenklich. Ich führte in diesen sechs Wochen Eingesperrtsein nur ein paar Telefongespräche mit meinem Vermögensverwalter und las Schopenhauer, das rettete mich wahrscheinlich, so Reger, wenngleich ich mir nicht sicher bin, ob es richtig gewesen ist, daß ich mich gerettet *habe*, wahrscheinlich, so Reger, wäre es besser gewesen, ich hätte mich *nicht* gerettet, ich hätte mich umgebracht. Aber allein die Tatsache, daß ich soviel Laufereien im Zusammenhang mit dem Begräbnis gehabt habe, hat mir ja gar keine Zeit gelassen, mich umzubringen. Wenn wir uns nicht *gleich* umbringen, bringen wir uns ja nicht mehr um, das ist das Entsetzliche, sagte er. Wir haben das Verlangen, genauso wie unser geliebtester Mensch, tot zu sein, aber wir bringen uns doch nicht um, wir denken daran, aber wir tun es doch nicht, sagte Reger. Merkwürdigerweise habe ich in diesen sechs Wochen keinerlei Musik vertragen, ich habe mich nicht ein einziges Mal ans Klavier gesetzt, *einmal in Gedanken einen Versuch gemacht mit einem Stück aus dem Wohltemperierten Klavier, aber diesen Versuch gleich wieder aufgegeben*, die Musik war es nicht, die mich in diesen sechs Wochen gerettet hat, *Schopenhauer war es, immer wieder ein paar Zeilen Schopenhauer*, so Reger. *Auch Nietzsche war es nicht, nur Schopenhauer*. Ich setzte mich im Bett auf und las ein paar Zeilen Schopenhauer und dachte darüber nach und las wieder ein paar Schopenhauer-Sätze und dachte darüber nach, so Reger. Nach vier Tagen nur Wassertrinken und Schopenhauerlesen, aß ich zum ersten Mal ein Stück

Brot, das so hart gewesen ist, daß ich es mit einer Fleischhacke vom Wecken herunterhacken habe müssen. Ich setzte mich auf den singerstraßenseitigen Fensterschemel, diesen scheußlichen Loos-Sessel, und schaute auf die Singerstraße hinunter. Stellen Sie sich vor, Ende Mai und es war ein Schneetreiben, sagte er. Ich scheute die Menschen. Ich betrachtete sie von der Wohnung aus in der Singerstraße unten hin- und herlaufend, vollbepackt mit Kleidungsstücken und Lebensmitteln und es ekelte mich vor ihnen. Ich dachte, ich will nicht mehr zu diesen Menschen zurück, *zu diesen Menschen nicht* und andere gibt es ja nicht, so Reger. Im Hinunterschauen auf die Singerstraße ist es mir bewußt geworden, daß es andere, als die da unten auf der Singerstraße hin- und herlaufenden Menschen, nicht gibt. Ich schaute auf die Singerstraße hinunter und haßte die Menschen und ich dachte, ich will nicht mehr zu diesen Menschen zurück, so Reger. In diese Gemeinheit und in diese Armseligkeit will ich nicht mehr zurück, sagte ich mir, so Reger. Ich zog mehrere Laden aus mehreren Kommoden und schaute hinein und nahm immer wieder Bilder und Schriften und Korrespondenzen meiner Frau heraus und legte alles nacheinander auf den Tisch und schaute nach und nach alles an, mein lieber Atzbacher, da ich ehrlich bin, muß ich sagen, daß ich dabei weinte. Ich ließ meinem Weinen plötzlich freien Lauf, Jahrzehnte habe ich nicht mehr geweint und auf einmal ließ ich meinem Weinen freien Lauf, so Reger. Ich saß da und ließ meinem Weinen freien Lauf und ich weinte und weinte und weinte und weinte, so Reger. Jahrzehnte habe ich nicht geweint, seit der Kindheit nicht mehr und auf einmal ließ ich meinem Weinen freien Lauf, sagte Reger zu mir im Ambassador. Ich habe ja nichts zu verbergen und nichts zu verschweigen, sagte er, *mit meinen zweiundachtzig Jahren habe ich nicht das geringste mehr zu verbergen und zu verschweigen*, sagte Reger, so habe ich auch nicht zu verschweigen, daß ich mich auf einmal ausgeweint habe und immer wieder ausgeweint, tagelang habe ich mich ausgeweint, so Reger. Ich saß da und schaute die Briefe an, die meine Frau mir im Laufe der Zeit geschrieben hat und las die Notizen, die sie im Laufe der Zeit gemacht hat und weinte mich aus. Wir gewöhnen uns natürlich in Jahrzehnten an einen Menschen und lieben ihn Jahrzehnte und lieben ihn schließlich mehr als alles andere und ketten uns an ihn und wenn wir ihn verlieren, ist es tatsächlich so, als hätten wir *alles* verloren. Immer habe ich geglaubt, die Musik ist es, die mir alles bedeutet, manchmal ja auch, die Philosophie ist es, die hohe und die höchste und die allerhöchste Schriftstellerei, wie überhaupt, daß es ganz einfach die Kunst ist, aber alles das, die ganze Kunst, wie auch immer, ist nichts gegen diesen einen einzigen geliebten Menschen. Was haben wir diesem einen einzigen geliebten Menschen alles angetan, sagte Reger, in wieviele Tausende und Hunderttausende von Leiden haben wir diesen Menschen, den wir so, wie keinen andern, geliebt haben, hineingestürzt, wie haben wir diesen Menschen gepeinigt und haben ihn doch wie keinen zweiten geliebt, sagte Reger. Wenn der von uns wie kein zweiter auf der Welt geliebte Mensch tot ist, läßt er uns mit einem fürchterlichen schlechten Gewissen zurück, sagte Reger, mit einem entsetzlichen schlechten Gewissen, mit welchem wir nach seinem Tod existieren müssen und in welchem wir eines Tages ersticken werden, sagte Reger. Alle diese Bücher und Schriften, die ich in meinem Leben gesammelt und die ich in die Singerstraßenwohnung gebracht habe, um alle diese Regale damit vollzustopfen, haben am Ende nichts genützt, ich war von meiner Frau alleingelassen und alle diese Bücher und Schriften waren lächerlich. Wir glauben, wir können uns dann an Shakespeare oder an Kant anklammern, aber das ist ein Trugschluß, Shakespeare und Kant und alle andern, die wir im Laufe unseres Lebens als die von uns so genannten Großen aufgebaut haben, lassen uns genau in dem Augenblick im Stich, in welchem wir sie so notwendig gehabt hätten, so Reger, sie sind uns keine Lösung und sie sind uns kein Trost, sie sind uns auf einmal nur ekelhaft und fremd, alles, das diese sogenannten Großen und Bedeutenden gedacht und dann auch noch geschrieben haben, läßt uns kalt, so Reger. Wir glauben immer, wir können uns auf diese sogenannten Bedeutenden und Großen, wie immer, im entscheidenden Augenblick, also im lebensentscheidenden Augenblick, verlassen, aber das ist ein Irrtum, genau im lebensentscheidenden Augenblick sind wir von allen diesen Bedeutenden und Großen und, wie gesagt wird, *Unsterblichen*, alleingelassen, sie geben uns nicht mehr in einem solchen lebensentscheidenden Augenblick, als die Tatsache, daß wir *auch mitten unter ihnen allein* sind, uns selbst ausgeliefert sind in einem ganz und gar fürchterlichen Sinn, so Reger. Einzig und allein Schopenhauer hat mir geholfen, *weil ich ihn ganz einfach für meinen Überlebenszweck mißbraucht habe*, so Reger zu mir im Ambassador. Hat mich vor allen andern, Goethe, Shakespeare, Kant beispielsweise eingeschlossen, geekelt, so habe ich mich einfach auf Schopenhauer gestürzt in meiner Verzweiflung und habe mich mit Schopenhauer auf den singerstraßenseitigen Schemel gesetzt, um überleben zu können, denn ich wollte ja auf einmal überleben und nicht sterben, meiner Frau nicht *nach*sterben, sondern *da*bleiben, *auf der Welt* bleiben, hören Sie, Atzbacher, so Reger im Ambassador. Aber natürlich habe ich auch bei Schopenhauer nur deshalb eine Überlebenschance gehabt, weil ich ihn für meine Zwecke mißbraucht *und tatsächlich auf die gemeinste Weise verfälscht* habe, so Reger, indem ich ihn ganz einfach zu einem Überlebensmedikament gemacht habe, das er in Wirklichkeit ja gar nicht ist, wie die andern, die ich schon genannt habe, auch. Wir verlassen uns lebenslänglich auf die großen Geister und auf die sogenannten Alten Meister, so Reger, und sind dann tödlich enttäuscht von ihnen, weil sie ihren Zweck nicht erfüllen im entscheidenden Augenblick. Wir horten die großen Geister und die Alten Meister und glauben, wir können sie dann, im entscheidenden Überlebensaugenblick für unsere Zwecke gebrauchen, was ja nichts anderes heißt, als für unsere Zwecke *miß*brauchen, was sich als tödlicher Irrtum herausstellt. Wir füllen unseren Geistessafe mit diesen großen Geistern und Alten Meistern an und greifen im lebensentscheidenden Augenblick auf sie zurück; aber wenn wir diesen Geistessafe öffnen, ist er leer, das ist die Wahrheit, wir stehen vor diesem leeren Geistessafe und sehen, daß wir allein und tatsächlich vollkommen mittellos sind, so Reger. Der Mensch hortet auf allen Gebieten lebenslänglich und steht am Ende doch leer da, so Reger, auch was sein Geistesvermögen betrifft. Was habe ich doch für ein ungeheures Geistesvermögen gehortet, so Reger im Ambassador, und stehe doch am Ende völlig leer da. Nur durch einen gemeinen Trick, ist es mir gelungen, Schopenhauer für meinen Zweck, also für meinen Überlebenszweck, zu mißbrauchen, so Reger. Plötzlich wissen Sie, was das ist, Leere, wenn Sie unter Tausenden und Abertausenden von Büchern und Schriften stehen, die Sie vollkommen alleingelassen haben, die Ihnen auf einmal nichts sind, als eben diese fürchterliche Leere, so Reger. Wenn Sie den nächsten Menschen verloren haben, ist Ihnen alles leer, Sie können hineinschauen, wo Sie wollen, alles ist leer und Sie schauen und schauen und Sie sehen, alles ist *wirklich leer* und zwar für immer, so Reger. Und Sie erkennen, nicht diese großen Geister und nicht diese Alten Meister sind es, die Sie Jahrzehnte am Leben erhalten haben, sondern daß es nur dieser eine einzige Mensch, den Sie wie keinen zweiten geliebt haben, gewesen ist. Und in diesem Erkennen und mit diesem Erkennen sind Sie allein und es hilft Ihnen nichts und niemand, so Reger.

Aus: Auslöschung
Ein Zerfall

Der Vater ist mehr oder weniger in diesem entsetzlichen muffigen Büro zuhause gewesen. Diese Schreibtischplatte ist sozusagen die Fluchtplatte gewesen, vor die er sich geflüchtet hat vor den Seinigen, um im Schreiben von solchen unsinnigen Geschäftsbriefen, wie dem, der noch auf dem Schreibtisch lag von seiner Hand, den Seinigen zu entkommen. Einerseits hat er sich auf den Traktor gesetzt und den Gestank und das mörderische Rütteln des Traktors in Kauf genommen, um den Seinigen zu entkommen, andererseits ist er aus dem gleichen Fluchtgrund jeden Tag in das Büro gegangen. Der Vater war ein völlig vereinsamter Mensch an seinem schauerlichen Lebensende, dachte ich. Erbarmungswürdig. Gleich darauf aber dachte ich, daß er sich selbst in diese erbarmungswürdige Situation hineingelebt hat, ganz bewußt, ohne etwas dagegen zu tun. Der Vater hat nie etwas dagegen getan, er war zu schwach dazu, etwas dagegen zu tun, gleich was, das *Dagegen* war niemals Vatersache, dachte ich, lieber ist er diesen erbärmlichen Weg der gemeinen, totalen Verkümmerung gegangen, dachte ich. Eine so ungeheure Natur, dachte ich, und ein tatsächlich so ungeheurer Besitz und der Vater hat eine solche erbärmliche Schreibtischexistenz geführt. Das Büro hat sein Gesicht zu dem ausdruckslosen gemacht, das er zuletzt gehabt hat, dachte ich. Das Büro hat ihn letzten Endes vernichtet. Da nützten die jährlich zweimal unternommenen sogenannten Bildungsreisen auch nichts mehr. Nur ermüdet hat er sie angetreten, widerwillig, ermüdet ist er von ihnen heimgekehrt, angeekelt von dem mißlungenen Versuch, sich selbst zu entkommen. Wieder war dann das Büro sein Zufluchtsort, dachte ich. Nach und nach und gänzlich im Hintergrund ist er vernichtet worden einerseits von den Seinigen, die es auf seine Vernichtung angelegt hatten, dachte ich, andererseits von diesem Büro, in welchem sich der ganze bürokratische Stumpfsinn angesammelt hat nur zu dem einzigen Zweck, den Vater und seine Existenz zu erdrücken. Auch in diesen bürokratischen Stumpfsinn aber ist der Vater hineingeflüchtet, dachte ich, von der hysterischen Frau, unserer Mutter, weg in das Büro, in welchem er sich die meiste Zeit eingesperrt hat, wie ich dachte.

Nur die Jäger hatten im Büro ungehinderten Zutritt, sonst niemand. Die Familienangehörigen hatten sich anzumelden, wenn sie unangemeldet klopften, wurden sie nicht hineingelassen, der Vater verwehrte ihnen den Eintritt, sozusagen seinen unerbittlichen Zerstörern. Ich werde mich von diesem Büro weder zerstören, noch vernichten lassen, dachte ich, *mein* Zufluchtsort wird es nicht sein. Die Leitzordner werde ich nicht, wie der Vater, zu meinen heimlichen wortlosen Gesellschaftern machen halbe Tage und ganze Tage und oft auch noch auf die widerwärtigste Weise halbe und ganze Nächte. *Meine Kommandobrücke*, so der Vater sehr oft über das Büro, wird es nicht sein, dachte ich und ich empfand es im Augenblick immer noch als infame Demütigung an mir, wenn der Vater, wissend oder nicht, das Büro als seine Kommandobrücke bezeichnete, wo er doch niemals eine tatsächliche Kommandogewalt ausgeübt hat in Wolfsegg, weil das Kommando hier immer nur von unserer Mutter ausgeübt worden ist. Sie hatte den Vater das Wort *Kommandobrücke* ohne weiteres aussprechen lassen, auch in Gesellschaft, weil sie wußte, wie lächerlich das von ihm ausgesprochene Wort *Kommandobrücke* im Augenblick für sie immer war. Nein, nein, mein Büro wird dieses nicht sein, dachte ich. Ich werde mich von den Leitzordnern nicht beherrschen lassen. Millionen sind von Leitzordnern beherrscht und kommen aus dieser demütigenden Beherrschung nicht mehr heraus, dachte ich. Millionen sind von diesen Leitzordnern unterdrückt. Ganz Europa läßt sich seit einem Jahrhundert von den Leitzordnern unterdrücken und die Unterdrückung der Leitzordner verschärft sich, dachte ich. Bald wird ganz Europa von den Leitzordnern nicht nur beherrscht, sondern vernichtet sein. Das habe ich ja auch einmal Gambetti gesagt, daß vor allem die Deutschen sich von den Leitzordnern unterdrücken haben lassen. Selbst die Literatur der Deutschen ist eine von den Leitzordnern unterdrückte, habe ich zu Gambetti einmal gesagt. Jedes deutsche Buch, das wir aufmachen, und das in diesem Jahrhundert entstanden ist, habe ich zu Gambetti gesagt, ist ein solches von den Leitzordnern unterdrücktes. Eine von Leitzordnern unterdrückte und schon beinahe zur Gänze vernichtete Literatur schreiben die Deutschen, habe ich zu Gambetti gesagt. In Deutschland wird alles von den Leitzordnern dirigiert, habe ich zu Gambetti gesagt. Und diese heutige, von den Leitzordnern unterdrückte Literatur, ist naturgemäß dadurch die erbärmlichste, eine solche hilflose erbärmliche Literatur hat es niemals vorher gegeben, habe ich zu Gambetti gesagt. Es ist eine lächerliche Büroliteratur, die von Leitzordnern diktiert ist, so jedenfalls komme es mir jedesmal vor, wenn ich ein heute geschriebenes Buch lese. Alle diese Bücher seien von einer grenzenlosen Erbärmlichkeit, habe ich zu Gambetti gesagt, weil sie aus dem Kopf von Leuten kommen, die sich vollkommen von den Leitzordnern beherrschen lassen, lebenslänglich, Gambetti, habe ich gesagt. Eine kleinbürgerliche Beamtenliteratur haben wir vor uns, wenn wir die deutsche Literatur vor uns haben, auch die großen Beispiele dieser deutschen Literatur sind nichts anderes, Gambetti, Thomas Mann, ja selbst Musil, sagte ich, den ich von allen diesen Beamtenliteraturerzeugern noch an die erste Stelle setze. Aber auch Musil hat nichts anderes geschrieben, als eine erbärmliche Beamtenliteratur. Diese Literatur ist durch und durch bürgerlich, zum Großteil kleinbürgerlich, sagte ich zu Gambetti auf dem Pincio, auch die Thomas Manns, auch die Musils, die sich ja vollkommen von den Leitzordnern in jeder von ihnen geschriebenen Zeile haben beherrschen lassen. Wenn wir diese Literatur lesen, sehen wir, wie sie ein Beamter schreibt, ein einmal mehr, einmal weniger kleinbürgerlicher Beamter, dem im Grunde und letzten Endes doch nur die Leitzordner die Feder geführt haben. Der Großbürger Thomas Mann hat eine durch und durch kleinbürgerliche Literatur geschrieben, habe ich zu Gambetti gesagt, die absolut auch für den Kleinbürger bestimmt und geschrieben ist, die Kleinbürger fressen diese Literatur in sich hinein mit Genuß, Gambetti, habe ich zu ihm gesagt. Seit mindestens hundert Jahren gibt es nurmehr noch eine von mir sogenannte Büroliteratur, eine kleinbürgerliche Beamtendichtung, habe ich zu Gambetti gesagt. Und ihre Meister sind Musil und Thomas Mann gewesen, von den andern ganz zu schweigen. Wenn wir Kafka außer acht lassen, habe ich zu Gambetti gesagt, der tatsächlich Angestellter gewesen ist, aber als einziger keine Beamten- und Angestelltenliteratur geschrieben hat, alle andern haben nichts anderes geschrieben, weil sie zu etwas anderem gar nicht befähigt gewesen sind. Der Angestellte Kafka, habe ich zu Gambetti gesagt, hat als einziger keine Beamten- und Angestelltenliteratur geschrieben, sondern eine große, was man von allen sogenannten großen deutschen Schriftstellern dieses Jahrhunderts nicht behaupten kann, wenn man sich nicht unter die Millionen von feuilletonistischen Schwätzern einreihen will, die aus den Zeitungen seit hundert Jahren eine feuilletonistische Armeleuteküche gemacht haben, in welcher sie ihre haarsträubenden Irrtümer immer wieder aufkochen bis zum Überdruß, Gambetti. Im Grunde genommen, habe ich zu Gambetti gesagt, haben die Deutschen in diesem Jahrhundert nur eine von Leitzordnern beherrschte Literatur produziert, die ich geradeheraus auch nur als eine Leitzordnerliteratur bezeichnen will, um mich nicht strafbar zu machen in einer Zeit, die diese Leitzordnerliteratur eines Tages als eine solche Leitzordnerliteratur durchschaut und dahinein kippt, wohinein sie gehört, in den Abfalleimer der Literaturgeschichte, Gambetti. Andererseits ist diese heute geschriebene Literatur die unsrige, habe ich zu Gambetti gesagt, und wir werden, ob es uns paßt oder nicht, mit ihr leben müssen, weil wir uns *ihr verschrieben* haben, wie ich zu Gambetti ziemlich pathetisch gesagt habe, es bleibt uns nichts anderes übrig. Tatsächlich haben wir ja viele sozusagen imponierende Höhepunkte in unserer Literatur, habe ich zu Gambetti gesagt, aber beispielsweise mit Shakespeare vergleichen dürfen wir sie nicht. Gambetti hat mir aufmerksam zugehört, dachte ich, mich angehört, wie gesagt werden kann, mich aber doch, wie ich glaube, nicht ernst genommen dabei, und ich hatte gedacht, wie schade ist es, daß er mich gerade in diesem Punkt, die deutsche Gegenwartsliteratur betreffend, nicht ernst nimmt. Am Ende meiner Ausführungen hatte ich übrigens, sozusagen ihn beschwichtigend, zu ihm gesagt, Maria ausgenommen, ich meinte damit, daß Maria Gedichte geschrieben hat, die, kurz gesagt, besser sind als alles andere in ihrer und also in unserer Zeit Produzierte in deutscher Sprache. Er mochte das als freundschaftlichen charmanten Scherz meinerseits auffassen, aber ich hatte gedacht, ich sage zu ihm die Wahrheit, daß es ganz mein Empfinden ist, daß Marias Gedichte ein Höhepunkt unserer Literatur sind und nicht nur dieser unserer kümmerlichen Jahrzehnte, sondern dieses unseres Jahrhunderts, das, so habe ich es zu Gambetti gesagt, wahrscheinlich vorbeigehen wird, ohne uns noch irgendeinen literarischen Höhepunkt zu bescheren, das ist ganz meine Meinung, Gambetti, habe ich zu ihm gesagt, die Deutschen und wir sind mindestens auf ein halbes Jahrhundert hinaus so geschwächt, daß sie und wir einen solchen Höhepunkt nicht mehr erzeugen werden können. Denn an Wunder zu glauben, Gambetti, erlaube ich mir schon lange nicht mehr. Und schon gar nicht an ein literarisches Wunder. Im übrigen, habe ich zu Gambetti gesagt, ist es unwahrscheinlich, daß zum Ende dieses Jahrhunderts diese Welt, wie wir sie heute kennen und verdauen müssen an jedem Tag, noch besteht, das bezweifle ich entschieden, alle Anzeichen stehen dafür, daß die Welt in kürzester Zeit sich so verändert, daß sie nicht mehr wiederzuerkennen ist, sie wird von Grund auf eine veränderte und tatsächlich von Grund auf zerstörte sein. Alles deutet darauf hin, habe ich zu Gambetti gesagt. Aber, habe ich zu Gambetti gesagt, mein Irrtum ist in dieser meiner Vision auch gleich mitgeliefert. Darauf hat Gambetti gelacht, das laute, ungehinderte und ungehemmte Gambettilachen, dachte ich. Wir steigern uns oft in eine Übertreibung derartig hinein, habe ich zu Gambetti später gesagt, daß wir diese Übertreibung dann für die einzige folgerichtige Tatsache halten und die eigentliche Tatsache gar nicht mehr wahrnehmen, nur die maßlos in die Höhe getriebene Übertreibung. Mit diesem Übertreibungsfanatismus habe ich mich schon immer befriedigt, habe ich zu Gambetti gesagt. Er ist manchmal die einzige Möglichkeit, wenn ich diesen Übertreibungsfanatismus nämlich zur Übertreibungskunst gemacht habe, mich aus der Armseligkeit meiner Verfassung zu retten, aus meinem Geistesüberdruß, habe ich zu Gambetti gesagt. Meine Übertreibungskunst habe ich so weit geschult, daß ich mich ohne weiteres den größten Übertreibungskünstler, der mir bekannt ist, nennen kann. Ich kenne keinen andern. Kein Mensch hat seine Übertreibungskunst jemals so auf die Spitze getrieben, habe ich zu Gambetti gesagt und darauf, daß ich, wenn man mich kurzerhand einmal fragen wollte, was ich denn eigentlich und insgeheim sei, doch darauf nur antworten könne, der größte Übertreibungskünstler, der mir bekannt ist. Darauf ist Gambetti wieder in sein Gambettilachen ausgebrochen und hat mich mit seinem Gambettilachen angesteckt, so lachten wir beide auf dem Pincio an diesem Nachmittag, wie wir noch niemals vorher gelacht hatten. Aber auch dieser Satz ist natürlich wieder eine Übertreibung, denke ich jetzt, während ich ihn aufschreibe, und Kennzeichen meiner Übertreibungskunst. Damals habe ich zu Gambetti gesagt, daß die Kunst der Übertreibung eine Kunst der Überbrückung sei, der Existenzüberbrückung in meinem Sinn, habe ich zu Gambetti gesagt. Durch Übertreibung, schließlich durch Übertreibungskunst, die Existenz auszuhalten, habe ich zu Gambetti gesagt, sie zu ermöglichen. Je älter ich werde, desto mehr flüchte ich in meine Übertreibungskunst, habe ich zu Gambetti gesagt. Die großen Existenzüberbrücker sind immer große

Übertreibungskünstler gewesen, ganz gleich, was sie gewesen sind, geschaffen haben, Gambetti, sie waren es schließlich doch nur durch ihre Übertreibungskunst. Der Maler, der nicht übertreibt, ist ein schlechter Maler, der Musiker, der nicht übertreibt, ist ein schlechter Musiker, sagte ich zu Gambetti, wie der Schriftsteller, der nicht übertreibt, ein schlechter Schriftsteller ist, wobei es ja auch vorkommen kann, daß die eigentliche Übertreibungskunst darin besteht, alles zu *unter*treiben, dann müssen wir sagen, er übertreibt die Untertreibung und macht die übertriebene Untertreibung so zu seiner Übertreibungskunst, Gambetti. Das Geheimnis des großen Kunstwerks ist die Übertreibung, habe ich zu Gambetti gesagt, das Geheimnis des großen Philosophierens ist es auch, die Übertreibungskunst ist überhaupt das Geistesgeheimnis, habe ich zu Gambetti gesagt, diesen zweifellos absurden Gedanken, der sich bei noch näherer Betrachtung zweifellos als der einzige richtige herausstellen hatte müssen, gab ich aber dann auf und ich entfernte mich von dem Jägerhaus in Richtung Meierei und ging auf die Kindervilla zu, dabei denkend, daß es die Kindervilla gewesen ist, die mich auf diese absurden Gedanken gebracht hat.

Wien, 4. November 1988

Aus: Heldenplatz

Zweite Szene

[. . .]

ANNA

Hoffentlich ist dir das Begräbnis
nicht zuviel gewesen

PROFESSOR ROBERT

Es war ja kurz
und ich bin gut angezogen
das ist immer noch der Wintermantel
von eurem Großvater
damit ist euer Großvater schon in Rußland gewesen
neunzehnhundertzweiundzwanzig man denke
schaut auf das Burgtheater im Hintergrund
Jede Epoche ist eine entsetzliche
hat euer Großvater immer gesagt
aber das merkt man erst wenn man alt ist
Wie mich vor allem hier ekelt
ich spreche ja nicht davon
aber ich denke die ganze Zeit
wie mich vor allem ekelt
der Staat eine Kloake stinkend und tödlich
die Kirche eine weltweite Niedertracht
die Menschen um einen herum
abgrundtief häßlich und stumpfsinnig
der Bundespräsident ein verschlagener verlogener Banause
und alles in allem deprimierender Charakter
der Kanzler ein pfiffiger Staatsverschacherer
der Papst gibt in seinen Gemächern
ein sogenanntes warmes Essen für Obdachlose
und läßt diese Tatsache weltweit verbreiten
eine zynische Welt
die ganze Welt ist ein einziger Zynismus
größenwahnsinnige Schauspieler
mißbrauchen die Sahelzone
perverse Caritasdirektoren
reisen mit dem Flugzeug erster Klasse nach Eritrea

und lassen sich für die Weltpresse
mit den Verhungerten fotografieren
der Bundeskanzler tritt im Nadelstreifenanzug an das Podium
und faselt von Genossen
die Gewerkschaftsführer jonglieren
in ihren Salzkammergutvillen mit Milliarden
und sehen ihre Hauptaufgabe in skrupellosen Bankgeschäften
Ausgefressene Schriftsteller
gehen in die Gefängnisse
und lesen den Gefangenen
ihren verlogenen Dreck als Kunstwerke vor
eine zynische Welt
eine durch und durch verkommene Welt
mit der ich nichts mehr zu tun haben will
Letztenendes war euer Vater der Schwächere
diesem Druck hat er nicht mehr standgehalten
es ist ihm ganz einfach zuviel gewesen
die philosophischen Schliche haben ihm nichts genützt
wenn der Bogen überspannt ist
kommt es eben unter Umständen zur Katastrophe
Euer Vater in Neuhaus undenkbar
er hätte in Neuhaus nicht einmal sein Buch
fertigschreiben können
die Ruhe hat ihn ja immer gestört
der Lärm hat ihn nie gestört nur die Ruhe
und in Neuhaus ist es meistens die fast vollkommene Ruhe
das war er nicht euer Vater
der Ruhebedürftige
der nur in der Ruhe arbeiten kann
im Gegenteil je chaotischer um ihn herum
desto größer seine Inspiration
diesen Umstand teilt er ja mit allen diesen russischen
Schriftstellern
die er sein ganzes Leben so inständig verehrt hat
Tolstoj Dostojewski Gogol Turgenjew
das war seine Welt
nicht einmal die Philosophie
die russischen Dichter waren es
nicht die französischen nicht die englischen
die russischen

und die Musik
aber in letzter Zeit haben ihm
weder die russischen Dichter
noch die klassischen Komponisten genügt
es ist alles nichts mehr hat er zu mir gesagt
es ist noch gar nicht lange her hat er gesagt
mich interessiert heute weder die Literatur noch die Musik
alles ist nurmehr noch eine einzige große Bankrotterklärung
am Ende habe ich mich verrechnet
wahrscheinlich im eigenen Größenwahnsinn verrechnet
hat er gesagt
ich verstehe die Zeichen der Zeit nicht mehr
die Zeichen der Zeit versteht niemand
Die größte Enttäuschung seines Lebens
wäre Oxford gewesen
das ist ihm erspart geblieben
so ein Todesfall ist auch eine große Beruhigung
glaubt mir
ein solcher Todesfall entbehrt völlig
jeder Unheimlichkeit
ganz im Gegenteil
ich habe meinen Bruder verloren heißt doch nur
ich weiß er ist jetzt gut aufgehoben
das Nichtmehrsein ist das Ziel
das wäre ja fürchterlich
noch einmal auf die Welt zu kommen alles nocheinmal
das ist doch der allerfürchterlichste Gedanke
das Aus ist das Ziel
das ist der einzige tröstliche Gedanke
will aufstehen, es gelingt ihm zuerst nicht, dann aber doch unter Mithilfe seiner Nichten
Das war ja lebenslänglich mein größter Vorteil
daß ich nie an Gott geglaubt habe
und daß ich immer gewußt habe
daß das Aus das Ziel ist
ihr könnt beruhigt sein
das hat auch euer Vater gedacht
Das ganze Leben ist ja nichts anderes
als eine andauernde Schmerzzufügung
ein einziger Schmerz ist das ganze Leben

alle belügen sich fortwährend lebenslänglich
Die Kirche ersetzt der Allgemeinheit das Gehirn
sie stellt jedem ihren einzigen Gott zur Verfügung
sie verpachtet ihren lieben Gott sozusagen
sogar nicht nur auf neunundneunzig Jahre
sondern jedem einzelnen lebenslänglich
dafür verbürgt sie sich
ich meine nicht nur die katholische
alle Religionen verpachten jedem ihren lieben Gott
der Glaube ist nichts anderes als ein Pachtverhältnis
Milliarden Pächter zahlen jährlich den hohen Pachtzins
an ihre Kirchen
und verbluten daran

ANNA

Der Vater wollte nicht
daß Partezettel gedruckt werden

PROFESSOR ROBERT

Das hat mich am meisten überrascht
daß ein Mensch wie euer Vater
ein Testament gemacht hat
und noch dazu mit präzisen Wünschen
das ist mir im Grunde völlig unverständlich
alles an ihm hat immer dagegen gesprochen
Mein Bruder ein Testament
das habe ich nicht für möglich gehalten

ANNA

Das Haus in Schalchham
hat er der Zittel vermacht

PROFESSOR ROBERT

Das hab ich gewußt
daß Schalchham der Zittel zukommt
das ist auch richtig
das hat sie sich verdient
Letztenendes war die Zittel der wichtigste Mensch
den er gehabt hat
Meine Schwägerin eure Mutter
hat ja schließlich nur die zweite Stelle eingenommen
aber das ist kein Geheimnis
die Schusterschen Ehefrauen
waren niemals an erster Stelle

ANNA

Am Abend geht die Zittel zum Sluka

PROFESSOR ROBERT

Hoffentlich bringt sie mir mein Wildpastetentörtchen mit

ANNA

Natürlich Onkel Robert
Du bleibst doch über Nacht in Wien

PROFESSOR ROBERT

Es macht euch sicher Arbeit
aber ich kann heute nicht mehr nach Neuhaus
das wäre zuviel
ich bin ja mit allem zufrieden
die Hauptsache ich habe ein Zimmer für mich allein
Sind denn überhaupt noch Möbel in der Wohnung

ANNA

Natürlich Onkel Robert

PROFESSOR ROBERT *zu Olga*

Du bist schon als Kind immer die Schweigsame gewesen
Zu schweigen ist ja kein Unglück mein Kind
Ich hab nie geglaubt daß der Josef
vor mir tot sein wird niemals

ANNA

Hoffentlich war dir das alles
nicht zuviel Onkel Robert

PROFESSOR ROBERT

Die Engstirnigkeit und die Gemeinheit der Österreicher
hat euren Vater immer aufgeregt
Vielleicht hätte er schon gleich in den sechziger Jahren
wieder nach Oxford zurückgehen sollen
Er hat immer gedacht
ich werde früher sterben als er
ich war ja immer der Herzkranke
er war immer der Gesunde

OLGA *zu Anna*

Kannst du mir deinen Schal geben

ANNA *nimmt den Schal ab und gibt ihn Olga*

Arme frierende Schwester

PROFESSOR ROBERT

Ihr müßt das Alter studieren
die jungen Menschen können nicht früh genug

damit anfangen
die alten Leute müßt ihr studieren sage ich immer
die Absterbenden

OLGA

Glaubst du der Vater wäre in Oxford
nocheinmal glücklich geworden
sie wickelt sich den Schal um beide Hände

PROFESSOR ROBERT

Das glaube ich nicht
der Vater war schon jahrzehntelang
ein unglücklicher Mensch
das wäre er auch in England geblieben
Fünfundfünfzig war er von der Idee
wieder nach Wien zurückzugehen
nicht abzubringen
er war wie besessen davon

OLGA

Die Mutter war doch dagegen

PROFESSOR ROBERT

Eure Mutter war immer dagegen
eure Mutter hat in England Wien gehaßt
kein gutes Wort hat sie an Wien
und an Österreich gelassen
Ich denke nicht daran
wieder nach Wien zurückzugehen
die Wiener haben dich doch niederträchtig hinausgeworfen
denk doch nur an die Kollegenschaft in der Universität
hat sie immer wieder gesagt
alles Judenhetzer
Er hörte nicht auf sie
noch am Tag ihrer Abreise
hat sie zu mir gesagt
In Wien wartet auf uns nur Fürchterliches
du wirst sehen Robert es wird unser Ende sein
eure Mutter hat alles vorausgesehen
euer Vater hat ja auch in Wien nicht mehr Fuß gefaßt
die neuen Wiener Kollegen haben ihn von Anfang an gehaßt
wenn sie ihm begegnet sind so doch wenigstens mit stupider Abneigung

OLGA

Ich versteh so vieles nicht
ich will es auch gar nicht verstehen

PROFESSOR ROBERT

Oxford war ihm auch zu klein zu eng
die Atmosphäre in Oxford hat er selbst immer
als kleinstädtisch philiströs bezeichnet
ein Mann wie er mußte sich auch in Oxford
beengt eingesperrt fühlen
ich weiß ja wie es in Cambridge war
diese englischen Studierstädte sind im Grunde grauenhaft
wie einem ja auch alles Englische bald auf die Nerven geht
Ich habe verstanden daß er nach Wien zurück will
aber es war vorauszusehen
daß die Rechnung nicht aufgehen wird
Einerseits hat ihn Wien zurückgelockt
andererseits hat es ihn schon gleich wieder verraten
Hinter ihm ist niemand gestanden
alle waren sie gegen ihn selbstverständlich
weil er ihnen allen doch überlegen gewesen war
sie konnten es nicht ertragen
daß er ihnen allen mehr oder weniger vorgesetzt worden war
Wenn ich nur in London leben könnte
hat er immer gesagt
Oxford ist ja nicht London
Aber von was lebe ich in London
doch nicht von der Essigfabrik meiner Frau
Ehrlich gesagt ich bin wegen der Musik
nach Wien zurückgegangen
wahrscheinlich nur wegen der Musik
aber wenn ich ehrlich bin
hat mir nach meiner Rückkehr kein Konzert mehr gefallen
Walter Klemperer Kleiber Barbirolli mein Gott
die sind ja alle tot
Ich bin immer enttäuscht nachhause gekommen
aber ich gehe doch immer wieder in den Musikverein
solang ich noch kriechen kann
Ich weiß auch noch wie euer Vater einmal gesagt hat
Ich gehe auf die Mariahilferstraße
und suche die Mariahilferstraße

und ich bin auf der Mariahilferstraße
und finde sie nicht
einen unglücklichen Menschen studieren
das war an eurem Vater wie an keinem zweiten möglich
schaut zum Parlament hinüber
Das ganze Unglück ist ja kein überraschendes
Er wollte die Musik
er wollte die Kindheit
wiederhaben
Aber die Wiener waren nicht mehr so
wie er sie in Erinnerung gehabt hat
die Österreicher waren nicht mehr so
nichts war mehr so
Aber die Erinnerung täuscht immer
die Erinnerung ist immer ein total falsches Bild
Auf den Lehrstuhl in Wien pfeifen
das kann ich nicht hat er gesagt
damit hat er nicht gerechnet
daß die Österreicher nach dem Krieg
viel gehässiger und noch viel judenfeindlicher gewesen sind
als vor dem Krieg
damit hat niemand gerechnet
Er ist wie er selber so oft gesagt hat
in die Wiener Falle gegangen
Er hat nicht mehr gewußt
daß in Wien und überhaupt in Österreich
die Verlogenheit zuhause ist

OLGA

Onkel Robert du übertreibst

PROFESSOR ROBERT

Das sagst du die jeden Tag selbst erleben muß
wie die Wiener wirklich sind
das sagst du die erst vor vierzehn Tagen bespuckt worden ist
weil sie Jüdin ist

ANNA

Das war sicher irrtümlich

PROFESSOR ROBERT

Irrtümlich irrtümlich glaubt ihr
das war nicht irrtümlich
natürlich wenn man es nicht erlebt hat

aber wenn man es tatsächlich erlebt hat

OLGA

Nicht richtig bespuckt

PROFESSOR ROBERT

Aber du hast mir doch selbst erzählt
daß du in der Schottengasse bespuckt worden bist
jetzt sagst du irrtümlich
was für ein Irrtum soll denn das gewesen sein
bespuckt man denn einen Menschen auf der Straße
wenn man ihn nicht einmal kennt
nur wenn man sieht er ist ein Jude
Wie spät ist es denn jetzt

ANNA

Halb zwei

PROFESSOR ROBERT

Die Wiener und die Österreicher
sind ja viel schlimmer
als es sich euer Vater hat vorstellen können
hört doch was die Leute reden
schaut sie euch an
sie begegnen einem doch nur
mit Haß und Verachtung
gleich ob auf der Straße oder im Lokal
gerade ein Jude kann nicht immer zuhause
in seinen vier Wänden sitzen
auch ein Jude muß hinaus auf die Straße
und wird er als Jude entdeckt
strafen ihn Haß und Verachtung
in Österreich Jude zu sein bedeutet immer
zum Tode verurteilt zu sein
die Leute mögen schreiben und reden was sie wollen
der Judenhaß ist die reinste die absolut unverfälschte Natur
des Österreichers
Vor achtunddreißig hatten sich die Wiener
an die Juden gewöhnt gehabt
aber jetzt nach dem Krieg gewöhnen sie sich nicht mehr an die Juden
sie werden sich niemehr an die Juden gewöhnen
Ich selbst wußte ja auch

daß ich indem ich nach Wien gegangen bin in die Hölle
gegangen bin
Wenn ich die Kraft hätte
über diesen Zustand der heute hier in dieser Stadt herrscht
ein Buch zu schreiben
aber diese Kraft habe ich nicht mehr
Der Kopf wäre dazu durchaus imstande
aber nicht der Körper
der Körper läßt mich im Stich das seht ihr ja

ANNA

Die Zittel hat uns sicher
eine heiße Suppe gemacht

PROFESSOR ROBERT

Was die Schriftsteller schreiben
ist ja nichts gegen die Wirklichkeit
jaja sie schreiben ja daß alles fürchterlich ist
daß alles verdorben und verkommen ist
daß alles katastrophal ist
und daß alles ausweglos ist
aber alles das sie schreiben
ist nichts gegen die Wirklichkeit
die Wirklichkeit ist so schlimm
daß sie nicht beschrieben werden kann
noch kein Schriftsteller hat die Wirklichkeit so beschrieben
wie sie wirklich ist
das ist das Fürchterliche
sie gehen ein paar Schritte und bleiben wieder stehen
Am liebsten würden sie
wenn sie ehrlich sind
uns auch heute genauso wie vor fünfzig Jahren
vergasen
das steckt in den Leuten
ich täusche mich nicht
wenn sie könnten
würden sie uns auch heute ohne Umstände
umbringen
Mein Bruder ist ja auch vor diesen Fürchterlichen
in Kleist Goethe Kafka hineingeflüchtet
aber man kann nicht das ganze Leben
nur in die Dichtung und in die Musik hineinflüchten

an einem bestimmten Punkt geht das nicht mehr
dann bleibt unter Umständen nurmehr noch der Selbstmord
Wahrscheinlich ist es nur die Frage
des günstigsten Augenblicks
die Frage des günstigsten Augenblicks ist es
zu Olga direkt
Du hast nie eine Beziehung zur Musik gehabt
das ist ganz merkwürdig
Die Anna ja du nicht
dein Vater konnte das nicht verstehen
vielleicht liegt es daran
daß du in der Schweiz geboren bist
schaut in Richtung Burgtheater
Wenn die Leute auf dem Burgtheater auftreten
bilden sie sich ein
sie sind etwas
Die Niederreiter kommt doch nicht jetzt
zum Mittagessen
Schauspieler und Schauspielerinnen am Tisch
das war nie meine Sache
Meine Sekretärin wollte ja auch Schauspielerin werden
daraus wurde nichts
zu einer guten Schreibkraft gehört auch Talent
Noch sind die Österreicher ein musikalisches Volk
aber eines Tages
werden sie auch kein musikalisches Volk mehr sein
Sie gehen weiter

Editorische Notiz

Im Jahre 1987 war Thomas Bernhard selbst als Herausgeber tätig. Er präsentierte in der Bibliothek Suhrkamp Gedichte der 1973 verstorbenen Christine Lavant und faßte sein Auswahlkriterium in den lakonischen Satz: »Diese Auswahl folgt nur *meinem* Verstand, keinem anderen.« Ein solches Verfahren, legitim, wenn ein Dichter das Werk einer Kollegin vorstellt, konnte in der vorliegenden Zusammenstellung nicht zur Anwendung gelangen. Es mußte vielmehr der umgekehrte Weg eingeschlagen werden: Das Denken, die Schreibweise Thomas Bernhards, also das, was man als seine Poetik bezeichnen kann, wird in seinen zahlreichen Facetten ausschnitthaft und exemplarisch versammelt. Doch wie läßt sich die Poetik dieses Œuvres fassen, mit seinen fünf Gedichtbänden, achtzehn großen Theaterstücken und siebenundzwanzig Prosaarbeiten, erschienen zwischen 1957 und 1989 - die bereits 1952 einsetzende Veröffentlichung von Gedichten, Erzählungen, Gerichtssaalreportagen und öffentlichen Stellungnahmen nicht gerechnet? Die gängigen Etikettierungen des Bernhardschen Werkes als das eines Katastrophendenkers, finsteren, negativen Idyllikers, eines alpenländischen Beckett, eines Meisters der Wiederholung oder eines Übertreibungskünstlers reichen dafür nicht hin, und schon gar nicht die nach seinem Tod einsetzenden Publikationen von mehr oder weniger genauen Erinnerungen an das Leben dieses Autors. Aber auch die Selbstaussagen des Schriftstellers zu seinem Leben und Werk führen in der Frage nach seiner Poetik nicht weiter, denn Thomas Bernhard äußert sich über sich selbst in der gleichen Weise, wie seine literarischen Protagonisten von sich, von anderen und über die Welt reden. Dabei widersprechen sich seine Erklärungen: 1971 meinte er, er sei »natürlich kein heiterer Autor«, 1981 dagegen: »Nun kann man natürlich auch sagen, es ist ein philosophisches Lachprogramm, das ich irgendwie aufgemacht hab' vor zwanzig Jahren, wie ich zum Schreiben angefangen hab'.«
Folglich zielt eine Annäherung an Thomas Bernhards Poetik auf das den literarischen und nichtliterarischen Äußerungen zugrundeliegende Kompositionsprinzip. Für die vorliegende Auswahl wurde eine Äußerung des Autors maßgebend: »Man soll sich vorstellen, man ist *im Theater*, man macht mit der ersten Seite

einen Vorhang auf, der Titel erscheint, totale Finsternis - langsam kommen aus dem Hintergrund, aus der Finsternis heraus, Wörter, die langsam zu *Vorgängen äußerer und innerer Natur,* gerade wegen ihrer Künstlichkeit besonders deutlich zu einer solchen werden.«

Damit dieses Lesebuch als Thomas-Bernhard-Theater aufgenommen werden kann, wurde es in acht Auftritte unterteilt, deren Bezeichnungen sich an Formulierungen von Thomas Bernhard anlehnen (der letzte Akt hält Ort und Datum der Uraufführung von *Heldenplatz* fest). Die Abfolge der Texte in den einzelnen Akten verdankt sich dramaturgischen Überlegungen, verzichtet also auf eine chronologische Anordnung (nach Entstehung oder Publikation).

Das mit dem Wort »Künstlichkeit« gekennzeichnete Verfahren meint bei Thomas Bernhard jene literarische Kompositionsweise, die sein Werk in der Schwebe zwischen Düsterem und Hellem hält, zwischen Todessehnsucht und Lebensbejahung, zwischen Tragödie und Komödie, zwischen Weltauslöschung und »Lachprogramm«. Ein Aspekt dieses Verfahrens besteht in der bewußten Vermeidung des ausgreifenden Geschichtenerzählens. Geschichten, in der gängigen Bedeutung dieses Wortes, sind auf ein Minimum reduziert. In *Frost* erhält ein Medizinstudent den Auftrag, den Kunstmaler Strauch zu beobachten: 26 Tage muß sich der Famulus mit den monologischen Reflexionen des Kunstmalers über Natur, Kunst, Einsamkeit und Tod auseinandersetzen - nach seiner Rückkehr liest er in der Zeitung die Meldung vom Tode des Malers. In der 1984 erschienenen »Erregung« *Holzfällen* sitzt der Ich-Erzähler während eines Abendessens zu Ehren eines Schauspielers »auf dem Ohrensessel« und beobachtet die Gesellschaft. Als alle aufbrechen, geht auch er nach Hause. Von daher kann man Thomas Bernhard nur zustimmen: »Ich bin ein *Geschichtenzerstörer, ich bin der typische Geschichtenzerstörer.* In meiner Arbeit, wenn sich irgendwo Anzeichen einer Geschichte bilden, oder wenn ich nur in der Ferne irgendwo hinter einem Prosahügel die Andeutung einer Geschichte auftauchen sehe, schieße ich sie ab.«

Im Zentrum von Prosa und Drama stehen die Reflexionen, die Reden einzelner, sich von ihrer Umwelt distanzierender und von ihr distanzierter, in der Nähe des Wahnsinns und des Todes Lebender, die, meist von einer Idee besessen, ein eigenes, ver-rück-

tes, also in seinen Koordinaten verschobenes System der Welt- und Lebensdeutung dieser Welt und diesem Leben entgegenschleudern. In ihren Reden bedienen sich die Bernhardschen Gestalten der Allaussagen, die dazu noch häufig ins Superlativische gesteigert sind. Etwa wenn in *Alte Meister* von *den* Österreichern die Rede ist: »Einen Österreicher, der immer ein gemeiner Nazi oder ein stupider Katholik ist, dürfen wir als noch so interessant und einzigartig empfinden, an das politische Ruder dürfen wir ihn nicht lassen, sagte Reger, denn ein Österreicher am Ruder steuert unweigerlich immer alles in den totalen Abgrund.« Sätze solcher Art sind jedoch nicht umstandslos dem Erzähler oder gar dem Autor zuzurechnen, treten sie doch, wie in dem zitierten Beispiel, immer indirekt und vermittelt auf: was als Aussage von jemandem mitgeteilt wird, wird immer indirekt wiedergegeben. So heißt es etwa in *Kalkwerk*: »Denn das mit dem Kalkwerk soll Konrad zum Baurat gesagt haben, sagt Wieser, ist ja auch nichts anderes als Komödie.« Diese Vermitteltheit verweist darauf, daß die Äußerungen der Bernhardschen Protagonisten nicht nach dem planen Wortsinn, losgelöst von ihren Perspektivierungen, zu verstehen sind.
Neben diese Indirektheit tritt das Bernhardsche Verfahren der Oppositions-Konstruktion und der Oppositions-Vernichtung. Die Regeln dieses Verfahrens lassen sich wie folgt umschreiben: Man nehme zwei Worte, etwa GEHEN und DENKEN. Aus der Tatsache, daß beide unterschiedliches bezeichnen, resultiert ihre Unvereinbarkeit. Schon ist eine Opposition entstanden. Dann untersuche man (und führe möglichst vollständig auf), in wie vielen Hinsichten sich GEHEN und DENKEN unterscheiden. Dabei sollte nicht vergessen werden, daß Superlative, die jeweils DENKEN und GEHEN, sei es real, sei es als Möglichkeit, zugesprochen werden, sich vorzüglich eignen, beide gegeneinander zu konturieren. Wenn sich erwiesen hat, daß diese Konturierung nicht möglich ist, da beide Tätigkeiten doch aufeinander bezogen werden können, muß man die Opposition zwischen beiden vernichten. Das liest sich in der Erzählung *Gehen* so:
»Während wir immer gedacht haben, wir können Gehen und Denken *zu einem einzigen totalen Vorgang* machen auch für längere Zeit, muß ich jetzt sagen, daß es unmöglich ist, Gehen und Denken zu einem einzigen totalen Vorgang zu machen auf längere Zeit. Denn tatsächlich ist es nicht möglich, *längere Zeit*

zu gehen und zu denken in gleicher Intensität, einmal gehen wir intensiver, aber denken nicht so intensiv, wie wir gehen, dann denken wir intensiv und gehen nicht so intensiv wie wir denken, einmal denken wir mit einer viel höheren Geistesgegenwart, als wie wir gehen und einmal gehen wir mit einer viel größeren Geistesgegenwart, als wie wir denken, wir können aber nicht mit der gleichen Geistesgegenwart denken und gehen, sagt Oehler, wie wir nicht mit der gleichen Intensität auf längere Zeit gehen und denken und Gehen und Denken immer noch mehr auf längere Zeit als ein totales Ganzes und ein totales Gleichwertiges machen können. Gehen wir intensiver, läßt unser Denken nach, sagt Oehler, denken wir intensiver, unser Gehen. Andererseits müssen wir gehen, um denken zu können, sagt Oehler, wie wir denken müssen, um gehen zu können, eines aus dem andern und eines aus dem andern mit einer immer noch größeren Kunstfertigkeit. Aber alles immer nur bis zu dem Grade der Erschöpfung. Wir können nicht sagen, wir denken, wie wir gehen, wie wir nicht sagen können, wie wir denken, nicht denken, wie wir gehen. Gehen wir längere Zeit intensiv in einem intensiven Gedanken, sagt Oehler, so müssen wir das Gehen bald abbrechen oder das Denken bald abbrechen, weil es nicht möglich ist, längere Zeit gleich intensiv zu gehen und zu denken. Wir können auch ohne weiteres sagen, daß es uns oft gelingt, gleichmäßig zu gehen und gleichmäßig zu denken, aber diese Kunst ist offensichtlich die allerschwierigste und die am wenigsten zu beherrschende.«

Dieses Verfahren ist durchaus dem der Kompositionstechnik in der Musik analog: Ein Thema, bezeichnet durch ein Gegensatzpaar, wird vorgestellt und dann variiert, bis die Variationsmöglichkeiten sich erschöpfen. Darauf setzt ein neues Thema ein. Die Beschreibung des Bernhardschen Gestaltungsprinzips als eines der Musik analogen, erklärt auch die Wiederholungen im Bernhardschen Werk: Ein Thema kann an einer anderen Stelle des Werkes oder in einem anderen Werk aufgegriffen werden – es ist dennoch keine monotone Wiederholung, sondern eine stets neue Variation, und das bedeutet, nach dem Gesagten, eine neue Vernichtung des Themas.

In diesen Überlegungen für die Gestaltungsprinzipien des Thomas Bernhardschen Werkes wird erneut die Spannweite eines möglichen Verständnisses beleuchtet. Ist Thomas Bernhard der

Dichter und Denker von Tod, Wahnsinn und Auslöschung oder ist er ein virtuoser Sprachkünstler, der sich der genannten Themen nur bedient, weil sie, *die* großen Oppositionen jeder menschlichen Existenz, sich für seine Sprachspiele besonders eignen? Meint Bernhard also nicht primär den Bedeutungsgehalt etwa des Wortes *Tod*, wenn er dieses verwendet, sondern verwendet er es umgekehrt nur, weil es für seine sprachspielerischen Zwecke am besten geeignet ist? Ist Thomas Bernhard ein Wortartist, der so lange mit Begriffen spielt, bis ihr semantischer Gehalt zum Verschwinden gebracht ist? Ja, man kann sogar noch weitergehen und, in Anbetracht des Effekts, den die Wortartistik mit ihren apodiktischen Entgegensetzungen und allgemeinen, superlativischen Behauptungen hervorruft, fragen, ob der die Welt verdammende Autor letztlich nicht ein Komiker ist.

Aber, so ist andererseits naturgemäß zu überlegen: Wird Thomas Bernhard nicht verharmlost, wenn wir ihn als Autor der Komödie der Menschheit verstehen? Denn bei aller Wortkomik und -artistik bilden doch »Tod«, »Vernichtung« und »Scheitern« die wiederkehrenden Motive in diesem Œuvre. Auch die Feindschaft, die dem Autor entgegengebracht wird, und die gerichtlichen Auseinandersetzungen um diesen Schriftsteller - beginnend im Jahre 1955 mit einer Klage wegen eines Zeitungsartikels, über die Beschlagnahme von *Holzfällen* im Jahre 1984 bis zur Kampagne gegen den *Heldenplatz* - weisen darauf hin, daß wir es nicht mit einem folgenlose Sprachspiele betreibenden Komiker zu tun haben.

Thomas Bernhard selbst hat in seinem letzten Prosatext eine Antwort auf diese Frage gegeben, wenn auch in der bekannten literarischen Vermitteltheit. Sowohl der Sprachartist als auch der Katastrophenartist bedienen sich eines poetischen Grundverfahrens. Dessen Kennzeichen kann man in Bernhardschen Worten als »Übertreibung« bezeichnen. Übertreibung meint kein formales Mittel, sondern bedeutet für diesen Autor, für den Schreiben eine Lebensnotwendigkeit ist, eine fürs Leben, fürs Überleben notwendige Einstellung. Notwendig in dem Sinne, daß durch Übertreibung, durch das ständige Hinausgehen über das Gegebene dessen Wahrheit zu erforschen ist. Indem die innere und äußere Natur in ständiger Zuspitzungsarbeit durchdrungen wird, verändert sie sich zur Kenntlichkeit. Und da diese Kenntlichmachung nur deutlich werden läßt, daß endgültige, von allen geteilte Kenntlichkeit, sprich: Wahrheit, nicht zu erreichen ist, bleibt nichts anderes als die erneuerte Notwendigkeit, unaufhörlich an dem notwendig scheiternden Versuch der Erforschung der Existenz weiterzuarbeiten - nur dadurch kann der eigenen Existenz Sinn verliehen werden: Übertreibungskunst als Existenzüberbrückung. All dies hat Thomas Bernhard selbst naturgemäß am besten formuliert:

»Meine Übertreibungskunst habe ich so weit geschult, daß ich mich ohne weiteres den größten Übertreibungskünstler, der mir bekannt ist, nennen kann. Ich kenne keinen andern. Kein Mensch hat seine Übertreibungskunst jemals so auf die Spitze getrieben, habe ich zu Gambetti gesagt und darauf, daß ich, wenn man mich kurzerhand einmal fragen wollte, was ich denn eigentlich und insgeheim sei, doch darauf nur antworten könne, der größte Übertreibungskünstler, der mir bekannt ist. Darauf ist Gambetti wieder in sein Gambettilachen ausgebrochen und hat mich mit seinem Gambettilachen angesteckt, so lachten wir beide auf dem Pincio an diesem Nachmittag, wie wir noch niemals vorher gelacht hatten. Aber auch dieser Satz ist natürlich wieder eine Übertreibung, denke ich jetzt, während ich ihn aufschreibe, und Kennzeichen meiner Übertreibungskunst. Damals habe ich zu Gambetti gesagt, daß die Kunst der Übertreibung eine Kunst der Überbrückung sei, der Existenzüberbrückung in meinem Sinn, habe ich zu Gambetti gesagt. Durch Übertreibung, schließlich durch Übertreibungskunst, die Existenz auszuhalten, habe ich zu Gambetti gesagt, sie zu ermöglichen. Je älter ich werde, desto mehr flüchte ich in meine Übertreibungskunst, habe ich zu Gambetti gesagt. Die großen Existenzüberbrücker sind immer große Übertreibungskünstler gewesen, ganz gleich, was sie gewesen sind, geschaffen haben, Gambetti, sie waren es schließlich doch nur durch ihre Übertreibungskunst.

Das Geheimnis des großen Kunstwerkes ist die Übertreibung, habe ich zu Gambetti gesagt, das Geheimnis des großen Philosophierens ist es auch, die Übertreibungskunst ist überhaupt das Geistesgeheimnis, habe ich zu Gambetti gesagt.«

Spätestens mit diesem Zitat wird deutlich, daß Thomas Bernhard *den* humoristischen Autor darstellt - einen Humoristen, der jedoch das, was er durch Lachen vernichten will, nicht nur nicht verschweigt, sondern in allen Aspekten entfaltet. Die Bernhardsche humoristische Welthaltung resultiert aus der Verzweiflung. Sie ist die einzige poetische Haltung zur Welt und zu den Menschen, die die Welt und die Menschen erträglich macht: »Nur was wir am Ende lächerlich finden, beherrschen wir auch, nur wenn wir die Welt und das Leben auf ihr lächerlich finden, kommen wir weiter, es gibt keine andere, keine bessere Methode, sagte er.« Doch da dies die Äußerung eines Übertreibungsspezialisten darstellt, muß man sie ihrerseits als übertrieben verstehen - so daß am Ende der Leser dieses Bandes aufgerufen ist, sich seine eigene Vorstellung des Bernhardschen Werkes zu bilden.

Raimund Fellinger

Thomas Bernhard – Leben und Werk

1931 Geboren am 9. Februar in Herleen/Niederlande als Sohn von Herta Bernhard und Alois Zuckerstätter. Seine Mutter ist die Tochter des Schriftstellers Johannes Freumbichler und von dessen Lebensgefährtin Anna Bernhard.

1932 Lebt bei den Großeltern mütterlicherseits in Wien.

1935 Übersiedlung mit den Großeltern nach Seekirchen am Wallersee.

1938 Übersiedlung nach Traunstein/Oberbayern.

1943–1945 Besucht das Internat in Salzburg. Nach Kriegsende das Humanistische Staatsgymnasium in Salzburg.

1947 Beginn der kaufmännischen Lehre in Salzburg, die mit der Kaufmannsgehilfenprüfung abgeschlossen wird.

1948–1951 Schwere Rippenfellentzündung (Lungentuberkulose), Aufenthalte in mehreren Sanatorien (Sanatorium Großgmain und Lungenheilstätte Grafenhof).

1949 Tod des Großvaters am 11. Februar.

1950 Tod der Mutter am 13. Oktober.

1952 Erste literarische Veröffentlichung im *Münchner Merkur* vom 22. 4. 1952: das Gedicht »Mein Weltenstück«.

1952–1955 Freier Mitarbeiter beim *Demokratischen Volksblatt* in Salzburg.

1955–1957 Besucht die Hochschule für Musik und darstellende Künste Mozarteum in Salzburg.

1957 erscheint die erste Buchpublikation Thomas Bernhards, der Gedichtband *Auf der Erde und in der Hölle.*

1958 erscheinen zwei weitere Gedichtbände: *in hora mortis* und *Unter dem Eisen des Mondes.*

1959 erscheint *Die Rosen der Einöde. Fünf Sätze für Ballett, Stimmen und Orchester.*

1960 Aufführung mehrerer kurzer Schauspiele unter der Regie von Herbert Wochinz durch Schauspieler des Theaters in der Josefstadt in Maria Saal, Kärnten, dem Wohnsitz von Gerhard und Maja Lampersberg, mit denen Thomas Bernhard zwischen 1957 und 1960 befreundet ist.

1962 Polenaufenthalt.

1963 erscheint die erste Prosa von Thomas Bernhard: *Frost.*

1964 erscheint die Erzählung *Amras*; Thomas Bernhard erhält den Julius Campe-Preis.

1967 erscheinen *Verstörung* und der Band *Prosa.* Thomas Bernhard erhält die Literarische Ehrengabe des Kulturkreises im Bundesverband der Deutschen Industrie.

1968 erscheint *Ungenach.* Thomas Bernhard wird ausgezeichnet mit dem Österreichischen Staatspreis und dem Anton Wildgans-Preis.

1969 erscheinen *Watten. Ein Nachlaß, Ereignisse* und die Erzählsammlung *An der Baumgrenze.*

1970 wird in Hamburg in der Regie von Claus Peymann das erste Theaterstück von Thomas Bernhard aufgeführt: *Ein Fest für Boris.* Im selben Jahr erscheint der Roman *Das Kalkwerk* und wird Thomas Bernhard mit dem Georg-Büchner-Preis ausgezeichnet.

1971 erscheinen der Band *Gehen* und ein Band mit Erzählungen: *Midland in Stilfs.*

1972 wird bei den Salzburger Festspielen in der Regie von Claus Peymann das Theaterstück *Der Ignorant und der Wahnsinnige* uraufgeführt. Er erhält im selben Jahr zwei Auszeichnungen: den Franz Theodor Csokor-Preis und den Grillparzer-Preis.

1974 werden die beiden Theaterstücke *Die Jagdgesellschaft* und *Die Macht der Gewohnheit* uraufgeführt. Thomas Bernhard erhält den Hannoverschen Dramatikerpreis und den Prix Séguir.

1975 erscheint der erste Band der »autobiographischen« Schriften von Thomas Bernhard: *Die Ursache. Eine Andeutung.* Zusätzlich werden der Roman *Korrektur* publiziert und das Theaterstück *Der Präsident* uraufgeführt.

1976 werden die Theaterstücke *Die Berühmten* und *Minetti* uraufgeführt und die Autobiographie *Der Keller. Eine Entziehung* mit dem zweiten Band fortgesetzt. Er erhält den Literaturpreis der Österreichischen Bundeswirtschaftskammer.

1978 erscheint das Theaterstück *Immanuel Kant. Der Stimmenimitator* und *Ja* erscheinen, und die Autobiographie wird mit dem Band *Der Atem. Eine Entscheidung* fortgeführt.

1979 werden die beiden Theaterstücke *Der Weltverbesserer* und *Vor dem Ruhestand* uraufgeführt. Thomas Bernhard tritt aus der Deutschen Akademie für Sprache und Dichtung aus, nachdem der damalige Bundespräsident Walter Scheel in sie aufgenommen wurde.

1980 erscheinen *Die Billigesser.*

1981 werden die beiden Theaterstücke *Über allen Gipfeln ist Ruh* und *Am Ziel* uraufgeführt. Es erscheint ein weiterer Band der Autobiographie mit dem Titel *Die Kälte. Eine Isolation* und das 1959/60 in England und Sizilien entstandene Gedicht *Ave Vergil.*

1982 erscheinen *Beton* und *Wittgensteins Neffe. Eine Freundschaft* sowie der autobiographische Band *Ein Kind.*

1983 erscheint der Band *Der Untergeher* und wird das Theaterstück *Der Schein trügt* uraufgeführt.

1984 erscheint *Holzfällen. Eine Erregung,* das in Österreich aufgrund einer Klage von Gerhard Lampersberg, der sich durch dieses Buch verunglimpft fühlt, per einstweiliger Verfügung beschlagnahmt wird. (Die Klage wird 1985 von Gerhard Lampersberg zurückgezogen.) Im selben Jahr werden *Der Theatermacher* und *Ritter, Dene, Voss* uraufgeführt.

1985 erscheint *Alte Meister.*

1986 wird das Theaterstück *Einfach kompliziert* uraufgeführt. In diesem Jahr erscheint auch *Auslöschung,* der letzte Prosatext von Thomas Bernhard.

1987 erscheint das Theaterstück *Elisabeth II.*

1988 wird am 4. November, trotz einer österreichweiten Kampagne gegen das Stück, *Heldenplatz* in Wien in der Regie des Burgtheaterdirektors Claus Peymann uraufgeführt.

1989 erscheint mit dem 1959 entstandenen Text *In der Höhe. Rettungsversuch, Unsinn* einer der ersten längeren Prosatexte von Thomas Bernhard als sein letztes Buch.

Thomas Bernhard stirbt am 12. Februar 1989, also genau vierzig Jahre und einen Tag nach seinem Großvater, in Gmunden/Oberösterreich.

Drucknachweise

Das Copyright der hier abgedruckten Texte liegt, wenn nicht anders angegeben, beim Suhrkamp Verlag Frankfurt am Main.

Drei Tage, aus: *Der Italiener*
Zuerst erschienen Salzburg 1971, © Residenz Verlag, S. 93-107

Über den Zorn, zuerst erschienen in: Falkenberg, Hans-Gert (Hg.), Die sieben Todsünden. Vierzehn Essays, München 1975, S. 159-164
© Thomas-Bernhard-Nachlaßverwaltung

Unsterblichkeit ist unmöglich, aus: Neues Forum, Heft 169/170, 1968, S. 95-97
© Thomas-Bernhard-Nachlaßverwaltung

Nie und mit nichts fertig werden. Rede anläßlich der Büchner-Preisverleihung. Aus: Jahrbuch der Deutschen Akademie für Sprache und Dichtung, Darmstadt 1970, S. 83-84
© Thomas-Bernhard-Nachlaßverwaltung

Erste Lese-Erlebnisse
Zuerst erschienen in: Siegfried Unseld (Hg.), Erste Lese-Erlebnisse, Frankfurt am Main 1975, S. 96

Ein Brief, aus: Ver sacrum. Neue Hefte für Kunst und Literatur, Wien, München 1971
© Thomas-Bernhard-Nachlaßverwaltung

Goethe schtirbt
Zuerst abgedruckt in: Die Zeit vom 19. 3. 1982
© Thomas-Bernhard-Nachlaßverwaltung

Ein junger Schriftsteller, aus: Wort in der Zeit 1965, S. 56-59
© Thomas-Bernhard-Nachlaßverwaltung

Großer, unbegreiflicher Hunger, aus: Hans Weigel (Hg.), Stimmen der Gegenwart, Wien 1954, S. 138-143
© Thomas-Bernhard-Nachlaßverwaltung

Die ausgebrannten Städte, aus: Auf der Erde und in der Hölle. Gedichte, Salzburg 1957, zitiert nach: Volker Bohn (Hg.), Gesammelte Gedichte, Frankfurt am Main 1991, S. 35-55

Der Kulterer, aus: Der Kulterer. Eine Filmgeschichte
© Residenz Verlag Salzburg 1974; zitiert nach der Ausgabe Frankfurt am Main 1976, S. 93-119

Frost
Zuerst erschienen Frankfurt am Main 1963, S. 127-135

Amras
Zuerst erschienen Frankfurt am Main 1964, zitiert nach: Die Erzählungen, Frankfurt am Main 1979, S. 28-57

Der Wetterfleck, zuerst erschienen in: Midland in Stilfs, Frankfurt am Main 1971, zitiert nach: Die Erzählungen, Frankfurt am Main 1979, S. 344-378
Gehen, zuerst erschienen Frankfurt am Main 1971, zitiert nach: Die Erzählungen, Frankfurt am Main 1979, S. 475-485
Das Kalkwerk
Zuerst erschienen Frankfurt am Main 1970, S. 200-211
Korrektur
Zuerst erschienen Frankfurt am Main 1975, S. 355-363
Ein Kind
Zuerst erschienen Salzburg 1982, © Residenz Verlag, S. 56-82; S. 7-36
Der Atem. Eine Entscheidung
Zuerst erschienen Salzburg 1978, © Residenz Verlag, S. 7-21
Die Kälte. Eine Isolation
Zuerst erschienen Salzburg 1981, © Residenz Verlag, S. 33-43; S. 140-146
Wittgensteins Neffe. Eine Freundschaft
Zuerst erschienen Frankfurt am Main 1982, S. 7-37
Unseld, aus: Der Verleger und seine Autoren, Frankfurt am Main 1984, S. 52-54
Die Macht der Gewohnheit
Zuerst erschienen Frankfurt am Main 1974, zitiert nach: Die Stücke, Band 1, Frankfurt am Main 1988, S. 296-306
Minetti
Zuerst erschienen Frankfurt am Main 1976, zitiert nach: Die Stücke, Band 2, Frankfurt am Main 1988, S. 205-213
Vor dem Ruhestand
Zuerst erschienen Frankfurt am Main 1979, zitiert nach: Die Stücke, Band 3, Frankfurt am Main 1988, S. 85-94
Der Weltverbesserer
Zuerst erschienen Frankfurt am Main 1979, zitiert nach: Die Stücke, Band 3, Frankfurt am Main 1988, S. 119-132
Der Theatermacher
Zuerst erschienen Frankfurt am Main 1984, zitiert nach: Die Stücke, Band 4, Frankfurt am Main 1988, S. 20-35
Ereignisse
Zuerst erschienen Berlin 1969, zitiert nach der Ausgabe Frankfurt am Main 1991, S. 53-69
Der Stimmenimitator
Zuerst erschienen Frankfurt am Main 1978, S. 9-14, S. 21-30
Holzfällen. Eine Erregung
Zuerst erschienen Frankfurt am Main 1984, S. 304-321
Alte Meister. Komödie
Zuerst erschienen Frankfurt am Main 1985, S. 208-224

Auslöschung. Ein Zerfall
Zuerst erschienen Frankfurt am Main 1986, S. 604-612
Heldenplatz
Zuerst erschienen Frankfurt am Main 1988, S. 101-116

Thomas Bernhard
im Suhrkamp und im Insel Verlag

Alte Meister. Komödie.
st 1553 und st 3468 und BS 1120. 311 Seiten

Amras. BS 489 und es 2421 und st 1506. 99 Seiten

Auslöschung. Ein Zerfall. st 1563 und st 2558. 651 Seiten

Beton. BS 857 und st 1488. 213 Seiten

Die Billigesser. st 1489. 150 Seiten

Claus Peymann kauft sich eine Hose und geht mit mir essen. Drei Dramolette. st 2222. 80 Seiten

Der deutsche Mittagstisch. Dramolette. Mit Abbildungen.
st 3007. 156 Seiten

Ein Fest für Boris. es 3318. 107 Seiten

Ein Lesebuch. Herausgegeben von Raimund Fellinger.
st 2158. 365 Seiten

Ereignisse. 69 Seiten. Bütten-Broschur und st 2309. 80 Seiten.
Mit Original-Hörprobe auf CD. st 3350. 80 Seiten

Erzählungen. st 1564. 195 Seiten

Erzählungen. Kommentar: Hans Höller. SBB 23. 176 Seiten

Frost. st 47. 316 Seiten

NF 462/1/4.03

Gehen. st 5. 101 Seiten

Gesammelte Gedichte. Herausgegeben von Volker Bohn. st 2262. 350 Seiten

Heldenplatz. BS 997 und st 2474. 165 Seiten

Holzfällen. Eine Erregung. BS 927 und st 1523. 320 Seiten. st 3188. 336 Seiten

In der Höhe – Rettungsversuch, Unsinn. st 2735. 144 Seiten

In hora mortis. IB 1035. 40 Seiten

Der Italiener. Mit 8 Fotografien. st 1645. 92 Seiten

Ja. st 1507. 148 Seiten

Das Kalkwerk. Roman. st 128 und BS 1320. 211 Seiten

Korrektur. Roman. st 1533. 363 Seiten

Der Kulterer. Eine Filmgeschichte. st 306. 119 Seiten

Die Macht der Gewohnheit. Komödie. BS 415. 145 Seiten

Der Stimmenimitator. Leinen und st 1473. 179 Seiten

Stücke 1. Ein Fest für Boris – Der Ignorant und der Wahnsinnige – Die Jagdgesellschaft – Die Macht der Gewohnheit. st 1524. 349 Seiten

Stücke 2. Der Präsident – Die Berühmten – Minetti – Immanuel Kant. st 1534. 340 Seiten

NF 462/2/4.03

Stücke 3. Vor dem Ruhestand – Der Weltverbesserer – Über allen Gipfeln ist Ruh – Am Ziel – Der Schein trügt. st 1544. 463 Seiten

Stücke 4. Der Theatermacher – Ritter, Dene, Voss – Einfach kompliziert – Elisabeth II. st 1554. 356 Seiten

Der Theatermacher. BS 870. 162 Seiten

Ungenach. Erzählung. st 2819. 93 Seiten

Der Untergeher. Leinen und BS 899 und st 1497. 243 Seiten

Verstörung. BS 229 und st 1480. 194 Seiten

Watten. Ein Nachlaß. st 2820. 89 Seiten

Wittgensteins Neffe. Eine Freundschaft. BS 788 und st 1465. 164 Seiten

Materialien zu Thomas Bernhard

Thomas Bernhard. Werkgeschichte. Herausgegeben von Jens Dittmar. Aktualisierte Auflage. st 2002. 496 Seiten

Thomas Bernhard und seine Lebensmenschen. Der Nachlaß. Herausgegeben von Martin Huber, Manfred Mittermayer und Peter Karlhuber. Mit zahlreichen Abbildungen und Faksimiles. 208 Seiten. Broschur

Brändle, Rudolf. Zeugenfreundschaft. Erinnerungen an Thomas Bernhard. st 3232. 128 Seiten

NF 462/3/4.03